高等院校会计

GAODENG YUANXIAO KUAIJI ZHUANYE BENKE XILIE GUIHUA JIAOCAI

税收筹划

SHUISHOU CHOUHUA

主 编／刘海燕

主 审／钱吴永

重庆大学出版社

内容提要

本书系统地阐述了税收筹划的原理和技术,分别按增值税、消费税、企业所得税、个人所得税、关税等十几个税种,介绍了各税种的税法依据,并着重介绍了新修订的个人所得税,探讨了每个税种税收筹划的思路和方法。为了培养技能型和应用型税收筹划人才,本书还选编了大量的税收筹划案例。此外,每一章的后面还配备了适量的思考题和练习题,供读者更好地巩固所学知识。

本书兼有理论性和可操作性,可作为高等院校会计、财务管理、财政税收、国际贸易等财经类本、专科学生和 MBA、EMBA 等专业硕士学位学生的教材,也可作为各类财税培训机构的培训教材,同时还适合财税中介业务员、企业财会人员、税务机关公务员及各类关注财税知识的人士阅读。

图书在版编目(CIP)数据

税收筹划/刘海燕主编. --重庆:重庆大学出版社,2020.5
高等院校会计专业本科系列规划教材
ISBN 978-7-5689-1909-8

Ⅰ.①税… Ⅱ.①刘… Ⅲ.①税收筹划—高等学校—教材 Ⅳ.①F810.423

中国版本图书馆 CIP 数据核字(2019)第 261009 号

税收筹划

主 编 刘海燕

策划编辑:尚东亮

责任编辑:姜 凤 方 正 版式设计:尚东亮
责任校对:邹 忌 责任印制:张 策

*

重庆大学出版社出版发行
出版人:饶帮华
社址:重庆市沙坪坝区大学城西路21号
邮编:401331
电话:(023)88617190 88617185(中小学)
传真:(023)88617186 88617166
网址:http://www.cqup.com.cn
邮箱:fxk@cqup.com.cn(营销中心)
全国新华书店经销
重庆升光电力印务有限公司印刷

*

开本:787mm×1092mm 1/16 印张:19.25 字数:435 千
2020 年 5 月第 1 版 2020 年 5 月第 1 次印刷
ISBN 978-7-5689-1909-8 定价:49.00 元

前言

税收筹划是指在纳税行为发生之前,在不违反法律、法规(税法及其他相关法律、法规)的前提下,通过对纳税主体(法人或自然人)经营活动或投资行为等涉税事项做出事先安排,以实现优化纳税、减轻税负或延期纳税为目标的一系列谋划活动。税收筹划是一门实践性非常强的专业课程。

目前,我国已出版了不少税收筹划的教材,这些教材极大地促进了税收筹划的教学和实践的发展。然而,从已用过的参考书来看,林林总总,质量良莠不齐。有的理论和方法较新颖,但是缺乏案例支撑;有的案例很吸引人,但是理论性不够强;有的随着时间的推移内容严重过时,甚至错误百出。近年来,我国的税收制度有了较大的变动,如2016年的全面营业税改征增值税、针对小微企业的普惠性减税措施、个人所得税法的修订等。虽然税收法律法规的变动不会影响税收筹划的原理,但是对税收筹划的范围和具体的筹划方法会有极大的影响,实用性很强的税收筹划教材就有必要针对税制的变动作出相应的更新。可见每本书都有自己的长处,也有自己的短处,没有十全十美的。本书编者从事税收筹划课程教学已有15年,教学效果非常好,深受学生好评,也积累了丰富的教学实践经验。基于上述情况,编者根据自己多年的教学实践经验编写了本书。

第一章主要阐述减轻税负的主要途径。在市场经济极为发达的现代社会,税收是无所不在的。然而税收具有强制性和无偿性,交了税后,纳税人的收入就减少了,自然每个纳税人都希望规避税负。纳税人减少税负的途径有多种。有人说:野蛮人抗税,愚昧者逃税,糊涂者漏税,精明者进行税收筹划。在对几种减少税负的途径进行比较分析后,选择合理合法的减少税负的方法,它便是税收筹划。

第二章主要阐述开展税收筹划的必要性、现实意义以及税收筹划不同的发展层次、税收筹划产生的主客观原因和税收筹划的原理。进行税收筹划时应遵循一定的原则。实施税收筹划需要一定的条件,如具备必要的法律知识、相当的收入规模等。税收筹划的实施需要一定的流程,一般可分为主体选择,收集信息与目标确定,方案列示、分析与选择、实施与反馈等。

第三章至第七章,分别按增值税、消费税、企业所得税、个人所得税等十几个税种,介绍了各税种的税法依据,探讨了各税种税收筹划的思路和方法。

增值税是我国的第一大税种,自然而然成为纳税人进行税收筹划的重点。2016年的全面营改增以及近年来针对小微企业的普惠性减税措施,使增值税的征税范围和税率有了较大的变动,本书对这些变动作了全面的梳理。根据增值税的特点,增值税筹划主要包括:根据无差别平衡点增值率选择成为一般纳税人或小规模纳税人;通过销售方式、销售价格、供货商的选择等方法对销项税额和进项税额进行筹划;选择低税率的适用范围,充分利用税收优惠政策,减轻税负。

消费税是在对货物普遍征收增值税的基础上选择少数消费品再征收的一道流转税。消费税主要采用单环节纳税。根据消费税的特点,消费税筹划主要包括:改变经营方式,采取特定企业间合并的形式,减少纳税环节,递延纳税时间,降低税率;同时,通过设立关联企业,降低生产销售价格,减轻税负。

企业所得税是对企业的生产、经营所得和其他所得征收的一种税。企业所得税涉及范围较广,其应纳税额与收入、成本、费用等密切相关,筹划空间较大。企业所得税筹划主要包括:纳税主体身份的选择和纳税主体身份的转变;收入筹划、成本费用筹划和亏损弥补的筹划;享受低税率的筹划;利用税收优惠政策的纳税筹划。

个人所得税是对自然人取得的各项应税所得征收的一种税。2018年8月31日,十三届全国人大常委会第五次会议表决通过了关于修改个人所得税法的决定。修订通过的新个税法于2019年1月1日起施行。第六章全面阐述了修订的新个人所得税法规。依据新的个人所得税法规,个人所得税筹划主要包括:居民纳税人与非居民纳税人的转换、企业所得税纳税人与个人所得税纳税人的选择;综合所得,经营所得,利息、股息、红利所得,财产租赁所得,财产转让所得,偶然所得临界点的筹划;利用税收优惠政策的筹划。

第七章主要阐述的是关税、房产税、契税、土地增值税、车船税、资源税、城镇土地使用税、印花税、城市维护建设税等税种的税收筹划。首先对关税和其他税种的法律依据进行了简述,接着明确列出筹划方法,并结合案例讲解,使读者对关税和其他税种的税收筹划产生感性认识。跨国税收筹划涉及的范围与内容更加广泛,因此筹划空间也就更大。第八章着重对跨国税收筹划的一般概念及其产生的条件,以及跨国税收筹划的一般方法进行了分析。

本书具有以下特色:

①写作态度认真,对读者负责。本书的编者从事税收筹划课程教学已有15年,积累了丰富的教学实践经验。编者2014年开始着手编写此书,2019年才完成终稿,其间针对

我国税制的调整对书稿内容作了反复的修改。

②理论联系实际。本书在系统阐述税收筹划理论的基础上,还设计了大量的案例,每个筹划方法都有案例支撑,既有利于读者更好地理解筹划方法,也可增强学习的兴趣。

③内容新颖,不过时。根据社会经济形势的变化,近年来我国的税收法律法规调整较频繁,编者针对我国税制的调整对书稿内容作了反复的修改,力争使本书的内容新颖,不过时。

④具有一定的系统性。本书一共八章,第一、第二章主要阐述了税收筹划的概念、原理和技术;第三至第七章分别按增值税、消费税、企业所得税、个人所得税、关税等十几个税种,探讨了各税种税收筹划的思路和方法;第八章着重分析了跨国税收筹划的一般方法。

⑤教学配套材料齐全。每一章的后面都配备了适量的复习思考题和练习题,供读者更好地巩固所学知识。另外,还配有教学课件以及每章练习题的参考答案,选用了本书的教师可以通过电邮告知您的姓名和工作单位,以便在您需要时给您提供教学课件以及练习题的参考答案。刘海燕的 E-mail:lhyshxy@ jiangnan. edu. cn。

⑥每一章的后面都选用了一些合适的拓展阅读材料,以便更好地开阔读者的视野,激发其学习兴趣。

本书由江南大学商学院刘海燕副教授负责总体结构设计和编写。本书能顺利出版得到了江南大学商学院的大力支持,在此表示衷心的感谢,同时还要感谢重庆大学出版社的支持。

由于编者水平有限,书中难免存在不足之处,敬请读者批评指正。

刘海燕
2019 年 11 月

目录

第一章 总 论

【学习目标】

在市场经济极为发达的现代社会,税收是无所不在的。然而税收具有强制性和无偿性,交了税后,纳税人的收入就减少了,自然每个纳税人都希望规避税负。纳税人减少税负的途径有多种。本章主要介绍减少税负的途径,并对它们进行比较分析,选出合理合法减少税负的方法。

【开篇案例】

全球首富比尔·盖茨在宣布退休时,将580亿美元的个人资产全部捐给自己和妻子名下的基金会,创造了"裸捐"之最。可有人提出:此举将使他在美国享有大笔的免税权。如果真是这样,那这就是一个很好的税收筹划案例。

税收筹划在我国被称为"朝阳产业",但在西方国家,税收筹划在20世纪30年代就已得到了社会的关注和法律上的认可。早在1935年,英国上议院议员汤姆林爵士在"税务局长诉讼温斯特大公"一案中,就明确提出:"任何一个人都有权安排自己的事业,依据法律可以少缴税。为了保证从这些安排中得到利益,不能强迫他多缴税。"[①]在1947年,美国法官勒纳德·汉德在判决一件税务案件中,也表述了与汤姆林爵士类似的观点:"法院一再声称,人们安排自己的活动以达到低税负的目的,是无可指责的。每个人都可以这样做,无论他是富翁,还是穷光蛋。而且这样做是完全正当的,因为他无须超过法律的规定来承担国家赋税,税制是强制课征的,而不是自愿捐献的。以道德的名义要求税收,不过是侈谈空论而已。"[②]此后,英国、美国、澳大利亚等国家在以后的税收案件判例中经常援引汤姆林爵士和勒纳德·汉德法官的这一原则精神。目前在西方发达国家中,税收筹划几乎家喻户晓,税收筹划活动开展得相当普遍。例如,世界上最大的国际会计与咨

---

① 梁云凤.税收筹划实务[M].北京:经济科学出版社,2001.
② 方卫平.税收筹划[M].上海:上海财经大学出版社,2001.

询公司之一 BDO 公司,就在全球 138 个国家设有 1 200 多个办事处,专业从事税收筹划活动。而我国对税收筹划的认识比较晚,税收筹划在过去较长时期内被人们视为神秘地带,直到 1994 年唐腾翔与唐向合著的《税收筹划》由中国财政经济出版社出版后,才揭开了税收筹划的神秘面纱。2000 年,在国家税务总局主管的全国性经济类报纸《中国税务报》上,出现了"筹划讲座"专栏。税收筹划由过去的不敢说、偷偷说,到现在的敢说而且在媒体上公开讨论,是我国社会观念和思维一次质的飞跃。

随着税收对经营、投资、理财等经济活动的影响越来越大,纳税人对税收政策的关注度日益提高,以及我国税务机关对纳税人税收筹划的认可,我国出现了大量有关税收筹划的刊物、书籍,其中影响力最大的当属《中国税务报》的《筹划周刊》。此外,在北京、上海、深圳、天津、大连等经济发达地区,还涌现出不少提供专业税收筹划服务的网站,其中,具有较大影响力的网站有"中华税网"(北京)、"中国税务专家咨询网"(北京)、"中国税收筹划网"(上海)、"广东财税务咨询网"(深圳)、"中国国际税收筹划网"(天津)、"税务顾问网"(大连)等。它们预示着税收筹划已经为人们所接受和重视,并被广泛地运用到纳税人的生产经营决策中。截至 2013 年 8 月,我国共有税务师事务所 4 934 家,取得注册税务师资格的人数达到 104 901 人,执业注册税务师 36 437 人①。而在税务师事务所承接的业务中,税收筹划就是很重要的一项,不少注册税务师凭借巧妙的筹划案例,成为全国知名的税收筹划专家。这些都说明,税收筹划正在逐渐成为纳税人减轻或规避税收负担的主流形式。

第一节　逃税及其危害性

一、逃税的界定

《刑法修正案(七)》将"偷税罪"改为"逃税罪",不再使用"偷税"一词。但我国现行税收征管法还未作改动,仍然使用"偷税"一词。

逃税是指纳税人用非法的手段逃避税收负担。按照我国现行税收征管法的界定,"纳税人采取故意伪造、变更、隐瞒、擅自销毁账簿、凭证,在账簿上多列支出或者不列少列收入,或者进行虚假的纳税申报手段,从而不缴或少缴税款的行为,是偷税"。也就是说,明知应该缴而以各种非法手段不缴或少缴,为偷税。

二、逃税的危害性

逃税具有欺诈性。其直接的后果是使国家的财政收入减少,间接后果是导致税法的不公平和社会的腐败。因此对逃税行为,各国政府都严惩不贷。《中华人民共和国税收

---

① 何雨欣.我国共有注册税务师 104 901 人[EB/OL].新华网,2013-04-22.

征收管理法》（以下简称《税收征管法》）第六十三条规定："对纳税人偷税的，由税务机关追缴其不缴或少缴的税款、滞纳金，并处不缴或者少缴的税款百分之五十以上五倍以下的罚款；构成犯罪的，依法追究刑事责任。"

依据《刑法》的规定，犯逃税罪，量刑标准如下：

（1）逃避缴纳税款数额较大并且占应纳税额百分之十以上的，处三年以下有期徒刑或者拘役，并处罚金。

（2）数额巨大并且占应纳税额百分之三十以上的，处三年以上七年以下有期徒刑，并处罚金。

（3）单位犯罪的，对单位判处罚金，并对其直接负责的主管人员和其他直接责任人员，依照上述规定处罚。

（4）经税务机关依法下达追缴通知后，补缴应纳税款，缴纳滞纳金，已受行政处罚的，不予追究刑事责任，但是，五年内曾因逃避缴纳税款受过刑事处罚或者被税务机关给予二次以上行政处罚的除外。

（5）税务、海关、银行和其他国家机关工作人员与本罪犯罪人相勾结，构成本罪共犯的，应当从重处罚。

第二节　两种避税行为

避税一般来说是在遵守税法的前提下，利用税法的不健全钻税法的漏洞，以合法方式降低或递延纳税义务、减少税收负担的行为。比如，我国 2008 年之前对外商投资企业和外国企业有很多税收优惠，国内不少企业就利用这一点，将国内资金汇出境外再回流，搞假合资企业来享受税收优惠，这就是避税。

避税可能是不道德的，可它是合法的。

由于国家税收立法的意图除了增加财政收入外，还有其他的意图，如产业结构调整、合理配置社会资源等。根据避税行为是否符合国家的立法意图，可分为顺法避税和逆法避税。

一、顺法避税及其必要性

顺法避税就是纳税人的避税行为及其产生的结果符合税收的立法意图。虽然顺法避税的结果与逆法避税和偷税漏税的结果是一样的，都使国家的财政收入减少了，但因为顺法避税有利于国家宏观调控意图的实现，所以顺法避税是十分必要的。

顺法避税例子：我国消费税规定对烟酒课以重税，其立法意图在于限制这类有害健康的消费。如果消费者为了少交税而戒烟戒酒，这种避税行为就是顺法避税。然而事实上，由于烟酒的需求弹性很小，消费者对烟酒消费税几乎没有避税响应，我国通过税收来限制烟酒消费的目的始终无法实现。又如，2008 年 1 月 1 日起实行的《中华人民共和国企业所得税法实施条例》规定：民族自治地方的自治机关对本民族自治地方的企业应缴纳的企业所得税中属于地方分享的部分,可以决定减征或免征。自治州、自治县决定减征或免征的,须报省、自治区、直辖市人民政府批准。这是国家为了鼓励或吸引企业加大或到民族自治地方进行投资而采取的所得税优惠政策。纳税人如果到民族自治地方进行投资,就可以享受这一税收优惠政策,由此而少缴纳企业所得税。国家虽然减少了税收收入,但纳税人的行为符合国家政策的意图,从长远来看,可以促进民族自治地方区域经济的发展。

顺法避税行为及其结果从本质上与税法设置的初衷一致或相吻合,纳税人和国家都能从中受益。显然,这种顺法避税行为是政府所希望的,对这种行为,税收征管部门应给予支持和鼓励。税收筹划属于顺法避税的范畴,正因为如此,政府不仅应该而且必须支持企业的税收筹划,这一点本章后面还将详细阐述。

二、逆法避税与反避税

1.逆法避税的含义

逆法避税是指纳税人的避税行为及其产生的结果与税收的立法意图相背离,即纳税人利用税法的不完善或税收漏洞进行避税。

对于逆法避税,纳税人的行为形式上是合法的,但其手段不符合国家立法意图。如为了吸引外资,引进先进技术,我国2008年之前对外商投资企业和外国企业有很多税收优惠,如"二免三减半"、再投资退税等,国内不少企业就利用这一点,将国内资金汇出境外再回流,搞假合资企业来享受税收优惠,但这并没有起到吸引外资和引进先进技术的作用,属于逆法避税。

(1)逆法避税的负面影响。逆法避税虽然在形式上是合法的,但对社会造成的负面影响是严重的,其影响具体表现在以下三个方面。

①减少了国家财政收入。不管是从纳税人主观意识,还是从纳税人行为结果来看,逆法避税与偷税并无区别,都表现为恶意少缴纳我国国家税款。截至2012年5月底,我国已经成立了74.8万家外商独资企业,且已实际使用了超过1.2万亿美元的外资,成为全球第二大吸引外资国。但是,根据商务部统计报告,在我国批准设立的外商投资企业中,有一半以上处于"亏损"状态,亏损企业里面,有2/3属于非正常亏损。在超过49万家的外商投资企业中,51%~55%连年亏损,且亏损面呈逐年扩大的趋势。[①]然而,外资企业在哭穷的同时,却不断地向中国追加投资。这说明外企亏损是假,避税是真。

②影响国家调控目标的实现。为了改善残疾人就业状况,我国政府明文规定:企业安置残疾人员所支付的工资在据实扣除的基础上,按照支付给残疾职工工资的100%加计扣除。有些企业则利用给残疾人员挂空名的办法,尽量多扣除费用,以便享受国家的这项税收优惠政策。这些企业虽然享受了国家税收优惠政策,减轻了企业税收负担,但

---

① 袁帅.跨国公司转让定价的反避税研究[D].长沙:中南大学,2013.

国家利用这一政策鼓励企业雇用残疾人员参加社会劳动的目标却未能实现。

③扰乱社会经济秩序。纳税人通过精心策划,成功实现逆法避税,减轻了税收负担,但对另一些守法的纳税人来讲,则要承担较多的税收负担。这样就会造成社会竞争的不公平。如果政府对这种状态听之任之,就会促使更多的纳税人加入逆法避税的行列。因此,政府对逆法避税必须旗帜鲜明地反对与制止。

(2)逆法避税的方法。虽然我国已经注意到逆法避税,也意识到逆法避税对我国经济社会造成的危害,但在税收征管过程中对逆法避税的认定还存在一些模糊之处。为了清楚地了解企业的逆法避税,本书有必要对企业的逆法避税方法进行简单介绍。一般来说,企业常用的逆法避税方法主要有以下三种。

①利用有弹性的税法条款避税。例如,《中华人民共和国企业所得税法实施条例》规定:对在西部地区新办交通、电力、水利、邮政、广播电视的企业,上述项目业务收入占企业总收入70%以上的可享受内资企业自开始生产经营之日起第一年至第二年免征企业所得税,第三年至第五年减半征收企业所得税的优惠政策,其目的在于鼓励纳税人投资兴办交通运输、邮电通信等企业。但有些纳税人,为了规避或减轻税收负担,企业运营至减免期结束前就将企业关闭,再以新的名义开业,以达到继续享受减免税的优惠政策。

②利用资本弱化避税。资本弱化又称为资本隐藏、股份隐藏或收益抽取,是指投资者以贷款方式替代募股方式进行投资或融资的活动。其显著特点是企业注册资本与负债的比例不合理。按照我国税收法律规定,股东通过股份投资取得的股息是企业税后利润的分配,而投资人以贷款方式融资的利息可以在税前扣除。由于税收待遇存在区别,设立外资企业时,外方投资者往往不以自有资金投资,而是通过境外母公司向企业提供贷款以满足企业营运资金的需要,造成外资企业资本过少。这样,外资企业就可以将贷款利息计入成本,减少在中国的税负,而将利润转移到外国关联企业。

③利用转让定价避税。转让定价,是指跨国公司、集团公司内部母公司与子公司或子公司与子公司等关联企业之间,为了获得更多经济利益而在商品销售、劳务或技术交易时进行的价格转让。这种价格的制订一般不取决于市场供求状况,而是取决于公司的整体利益。转让定价是跨国公司实现利润或收入转移的典型国际避税手段之一。当企业的贸易对象在高税地和低税地间流转时,企业为了达到避税的目的,往往将利润或收入尽可能多地向低税地或避税地倾斜①。

跨国公司利用转让定价避税主要有四种方式:一是通过关联企业之间的购销业务往来转移利润;二是通过关联企业之间的资金融资业务转移利润,主要是关联企业相互将资金无偿借给对方使用;三是通过设立新公司,费用不合理分摊,利用税收优惠政策转移利润;四是通过向境外关联企业支付技术使用费转移利润。其中,通过关联企业之间的购销业务往来转移利润是我国外资企业经常使用的避税方式,其一般做法是境外关联企业控制境内企业的购销权,高价进、低价出,将应在我国境内体现的利润转移到境外去,

① 袁帅.跨国公司转让定价的反避税研究[D].长沙:中南大学,2013.

人为地减少境内企业的应纳税所得额。

例如,中外合资飞亚服饰有限公司,主要生产中档休闲服,除服装包装用品与纽扣外,其他材料如布料、挂牌等均需要进口。公司产品除少量在国内销售外,其余产品均销往日本、美国、澳大利亚和德国等经济发达国家。成都飞亚公司一方主要负责企业的生产与公司财务,港方负责材料的进口与产品的销售。每件产品生产成本为人民币600元,单位产品平均售价为人民币580元,单位成本高出售价20元。该公司自2000年开业以来,向当地税务征收机关提交的财务报表每年都是亏损且亏损额每年都递增,奇怪的是,公司的生产规模却逐年扩大。原来香港地区税收制度管理规定,香港地区实行收入来源地管辖权,根据这一管理规定,对来自香港境外的所得免征所得税。这样,该公司通过转让定价的方式把利润留在香港地区,既可不缴香港地区的所得税,又可避免中国内地的企业所得税。

跨国公司的利润被转移至境外,扭曲了境内公司实际经营情况,不仅影响了国家政策的制定,而且造成了国家税款的流失,这十分不利于企业间的公平竞争,对国家经济发展有百害而无一益。

2. 反避税——反逆法避税

逆法避税形式上虽然合法,但它不仅减少了国家的财政收入,而且扰乱了经济秩序,增加了税务部门的执法成本,因此要反避税,也就是要反逆法避税。

如何反避税? 由于逆法避税形式上是合法的,不可能像对待偷税、逃税那样进行法律制裁,只能通过完善税法来堵塞漏洞。例如在美国,一对已婚夫妻所交纳的所得税比单身汉要高20%~30%,于是有人便想出一条妙计。在美国,婚姻状况以12月31日为准,于是有的新婚夫妻一到12月初就飞到美洲某个小国度假,在那里只需出示身份证就可办理离婚。而后回美国以单身名义纳税,次年1月再到美国民政部门申请复婚。然而好景不长,美国税务局很快就针对这种情况作出规定:"如果以避税为唯一目的而到国外离婚又在下一年年初复婚的,必须按已婚夫妇申报收入并加重税收。"又如,西方国家普遍对遗产征税,以调节收入分配,促进社会分配公平。如果有一个人针对国家课征遗产税,在生前尽可能地把财产分割出去以减轻税负,这就是逆法避税。因为背离了政府的政策导向,所以许多国家在课征遗产税的同时兼行赠与税,借以堵塞人们生前分割财产逃避税负的漏洞。

针对利用税法漏洞、特例和缺陷进行逆法避税的行为,西方一些国家已在其税法中加入反逆法避税的内容。例如,加拿大政府于1988年9月在加拿大所得税法中引入"一般反避税准则"。这一准则明确指出要区别合法的税收计划和滥用的避税行为,除非纳税人能够证实他的经营安排没有误用或滥用税法,否则不允许纳税人利用税法获得税收上的好处。为此,该准则规定了对纳税人的动机检验,要求纳税人证明他们的行为是符合税法立法目的和精神的[①]。目前,世界各国反避税的基本方法主要包括三个:一是建立

---

① 陈仁艳. 我国转让定价反避税的立法缺陷和完善路径[J].吉林工商学院学报,2014(1):99-102.

转让定价税制,控制应税所得向境外转移;二是建立反避税港措施,防止资金和财产向避税港转移;三是防止国际税收协定的滥用,保护正当的税收利益。

在我国,企业逆法避税,特别是外商投资企业逆法避税问题非常严重,并且根据专家估计,我国每年基于外资企业避税产生的税收流失足有300亿元人民币。为了维护国家利益和提供纳税人之间公平竞争的环境,我国政府在《增值税暂行条例》《消费税暂行条例》等税收法律文件中,有反逆法避税的条例。例如,我国《增值税暂行条例》第七条明确规定:纳税人销售货物或应税劳务的价格明显偏低并无正当理由的,由税务机关核定其销售额;《消费税暂行条例》第十条规定,纳税人应税消费品的计税价格明显偏低又无正当理由的,由主管税务机关核定其计税价格;在《企业所得税法》中,则有专门一章"特别纳税调整"讲解反避税。"特别纳税调整",是税务机关出于实施反避税目的而对纳税人特定纳税事项所作出的税收调整,其具体内容包括:引入了"独立交易原则",按照没有关联关系的交易各方进行相同或类似业务往来的价格进行定价;明确了纳税人提供相关资料的义务,在税务机关进行调查时,纳税人应承担协助义务并证明其关联交易的合理性;在借鉴国外反避税立法经验的基础上,结合我国反避税工作实际,适当增加了一般反避税、防止资本弱化、防范避税地避税、核定程序和对补征税款加收利息等条款。此外,"特别纳税调整"还增加了"成本分摊协议"的内容,进一步完善了转让定价和预约定价立法的内容。由于我国内外资企业所得税已统一,因此对逆法避税发生作用的法律法规主要有《企业所得税法》《增值税暂行条例》和《消费税暂行条例》等。即便如此,不论是国内的逆法避税还是国际的逆法避税,层出不穷,我国税务部门反避税的工作依然任重而道远。

对纳税人而言,进行避税活动要注意掌握分寸,一旦纳税人的避税活动超出税法规定,或者国家有新的反避税政策出台,避税行为就极有可能演变为偷逃税行为。而且,随着税法的逐步完善、税收征管的不断加强及政府间税收合作关系的日益密切,逆法避税行为的作用范围会越来越小,一旦反避税措施出台,纳税人的逆法避税行为将难以避免地受到重大打击。

反过来考虑,逆法避税的存在也并不完全是坏事。因为不论法律和理论界对避税如何界定和说明,逆法避税都是对已有税法不完善和缺陷的显示。税务部门可以根据避税的情况采取相应的措施对税法进行修正、改进和完善,起到税法的宏观调控导向作用。

【案例1-1】(国际反避税——跨国税源竞争)　2014年年初,在江苏省投资的270多家跨国公司的母公司都收到了江苏省国家税务局寄去的《2014—2015年度国际税收遵从管理规划》(以下简称《管理规划》),旨在表明税务机关的立场,引起企业重视,防止潜在风险。《管理规划》中明确了"四个匹配"和"三个错配"。

(1)四个匹配。

①市场贡献与集团全球利润分配要匹配。中国作为新兴经济体,拥有巨大的市场和旺盛的需求。这个市场的特殊性对跨国公司利润的实现意义重大,希望在中国拥有重要市场份额的跨国集团对中国子公司进行利润分配时要考虑并体现这一点。

②企业功能承担与利润回报要匹配。承担了什么功能就要有相应的利润配比，不能功能已经增加了研发、营销、管理等，但利润还按简单加工定位。

③中国政府的投入、配套、成本节约与企业利润回报要匹配。中国政府为吸引外资在土地、厂房、公共配套等方面做了大量投入，中国劳动力仍相对低廉，产业配套相对齐全。这些因素对跨国公司利润贡献不可低估，对中国子公司利润回报要与之匹配。

④跨国公司社会形象与税收贡献要匹配。近年来，有些全球著名的跨国公司不断曝出税收问题。人们都在质疑这些公司在占有大量市场份额、获取高额利润的同时，却利用税收筹划很少纳税，违背了社会道德。

（2）三个错配。

①契约加工商和高新技术企业的错配。不能一边被认定为中国高新技术企业，享受各种优惠，另一边还定位为契约加工商，仅获取简单加工利润。

②集团利润趋势和中国子公司利润趋势不一致的错配。不能说集团在全球整体盈利情况很好，但作为重要的制造中心和销售市场所在地的中国子公司却微利甚至连年亏损。

③对投资母国高遵从和投资所在地低遵从的错配。不能说对投资母国的税法和规定高度遵从，但对投资所在国的税法和规定却不关心。这很容易产生跨国投资的税务风险和争议。

江苏省国税局局长说："由发达国家主导的新规则对跨国公司的生产经营、业务重组、税收筹划和各国政府之间的税源竞争将产生重大的影响。中国作为最大的发展中国家，如何在规则的制定中抢占制高点，在跨国税源竞争中抓好切入点，已经变成摆在税务机关面前的紧迫任务。"

第三节　税收筹划及其合理合法性

一、税收筹划的定义

税收和每个人的关系越来越紧密。我国经过40多年的改革开放，涌现出一批规模不断扩大、国际化程度不断提高的企业，也产生了一批批中小型企业。这些企业的治理水平和税收遵从度提高很快。同时我国居民的个人收入水平不断提高，其取得收入的来源日趋多元化，个人投资和消费方式发生了较大变化。伴随着我国税制体系和征管制度的改革和完善，以及征管水平的提高，无论企业还是居民个人的涉税事项都不断增多。一般来说，根据我国目前的税法，一个从事制造业的企业大体要缴纳七八种税，一个小康之家如果购买了商品房和汽车，另有房屋出租，投资一点股票，就有可能缴纳过个人所得税、车辆购置税、印花税、契税、城市维护建设税、车船税等。不论在哪个国家，都要求纳税人依法纳税，对不履行纳税义务的人要进行法律制裁。但是在不违背税法的前提下，纳税人是否就没有办法可以合法地减轻自己的税收负担呢？答案是否定的。纳税人有依据法律缴纳税款的义务,但也有依据法律,经过合理的甚至巧妙的安排减轻税负的权利。

税收筹划(tax planning)也称纳税筹划或税务筹划。在西方发达国家里,从事税收筹划的专家学者不少,有关税收筹划研究的书刊颇多,但对"税收筹划"的定义,目前尚难以从词典和教科书中找出很权威或者很全面的解释,下面是国外一些学者或词典对税收筹划的解释。

荷兰国际财政文献局(IBFD)编写的《国际税收词汇》中是这样定义的:"税收筹划是指纳税人通过经营活动或个人事务活动的安排,实现缴纳最低的税收。"

印度税务专家 N. J. 雅萨斯威在《个人投资和税收筹划》一书中这样论述,税收筹划是"纳税人通过财务活动的安排,以充分利用税收法规所提供的包括减免税在内的一切优惠,从而获得最大的税收利益"。

美国南加州大学 W. B. 梅格斯博士做了如下阐述:"人们合理而又合法地安排自己的经营活动,使之缴纳可能最低的税收。他们使用的方法可被称为税收筹划……少缴税和递延缴纳税收是税收筹划的目标所在。"另外他还说:"在纳税发生之前,系统地对企业经营或投资行为做出事先安排,以达到尽量少缴所得税的目的,这个过程就是税收筹划。"

以上三种定义在国外较为权威,通过简单分析,我们不难发现其中的细微差别。印度专家雅萨斯威的税收筹划定义实际上是建立在利用税收优惠的基础之上的,是严格意义上的节税。而荷兰国际财政文献局的定义却片面地强调交纳最低的税收,忽视了纳税人的整体利益。美国梅格斯博士的定义内容较为全面,但也片面强调了税负最低的单一目标。

我国学术界近几年也开始对税收筹划的概念进行研究。在国内,目前涉足税收筹划理论与实务研究的专家学者对税收筹划定义的表述与上述国外学者或词典采用的税收筹划的定义大同小异,大多认为税收筹划的目的就是减轻纳税人的税收负担。比较有代表性的有以下几种:一种看法认为,税收筹划是纳税人(法人、自然人)依据所涉及的现行税法,在遵守税法、尊重税法的前提下,运用纳税人的权利,根据税法中的"允许"与"不允许"、"应该"与"不应该"以及"非不允许"与"非不应该"的项目、内容等,对经营、投资、筹资等活动进行旨在减轻税负的谋划和对策。另一种看法认为:"税收筹划应包括一切采用合法和非违法手段进行的纳税方面的策划和有利于纳税人的财务安排,主要包括节税筹划、避税筹划、转退筹划和实现涉税零风险。"还有的将税收筹划表述为:"税收筹划指纳税人在税法规定许可的范围内,通过对经营、投资、理财活动的事先筹划和安排,尽可能地取得节约税收成本的税收利益。"

综合以上相互接近的表述,可将税收筹划归纳为:税收筹划是指在纳税行为发生之前,在不违反法律、法规(税法及其他相关法律、法规)的前提下,通过对纳税主体(法人或自然人)经营活动或投资行为等涉税事项做出的事先安排,以优化纳税、减轻税负或延期纳税为目标的一系列谋划活动。

二、税收筹划的发展

纳税人在不违反法律、政策规定的前提下，通过对经营、投资、理财活动的安排和筹划，尽可能减轻税收负担，以获取"节税"（tax savings）的税收利益的行为很早就存在。但是直到 20 世纪 30 年代，"税收筹划"才真正为社会关注和被法律所认可。1935 年，英国"税务局长诉温斯特大公"案后，不少税务专家和学者对税收筹划有关理论的研究不断向深度和广度发展。

随着社会经济的发展，税收筹划日益成为纳税人理财或企业经营管理整体中不可缺少的一个组成部分。最近三十多年以来，税收筹划在许多国家更是蓬勃发展。正如美国南加州大学的 W. B. 梅格斯博士在《会计学》中谈到的那样，"美国联邦所得税变得如此复杂，使得为企业提供详尽的税收筹划成为一种谋生的职业。现在几乎所有的公司都聘用专业的税务专家，研究企业主要经营决策上的税收影响，为合法地少纳税制订计划"。此外，社会中介组织，包括会计师事务所、审计师事务所、律师事务所和税务师事务所业务中很大一部分收入来自为客户提供税收筹划。即便是税务机关，对税收筹划的研究也非常重视，因为从纳税人的税收筹划活动中可以掌握多种税收信息，使税收法制与征收管理的建设日臻完善。

同时，税收筹划的理论研究文章、刊物、书籍也应运而生，新作不断，这进一步推动了税收筹划研究向纵深发展。例如，一家以提供税收信息驰名于世的公司——美国国家事务出版公司除了出书以外，还定期出版两本知名的国际税收专业杂志：一本是《税收管理国际论坛》，另一本是《税收筹划国际评论》。两本杂志中有相当多的篇幅讲的是税收筹划。比如，1993 年 6 月刊的一篇专著便是关于国际不动产专题的税收筹划，涉及比利时、加拿大、丹麦、法国、德国、爱尔兰、意大利、日本、荷兰、英国、美国等 13 个国家。伍德赫得·费尔勒国际出版公司（在纽约、伦敦、多伦多、悉尼、东京等地设有机构）于 1989 年出版过一本名为《跨国公司的税收筹划》（*Tax Planning for Multinational Companies*）的专著，书中提出的论点及税收筹划的技术在一些跨国公司中颇有影响。有的专著虽不以"税收筹划"为名，如霍瓦斯公司出版的《国际税收（1997）》，但讲述的多是国际税收筹划，书中旁征博引了包括我国在内的 38 个国家和地区的相关资料。

税收筹划在发达国家十分普遍，已经成为企业尤其是跨国公司制订经营和发展战略的一个重要组成部分。在我国，税收筹划开展得较晚，发展较为缓慢。存在的主要问题如下：

（1）税收筹划意识淡薄、观念陈旧。税收筹划目前并没有被我国企业普遍接受，许多企业不理解税收筹划的真正意义，认为税收筹划就是偷税、漏税。税收筹划在我国起步较晚，税务机关的依法治税水平和全社会的纳税意识与发达国家尚有差距，导致征纳双方对各自的权利和义务了解得不够，税收筹划往往被视为偷税的近义词。一些经营者对税收筹划还不够重视，难以理解税收筹划在企业经营管理中的意义，对专业税收咨询和筹划机构的收费还不能完全认同，即意识不到花费在专业咨询上的支出所产生的潜在价值。除此之外,理论界对税收筹划的重视程度不够也是制约我国税收筹划广泛开展的一个重要原因。

(2)税务代理等税务服务水平还有待提高。税收筹划必须有谙熟我国税收制度、了解我国立法意图的高素质的专门人才。但很多企业并不具备这一关键条件,只有通过成熟的中介机构代理税务,才能有效地进行税收筹划,达到节税的目的。我国的税收代理制度在20世纪80年代才开始出现,目前仍处于发展阶段,并且代理业务也多局限于纳税申报等经常发生的常规性纳税事项上,较少涉及税收筹划。可喜的是近几年这种情况已有所改变,由于企业发展如希望在证券交易所上市所需的合规性要求,以及企业扩张过程中涉及较多的税务事项,促使企业更加关注税收因素的影响。税务师事务所除了提供涉税鉴证业务和一般性服务咨询项目外,也开始重视税收筹划业务的拓展,促进了税务服务业的发展。

(3)我国税收制度不够完善。由于货物和劳务税等间接税的纳税人可以通过提高商品或服务的销售价格或降低原材料等的购买价格将税款转嫁给购买者或供应商,所以税收筹划主要是针对税款难以转嫁的所得税等直接税。我国的税收制度过分倚重增值税、消费税等间接税种,尚未开征目前国际上通行的社会保障税、遗产税、赠与税等直接税税种,所得税和财产税体系简单且不完备,这使得税收筹划的适用范围受到很大的限制。

(4)税法立法和宣传滞后。我国税法的立法层次不高,以全国人大授权国务院制定的暂行条例为主,每一年由税收征管部门下发大量文件对税法进行补充和调整。一方面,容易造成征纳双方就某一具体概念或问题形成争议;另一方面,造成我国税法的透明度偏低。除了部分专业的税务杂志会定期刊出有关税法的文件外,纳税人难以从大众传媒中获知税法的全貌和调整情况,无法进行相应的税收筹划。

(5)征管水平仍有待提高。由于征管意识、税收征管水平与发达国家有一定差距,技术和人员素质等多方面原因,我国的税收征管水平与发达国家有一定差距,尤其是个人所得税等税种的征管水平低造成的税源或税基流失问题严重。如果偷税的获益远远大于税收筹划的收益和偷税的风险,纳税人显然不会再去劳神费力地从事合法的税收筹划。

可喜的是,近几年来税收筹划已经渐渐为人们所认识、了解和付诸实践。目前,我国图书市场上已有不少关于避税和税收筹划的书籍。大多数财经类高校的财经管理类专业本科生开始开设"税收筹划"课程。随着我国经济日益融入全球化进程,以及公司向海外投资进程的不断加快,税收筹划必将在我国获得新的发展,这也对税收筹划的教学和研究提出了新的要求。

三、税收筹划的要点

(1)税收筹划的主要目的是优化纳税、减轻税负或延期纳税,或者是使企业价值最大化。它同企业的目标是一致的。

(2)税收筹划以国家税收法律为依据,必须符合国家税收政策导向,符合税收法律规定。因此必须熟悉国家税收政策,通晓税收法律规定。

（3）税收筹划的主体是纳税人。企业是最主要的税收筹划者。

（4）税收筹划的手段是"计划和安排"。

（5）税收筹划通常随同企业的生产经营管理活动进行,甚至要早于生产经营活动。根据政府的税收政策导向,利用税法赋予的税收优惠或选择机会,通过对企业的生产经营、投资理财活动的事先安排,尽可能地降低税负。

四、税收筹划的主要特征

1. 合法性

税收筹划以不违反税法为前提。纳税人税收筹划的手段在形式上完全合法,并且也符合税法的导向。因此税务机关对税收筹划都持鼓励、支持和提倡的态度。

2. 筹划性

筹划性有事先规划、设计、安排的含义,这是税收筹划的本质特点之一。它是根据政府的税收政策导向,利用税法赋予的税收优惠或选择机会,通过对企业的生产经营、投资理财活动的事先安排,尽可能地降低税负。在经济活动中产生的纳税义务通常具有滞后性,对企业而言,通常是在企业交易行为发生之后才产生了增值税、消费税等税的纳税义务;一般在收益实现或分配以后,才发生所得税的纳税义务;在取得财产或处置财产以后,才有可能缴纳财产税。这在客观上为纳税人提供了在纳税前事先做出策划的可能性。另外,税收规定是有针对性的,因纳税人和征税对象的性质不同,税收待遇也往往不同,这也为纳税人提供了可选择低税负的机会。

3. 风险性

税收筹划风险,是指纳税人在进行税收筹划时因各种因素的存在,无法取得预期的筹划结果,并且付出远大于收益的各种可能性。因为税收筹划是一种事前行为,具有长期性和预见性的特点,所以税收筹划与任何一种谋求经济利益的管理活动一样,也存在风险,特别是当税收筹划的基本条件发生变化,或筹划的方法选择不当,或筹划主体因专业水准有限所提出的税收筹划方案不被税务机关认可从而产生争议或诉讼事项时,税收筹划的风险不可避免。

税收筹划的风险主要表现在以下几个方面:

（1）筹划条件风险。税收筹划条件包括专业技术人员的素质、筹划技术手段、筹划时机的选择和筹划时间跨度的确定等。如果企业的会计人员和税收筹划人员的素质不高,选择筹划方案遭受税收处罚的风险就高。同时,在税收筹划中运用何种技术手段也很重要。另外,由于税收筹划是在纳税义务发生之前进行的谋划过程,因此要充分考虑税收时机和筹划时间跨度的选择,推迟或提前、拉长或缩短都可能影响筹划效果,甚至导致筹划失败。

（2）筹划时效性风险。税收筹划具有较强的时效性。在一个会计期间企业可以运作一个比较合适的方案,达到企业筹划的预定目的。但是,由于目前我国税制建设还不完善,税收政策的稳定性较差,一些税收细则会出现频繁的变化。如果企业不能及时学习和了解最新的税法与税收政策,及时合理地变更筹划方案,仍然照搬以前期间的方案,就会面临筹划方案失败的风险。

(3)征纳双方认定差异的风险。税收筹划存在着征纳双方的认定差异。税收筹划应当具有非违法性,但是税收筹划更多的是纳税人的主动行为,其方案的确定与具体的组织实施,都由纳税人自己选择。但税收筹划方案究竟是不是符合法律规定,筹划最终是否成功,是否能够给纳税人带来经济上的利益,却取决于税务机关对纳税人税收筹划方案的认定。也就是说,纳税人所选择的税收筹划方案是否违法,需要由税务机关最终裁定。如果纳税人被裁定所选择的方案在实质上是违法的,那么就有可能被认定为偷税漏税,税收筹划就是失败的。当然,如果纳税人与税务机关对税法的理解不同,纳税人对税务机关的执法措施不服,可以通过一定的行政或法律程序解决,如经过行政复议或通诉讼程序。但此过程比较耗时耗力,无论从时间还是精力来看,一般最好在运用这些方式前能与税务机关达成一致。

4. 多样性

多样性是指税收筹划从内容、方式、方法等方面看均不是单一的。各税种在规定的纳税人、征税对象、纳税地点、税目、税率及纳税期等方面都存在差异,尤其是各国税法、会计核算制度、投资优惠政策等方面的差异,这就给纳税提供了寻求低税负的众多机会,也就决定了税收筹划在全球范围内的普遍存在和形式的多样性。总之,国家税收法规在地区之间、行业之间的差异越大,可供纳税人选择的方案就越多。将税收筹划实施的方式归纳起来有两大类:一是单个税种的筹划,如个人所得税筹划、消费税筹划等;二是围绕不同经营活动进行的筹划,如跨国经营税收筹划、公司融资管理税收筹划、企业组织形式的税收筹划等。税收筹划的内容也具有多样性,既有税收优惠政策的充分运用,也有财务、会计、税收等方向选择性条款的比较运用。

5. 综合性

综合性是指税收筹划应着眼于纳税人资本总收益长期稳定的增长,而不是着眼于个别税种税负的高低。这是因为,一种税少纳了,另一种税有可能就要多缴,整体税负不一定减轻。另外,纳税支出最小化方案不一定等于资本收益最大化方案。在做出投资、经营决策时,除了考虑税收因素外,还应该考虑其他多种因素,趋利避害,综合决策,以达到总体收益最大化的目的。

【案例1-2】 华盛公司是我国南方某市一家食品加工企业,由于公司管理规范和产品市场定位较好,公司经营效益逐步提高。但生产经营规模偏小,制约了该公司的进一步发展。于是,公司管理层决定自筹资金1 000万元,投资一条现代化生产线,以提高生产经营规模。经过对专家的咨询,有两种筹资方案可供选择:发行企业债券或股票。设债券利率为8.5%,股息支付率为7%,均每年付息一次;金融企业同期同类贷款利率为6%;企业付息和缴纳所得税前的所得为800万元,企业所得税税率为25%。

根据我国《企业所得税法实施条例》第三十八条的规定,非金融企业向金融企业借款的利息支出,按实际发生额扣除;非金融企业向非金融企业借款的利息支出,按照不超出金融企业同期同类贷款利率计算的数额的部分进行扣除。华盛公司若采用发行债券方式筹资,可以在税前扣除利息费用60(1 000×6%)万元,少支付企业所得税15(60×25%)万元。而根据我国《企业所得税法》第十条的规定,企业向投资者支付的股息、红利等权益性投资收益款项,在计算应纳税所得额时不得扣除。华盛公司若采用发行股票方式筹资,意味着华盛公司没有税前扣除额。因此,仅从降低税收成本的角度分析,华盛公司应采用发行债券方式筹资。但从企业税后利润最大化的角度来看,华盛公司是否应采用发行债券方式筹资呢?下面,我们将对两种筹资方案的公司税后净收益进行比较。

在发行债券筹资方式下,可税前扣除60万元的利息费用,华盛公司税后净收益计算过程如下:

实际支付利息 = 1 000 万元 × 8.5% = 85 万元

应纳所得税 = (800 - 60) 万元 × 25% = 185 万元

税后净收益 = 800 万元 - 85 万元 - 185 万元 = 530 万元

在发行股票筹资方式下,因股息从税后利润中支出且不能税前扣除,华盛公司的税后净收益计算过程为

应纳所得税 = 800 万元 × 25% = 200 万元

支付股息 = (800 - 200) 万元 × 7% = 42 万元

税后净收益 = 800 万元 - 200 万元 - 42 万元 = 558 万元

通过对华盛公司两种筹资方案的比较分析,可以看出华盛公司采用发行债券方式筹资,虽然可以在税前扣除利息费用60万元,少缴纳企业所得税15万元,但与发行股票筹资方案相比,公司税后净利润却减少28(558 - 530)万元。其原因在于两种筹资方案付息的依据不同。在发行债券筹资方式下,华盛公司付息的基数是发行债券所筹资的数额;而在发行股票筹资方式下,华盛公司付息的基数却是公司的税后利润。

可见,税收筹划要结合企业实际情况来考虑,税收负担的减轻不一定等于企业净收益的增加,有时一味地追求税收负担的减轻,反而会导致企业总利润的减少。相反,在某些情况下,税收负担的增加有时会增加企业的税后利润。有些税收筹划方案,虽然在理论上可以降低企业税收负担,却往往没有达到预期的理想效果,这就与税收筹划方案中忽略企业实际情况有很大关系。

6. 专业性

专业性是指税收筹划已经形成一项专门的服务,需要由专业人员来进行。面临社会大生产,全球经济日趋一体化,国际经贸业务日益频繁,规模也越来越大,而各国税制也越来越复杂,仅靠纳税人自身进行税收筹划已经显得力不从心,作为第三产业的税务代理、税务咨询便应运而生。现在世界各国,尤其是发达国家的会计师事务所、律师事务所纷纷开辟和发展有关税收筹划的咨询业务,说明税收筹划向专业化发展的特点。

五、税收筹划的分类

根据不同的标准,税收筹划可以划分为以下几种类别。

1. 按税收筹划需求主体的不同分类

按税收筹划需求主体的不同,税收筹划可分为法人税收筹划和自然人税收筹划两大类。

法人税收筹划主要是对法人的组建、分支机构的设立、筹资、投资、运营、核算、分配等活动进行的税收筹划。由于我国现阶段的税制模式是以商品劳务税和所得税为主,企业是商品劳务税和所得税的纳税主体,是税收的主要缴纳者,因此在法人税收筹划中,企业税收筹划是主体部分,其需求量最大。

自然人税收筹划主要是在个人投资理财领域进行的。自然人数量众多,西方许多国家以个人所得税或财产税为主体税种,而且税制设计复杂,因而自然人税收筹划的需求量也有相当规模。目前我国税制模式决定了自然人不是税收的主要缴纳者,虽然涉及自然人的税种不少,但纳税总量并不大,因此自然人的税收筹划需求规模相对企业税收筹划要小一些。随着经济的发展、个人收入水平的提高和个人收入渠道的增多以及我国税制改革的完善,我国自然人税收筹划的需求会有一定的增长。

2. 按税收筹划所涉及的区域分类

按税收筹划所涉及的区域,可分为国内(境内)税收筹划和国际(境外)税收筹划。

国内(境内)税收筹划是指从事生产经营、投资理财活动的非跨国(境)纳税人在境内进行的税收筹划。国(境)内税收筹划主要依据的是国内的税收法律法规,为企业谋取正当合法的税收利益。

国际(境外)税收筹划是跨国(境)纳税主体利用国家(地区)与国家(地区)之间的税收政策差异和国际税收协定的条款进行的税收筹划。随着我国对外开放的扩大,我国纳税人所涉及的国际(境外)税收筹划需求也越来越多,目前主要是在对外贸易和对外投资活动领域。可以预见,随着我国企业"走出去"战略的实施,我国将会出现更多的真正的国际化企业,它们在境外从事的投资和贸易活动日益频繁,会真正需要国际税收筹划。这也将是税务师事务所的重要业务领域。

3. 按税收筹划供给主体的不同进行分类

按税收筹划供给主体的不同进行分类,税收筹划可分为自行税收筹划和委托税收筹划两大类。

自行税收筹划是指由税收筹划需求主体自身为实现税收筹划目标所进行的税收筹划。自行税收筹划要求需求主体拥有掌握税收筹划业务技能、具备税收筹划能力的专业人员,能够满足自行税收筹划的要求。对企业而言,自行税收筹划的供给主体一般是以财务部门及财务人员为主。在我国目前由于税收法规和税收政策的复杂性,需求主体很难精通和准确把握税法规定,自行税收筹划的成本与风险是比较大的,而且成本与风险自担,因此自行税收筹划的效果不是很理想,一般采用得比较少,主要适用于较为简单和可以直接运用税收优惠的税收筹划项目。

委托税收筹划是指需求主体委托税务代理人或税收筹划专家进行的税收筹划。由于税务代理人或税收筹划专家具有丰富的税收专业知识和较强的税收筹划技能,制订的税收筹划方案的成功率相对较高。虽然委托税收筹划需支付一定的费用,承担一定的风险,但成本与风险相对自行税收筹划要低,并且即使有风险,也能通过事前约定由委托方与受托方共同分担,因此委托税收筹划是效率比较高、效果比较好的一种税收筹划形式。这种形式主要适用于企业大型税收筹划项目和业务复杂、难度较大的税收筹划专门项目。目前我国受托提供税收筹划服务的主要是税务师事务所、会计师事务所以及其他提供税务代理服务的中介机构。

4.按税收筹划所适用的企业生产经营的不同阶段分类

根据税收筹划适用于企业生产经营的不同阶段来划分,可分为企业投资决策中的税收筹划、企业生产经营中的税收筹划、企业成本核算中的税收筹划和企业成果分配中的税收筹划。

(1)企业投资决策中的税收筹划。企业投资决策中的税收筹划是指企业将税收作为投资决策中的一个重要因素,在投资活动中充分考虑税收影响,从而选择税负最合理的投资方案的行为。企业为了获得更多的利润,总会不断地扩大再生产,进行投资。投资影响因素的复杂多样决定了投资方案的非唯一性,而不同的投资方案显然有不同的税收待遇。因此,企业就有衡量税负轻重、选择最优纳税方案的机会。

(2)企业生产经营中的税收筹划。企业生产经营中的税收筹划是指企业在生产经营过程中充分考虑税收因素,从而选择最有利于自己的生产经营方案的行为。企业生产经营中的税收筹划主要是通过企业从事产业的选择、产品价格的确定、生产经营方式的选择来达到生产经营效果最理想的状态。应纳税额的一般计算公式:应纳税额 = 计税依据(税基)× 税率。当税基一定时,税率越低,应纳税额就越少,反之亦然。因而在进行税收筹划时,要周密计算因产业选择、经营方式选择产生的税率变化或税基的调整而产生的税负变化,再做出生产经营决策。

(3)企业成本核算中的税收筹划。企业成本核算中的税收筹划是指企业通过对经济形势的预测及其他因素的综合考虑,选择恰当的会计处理方式以获得税收利益的行为。在能对税收缴纳产生重要影响的会计方法中,主要有固定资产折旧方法和存货计价方法。就存货计价方法而言,目前主要有先进先出法、加权平均法和个别计价法等,企业可以自己选择,但一经选定不得随意变更。先进先出法以存货的流出与流入的时间同向为前提,若在存货价格紧缩时,采用这一方法可使前期耗用存货的成本增大,使所得税税款减少,从而少缴税款。

(4)企业成果分配中的税收筹划。企业成果分配中的税收筹划是指企业在分配经营成果时充分考虑各种方案的税收影响,选择税负最轻的分配方案的行为。它主要通过合理归属所得年度来进行,合理归属所得年度是指利用合理手段将所得归属在税负最低的年度里。其途径是合理提前所得年度或合理推迟所得年度,从而起到减轻税负或延期纳税的作用。另外,通过调整收入实现时间有助于调节当期应纳税所得额,从而影响应纳所得税税额。

5. 按涉及的不同税种分类

一般将各种税种按照不同的征税对象分为商品劳务税、所得税、财产税、资源税、行为目的税等几大类。与之相对应,以税收筹划涉及税种的不同类别为分类标准,税收筹划可分为商品劳务税的税收筹划、所得税的税收筹划、财产税的税收筹划、资源税的税收筹划、行为目的税的税收筹划等。由于商品劳务税和所得税是我国目前税制结构中最主要的两大税类,因而也是纳税人税收筹划需求最大的两个税类。

商品劳务税税收筹划主要是围绕纳税人身份、销售方式、货款结算方式、销售额、适用税率、税收优惠等纳税相关项目进行的税收筹划。虽然商品劳务税是企业缴纳最多的税,但由于其是可以转嫁的间接税,加之商品劳务税的税收弹性相对较小,因此税收筹划的空间相对于所得税也比较小。

所得税税收筹划主要是围绕收入实现、经营方式、成本核算、费用列支、折旧方法、捐赠、筹资方式、投资方向、设备购置、机构设置等涉税项目的税收筹划。所得税的税收弹性相对较大,其税收筹划的空间也相对比较大,效果往往比较明显。目前这类税收筹划的需求较大。

6. 按税收筹划所采用的减轻纳税人税负的手段分类

根据税收筹划所采用的减轻纳税人税负的手段进行分类,税收筹划可分为“政策派税收筹划”与“漏洞派税收筹划”。就目前情况而言,现在世界各国通过逃税手段来减少纳税人税负的情况较以往大为减少,一般都会通过合法手段进行税收筹划。

政策派税收筹划又被称为节税派税收筹划,该税收筹划学派认为税收筹划必须在遵循税法的前提下合理地运用国家政策,其实质是通过节税手段减少纳税人的总纳税义务。漏洞派税收筹划也称为避税派税收筹划,该税收筹划学派认为利用税法漏洞进行税收筹划,进而谋取税收利益不违法。既然进行税收筹划不违法,那么企业的这种经济行为也就合法。按照这个逻辑,税收筹划是纳税人与政府之间的博弈,政府通过立法堵塞这个税收漏洞,纳税人可以通过税收筹划钻那个税收漏洞。从根本上看,纳税人就是要通过节税和避税两种手段来减少总纳税义务。

第四节　税收筹划、避税、逃税的比较

一、逃税、避税与税收筹划的共同点

(1)主体相同。三者都是纳税人的主观经济行为。

(2)外部环境相同。三者同处一个征管环境和税收法规之中。

（3）具有一定的可转化性。三者之间往往可以互相转化，有时界限不明，不仅税收筹划与避税在现实中很难分清，而且逃税与避税也很难区别。同一项纳税活动，在一国是合法的税收筹划，另一个国家有可能是非违法的避税，在第三个国家也许是违法的逃税行为。即使在同一个国家不同时间标准也不一样，此一时，彼一时也。

二、税收筹划与逃税的区别

逃税是指纳税人欠缴应纳税款，采取转移或者隐匿财产的手段，妨碍税务机关追缴欠缴的税款。对逃税行为，《税收征管法》规定，由税务机关追缴欠缴的税款、滞纳金，并处欠缴税款50%以上5倍以下的罚款；构成犯罪的，依法追究刑事责任。逃税与税收筹划的区别在于：①性质不同。逃税是违法的，严重的逃税行为还要被追究刑事责任。而税收筹划是非违法行为，是被社会和法律接受的。②采取的手段不同。逃税是指纳税人采取转移或者隐匿财产的手段，妨碍税务机关追缴欠缴税款，而税收筹划是在充分地掌握税收法律、法规和规章的基础上，运用一些不违法的方法来达到使企业价值最大化的目的。③发生的时间不同。逃税是在税收义务发生之后，而税收筹划具有明显的前瞻性，即发生在纳税义务发生之前。④目的不同。逃税的目的是减轻税收负担而不顾及后果和影响，而税收筹划的目的是实现企业价值的最大化。

三、税收筹划与抗税的区别

抗税是指纳税人以暴力、威胁方法拒不缴纳税款的行为。除由税务机关追缴其拒缴的税款、滞纳金外，还要依法追究刑事责任。情节轻微，未构成犯罪的，由税务机关追缴其拒缴的税款、滞纳金，并处拒缴税款1倍以上5倍以下的罚款。其与税收筹划的区别在于：①实施的手段不同。抗税是指纳税人以暴力、威胁方法拒不缴纳税款的行为，而税收筹划是采取不违法的手段。②目的不同。抗税的目的是减轻税收负担而像逃税一样，不顾及后果和影响，而税收筹划的目的是实现企业价值的最大化。③性质不同。抗税是违法的，严重的抗税行为还要被追究刑事责任。而税收筹划是非违法行为，是被社会所接受并认可的。

四、税收筹划与骗税的区别

骗税是采取弄虚作假和欺骗手段，将本来没有发生的应税（应退税）行为虚构成发生了的应税行为，将小额的应税（应退税）行为伪造成大额的应税（应退税）行为，即事先根本未向国家缴过税或未缴足声称已缴足税款，而从国库中骗取了退税款。这是一种非常恶劣的违法行为。

《税收征管法》第六十六条规定，以假报出口或者其他欺骗手段，骗取国家出口退税款的，由税务机关追缴其骗取的退税款，并处骗取税款1倍以上5倍以下的罚款；构成犯罪的，依法追究刑事责任。对骗取国家出口退税款的，税务机关可以在规定期间停止为其办理出口退税。

五、避税与税收筹划的比较

避税是指纳税人利用税法漏洞或者缺陷,通过对经营及财务活动的精心安排以期达到纳税负担最小的经济行为。比如,20 世纪六七十年代,美国的公司所得税税负较重,不少公司就通过避税地进行避税,把利润通过关联交易转移到避税地公司的账户上,从而大大减少了美国本土总机构的账面利润,减少了纳税。这当然损害了美国的财政利益,但在当时缺乏反避税法律约束的环境下,政府也只好默认。

避税作为市场经济的特有现象,会随着经济的发展而发展。随着各国法制建设的不断完善,避税将逐渐演变成一种高智商的经济技巧和经营艺术。

从某种意义上说,只要存在税收,就会有避税。随着税收法规制度的不断完善、国际协调的加强,避税技术也在不断发展和深入,有的文献甚至将税收筹划和避税画等号。而在税收筹划的实践中,有时也确实难以分清两者的关系。在不同的国家,政府对两者的态度也有不同。有的在法律上努力将避税纳入打击范围,而又是允许税收筹划的。我们倾向于将正常的避税行为与税收筹划放在一起考虑,尤其在进行国际税收筹划时更是如此。

税收筹划与避税是两个有联系又有区别的概念,要完全分清有一定的困难。我们可以将顺法避税理解为税收筹划,但税收筹划的实施范围并不仅限于此,它的层次更高,它是在经济活动中事先作出的谋划和安排以减少税负的行为。它们的主要区别表现在:

(1)与国家政策导向的符合程度不同。比如逆法避税是与国家税收政策导向相违背的。

(2)执法部门的态度不同。对避税行为特别是逆法避税,政府要防范,而对税收筹划,政府是支持和鼓励的。

本书立足反逆法避税,研究的是合法的、理性的税收筹划。

本章小结

纳税行为发生之前,在不违反法律、法规(税法及其他相关法律、法规)的前提下,通过对纳税主体(法人或自然人)经营活动或投资行为等涉税事项做出的事先安排,以达到少缴税和递延纳税为目标的一系列谋划活动,称为税收筹划。

税收筹划在国际上已有相当长的历史,但在我国似乎刚处于起步阶段。

税收筹划具有合法性、筹划性、风险性、多样性、综合性和专业性等特点。

为了研究的方便,需要对税收筹划进行分类。根据不同的标准可以对税收筹划进行各种分类。

逃税、抗税、骗税等是违反税法的,与税收筹划有着本质的区别。避税与税收筹划的关系越来越难以区分。

【关键术语】

　　税收筹划　抗税　筹划性　避税　逃税

复习思考题

　　1.税收筹划的特点有哪些？

　　2."税收筹划可以促进纳税人依法纳税"，你同意这种说法吗？

　　3.税收筹划与逃税有何区别？税收筹划与避税有什么关系？

　　4.怎样理解税收筹划的合法性原则？

　　5.何谓逆法避税？为什么要实行反避税？

　　6.什么是避税？什么是逃税？避税与逃税有什么区别，请就每种行为各举一例说明。

练习题

　　1.你或你的家人一年内会缴纳哪些税？这些税是怎样计算和征缴的？请查阅资料，寻找一些对你适用的税收筹划方法。

　　2.假设内资企业所得税税率在广州为25%，在深圳为15%。广州的A公司（内资企业）销售一批产品给惠州的C公司，有以下两种方案：一是直接销售，总销售额1 000万元，成本费用为800万元，利润为200万元；二是将产品以850万元卖给深圳的关联企业B公司，B公司再将产品以1 000万元卖给C公司。请问A公司应采用哪种方案？这一筹划方法是出于什么原因？

【延伸阅读】

"阴阳合同"的风险在哪里？

　　林某2005年5月购买谭某二手房一套，双方合同约定签约当天付给谭某房款8万元，2006年12月前付4万元，款付清后，办理产权过户手续。由于2006年二手房买卖营业税新政出台，林某与谭某协商，为了少缴税费，双方另写一份买卖合同，约定房屋买卖价款总额为8万元，林某已经付清，2006年6月1日前必须办理过户。房屋办理过户后，谭某多次找林某追讨4万元余款，林某拒付，谭某以第一个合同诉诸法院，林某则以第二个合同抗辩。谭某败诉，由于行政备案和过户登记的合同均为8万元。

　　律师点评：这是为了规避二手房交易税费而签订的"阴阳合同"，所谓"阴阳合同"，就是双方签订的协议约定了房屋的真实交易价格，但在交易市场填写房屋买卖契约时，将房屋价格填少,以达到少交房屋营业税和契税的目的。这样就出现了两份合同。

　　"阴阳合同"的效力认定:实务中意见不一,一种观点是:有案例从保护国家利益出发,认定后一契约是无效的,因为恶意避税违法,双方要依原协议补交税款。另一种观点则是从保护交易出发,由于协议在先,交房屋管理部门存档的契约在后。按照法律契约便替代了原协议。如果在房屋过户完成后,买方坚持以契约约定的价格为依据,少给付房款,卖方的风险就随之而来。即使是差额款要回,所产生的经济损失也会大于少交的税。

第二章　税收筹划的实施

【学习目标】

本章主要阐述开展税收筹划的必要性、现实意义以及税收筹划不同的发展层次、税收筹划产生的主客观原因和税收筹划的实施。

【开篇案例】

跨国公司在英避税引关注

一、星巴克在英避税

路透社和一家名叫"税务研究"的英国独立调研机构共同进行的一项为期4年的调查，根据2012年10月公布的报告显示，这家全球最大的咖啡连锁店，在英国营业13年间，销售额达到了创纪录的31亿英镑（约合48亿美元），但累计缴纳公司所得税仅为860万英镑（约合1 374万美元），纳税额低于营业额的1%。在过去3年，星巴克在英国没有缴过企业税所得税。2011年，星巴克在英国的营业额为3.98亿英镑（6.37亿美元），却宣布亏损3 290万英镑（5 264万美元），未缴纳任何税金。

英国税务专家分析，星巴克公司采用了一系列复杂的方法来逃避缴纳税款，包括收取专利和版权费，向英国分公司提供高息贷款和利用公司的供应链将利润转移，像变戏法似的让自己在英国产生的利润消失得无影无踪，聪明地避了税。

专家称，这些跨国企业恰恰是利用了现存法律规定中的空子，它们的做法属于合法范畴。虽然这些企业没有缴纳多少公司所得税，但它们通过为职工缴付包括医疗和养老等各种保险以及向消费者收取增值税等方式也为英国税收做了不少贡献。

星巴克否认公司逃税，认为公司在每个国家都遵守了税收规则，寻求支付公平份额的税收。星巴克的首席执行官表示，英国是该公司最重要的市场之一，重申在英国的税务一切合法，将给英国相关机构提供证据。公司的首席财务官表示，租金高是公司在该国运营糟糕的主要原因，英国业务只盈利过一次。公司发言人称：我们是守规矩和良好的纳税人，对我们逃税的指责是绝对失实的。该公司同时也强调星巴克为英国创造了9 000个工作机会。

英政府税务部门一位官员也表示无能为力。他说："我们调查了所有有逃税嫌疑的企业或个人的收入账目,最后的结论只有一个:就是避税。"

星巴克问题的暴露让跨国企业税务问题成为众矢之的,英国社会开始关注和质疑英国涉外企业税收法规,并将矛头指向了其他有类似问题的跨国企业,如麦当劳、脸谱、谷歌、亚马逊和苹果公司等。有人认为,跨国公司避税对英国本土中小企业是不公平的。包括星巴克在内的一些跨国公司在商业中心经营盈利,却不用交或少交税金,很明显,税收制度上存在严重漏洞。

二、星巴克避税的连锁效应

路透社报道,英国司法部门将对星巴克、谷歌和亚马逊这三家公司的高管进行调查,并质询他们为何在英国销售额巨大,而纳税额却很少。面对公众对大型跨国公司避税问题越来越高涨的关注声,英国公共账目委员会已经请这些公司提供证据。

英国议会反对党成员玛格利特表示,对普通人来说,难以认为避税是公平的。在当前英国不得不进行紧缩减支的经济形势下,这使公众十分愤怒。在一份关于大企业利用漏洞来避税的报告发布后,英国和德国宣布了推动20国成员让跨国公司支付公平份额税收的行动。

谷歌的文件显示,2011年该公司在英国销售额为40亿美元,尽管这家公司的毛利率达到33%,但是在英国的分部去年纳税金额仅为340万英镑。这家公司据称将非美国的销售通过爱尔兰分部的安排来使其支付的非美销售税率仅为3.2%。谷歌欧洲北部与中部销售与运营副总裁表示,公司确实通过百慕大转移欧洲区收入以减少税款,但他表示,这种做法完全合法。

亚马逊英国的销售额为53亿至72亿美元,2011年支付的所得税不足100万英镑。亚马逊逃避在英国税收的方法是通过在卢森堡的一家分支来报告欧洲的销售,这一方法使2011年公司支付的国外税率只有11%,不到其主要市场的平均企业所得税率的一半。

9月,法国税务机构也曾要求亚马逊补交2.52亿美元的税款,这与该公司通过卢森堡转移欧洲销售额有关。亚马逊表示,公司正就该要求进行抗争。谷歌也受到法国税务机关的调查,但它对上个月收到补交10亿欧元税款的要求报道予以了否认。[①]

思考:面对跨国公司的避税行为,政客可以充分利用这个话题,为民请命,为己捞取政治资本;公司当然会极力辩解,认为自己的行为并不违法;但站在专业的角度,更应该考虑税收制度的设计。

第一节　税收筹划的目标

税收筹划的总体目标正如我们在讨论税收筹划的定义时所论及的那样,是以"实现优化纳税、减轻税负或延期纳税为目标"。对居民个体纳税人而言,主要是通过投资和消

---

① 根据2012年10月、11月新华网和经济参考报等报道整理。

费的安排,以及财产的恰当处置减少应纳税款,对企业而言减轻税负或通过延期纳税,实质上减轻税负是直接目标,而整体优化纳税是最终目标。整体优化纳税直接涉及企业的最终目标。这里主要从企业角度来讨论税收筹划的目标问题。

一、科学发展观与企业目标

出于经济社会的可持续发展的现实要求,科学发展观已成为我国全面建设小康社会、统筹经济社会协调发展的指导思想。作为社会经济的"细胞",企业既是微观经济主体,又是纳税主体。如何将企业目标与当前我国社会经济发展目标有机地统一起来,是每个企业必须认真考虑的问题。仅从纳税方面来说,企业必须将其投资理财活动,包括税收筹划活动,与贯彻科学发展观紧密结合起来。在此过程中,合理地定位企业目标最为关键。

早期现代企业理论认为追求利润最大化是企业的合理目标。从理论层面看,利润最大化假设具有一定的合理性。但是,现实经济活动中利润按年度核算,该指标具有短视的特点。如果企业目标定位于利润最大化,往往容易导致企业经营者追求短期利润。造成行为短期化,不利于企业长期稳定发展。现实情况表明,以利润最大化为企业目标的企业往往是"短寿"企业。在充满竞争与日益多元发展的社会中,企业作为"社会人",利润最大化这一目标已难以满足各个利益相关者的要求,也难以满足企业可持续发展的战略要求。因此,目前企业利润最大化的目标理论已受到质疑。

在企业目标理论中,唯有企业价值最大化理论与科学发展观理论具有高度一致性。所谓企业价值最大化是指企业经理人在资源、技术和社会的约束条件下谋求企业价值的最大化。价值最大化目标是针对利润最大化目标的缺陷而提出来的,是对利润最大化目标的修正与完善。其一,作为价值评估基础的现金流量的确定,仍然是基于企业当期的盈利,即对企业当期利润进行调整后予以确认;其二,价值最大化是从企业的整体角度考虑企业的利益取向,使之更好地满足企业各利益相关者的利益;其三,现金流量价值的评价标准,不仅要评价企业目前的获利能力,更看重的是企业未来的和潜在的获利能力。因此,从科学发展观来看,企业价值最大化目标更强调企业的持续发展能力。

二、以科学发展观定位企业税收筹划目标

企业税收筹划是现代企业理财活动的重要内容,其目标定位应服从于企业目标,与企业目标一致,并且随着企业目标的调整而调整。

在企业目标定位于利润最大化的条件下,税收筹划的目标必然是追求税后利润最大化。追求利润最大化相对于追求税负最轻的节税方式而言,已是一种历史的进步,但是如果按照这一目标来进行税收筹划,依然会导致企业目光短浅,只会以当年利润或经理人任期的利润多少来选择纳税方案,而不是从企业整体利益和长远发展的角度来选择纳税方案。在税收筹划实践中我们经常可以看到,某一纳税方案能够减轻税负,或能带来当年利润最大化,但从企业长期发展来看,是不利的。显然,这不是税收筹划应达到的目

的。将税收筹划的目标定位于企业价值最大化,是科学发展观在税收筹划中的具体体现。根据这一思路,企业在进行一切生产经营投资决策时,加入税收政策或税收法规因素,以企业价值最大化为目标,选择或放弃某一方案的行为和过程,就是税收筹划活动。并不是只有选择税负最轻或税后利润最大化的纳税方案的活动才称为税收筹划,有时甚至通过税收筹划达到多交税的目的,如果有利于企业价值最大化,也应该认为是合理的税收筹划。如企业为了争夺某年或某地区纳税大户的第一名,在与第二名的纳税总额差距不大的情况下,通过合理调整而增加纳税额从而在纳税信用等级、纳税排名等方面取得较高的社会声誉和较大的宣传效应,也是合理的。有的企业为了实现连续几年盈利增加的目的,从而达到上市要求,通过调整历年利润水平从而多纳税也是总体有利于企业价值最大化的。

综上所述,以税后利润最大化为目标的税收筹划和以企业价值最大化为目标的税收筹划都是在遵从税法前提下纳税人对生产、经营、投资、理财活动的纳税方案的一种安排,主要区别在于企业目标定位不同。理想的税收筹划是节税、税后利润最大化和价值最大化三者的统一。但在现实中三者的统一往往是很困难的,当三者发生矛盾时,应以企业价值最大化为决策依据。由单纯追求节税和税后利润最大化目标向追求企业价值最大化目标的转变,反映了纳税人现代理财观念不断更新和发展的过程,也是科学发展观对税收筹划健康发展的要求。从这个角度来说,以节税和税后利润最大化为目标的税收筹划是税收筹划发展的低级阶段,以企业价值最大化为目标的税收筹划才是税收筹划发展的高级阶段。在我国税收筹划发展过程中,应大力倡导在科学发展观指导下的税收筹划活动。

第二节　开展税收筹划的意义

一、开展税收筹划的必要性

税收构成了企业的必要成本,在市场经济的条件下,税收是企业经营决策必须考虑的重大因素。然而中国的企业对税收一直不太重视,这主要是由于在计划经济体制下企业缺乏自主经营的外部环境和独立的经济利益机制。但是随着企业改制的不断深化,企业开展税收筹划是十分必要的。

首先,体制改革使企业成为适应市场经济的法人实体,企业依法自主经营、自负盈亏,以股东权益最大化或利润最大化为考核经营绩效的标准,企业必须认真考虑不同决策的税负轻重。

其次,税收执法力度正在不断加强,偷税企业将受到严惩,想偷逃税款,此路不通,可行的办法只能是开展税收筹划。

二、税收筹划的现实意义

（一）税收筹划的微观意义

1.税收筹划有利于提高纳税人的纳税意识

企业要想成功地实现税收筹划,必须熟悉国家的税法。因此企业为了开展税收筹划,就会主动学习和钻研税法,自觉地履行纳税义务,不违反税法的规定,从而提高纳税人的税收法律意识。

税收筹划与纳税意识的增强一般具有客观一致性,税收筹划是企业纳税意识提高到一定程度的体现。企业进行税收筹划的初衷的确是为了少缴税或缓缴税,但企业采取的是合法合理的方式,通过研究税收法律规定,关注税收政策变化,进行纳税方案的优化选择,以尽可能地减轻税收负担,获取最大的税收利益。应该说这样做纳税人的纳税意识不仅不差,而且可谓是相当强。这种筹划活动正是利用国家的税收调控杠杆取得成效的有力证明。而且,现在进行筹划的企业多是一些大、中型企业或"三资"企业,即进行税收筹划或税收筹划搞得较好的企业往往纳税意识也比较强。如果采取偷税、骗税、抗税等违法手段来减少应纳税款,纳税人不但要承担受法律制裁的风险,而且还会影响企业声誉。因此,一种合法地减少应纳税款、节约税收支出的方法——税收筹划,便成为纳税人的必然选择。由此可见,税收筹划有利于促使纳税人在谋求合法税收利益的驱动下,主动自觉地学习和钻研税收法律法规,自觉、主动地履行纳税义务。

2.税收筹划可以给企业带来直接的经济利益

成功的税收筹划能减轻企业的税负,增加企业利润,提高企业经济效益。税收的无偿性决定了企业税额的支付是资金的净流出,而没有与之匹配的收入。依法纳税虽然是企业应尽的义务,但是,对企业来说,无论纳税多么正当合理,都是纳税人经济利益的一种丧失。在收入、成本、费用等条件一定的情况下,企业的税后利润与纳税金额互为消长。因此,企业作为纳税人将其注意力自觉不自觉地转移到应纳税额上。税收筹划可以减少纳税人的税收成本,还可以防止纳税人陷入税法陷阱。企业在仔细研究税收法规的基础上,按照政府的税收政策安排自己的经营项目、经营规模等,最大限度地利用税收法规中对自己有利的条款,无疑可以使企业的利益达到最大化。

3.税收筹划有利于提高企业经营管理水平

企业经营管理不外乎是管好"人流"和"物流"两个流程。而税收筹划就是为了实现物流中的"资金流"的最优效果,是一项高智商的增值活动,为了进行税收筹划,企业必须启用高素质、高水平的人才,这必然能提高企业经营管理水平。另外,健全的财务会计核算是税收筹划的前提,企业为了进行税收筹划就需要建立健全财务会计制度,规范财务管理,这必然会提高企业经营管理水平。

(二)税收筹划的宏观意义

1. 税收筹划有利于实现税收的宏观调控功能

税收是政府进行宏观调控的最重要的杠杆之一。国家通过税收政策形成一定的税负分布,以引导社会资源的合理配置,调整产业结构。纳税人根据税法的规定合理避税,客观上是在国家税法引导下,逐步走向优化产业结构和合理配置资源的道路。纳税人根据国家税法的规定,以各地区、各行业的税种、税基、税率为基础,利用国家的各项税收优惠、鼓励政策,进行筹资决策、投资决策、生产经营决策和利润分配决策。尽管在主观上是为了减轻纳税人的税收负担,使自己的利益最大化,但在客观上却是在国家税收杠杆的作用下进行产业结构的调整,优化资源的配置,这体现了国家的产业政策,是符合国家发展方向的。

2. 税收筹划有利于税法的不断完善

企业开展税收筹划活动就是对国家税法的不完善及特有缺陷的利用。国家可以根据形势的变动和已经出现的税收筹划现象分析原因,找出税法中不完善的地方,及时加以调整。我国的税收法律、法规、制度虽经不断完善,但在不同时期仍可能存在覆盖面上的空白处、衔接上的间隙处和掌握上的模糊处等,而且除了《中华人民共和国个人所得税法》《中华人民共和国税收征收管理法》《中华人民共和国企业所得税法》《中华人民共和国车船税法》外,我国现在大多是用条例、暂行条例、办法、通知等规范税收,内容分散,不易把握,有时甚至会出现税收规定与民法通则、刑法等其他相关法律、法规不协调之处。税收筹划是对税收优惠政策进行研究和运用,但是现行税收政策也有某些缺陷、不足和漏洞,因而进行税收筹划可以及时了解税收法规和税收征管中的不尽合理和不完善之处,为国家进一步完善税收政策、法律法规提供依据,起到对税收法规的验证作用,能够有效地贯彻税收法定主义原则,推动依法治税的进程。同时,也有利于加快税收的立法过程及与相关法律、法规的相互协调和衔接,使我国法律成为一个相互协调的有机整体。

3. 税收筹划有利于涵养税源

纳税人根据税收政策进行税收筹划,可以促进产业结构合理化,促进生产力的发展。企业规模大了,收入和利润多了,国家的税收收入也就增加了。在目前国家减税政策有限的情况下,纳税人进行税收筹划,降低了企业的税收负担,这对企业的生存发展十分有利,特别是在当前困难企业较多、国家又难以一一兼顾的情况下,税负的减轻可以为企业渡过难关、赢得发展提供契机。虽然在短期内税收筹划减少了国家的财政收入,但是由于这是符合国家的宏观调控政策,有利于实现国民经济健康有序地发展,所以随着产业布局的逐步合理、资源的进一步优化配置,可以促进生产进一步发展。企业发展了,税源增加了,上缴给国家的税款也会获得同步增长。

4. 税收筹划有助于税务服务行业的健康发展

随着依法治国进程的深入,我国法律、法规将不断完善,尤其是随着新一轮税制改革的推进,提高税法的立法层次已是一个必然趋势。面对众多的税收法规及主管部门不断下发的各种税收政策文件,纳税人往往感到很难全部掌握,许多企业甚至对一些税收法规根本不了解,也就更谈不上如何利用政策空间进行合理的规划和操作,使企业实现利润最大化了。目前有些企业对许多税收优惠政策并不清楚,只想通过其他渠道来达到少缴纳税款的目的,这已经越来越难以实行。要解决这个问题,就需要有人提供税收筹划服务,帮助企业理解和运用这些优惠政策,以适应更复杂的税收环境。这就需要一批具有国际化视野、熟悉国际国内税务法律及财务会计等的专业人才和专门的税务服务机构如税务师事务所来提供优质服务。通过税收筹划,可以从需求和供给角度促进税务服务行业的发展。

第三节　税收筹划的发展层次

企业的税收筹划策略可以从水平或深度上划分为三个层次:初级、中级和高级税收筹划。从我国现阶段来看,虽然整体而言税收筹划的意识比较强,但是企业税收筹划工作水平还有待进一步提高。

一、初级税收筹划:规避企业额外税负

(一)什么是企业的额外税负

作为成本的企业税收首先是由国家税法规定的,由于种种原因,企业实际支付的税款可能超过按税法计算出来的应纳税额,超过的部分就构成了企业的额外税负。显然,企业税收筹划的最低标准是避免企业的额外税负。

(二)企业额外税负的主要表现形式

1.企业自身税务处理错误造成多缴税款

企业经营活动的税务处理必须按照税法的规定来执行。这就要求企业必须熟悉税法,能熟练运用税收政策为自己的经营管理服务,否则就有可能多缴税款,造成不必要的损失。

【案例2-1】　某国有林业物资供销公司是增值税一般纳税人,从湖北某单位购进一批松香,供货合同注明货物含税金额为30万元,并要求供货方开具增值税专用发票。供货方都照办了。但事后才发现:由于对方是小规模纳税人,只能出具由税务机关按3%征收率代开的增值税专用发票,这张发票上注明的货物金额为291 262元,税额为8 738元,购货单位希望得到按9%的税率计算税款的增值税专用发票[①],故在收到此发票后多次找供货方要求换发票或退货均无结果,只好诉之法院,又以失败告终。这样,该公司就

---

① 2017年7月1日起,增值税适用税率为13%的全部降至11%;2018年5月1日起,原适用17%和11%税率的,下调为16%和10%;2019年,原适用16%和10%税率的,下调为13%和9%。

因少抵扣了进项税额而多负担 16 033 元的增值税。

曾经有一个刚毕业的学生跟我说了件事,她在一家房地产公司工作,公司开发的房屋留了一半自用,用来作酒店,她问我这种自用房是否需要缴增值税?按现行税法这种情况不用缴增值税。她说公司带她的老会计一直都缴的,她问:不用缴却缴了,那怎么办?只要在三年以内发现可要求税务部门退还,逾期不退。这就造成了额外税负。

2. 企业无意中违反税法而招致的税务罚款

税法是严肃的,违反了就受罚,而不管你是有意违反还是无意违反。例如,某单位1997 年启用新账簿时,按上年营业账簿实际贴花数买了 80 元的印花贴在账簿上。税务机关检查时指出两个问题:一是当年营业账簿实际应缴税款是 50 元(税法规定:记载资金的账簿,按实收资本和资本公积合计的 0.05% 贴花,2018 年 5 月 1 日起,减半征收。其他账簿按件贴花 5 元),该单位多缴了 30 元;二是没有注销印花税票。然后责令该单位立即注销已贴用的印花税票,并处以 100 元的罚款(税法规定:未注销或者划销已贴用的印花税票,税务机关可处以未注销或者划销税票金额 10 倍以下的罚款)。这个案例就属于典型的对税法不了解而导致企业承担额外税收负担的现象。

3. 企业对某些税收优惠政策未能享受或未能享受到位而多承担税负

不少企业对税收政策理解不全面、不透彻,使企业对该享受的税收优惠政策未能享受或未能享受到位。比如,有一家大型化肥厂,按税法规定其销项税率享受增值税的低税率(13%),由于购进的原材料适用 17% 的税率,因而其税负很轻,效益很好。可是从1994 年 5 月 1 日起,石油价格上调,化肥价格虽然也上调了,但幅度远低于石油。而该厂是耗油大户,油料成本占 75%。结果进项税额很高,而销项税额较低,使大量的进项税额无法抵扣,形成税金倒挂。从 1994 年 5 月到 1999 年 10 月,全厂倒挂税金 8 230 万元。后来企业为此陷入困境,才开始艰难地申请退税。尽管 1999 年 10 月财政部作出决定一次性补贴该厂 6 000 万元退税款,但仍有 2 000 多万元无法退税。这一现象纯属国家政策调整所致,作为受害企业,本该在政策出台之初就积极地争取退税,也不至于如此被动。

4. 税务机关的非规范性征管导致企业的涉税损失

由于财政收入的压力和税收征管困难,基层税务部门有时采取税收承包、定额征收的办法,甚至还会为了完成税收计划而提前征收或超额征收。另外,少数税收征管人员由于疏忽大意,或者素质低下,多计多收税款也是可能的。对此企业若不能及时识别并据理力争,就只能承担由此带来的额外负担。

有人问过笔者这样一个问题:我公司被税务部门查出 2017 年度少缴企业所得税 5 万元,税务部门从 2018 年 3 月 1 日起加收我公司未缴企业所得税的滞纳金,企业所得税的滞纳金到底应该从何时开始计算?按当时的规定:企业所得税的滞纳金应该从汇算清缴结束的次日起计算加收。按规定企业所得税是在年度终了后 5 个月内汇算清缴,多退少补。企业所得税汇算清缴结束时限是 5 月 31 日,税务部门应该从 6 月 1 日开始加收企业所得税的滞纳金。

由此可见,企业蒙受额外税负的直接原因是对税法不熟悉,没有税收筹划意识或是筹划意识不足。

二、中级税收筹划:优化企业税务策略

(一)什么是中级税收筹划

税收除了是增加财政收入的途径外,还是国家宏观调控的主要杠杆。国家宏观调控的意图会在税法中具体体现出来,所以许多因素,如企业的生产经营所在地区、所处行业、财务核算方法、投融资方案都会影响企业的税收负担。为了降低税收成本,企业还必须在作出经营决策之前综合考虑不同决策方案可能导致的不同的税收负担,从中选择最优的决策方案。这就是中级税收筹划。

(二)中级税收筹划策略

1. 注册登记策略

在登记的时间和地点上,一般以正式营业时间开始登记,在属地登记为好,因为企业一登记就要开始纳税,未营业先登记容易带来税收管理方面的麻烦;另外在属地登记可以享受当地的税收优惠,可以减少多层次交叉的税务稽查,还可融洽征纳关系。

在法人和自然人身份选择方面,要进行权衡。一般来说法人信誉好,容易取得税务机关的信任,但是法人的所得首先要交企业所得税,然后还要交个人所得税,存在重复纳税;而自然人身份登记则只需交个人所得税。

2. 融资方式选择策略

融资方式的选择也是税收筹划的重要领域。企业融资的常见方式有发行股票、债券、贷款和融资租赁,其中发行股票是增加权益资本,另外三种都是扩大借入资金。权益资金的好处是风险小,无固定利息负担;不利之处是其融资成本股息要从企业的税后利润中支付,不能冲成本,对股息还要征收个人所得税。

借入资金的成本是利息,利息是在税前列支,可以列入成本,减少了所得税;其缺点是到期必须还本付息,当企业资不抵债时,有可能破产清算,因而风险较大。因此,企业要综合各种因素来选择融资方式。

三、高级税收筹划:争取有利的税收政策

(一)什么是高级税收筹划

税收是国民经济的再分配形式,无论实行什么样的税收制度,税收总是从一部分社会成员的钱袋子里取钱给另一部分社会成员。因此任何税收制度总是对一部分人有利对另一部分人不利。这就不可避免地会引起不同利益集团或社会阶层之间关于税收政策的争论。例如,1995 年底至 1997 年中,美国克林顿政府与国会关于预算平衡方案的争

论。代表低收入阶层利益的民主党政府主张增加政府开支和税收,而代表富人利益的共和党控制的国会则坚持减少政府开支和税收,如将资本增益税率由28%减到20%,将遗产税起征点由60万美元提高到100万美元。双方争论不休。

因此,积极争取对自身有利的税收政策就成了企业最高层次的税收筹划策略。

(二)高级税收筹划的前提——准确测算自身的经济税负

税收的基本原则之一是税负公平。税收政策的制定主要取决于对不同纳税人税负的测算。因此,企业争取有利的税收政策的一个基本前提是要准确测算自身的税负,并证明这个税负过重。1994年税制改革后,许多企业都抱怨税负加重了,如农机、纺织和水电等行业就是如此。他们的意见可能是正确的,但由于缺乏具体准确的测算数据和有力的理论证明,却很难令人信服。

税负分为名义税负和经济税负。名义税负是按税法计算的税负,经济税负是实际承担的税负,它与名义税负一般会有很大的差异,企业测算的税负应该是经济税负。例如,1996年深圳市纺织、电力、烟草三个行业的增值税名义税负分别为1.82%、3.86%和10.76%,经测算,纺织业的税负不能转嫁,经济税负仍为1.82%,电力行业税负可以部分转嫁,实际税负为0.53%,烟草行业需求弹性小,税负可完全转嫁,实际税负为零。

(三)企业争取有利税收政策的途径

从税收制度和政策方面看,影响企业税负轻重的主要因素包括征税对象、计税依据、税率和税收优惠。企业可以根据税收理论、国家宏观经济政策和税收负担的纵向和横向比较,就这些因素提出建议,争取对自身有利的税收政策。

企业争取有利的税收政策的途径,主要有以下三种:

(1)向税务机关和有关政府部门反映和申诉;

(2)借助于理论界在报纸、杂志等媒体上开展讨论和呼吁;

(3)直接向人民代表反映,由他们将有关提案提交人民代表大会讨论。

第四节　税收筹划产生的因果分析

一、税收筹划产生的基本前提

1.市场经济体制

从根本上讲,企业之所以开展税收筹划活动,首先是出于对其自身经济利益的追逐。这是符合理性经济人假设的,而这种假设的前提在于完备的市场经济体制。在计划经济体制下,企业吃国家的大锅饭,实现的利润大部分上缴财政,几乎没有自身利益可言。企业即使通过税收筹划减轻了税负,也只不过是将税收转化为利润上交国家。因此,税收筹划没有存在的必要。只有在市场经济体制下,企业真正成为市场的主体,享受独立的经济利益,同时在激烈的竞争中产生对成本控制的需求,税收筹划才有存在及发展的空间。

2. 税收制度的"非中性"和真空地带的存在

税收中性是指国家征税时应避免对经济主体根据市场机制独立进行经济决策的过程进行干扰。然而,税收中性只是税制设计的一般原则,在实践中,各国政府在制定税收制度时,为了实现不同的目标,都会设计许多差异化的政策,如差别税率,以及不同经济事项的差异化处理方法。这使税收制度在执行过程中呈现出"非中性",从而企业的经营活动面对税收契约呈现差异化的反应,理性的企业自然会选择符合自己最大化利益的方案,并有意识地事先安排与筹划。由于企业的实际情况多种多样,交易和事项形形色色,而且社会经济环境是不断发展变化的,随时都可能发生新的情况,与此同时,作为税收政策的制定者,政府不可能获取完整信息,因此,任何税收政策都不可能是尽善尽美的,既不可能对现实的所有情况、所有交易和事项产生约束,也难以对将要出现的情况、交易和事项做出规范,从而必然留下真空地带,形成税法空白。利用税法空白进行税收筹划,是许多纳税人最为本能的一种税收筹划方式。

3. 完善的税收监管体系

税收契约双方具有信息不对称性,尤其是在会计信息的掌控方面,企业自身占据强势地位。然而,绝大多数税收的计量又是以会计信息为基础的,为了弥补在会计信息方面的缺陷,政府必然要求对企业进行税收监管,并对违规行为进行处罚。税收监管的存在增加了企业进行税收欺诈的成本,从而会在一定程度上抑制企业利用税收欺诈降低税负的税收筹划行为。如果整个社会税收监管水平较高,形成良好的税收执法环境,纳税人要想获得税收收益,只能通过税收筹划方式进行,而一般不会、不易或不敢做出违反税法等有关法律之事。反之,如果税收监管力度较弱,执法空间弹性较大,纳税人采取风险和成本都比较低的税收欺诈行为即可以实现企业目标,自然无须进行税收筹划。因此,完善的税收监管体系是税收筹划的前提。但是必须指出,由于监管人员的有限理性以及监管成本可能过高,现实的税收监管存在期望差距,这种差距可能使得企业放弃税收筹划,铤而走险采取欺诈方式。

二、税收筹划是纳税人应有的权利

现代企业一般有四大基本权利,即生存权、发展权、自主权和自保权,其中自保权就包含企业对自己经济利益的保护。纳税是有关企业的重大利益之事,享受法律的保护并进行合理合法的税收筹划是企业最正当的权利之一。

税收筹划是纳税人的一项基本权利,纳税人在法律允许或不违反税法的前提下,有从事经济活动获取收益的权利,有选择生存与发展、兼并与破产的权利,税收筹划所取得的收益应属合法权益。

税收筹划是纳税人对其资产、收益的正当维护,属于纳税人应有的经济权利。纳税人对经济利益的追求可以说是一种本能,具有明显的排他性和利己的特征,最大限度地维护自己的利益是十分正常的。税收筹划应在纳税人权利的边界内或边界线上,超越企业权利的范围和边界,必然构成对纳税人义务的违背、践踏,而超越纳税人义务的范围和边界,必然构成对纳税人权利的破坏和侵犯。对纳税人来说,遵守权利的界限是其应承担的义务,坚守义务的界限又是其应有的权利。税收筹划没有超越纳税人权利的范围,应属于纳税人的正当权利。

税收筹划是纳税人对社会赋予其权利的具体运用,属于纳税人应有的社会权利。纳税人的社会权利是指法律规定并允许的受社会保障的权利,它不应因企业的所有制性质、经营状况、贡献大小不同而不同。在税收筹划上,政府不能以外商投资企业与内资企业划界,对前者采取默许或认同态度,对后者则反对和制止。其实,对企业正当的税收筹划活动进行打压,恰恰助长了偷税、逃税及抗税现象的滋生。因此,鼓励纳税人依法纳税、遵守税法的最明智的办法是让纳税人充分享受其应有的权利,其中包括税收筹划,而不是剥夺其权利,促使其走违法之道。

企业税收筹划的权利与企业的其他权利一样,都具有特定的界限,超越这个界限就不再是企业的权利,而是违背了企业的义务,就不再是合法的,而是违法的。企业的权利与义务不仅互为条件,相辅相成,而且可以相互转换。在纳税上其转换的条件是:

(1)当税法中存在的缺陷被纠正或税法中不明确的地方被明确后,企业相应的筹划权利就会转换成纳税义务,如某种税由超额累进税率改为固定比例税率后,纳税人利用累进级距的不同税率而实施的筹划就不存在了。

(2)当国家或政府对税法或条例中的某项(些)条款或内容重新解释并明确其适用范围时,纳税人原有的权利就可能转变成义务。由于税法或条例中的某项(些)条款或内容规定不明确或不适当,纳税人就有了税收筹划的权利。如果国家或政府发现后予以新解释或明确其适用范围,那么,对有些纳税人就可能不再享有税收筹划的权利了,而且再发生这种经济行为就可能变为纳税义务了。

(3)当税法或条例中的某项(些)特定内容被取消后,税收筹划的条件随之消失,企业的税收筹划权利就转换为纳税义务。如某项税收优惠政策(对某一地区或某一行业)被取消后,纳税人就不能再利用这项优惠政策实施税收筹划,而只能履行正常的纳税义务了。

(4)当企业因实施税收筹划而对其他纳税人(法人、自然人)的正常权利构成侵害时,企业的筹划权利就会转换成纳税义务。企业的税收筹划权利的行使以不伤害、不妨碍他人权利为前提。

三、税收筹划产生的主观原因

任何税收筹划行为产生的主观原因都可以归结为一条,那就是利益的驱使。无论是法人还是自然人,也不管税收政策是多么的公正合理,都意味着纳税人直接经济利益的减少,在利益的驱使下,使企业在努力增加收入和降低成本的同时,还要考虑减轻税负,以达到利益最大化。这就是纳税人进行合法的税收筹划的内在动力和原因。

研究税法、调查税收环境不仅是合法的,也是必要的,不这么做就有可能带来不必要的损失。比如,我国的金诚实业总公司与哈萨克斯坦的阿尔玛公司合资经营沈阳饭店,生意一直很好,但开业刚满三年就关门了,原因是哈萨克斯坦税负太重。

四、国内税收筹划的客观原因

(一)税收制度的差异性

税法中各项特殊条例、优惠措施和其他差别规定的存在,是税收筹划存在的客观原因。税收制度的差异性表现在以下几个方面:

1. 不同地区间企业税收负担的差异

城市维护建设税税率:城市按7%、县城和镇上按5%、其他地方按1%的税率征收。

2. 不同行业间企业税负的差异

税收具有宏观调控的功能,对于需要鼓励和扶持的行业,税负就低,而对于需要限制的行业,税负就高。比如,企业从事的货物销售或者提供加工、修理、修配劳务活动缴纳增值税,而有的行业除了缴纳增值税还要缴纳消费税,税负更重。增值税的一般纳税人税率一般为13%,而小规模纳税人征收率是3%。不同的应税消费品税率也不同。

(二)税收法律的弹性

经济活动是复杂多变的,国家要对纳税人的经营活动征税,这就要求税收法律具有一定的弹性,这种弹性也给纳税人的税收筹划提供了可能性。这种弹性表现在以下方面。

1. 纳税人定义上的可变通性

任何一种税都要对其特定的纳税人给予法律上的界定。纳税人只要能够证明自己不是某种税的纳税人,自然就不必缴纳这种税。例如,在中华人民共和国境内销售不动产的单位和个人,为增值税纳税人,应当依法缴纳增值税。假如某公司从事销售不动产的业务,按说是增值税的纳税人,但该公司熟知税法的有关规定,将销售的不动产改成以不动产进行投资来享受被投资企业利润分红,几年内(如5年)所分得的红利正好是该不动产的销售价格。按税法规定,以不动产进行投资的纳税人不属于增值税的纳税人,从而使该公司成功地避开了税收负担。

2. 征税范围的弹性

征税范围是可大可小的,税法上往往难以准确界定。例如,企业所得税是对企业所得征税,"所得"的范围就很难把握。理论上说,应纳税所得额应该等于企业收入总额减去准许扣除项目金额,对于准许扣除项目金额,税法只作了系列抽象的界定,纳税人可以进行一定的技术处理,使自己的征税对象游离于征税范围之外,或者将高税范围的对象转移到低税范围,从而不缴税或少缴税。

例如,企业开支的招待费有严格的限额规定(按实际发生额的60%,不得超过年销售收入的5‰,允许在税前列支),但是如果企业将招待费处理为会议费、佣金等就可以将超限额的招待费在税前列支,从而减轻企业的所得税负担。

企业利用征税范围的弹性进行避税,主要体现在所得税方面,扩大成本费用等扣除项目金额而减少应纳税所得额,缩小征税范围,是最惯用的形式。

3.计税依据的可调整性

税额的大小取决于两个因素:一是课税对象金额,即计税依据;二是适用税率。在税率既定的情况下,计税依据越大税额越高,反之越小。为此纳税人就会想方设法来减少计税依据,达到减轻税负的目的。例如,企业自产自用的应纳消费税的消费品,其应纳消费税额的计算,如果企业没有同类产品的价格,就必须计算组成计税价格作为计税依据。而组成计税价格$\left(=\dfrac{成本\times(1+利润率)}{1-消费税税率}\right)$是与企业的生产成本成正比的,从而可以人为地缩小成本来缩小组成计税价格,达到少纳税的目的。

4.税率的差异性

当课税对象金额一定时,税率越高税额越高,反之亦反。税率与税额的这种关系,诱发了纳税人尽可能避开高税率,寻求低税率。例如,我国的个人所得税是实行七级超额累进税率,起征点是5 000元(从2019年1月1日开始),每月工资、薪金所得超过5 000元的部分,按其应纳税所得额的高低,适用3%～45%的税率,这种巨大的税率差异对纳税人进行税收筹划具有非常大的吸引力。

5.税收减免优惠的诱发性

各国税制中都有较多的减免税优惠,这对纳税人进行税收筹划既是条件又是激励。它的形式包括税额减免、税基扣除、税率降低、起征点、免征额、加速折旧等,这些都对税收筹划具有诱导作用。

例如,税法规定,个人(包括个体经营者及其他个人)销售货物或应税劳务,未达到规定起征点的,免征增值税。增值税的起征点幅度规定为:

销售货物的,月销售额5 000～20 000元;销售应税劳务的,月销售额5 000～20 000元;按次纳税的,每次(日)销售额300～500元。各省级国税局在上述幅度内根据实际情况确定本地区适用的起征点,并报国家税务总局备案。

2019年1月9日国务院常务会议决定,将增值税小规模纳税人(包括小微企业、个体经营者及其他个人)免税标准提高到月销售额10万元。免税政策开始执行的时间为2019年1月1日。

经营规模较小的(收入额在起征点上下)纳税人就会尽可能地通过合法的形式使其收入额在起征点以下,以便免于纳税。

因此税法中的减免税照顾,诱发了许多纳税人进行税收筹划,他们会千方百计地使自己达到减免税的条件,从而享受这种税收的优惠。

(三)税收法律的漏洞

任何税法都不可能尽善尽美,都不可能对所涉及的所有问题作出严密而周全的规定。税法的漏洞使纳税人避税的愿望有可能得以实现。我国税法的漏洞主要有以下几点。

1.税法条文过于具体

任何具体的东西都不可能包罗万象,过于具体的税法条例会造成一部分应税行为游离于税法之外,从而给这些应税行为提供避税的机会,如我国目前对电子商务、网上购物的征税问题就没有具体的规定。

2.税法条文不明晰

税法中的有些规定过于抽象,不便于操作,这也许对纳税人有利,也许不利,关键看纳税人如何争取对政策的理解和税务部门的支持。例如,现行增值税制度和消费税制度要求商品交易按公允价格进行处理,如果出现无正当理由而价格偏低的现象,税务机关有权依照有关规定进行调整甚至对企业实施处罚。但在实际中,计税价格到底低到什么程度才叫明显偏低,标准不一,可操作性较差。

3.税法条文不一致

由于税收政策随着经济的发展总是处于不断调整和变化之中,导致有的税法条文前后不一致,这给纳税人进行税收筹划以可乘之机。

4.税法条文不严密

许多税收优惠条款没有防范避税的规定,使纳税人存在滥用优惠条款的可能。例如,我国外商投资企业和外国企业所得税制度给予外资企业超国民待遇,许多内资企业就利用这方面的政策搞假合资,以规避税负。

(四)通货膨胀因素

通货膨胀的重要标志是货币贬值。在累进税收制度下,往往会将纳税人推向更高的纳税档次。就是说累进税收制度与通货膨胀相结合,可以使政府悄无声息地从纳税人的收入和财产中取走越来越大的份额。另外,纳税人按历史成本提取折旧和其他项目的税前扣除,不足以补偿通货膨胀的影响,给纳税人的生产经营和生活造成很不利的影响,因此,在通货膨胀的情况下,大多数纳税人会产生强烈的避税动机。

(五)先进的避税手段

科技的发展、管理水平的提高,都有利于纳税人避税。它一方面使避税手段更高明;另一方面也使政府更有效地反避税。道高一尺魔高一丈,避税和反避税在更高水平上的较量,其结果推进了避税向更高和更新的层次发展。

五、国际税收筹划的客观原因

(一)国家间税收管辖权的差异

税收管辖权,是指一国政府在征税方面所实行的管理权力。税收管辖权有三种,即居民管辖权、公民管辖权和地域管辖权。在实践中,世界上没有哪个国家单纯地行使一种税收管辖权,大多数国家以一种税收管辖权为主,以另一种税收管辖权为补充,只是各国的侧重点不同。

每个国家由于其国体或政体不同,导致其管理国家的方式和方法有所不同,反映在税收的管理上,各国对税收的管辖权的规定往往有差别。因为国与国之间的差异,在国家之间的衔接上,就可能形成某种重叠和漏洞,从事国际贸易或在不同国家开办跨国公司,就可以利用这些差别和漏洞,将自己的税收负担降到最低水平。基于这个角度,可以从以下三个方面进行税收筹划。

1. 两个国家实行不同税收管辖权所造成的跨国税收筹划

比如,A 国实行地域税收管辖权,B 国实行居民税收管辖权,那么 A 国的居民从 B 国获得的所得就可以躲避所有纳税义务。同样,对两个国家实行不同的税收管辖权的其他情况,纳税人也可以找出类似的其他办法来避免自己的税收负担。

2. 两个国家同时实行所得来源管辖权造成的跨国税收筹划

各国确定所得来源的标准不同,有的国家根据所得支付者的来源确定,若所得支付者是本国自然人或法人,则该所得来源于本国,否则该所得并非来源于本国;有的国家则根据其他标准来断定一项所得是否来源于本国。这样,对待涉及两个国家的同一笔所得,当这两国认为这笔所得的支付者与获得者不属于本国自然人或法人时,该笔所得就可以躲避纳税义务。

3. 两国同时行使居民管辖权所造成的跨国税收筹划

各个实行居民管辖权的国家对自然人和法人是否为本国居民有不同的确认标准。比如,当确定一自然人是否为本国居民时,有的国家采用住所标准,有的国家采用时间标准(即以居住时期超过一定期限为准),有的国家采用居住场所标准,还有的国家采用意愿标准,即询问自然人是否愿意成为本国居民;当确定一法人是否为本国居民时,有的国家采取登记注册标准,有的国家采取机构所在地标准。因此,跨国纳税人有可能同时避开在两个有关国家的纳税义务。

当两个国家同时以住所标准确定自然人的居民身份时,跨国纳税人若在两个国家均无住所,就可以同时躲避在两国的纳税义务;当一国以时间标准确定自然人的居民身份,而另一国以意愿标准确定居民身份时,纳税人可采取不使自己在前者逗留超过一定时间,而又根据自己的需要选择纳税地点的方式躲避税收;当一国实行注册标准,而另一国实行总机构标准确定一法人是否为本国居民法人时,跨国纳税人可以根据有关国家的标准设置总机构和登记注册,以达到国际避税之目的。

在实行居民税收管辖权的国家里,会因为各国确定居民身份的标准不同而产生税收管辖权的真空地带,这些真空地带的存在为跨国避税大开方便之门。

国际税收问题在于,跨国的贸易或投资行为必定要受到两个或两个以上的国家的税收法律约束,而各个国家的税收管辖权存在很大的差异。我国与世界上大多数国家一样,在涉外与国际税收上实行地域兼居民管辖权,而文莱、沙特阿拉伯、危地马拉、乌拉圭等一些国家则采用单一地域管辖权。纳税人如果能够借助管辖权的差异游离于各国之间,回避税收管辖权的认定,确保自己成为"无国籍人"或"税收难民",就可以成功规避在该国的纳税义务。

(二)税收执法效果的差别

一部十分完善的税收法律,如果在征管过程中得不到严格贯彻,其效果也会大打折扣。和世界不少国家相比,我国企业主观上总体认为现行税收负担不算轻,甚至可以说是比较重的,伴随较重的法定税收负担而来的往往是面积比较大的逃避缴纳税款现象。由于不能有效地对税收征管加以稽核,司法部门未能及时依法惩处,偷漏税犯罪的成本相对较低。针对这种情况,征管部门要严格执法,使有违法企图的纳税人建立一个预期,就是偷逃税款所得利益不如老老实实纳税所得利益大。为了使税款应征尽征,国家有关部门要做两件事情:一是通过立法程序逐步降低税收负担,按照税收法定主义原则,完善税法并严格执法。这两年我国已经推出了系统的结构性减税政策,使企业得到了实惠。二是增大财政支出的透明度,使纳税人清清楚楚地知道自己所纳税款确实已全部用于与纳税人有关的社会"公共需要",养成纳税人自觉纳税的意识。从长远看,这也是建设社会主义法治国家的需要。

世界上有的国家虽然在税法中也规定有较重的纳税义务,但由于征管不力,工作中漏洞百出,给逃税、避税造成许多可乘之机,从而造成税负的名高实低。对国际避税者来说,这些差别正是他们实施国际避税的空间。一个明显的例子就是:在执行国际税收条约规定的情报交换条款时,不同国家或地区的税务当局在管理效率上存在较大的差别。如果某一缔约国的管理水平不佳,就会导致该条款大打折扣,造成更优良的国际避税条件。

西方国家税收管理体系十分严密,在数字化管理和严重的法律后果的前提下,逃税在国外几乎是不可能的或者是一种风险极大的违法行为。可见,在人类社会道德修养群体性地达到相当程度之前,大部分人的行为模式取决于制度设置而不是自身道德修养。

在西方,纳税人纳税之后,其知情权和监督权也是受法律保障的。税款征收之后的用途,除涉及国家机密之外,其财政预算、决算是受到严格监管和控制的,普通市民可以通过登录政府的公务网站查询一些项目的开支情况,提出质疑,甚至以纳税人的名义提出诉讼,因为他有权怀疑自己交给政府的钱被花得不明不白。

司法实践证明,也正是这种法律制度的设置,使地方的财政避免了许多滥用或错误开支情况的发生。

在西方税法原理中,国家是由全体社会成员依契约而成立的,公民纳税,如同社区居民交物业管理费一样,纳完税后,就有权利要求政府提供高质量的公共服务。如果政府所提供的公共服务存在瑕疵,给公众造成损害,公众就会通过司法救济要求赔偿。政府将纳税人缴纳的钱花到不正当的地方,纳税人当然也有权利上法院讨个说法。①

---

① 黄鸣鹤.法治的罗马城[M].厦门:厦门大学出版社,2009.

"米兰达告知"：20 世纪 60 年代，美国国会批准并沿用至今的一项执法原则。它规定，如果执法相对人在未被告知违法事实和上诉程序的情况下，执法机关做出的处罚结论是不能生效的。一直以来，"米兰达告知"被西方法治发达国家所推崇，并被当作当今世界执法文明与进步的重要标志。该原则目前尚未被大多数中国人所知。令人欣喜的是，2000 年 4 月，青岛成立了我国首家纳税人学校——山东即墨纳税人学校，"米兰达告知"正悄然走近纳税人。该校遵循"穿越心灵阻隔，共创美好明天"的建校准则，以实现征、纳税成本最小化为办学目标。税法告知正在发挥"倒挤效应"，进一步规范和约束税收执法行为，切实提高税收征管质量和效率。[①]

（三）税制因素

由于各国的自然资源禀赋不同，生产力发展水平差异较大，不同的国家必将采取相应的财政经济措施和办法，反映在有关税收法规上，也将会出现明显的差异。这样的差异主要表现在以下几个方面：第一，税种的差异。目前，世界大部分国家都开征了个人所得税和企业所得税等直接税。但像开曼群岛、百慕大、巴哈马等避税地则没有开征个人所得税、公司所得税、资本利得税、不动产税和遗产税等直接税。第二，税率上的差异。世界各国即使开征同一种税，但税率明显高低不同，如巴西的现行公司所得税税率是25%，加拿大的税率则为38%，德国高达45%，而黎巴嫩仅为15%。第三，税基的差异和税种类型的差异。虽然多数国家都开征了某种税，但其税基和类型都有所区别。例如，许多国家都开征了增值税，但是在增值税的具体设计和管理环节上，各国的情况却各不相同。增值税的发源地法国在流转环节实现普遍征收，而我国从 1994 年 1 月才开始在较大的范围内推广增值税，营改增前在流转环节实行增值税与营业税互不交叉征收，另外通过消费税进行配合，对某些特殊消费品进行重点调节。而在增值税的类型上，西方多数国家实行消费型增值税，与销售产品有关的一切购进都允许抵扣，而我国在 2009 年之前则是采用生产型增值税，购进与销售产品有关的原辅材料、低值易耗品、水、电等可以抵扣，而购入的固定资产以及用于消费等方面的则不允许抵扣等。第四，税收优惠侧重点的差异。发展中国家倾向于鼓励引进外资和先进技术、增加出口，对某些地区或行业给予普遍优惠，而发达国家更注重高新技术的开发、能源的节约、环境的保护，多采用对外投资减免税等措施。第五，纳税人的差异。第六，税收征收管理方式的差异等。由此通过税收进行策划和运作的可能性也就产生了。

（四）其他因素

1. 各国对避税的认可程度及反避税方法上的差异

一般而言，没有一个国家不反对大张旗鼓地宣扬避税。但是既然国家以税收为杠杆调节经济，以税收政策综合地反映一个国家的产业政策，体现国家的产业导向，任何国家又不得不鼓励纳税人学习和研究其税收政策及有关法规，在不违背有关法律规定的前提

---

① 中国税务报，2003-11-10.

下,采取适当的方法趋利避害,使自己的税收负担降到最小,这样做也是合理的。有时候纳税人利用税法的漏洞,利用税法缺乏溯及力的缺点,打一些"擦边球",国家税务部门也无可奈何。

另一方面,由于国际税收差异的存在,各国也在强化国际税收衔接,如扩大纳税义务、税法中行使公民税收管辖权以及各种国内和国际反避税措施等。反避税是一项非常复杂的工程,各国对反避税的重视程度、反避税的具体实施方法等都大相径庭。跨国纳税人可以通过研究各国不同的反避税方案来制订自己的国际避税策略。

2. 关境与国境的差异

一般而言,关境与国境范围相同,但是当国家在本国设置自由港、自由贸易区和海关保税仓库时,关境就小于国境。对跨国纳税人来说,自由港、自由贸易区是最理想的避税地,也是当今跨国避税的活动中心。自由港、自由贸易区不仅提供关税方面的减免,各种税在这里还享受不同程度的减免,它是现存税收制度中的一块"真空地带"。

3. 资本流动

随着经济活动的全球化,跨国投资与跨国经营活动的程度也越来越高。当今的资本流动性越来越大,资本流动的结果是造成相当部分的纳税自然人和法人以各种名义携带资本在国与国之间流动,这种流动通过有效的财务和税收策划,最终达到实现少纳税的目的。资本的频繁流动会造成纳税自然人和法人减少纳税义务,随着国际经济交往和跨国投资活动的日益发展,这种现象也呈迅速扩大之势。

4. 外汇管制与住所的影响

外汇管制是一个国家以财政手段控制国际避税的替代或补充,有助于加强对避税的控制。外汇管制的主要内容是禁止外汇的自由交易。对纳税人住所的有效控制,意味着纳税人处于有关税收管辖权的牢牢控制之下。纳税人若能改变住所或消除某一管辖权范围的住所,就会扩大避税的范围;反之,则会缩小避税的范围。

六、税收筹划行为的后果

税收的本质是社会收入的再分配,税收筹划必然会改变社会收入分配的格局,使纳税人、国家的利益都会发生变化。

(1)纳税人减轻了税收负担,获得了更多的可支配收入。

(2)国家减少了税收收入。这表现在三个方面:第一,税收筹划本身直接导致的税收减少;第二,税收筹划的负面效应迫使国家投入更多的人力、物力、财力进行反避税;第三,一种税收筹划方法成功后会招引更多的避税者,使税收收入进一步减少。

(3)产生一定的效率损失。一方面,税收筹划通过减少国家财政收入来增加纳税人的可支配收入,容易偏离税收政策的分配意图;另一方面,由于税收筹划增加的收入要扣除纳税人的税收筹划的成本,还要扣除国家反避税的成本,纳税人增加的收入要比实际的少,损失比实际要多,从而导致更为复杂的再分配,降低了资源配置的效率。

第五节 税收筹划的原理

一、进行税收筹划应具备的条件

1.必须熟悉国家的税收法律法规政策

税收法规、政策、法令、条例是国家参与企业收入分配的准则,进行税收筹划必须对此相当熟悉甚至精通。只有这样,才能了解什么合法,什么非法,以及合法与非法的界限,在总体上确保自己经营活动和相关行为的合法性。因为税收筹划就是纳税人利用国家税收优惠政策进行合理安排以达到节税的目的,是纳税人利用税收法规、政策中存在的缺陷和漏洞,达到减轻税负的目的。

对纳税人来说,了解国家的税收优惠政策是十分必要的,否则,辛辛苦苦创造的利润大都交了税,就成了让人笑话的"愚商"。例如,我国现行税法规定:居民企业技术转让所得不超过500万元的部分,暂免征收企业所得税,超过500万元的部分,减半征收企业所得税。这是我国支持高新技术企业、鼓励企业和个人进行技术创新的重要举措。但是不少企业不知道、不了解这些政策,发生了应该享受税收优惠的经济行为,但没有办理相关的审批手续,也没有进行相关的税收申报,所以没有享受到税收优惠政策,白白地损失了税收利益。

2.必须熟悉最新的税收情报

税收的基本法一般不会轻易变动,但税收的实体法和税收政策是经常变动的。例如,我国的固定资产投资方向调节税,国家需要加强宏观调控、压缩基本建设规模时就征收或全额、全率征收;如果国家需要拉动需求、扩大基建规模时,就免税,或减税、降低税率。税收政策有许多种,每天都在发生变动。每个企业都要关注税收政策的变动,及时收集最新的税收情报,以及时调整自己的税收筹划方案。

3.必须具有较高的业务水平

近半个世纪以来,世界市场日益扩大,国际分工越来越细,各国税制也越来越复杂,这就要求税收筹划人员必须具备扎实的理论知识和丰富的实践经验。扎实的理论知识要求税收筹划人员除了对法律、税收政策和会计相当精通外,还应该通晓工商、金融、保险、贸易等方面的知识;丰富的实践经验要求税收筹划人员选准筹划切入点,制订正确的筹划步骤,针对企业不同的要求设计有效的操作方案。

4.必须熟悉企业的经营环境

熟悉企业的经营环境就是要使企业具有天时、地利、人和的条件。在税收环境方面,要熟悉当地税务机关的治税思想、工作方法和扶持企业发展的方针与措施,知晓税收管理中的固有缺陷和漏洞,并协调好与当地税务机关的关系,达到利国家、利税务机关、利自己发展的多重效果。

5.必须熟悉企业自身的特点

熟悉企业自身的特点也就是要熟悉企业的经营状况、经营能力、经营水准,给企业自身的税收筹划方法进行一个准确的定位。好的税收筹划方法不一定对每个企业在任何时候都适合,要针对企业自身的特点,设计适当的税收筹划方法。例如,在一般情况下,加速折旧法可以加大当年的成本费用,减少当期应纳所得税额,推迟所得税的纳税时间,是一项很好的税收筹划方法。但是,如果企业正处于减免税阶段,加速折旧法会使企业享受的减免税额减少,以后要交的税额增加,所以此时不宜采用加速折旧法。

二、税收筹划的原则

1.不违反税法

这是税收筹划最基本的原则或者说是最基本的特征。税收筹划要做到合法合理,或合法不合理,绝对不能既不合法又不合理。这是税收筹划区别于偷税、逃税、欠税、抗税、骗税的关键。税收筹划的合法性原则,包括三方面内容。

(1)以依法纳税为前提。税法是国家制定并强制执行的一种社会规范,可以调整纳税人的经济利益,它明确规定了纳税人向国家缴税的义务和保护自己利益的权利。义务和权利既相互依存又相互矛盾,正是两者之间的这种关系使纳税人在按照税法规定履行纳税义务的前提下,运用税收筹划,享有选择最优纳税方案的权利。

(2)以合法节税为方式。以合法节税方式对企业生产经营活动进行安排,是税收筹划的基本实现形式。

(3)以贯彻立法精神为宗旨。税收筹划的基础是税制要素中税负弹性的存在,税制中的各种优惠政策和选择机会都体现着国家的立法精神,体现了国家政策对社会经济活动的引导和调整,因而切实有效的税收筹划,应该以税法为依据,深刻理解税法所体现的国家政策,从而有效贯彻国家税法的立法精神,使之成为实现政府利用税收杠杆进行宏观经济调控的必要环节。

2.预见性原则

在经济行为已经发生,纳税项目、计税依据和税率已成定局后,再实施少缴税款的措施,无论是否合法,都不能认为是税收筹划。企业税收筹划必须在纳税义务发生之前,通过对企业生产经营活动过程的规划与控制来进行。税收筹划的实质是运用税法的指导通过生产经营活动来安排纳税义务的发生。

3.避远就近即时效性原则

在利用税收优惠政策时,要尽量利用眼前能见效的,同时兼顾长远利益。不能忽视眼前的税收优惠条件,而只顾长远的,这样往往失算,因为税收政策是在不断变动的。近几年我国进行了增值税转型、全面营改增、资源税从价计征等税制改革,有些具体税种的征管也经常有一些调整。党的十八届三中全会发布的《中共中央关于全面深化改革若干重大问题的决定》中多处提到了下一轮税制改革的方向性问题,可以预见新一轮税制改革的大幕已经拉开。因此,某一个税收筹划方案以前可能是有效的,但是税法变动可能致使其无效,甚至导致违反税法的事件发生。这就要求纳税人或税收筹划的策划者关注税法的变动,及时调整税收筹划的方案。例如,在个人所得税的筹划中,税改前工资、薪金是按月纳税,有的行业有淡季旺季之分,淡季收入低还达不到免征额,旺季收入高可能适较高的税率,于是我们便推荐采用"削山头"的方法,将全年收入均匀分解到每月降低适用税率档次以减轻税负。但是税改后,工资、薪金是按年纳税,使原税收筹划方案所要达到的降低适用税率的目的不通过税收筹划便可实现。

4. 保护性原则

保护性原则也称账证完整原则,就企业税收筹划而言,保护账证完整是最基本且最重要的原则。

税收筹划是否合法,首先必须通过纳税检查,而检查的依据就是企业会计凭证和记录。如果企业不能依法取得并保全会计凭证,或者记录不健全,税收筹划的结果可能无效或者打折扣。从财务管理的要求来讲,税收筹划不是一种短期性的权宜之计,而是一种应该不断总结、不断提高的理财手段。因此,对税收筹划执行结果进行总结评价,分析执行结果与目标差异的原因,从而提高企业税收筹划的水平与能力,保持各种凭证与记录的完整性,也是十分必要的。

5. 注意整体综合性

税收筹划与企业的投资、融资决策以及生产经营等各个方面都具有相关性,涉及方方面面的知识及企业的各个环节。所以在进行某一税种税收筹划时,不能就某一环节、某一方面、某一产品在税收上单方面筹划,因为从某一环节和某一方面来说可能是减轻税负,但从多角度综合来看可能税负还很高或者影响全局利益。因此税收筹划要考虑与之有关的、其他税种的税负效应以及对成本、利润的影响,进行整体筹划,综合衡量,以求整体税负最轻,长期税负最轻,成本最低,获利最高,防止顾此失彼、前轻后重。

三、税收筹划的基本技术

税收筹划的基本方法可以归纳为以下八类。

(1)尽量争取免税期最大化的"免税技术"。

【案例 2-2】 湖北省某市属橡胶集团拥有固定资产 7 亿多元,员工 4 000 多人,主要生产橡胶轮胎,同时也生产各种橡胶管和橡胶汽配件。

该集团位于某市 A 村,在生产橡胶制品的过程中,每天产生近 30 吨的废煤渣。为了妥善处理废煤渣,使其不造成污染,该集团尝试过多种办法:与村民协商用于乡村公路的铺设、维护和保养;与有关学校、企业联系用于简易球场、操场的修建等,但效果并不理想。因为废煤渣的排放未能达标,使周边乡村的水质受到不同程度的污染,导致附近许多村民经常堵住厂区大门不让工人上班,工厂生产受到很大影响。此事曾惊动过各级领导,该集团也因污染问题受到环保部门的多次警告和罚款,最高一次罚款达 10 万元。

该集团要想维持正常的生产经营,就必须治污。如何治污,成了该集团一个迫在眉睫的大问题。该集团根据有关人士的建议,拟订了以下两个方案:

方案一:把废煤渣的排放处理全权委托给 A 村村委会,每年支付该村村委会 40 万元的运输费用,以保证该集团生产经营的正常进行。此举可缓解该集团同当地村民的紧张关系,但每年 40 万元的费用是一笔不小的支出。

方案二:将准备支付给 A 村的 40 万元的煤渣运输费用改为投资兴建墙体材料厂,利用该集团每天排放的废煤渣生产"免烧空心砖",这种砖有较好的销路。此方案的好处有以下三点。

一是符合国家的产业政策,能获得一定的节税利益。财政部、国家税务总局《关于部分资源综合利用产品免征增值税的通知》明确规定:利用废煤渣等生产的建材产品免征增值税。鄂国税发《湖北省国家税务局关于加强资源综合利用企业增值税税收优惠政策管理的通知》(〔1999〕155 号)明确指出,凡属生产企业生产的原料中掺有不少于 30% 的煤矸石、粉煤灰、烧煤锅炉底渣(不包括高炉水渣)及其他废渣的建材产品,免征增值税。

二是解决了长期以来困扰企业发展的废煤渣所造成的工业污染问题。

三是部分解决了企业的就业压力,使一批待岗职工能重新就业。

对两个方案进行比较可以看出:方案一是以传统的就治污而论治污的思维模式得出的。由这种模式形成的方案,一般不会有意识、有目的地去考虑企业的节税利益,而仅以是否解决排污为目的。此种方案并没彻底解决废渣问题。方案二既考虑治污,又追求企业收益最大化。此方案的建议者懂得企业要想获得税收减免,就必须努力生产出符合税收政策规定的资源综合利用产品。

该集团最终采纳了方案二,并迅速建成投产,全部消化了废煤渣,当年实现销售收入 100 多万元,因免征增值税,该厂获得了 10 多万元的增值税节税利益。

在实际操作过程中,为了顺利获得增值税减免,该集团特别注意了以下几个问题:

①墙体材料厂实行独立核算,独立计算销售额、进项税额和销项税额。

②当工程项目完工投入生产时及时向当地经贸委提供了书面申报材料。

③认真填写了《湖北省资源综合利用企业项目申报表》,同时提出具体的文字分析材料。具体内容包括:工程项目竣工投产情况以及生产工艺、手段指标、手段标准情况和利用效率等,在文字材料中还附上了不造成二次污染的证明以及产品销售及效益的分析预测情况等。

④该厂生产的"免烧空心砖"经过省资源综合利用认定委员会的审定并获得该委员会颁发的认定证书,然后向所在地税务机关提交了免缴增值税的申请报告。当地税务机关根据认定证书及其相关材料,办理了有关免税手续。

通过以上程序,该集团兴办的墙体材料厂顺利获得了增值税减免的税收优惠政策。

(2)争取减税待遇和使减税最大化、减税期最长的"减税技术"。

【案例 2-3】 甲、乙、丙、丁四个国家公司所得税的普通税率基本相同,其他条件基本相似或利弊基本相抵。甲国企业生产的商品 90% 以上出口到世界各国,甲国对该企业所得是按普通税率征税;乙国出于鼓励外向型企业发展的目的,对此类企业减征 30% 的所得税,减税期为 5 年;丙国对此类企业有减征 50%,减税期为 3 年的规定;丁国对此类企业则减征 40% 所得税,而且没有减税期限的规定。打算长期经营此项业务的企业,完全可以考虑把公司或其子公司办到丁国去,从而在合法和合理的情况下使它节减的税收最大化。

(3)尽量利用税率的差异适用低税率从而使税收利益最大化的"税率差异技术"。

(4)使所得、财产在多个纳税人之间进行分割以减少计税基数降低适用税率的"分割技术"。

(5)使税收扣除额、宽免额和冲抵额等尽量最大化,缩小计税基础的"扣除技术"。这在企业所得税的筹划上经常用到,比如,采取各种合法手段增加企业所得税税前可扣除范围,提高可扣除比例,进而减少所得税税基,达到减轻税负的目的。

(6)充分利用国外所得已纳税款、研发费及固定资产投资等鼓励性抵免政策使应纳税款最低化的"抵免税技术"。

(7)在许可范围内尽量推迟申报和纳税期限,利用无息缴税资金,打时间差的"延期纳税技术"。

(8)利用国家对某些投资和已纳税款的退税规定,尽量争取退税待遇和使退税额最大化的"退税技术"。

四、税收筹划的基本步骤

税收筹划的基本步骤一般可以分为主体选择,收集信息与目标确定,方案列示、分析与选择,实施与反馈。

(一)主体选择

企业可以由企业内部人员自行制订税收筹划策略,也可以外包给专业机构,即社会中介组织。在制订税收筹划策略之前,必须确定设计主体。在进行设计主体决策之前,需要对两种设计方式进行比较。

(二)收集信息与目标确定

收集信息是税收筹划的基础,只有充分掌握了信息,才能进一步制订税收筹划策略。纳税人进行税收筹划首先要熟悉税法的有关规定,特别是各项税收优惠政策。这些涉税政策都散见于各项文件中且经常变动,所以企业要及时收集、存档。纳税人还应该了解税法在适用上的原则,如层次高的法律优先于层次低的法律,国家法律比地方法层次高。

1. 外部信息

外部信息包括税收环境信息和政府涉税行为信息两个方面。税收环境信息主要包括以下几项内容:①企业涉及的税种及各税种的具体规定,特别是税收优惠规定;②各税种之间的相关性;③税收征纳程序和税务行政制度;④税收环境的变化趋势、内容。在税收筹划博弈中,企业先行动,因此,在行动之前,企业必须预测政府可能对自身行动做出的反应,故要了解政府涉税行为信息,主要包括政府对税收筹划的态度;政府的主要反避税法规和措施;政府反避税的运作规程。

2. 内部信息

内部信息包括实施主体信息和反馈信息。

任何税收筹划策略必须基于企业自身的实际经营情况。因此,在制订策略时,必须充分了解企业自身的相关信息,即实施主体信息。这些信息包括:①企业理财目标;②企业经营状况;③企业财务状况;④企业对风险的态度。

企业在实施策略的过程中,会不断获取企业内部新的信息情况;同时,实施结果需要及时反馈给相应部门,以便对税收筹划方案进行调整和完善,即反馈信息。

3. 收集信息与目标确定

企业在制订具体战略时,必须在既定信息的基础上,分析企业的真正需求,确立筹划策略的具体目标。这些具体目标可能是:

(1)选择低税负点,包括税基最小化、适用税率最低化、减税最大化等具体内容。

(2)选择零税负点,包括纳税义务的免除和避免成为纳税人。

(3)选择递延纳税。递延纳税存在机会成本的选择问题。例如,在减免税期间,可能因递延纳税而减少了应当享受的减免税的利益。

(三)方案列示、分析与选择

确立税收筹划目标,建立多个备选方案。在对每一个方案作出分析后,根据成本最低或利润最高原则,选择最优方案。在掌握相关信息和确立目标之后,策略制订者可以着手设计税收筹划的具体方案,关注角度不同,具体方案就可能存在差异,因此策略制订者需要将方案逐一列示,并在后续过程中进行选择。筹划方案是多种筹划技术的组合运用,同时需要考虑风险因素。

方案列示以后,必须进行一系列的分析,主要包括:

1. 合法性分析

税收筹划策略的首要原则是法定主义原则,任何税收筹划方案都必须从属于法定主义原则,因此,对设计的方案首先要进行合法性分析,控制法律风险。

2. 可行性分析

税收筹划的实施,需要多方面的条件,企业必须对方案的可行性做出评估,这种评估包括实施时间的选择、人员素质以及未来的趋势预测。

3. 目标分析

每种设计方案都会产生不同的纳税结果,这种纳税结果是否符合企业既定的目标,是筹划策略选择的基本依据。因此,必须对方案进行目标符合性分析,同时优选最佳方案。目标分析还包括评价税收策略的合理性,防止税收策略"喧宾夺主",影响企业整体竞争策略。

对列示方案逐项分析之后,设计者可能获取新的信息,并以此对原有的税收筹划方案进行调整,同时继续规范分析过程。

（四）实施与反馈

将所选方案付诸实践,并及时反馈实施的效果,为今后的税收筹划提供参考依据。筹划方案选定之后,经管理机关批准,即进入实施阶段。企业应当按照选定的税收筹划方案,对自己的纳税人身份、组织形式、注册地点、所从事的产业、经济活动以及会计处理等做出相应的处理或改变,同时记录筹划方案的收益。

在实施过程中,可能会因为执行偏差、环境改变或者由于原有方案的设计存在缺陷,从而与预期结果产生差异。这些差异要及时反馈给策略设计者,并对方案进行修正或者重新设计。

五、税收筹划的影响因素

纳税人税收筹划的目的能否实现,除了受纳税人主观努力影响外,还受以下因素影响。

1. 纳税人的风险类型

不可否认,纳税人的诸多涉税行为是要冒一定的风险或者要付出一定的代价的。因此,纳税人对于风险的态度和心理准备,会影响纳税人可能做什么以及以什么样的方式来做。具有风险偏好的纳税人会多做一些所谓越轨的事,而厌恶风险的纳税人则是在确定有十足把握的情况下才出手。

2. 纳税人自身状况

纳税人自身状况主要包括纳税人的经营规模、业务范围、组织结构、经营方式等。一般来说,企业经营规模越大,组织结构越复杂,业务范围越广,税收筹划的空间就越大。比如在集市上摆摊的经营户,其涉及的税收仅限于定额的增值税,税收筹划空间很小,用不着费心搞税收筹划。而对于大型跨国公司,由于其经营规模宏大,组织结构复杂,涉及的税种和税收事项又很繁杂,再加上各国不同的税收制度及国际间复杂的税收协定,所以税收筹划的空间非常大。

3. 税制因素

这是一个最主要的因素。税收制度刚性越大,税收筹划的空间越小。当然,为了进行宏观调控,各国的税制都有一定的弹性,而且都有一系列的税收优惠政策。这就为纳税人进行筹划提供了可能。

（1）税收弹性。这取决于各税种的计税基数、扣除项目和税率。一般而言,税基越广,扣除项目越复杂,税率档次越多,进行税收筹划的机会越大,如我国的企业所得税准予扣除的项目就很复杂,这给纳税人以非常大的选择空间。

（2）税收优惠。税收优惠通过减轻纳税人的税收负担,引导纳税人从事符合国家产业政策的经济活动。税收优惠的种类越多,范围越广,差别越大,内容越丰富,越有利于税收筹划。我国的企业所得税、增值税都有一系列的优惠规定,这为纳税人的税收筹划活动提供了契机。

例如,符合条件的小型微利企业,减按20%的税率征收企业所得税。2019年小微企业标准大幅放宽。年度应纳税所得额不超过300万元,从业人数不超过300人,资产总额不超过5 000万元;从2019年1月1日起实施,有效期三年。对小微企业年应纳税所得额不超过100万元、100万元到300万元的部分,分别减按25%、50%计入应纳税所得额,应纳税所得额100万元以下实际税率仅为5%,100万元至300万元的部分税率为10%。

4.企业行为决策程序

我国的税收政策基本上是随着经济环境的变化而适时地进行调整的。企业如不能及时抓住这些税收政策调整带来的机遇,就很可能会丧失税收筹划的机会,因此企业行为决策程序的简化有利于进行税收筹划。如果企业的行为决策程序比较复杂,如税收筹划方案需要经财务经理、财务总监、负责财务的总经理、董事会、上级主管部门等进行研究,此时税收筹划决策涉及的部门或人员的审核层次较多,税收筹划方案的落实就会比较困难。

5.企业税收筹划需要多方合力

会计人员常常认为工作职责主要是做好会计核算,提供准确、及时和系统的会计信息,而缴多少税款则是由税务局最终确定的。至于项目立项前税收成本的比较及之后的相关决策,那是企业领导的事,因为比起会计人员来,企业老总们对税收筹划要积极得多。可是在老总们的心目中,税收筹划是会计部门和会计人员分内的事,他们在抱怨税负过重的同时,往往迁怒于会计人员,这样税收筹划工作就陷入无人去管、无人去做的境况。那么由谁来负责最合适呢? 分析起来,企业的会计部门、领导者和相关中介机构与税收筹划工作密切相关。

首先,企业会计部门的业务工作性质与税收筹划工作最为接近,税收筹划与会计具有最为天然的联系,因为高品质而又合理合法的税收筹划依赖于高质量的会计信息。会计人员做税收筹划的优势是具有扎实的会计功底,不足是难以参与企业的高层决策。而且,会计工作往往是对企业经济活动事后的核算和监督,而税收筹划是企业经营决策事前、事中、事后全方位的策划,包括许多企业战略上的决策,这基本上超出了会计工作的职责和决策权力。其次,会计人员往往觉得税收筹划工作有风险,作为会计人员,没有冒这个风险的动机。

企业领导负有使企业发展增值的主要责任,同时具有最高的决策权,但若是由企业的领导者充当税收筹划的执行主体,则是不适宜的。因为他们对会计业务无法做到透彻的了解,而且难以及时全面收集到信息,同时对税法也缺乏专业知识,所以由其做税收筹划工作既缺乏必要的业务能力,也没有太多精力。

既然企业会计部门和领导者都不能独立承担税收筹划工作,那么可以选择的道路只有一条,那就是二者有机结合、分工负责,最后由领导决策。这样是否就高枕无忧了? 回答是否定的,还得有社会中介机构的介入。

目前中介机构已在逐步开展税收筹划业务,它们的优点在于具有较强的专业业务能力、广泛的信息沟通渠道和独立公正的中介身份等,不足之处在于它们远不如企业会计和领导者了解企业业务流程、经营特点、发展方向等关键信息。因此,企业税收策划需要会计、管理者和中介机构三者的全力配合。

值得关注的是,随着税务合规性要求的提高,税收在企业决策中的地位在提升,我国有些大企业尤其是国际化程度比较高的企业,已经开始专门设置税务部,聘用税务专门人才处理企业涉税事项,有的还设了首席税务官(Chief Tax Officer, CTO)。

本章小结

进行税收筹划时应遵循一定的原则。

税收筹划的产生需要一定的基本条件,如市场经济体制、税收制度的"非中性"和真空地带的存在、完善的税收监管体系等。税收筹划是纳税人应有的权利。它的产生还具有主观和客观原因。国际和国内税收筹划产生的原因也稍有不同。

实施税收筹划需要一定的条件,如具备必要的法律知识、相当的收入规模等。

税收筹划的实施需要一定的流程,一般可以分为主体选择,收集信息与目标确定,方案列示、分析与选择,实施与反馈。

税收筹划具有积极意义,主要体现在:有利于提高纳税人的纳税意识,有助于税收法律法规的完善,有利于实现纳税人利益最大化等。

【关键术语】

税收管辖权　税率上的差异性　税负弹性　税收优惠
纳税人定义上的可变通性　通货膨胀　外部信息

复习思考题

1. 税收筹划的主要目的是什么? 为什么有效的税收筹划并不等于税负最小化?
2. 为什么说税收筹划是纳税人应有的权利?
3. 税收筹划产生的原因是什么?
4. 实施税收筹划的前提条件是什么?
5. 税负的弹性对税收筹划有什么影响?
6. 在进行税收筹划时应注意哪些问题。
7. 影响税收筹划的因素有哪些?
8. 税收筹划的积极作用有哪些?

练习题

据《华盛顿邮报》报道,2008 年美国经济学保守派试图在伊拉克率先推行所得税单一税,同时还要废除房地产、汽车销售、汽油和一流豪华宾馆饭店税以外的所有税收项目。这对该国的企业税收筹划有什么影响? 如果伊拉克政府对个人和企业所得统一征收 15% 的所得税,你有什么跨国税收筹划方法,伊拉克会不会成为新的国际避税地?

【延伸阅读】

安然公司的避税方案

2003 年 2 月中旬,美国国会税收联合委员会公布了对安然公司的税收调查报告。报告显示,安然在经营最红火的时候,使用多种复杂的避税手段,5 年内少缴税 20 亿美元。

美国参议院财经委员会主席查尔斯格雷斯里说:"调查报告读起来就像一本阴谋小说,美国一些最有信誉的银行、会计公司和律师共同配合,与这家大公司一起上演了一场世纪闹剧。"

1. 调查报告厚达 2 700 页

经过一年多的调查,美国国会税收联合委员会公布了安然纳税情况的调查报告,报告共三大卷,厚达 2 700 页,展示了一幅令人眼花缭乱的避税图景:复杂的交易,周密的计划,名律师为避税计划提供的法律担保……这一切使国内收入局蒙在鼓里。

报告显示,1995—2001 年,安然利用 12 个大的避税方案,规避了巨额税款。这些避税方案有一个个神秘的名称,如坦尼娅、阿派切、背叛者、秃度、瓦尔哈拉殿堂、斯蒂尔等。其中最大的避税方案是 2000 年德勤会计公司提供的,该方案通过复杂的交易,使安然节省了 4.14 亿美元的联邦公司所得税。另外,银行家信托公司提供的"斯蒂尔"方案厚达几千页,在方案的封面上,用黑色粗体字赫然写着:"让我见到钱!"该方案使用各种手段增加安然公司的所得税税前扣除额,使安然少纳税 1.3 亿美元。"坦尼娅"方案,使安然在一项投资利得中少纳税 6 580 万美元。"阿派切"方案,为安然节省税款 5 070 万美元。

这些避税方案都是由美国顶级的会计公司和银行提供的,如德勤会计公司、安达信公司、曼哈顿投资银行、摩根银行、德意志银行和银行家信托公司等。其避税方法主要是通过关联企业间的交易,以复杂的贷款、转租、现金往来或股票出售等手段,想方设法冲销公司收入,或增加税前扣除额,以达到少纳税甚至不纳税的目的。

2. 安然税务部成了"盈利中心"

在安然公司,具体运作这些避税方案的是税务部。报告说,安然税务部已成了一个特殊的盈利中心,其盈利手段是和咨询公司及银行、律师进行合作,目标就是少纳税甚至不纳税。

1998 年,银行家信托公司邀请安然税务部负责人罗伯特·汉姆和其他高级职员,到佛罗里达州海滨旅游胜地参加当年的冬季会议,就在这些职员享受钓鱼、高尔夫球、游艇、晚宴等休闲生活的同时，银行家信托公司成功地向其兜售了一项避税计划。1998年，该公司董事长给安然董事长肯尼思·莱写了一封热情洋溢的信，称赞安然税务部门负责人汉姆和迈克塞的工作能力，并说："双方的关系越来越紧密，这就为进一步合作提供了坚固的平台，以后我们将根据安然公司的需要，继续创造新的税务处理方案。"据调查，在安然运作的12个避税方案中，银行家信托公司提供的就有5个。

税务部的"出色工作"为安然赢得了巨额"利润"，这就是少缴纳巨额税款。报告显示，1995—2001年，安然少缴纳公司所得税20亿美元，其中1996—1999年，竟未缴纳一分钱的联邦公司所得税；2000—2001年，只纳税6 300万美元。同时，安然高级经理人员也利用这些计划大肆逃税。1998—2001年，安然高级管理人员每年都获得1.5亿美元的延期报酬。2000年，公司有200位高级经理人员共得到14亿美元的延期报酬。在避税计划"指导"下，这些延期报酬都是免税的。

随着安然税务筹划事业越来越大，其税务部人员也从当初的83人迅速增加到253人，而各顾问公司也从安然那里得到了8 800万美元的"咨询费"。

3. 防止再出现一个"安然"

安然避税调查报告引起美国上下一片震惊，同时也推动立法者尽快采取行动，打击非法避税。参议院民主党领袖达施勒说："这个报告对我们来说是一个召唤，我们将开始行动。"

——中国税务报，2003-03-07.

第三章 增值税的税收筹划

【学习目标】

增值税是我国的第一大税种,自然而然成为纳税人进行税收筹划的重点。2016年的全面营改增以及近年来针对小微企业的普惠性减税措施,使增值税的征税范围和税率有了较大的变动。通过本章的学习,了解这些变动,掌握增值税筹划的主要方法,并能根据具体情况设计有针对性的筹划方案。

【开篇案例】

小材料做出大文章

一、基本案情

安徽某人造板生产企业成立于1996年,是由马来西亚投资者和当地一家人造板厂共同投资成立的合资企业,主要生产中密度纤维板(人造板),年生产能力为5万立方米。企业从当地木材加工点采购木片,通过生产加工后制造成人造板出售。

该企业1997年开始获利,由于属于生产性的外商投资企业,报经税务部门批准后,开始享受"两免三减半"的所得税优惠政策,到2001年年底优惠期已结束。

从投入生产起,企业就一直觉得增值税税负过高,税收负担率在9%以上。前几年由于能享受所得税优惠,对增值税税负过高没有太注意。

后来,该企业领导参加纳税筹划培训后,产生了税收筹划的强烈愿望,于是聘请税收筹划师做该公司的财务顾问,对企业的涉税问题进行诊断分析。经过深入查看、分析财税资料,发现了该企业税负过高的原因和筹划的途径。

该企业生产使用的原材料,是从当地小规模纳税人企业采购的木片。出于各种原因,企业无法从这些小规模纳税人处取得增值税专用发票,没有进项税额可以抵扣,从而造成企业增值税税负明显偏高。由于当地生产销售木片的企业都是小规模纳税人,改变进货渠道或者压低进价都不可行。

那么,还会有什么其他好的办法吗?

二、筹划分析

(一)筹划原料购进

直接收购木片无法取得进项税额,转而收购原木会有什么变化?木片和原木属于不同的产品。按照税法规定,纳税人购进农业生产者生产的初级农业产品,可按收购凭证所列金额的10%计算进项税额①。木片不属于初级农产品范围,直接收购木片不能抵扣进项税;原木属于初级农产品,企业可计算进项税额。因此,企业改变购进渠道,到当地农户手里采购原木,再将采购的原木委托小规模纳税人加工成木片,该公司付给加工费。这样,企业解决了进项税额抵扣的问题,减轻了公司的税收负担。该企业进行上述操作后,节省了100多万元的增值税支出。

(二)筹划"即征即退"

该企业在采购原木中发现,他们所采购的原木属当地的一种细小的木种,很可能属于一种薪材类的木料。如果其属于国家规定的次小薪材类,那么,按当时的政策企业可以享受更大优惠。

(三)筹划所得税减免

通过筹划,该企业增值税税负大幅降低,相应地应纳税所得额增加不少,对所得税的筹划尤显重要。税收筹划师进一步查找、分析企业能通过什么途径享受企业所得税的优惠。

该企业可以享受免征企业所得税的优惠政策。因此,企业从生产材料出发,用足税收优惠政策,在享受完法定的外商投资企业所得税优惠政策后,又可以继续享受新的所得税优惠政策,每年节省的所得税支出也达数百万元。

(四)筹划企业"结构调整"

该公司为了长远发展,在原有人造板生产的基础上,对人造板进行了二次加工,生产家具销售。

税法依据

免税的种植业、养殖业、农林产品初加工业必须与其他业务分别核算。否则,应全额照章征收企业所得税。

家具产品的增加,加之独立核算难,使企业享受的即征即退增值税优惠政策及所得税的优惠政策受到影响。因为企业的最终产品不是人造板而是家具,税法没有规定利用次小薪材生产的家具可以享受优惠待遇。

为了避免上述问题,我们为该企业进行了"结构调整"筹划。由该企业投资组建了一家"安华家具厂",家具厂属该企业的子公司,独立核算。该企业将人造板按正常价格销售给家具厂,家具厂生产家具对外销售。这样操作,该企业作为独立核算的企业,采购、生产都符合税法规定的要求,可以享受税法规定的有关优惠政策。家具厂作为独立核算的企业,对母公司的优惠政策没有任何影响。

上述案例说明,企业要想做好纳税筹划工作,不仅要了解税收政策,更重要的是如何运用好税收政策。必须将企业的业务与税收政策紧密地联系到一起,具备超前性、合法性、实用性,才能真正减轻企业的税收负担。

---

① 根据《财政部　税务总局　海关总署关于深化增值税改革有关政策的公告》(财政部　税务总局　海关总署公告2019年第39号),从2019年4月1日起,纳税人购进农产品,原适用10%扣除率的,扣除率调整为9%。纳税人购进用于生产或者委托加工13%税率货物的农产品,按照10%的扣除率计算进项税额。

第一节　增值税纳税人的税收筹划

增值税是对在我国境内销售货物或提供加工、修理修配劳务以及进口货物、销售服务、无形资产或者不动产的单位和个人，就其销售货物、服务、无形资产、不动产或提供应税劳务的销售额以及进口货物金额计税并实行税款抵扣制的一种流转税。

根据《中华人民共和国增值税暂行条例》的规定，凡是在中华人民共和国境内销售货物或者提供加工、修理修配劳务以及进口货物、销售服务、无形资产或者不动产的单位和个人，为增值税的纳税义务人。

我国现行增值税制度将纳税人划分为一般纳税人和小规模纳税人。这两类纳税人在税款计算方法、适用税率及管理方法上都有所不同：对一般纳税人实行凭专用发票扣税的计税方法；对小规模纳税人规定实行简易计算和征收管理方法。

由于两类增值税纳税人实行不同的税款计算和征收管理方法，其税收负担状况也存在差异，企业在注册登记时应充分认识这个差异，选择适合自己的增值税纳税人身份。

一、一般纳税人和小规模纳税人的划分标准

划分两类纳税人的原则，标准是会计核算制度是否健全、能否规范准确地计算增值税额，但为了便于管理和有利于操作，还有量化标准。一般来说，大企业会计核算比较健全，小企业会计核算大多不健全，因此，会计核算是否健全的标准如果量化，以销售额作为标准比较合适。

1. 增值税小规模纳税人的认定

增值税小规模纳税人（以下简称"小规模纳税人"）是指经营规模较小，年销售额在规定标准以下，并且会计核算不健全，不能按规定报送有关税务资料的增值税纳税人。所谓会计核算不健全，是指不能正确核算增值税销项税额、进项税额和应纳税额。为了便于增值税的征收管理，我国采取了国际上比较通行的做法，即对小规模纳税人实行简易计税的办法，而不采取税款抵扣的办法。

根据增值税暂行条例实施细则的规定，有下列情形之一的，可认定为小规模纳税人。

（1）年应征增值税销售额小于等于 500 万元（2018 年 4 月修正）的。

（2）年应税销售额超过小规模纳税人标准的其他个人。

（3）非企业性单位、不经常发生应税行为的企业可选择按小规模纳税人纳税。

对小规模纳税人的确认，由主管税务机关依照税法规定的标准认定。

2. 增值税一般纳税人的认定

一般纳税人是指年应税销售额超过 500 万元（即大于 500 万元）的企业和企业性单位。小规模纳税人一经认定为一般纳税人后，不得再转为小规模纳税人。

有下列情形之一的，经主管税务机关批准，可认定为增值税一般纳税人。

（1）年应征增值税销售额大于500万元的企业。已开业的小规模企业,其年应税销售额超过小规模纳税人标准的,应在次年1月底以前申请办理一般纳税人认定手续。

（2）纳税人总分支机构实行统一核算,其总机构年应税销售额超过小规模纳税人标准,但分支机构年应税销售额未超过小规模纳税人标准的,其分支机构可以认定为一般纳税人。

（3）新开业的符合一般纳税人条件的企业,应在办理税务登记的同时申请办理一般纳税人认定手续。税务机关对其预计年应税销售额未超过小规模纳税人标准的,暂定为一般纳税人。其开业后的实际年应税销售额未超过小规模纳税人标准的,应重新办理认定手续;符合条件的,可继续认定为一般纳税人;不符合条件的,取消一般纳税人资格。

（4）非企业性单位如果经常发生增值税应税行为,并且符合一般纳税人条件,可以认定为一般纳税人。

（5）个体经营者符合增值税暂行条例及其实施细则所规定条件的,经省级国家税务局批准,可以认定为一般纳税人。

（6）小规模纳税人会计核算健全,能够提供准确税务资料的,可以向主管税务机关申请资格认定,不作为小规模纳税人。

符合一般纳税人条件的,应向其所在地国家税务局填写、申报"增值税一般纳税人申请认定表",办理一般纳税人认定手续。

二、两类纳税人税款征收管理方法

1. 一般纳税人的权利、义务及计税方法

一般纳税人的主要权利包括:可以到指定的地点购买专用发票;在对外销售货物或提供应税劳务时,可以开具专用发票;在购进货物或接受应税劳务时,有权向销售方索取专用发票;有权凭专用发票注明税款抵扣进项税额。

一般纳税人的主要义务包括:及时申请办理认定手续;健全财务核算制度,准确地核算销项税额、进项税额和应纳税额;按规定保管、使用专用发票,并在每月《增值税纳税申报表》附列资料中如实申报专用发票的购、用(包括报废)、存情况。否则,将失去专用发票的使用权和进项税额的抵扣权。

一般纳税人应纳增值税的计算实行购进扣税法,即以应税销售额为计税依据,并用销项税额减去进项税额的方法。

一般纳税人的增值税基本适用税率为16%,增值税扩大征税范围后,增加了两档低税率,即10%和6%。粮食、食用植物油、自来水、暖气、冷气、热水、煤气,石油液化气、天然气、沼气、居民用煤炭制品、图书、报纸、杂志、饲料、化肥,农药、农机、农膜、农产品等,税率为10%。提供现代服务业服务、增值电信服务,税率为6%。提供交通运输、邮政、基础电信、建筑、不动产租赁服务,销售不动产,转让土地使用权,税率为10%。提供有形动产租赁服务,税率为16%。境内单位和个人发生的跨境应税行为,税率为零。具体范围由财政部和国家税务总局另行规定。从 2018 年 5 月 1 日开始,制造业增值税率下调为 16%,交通运输、基础电信、农产品增值税率从 11% 下降为 10%。2019 年 3 月 5 日,政府工作报告,关于减费降税要点如下(从 2019 年 4 月 1 日起):将制造业等行业原有 16% 增值税税率降为 13%,将交通运输、建筑、房地产等行业现行 10% 税率降为 9%,保持 6% 一档税率不变。

增值税税率一共有四档:13%,9%,6%,0。销售交通运输服务、邮政、基础电信、建筑、不动产租赁服务,销售不动产,转让土地使用权以及销售或进口的农产品等货物税率为 9%;加工修理修配劳务、有形动产租赁服务和进口税率为 13%;销售无形资产(除土地使用权)为 6%,出口货物税率为 0;其余的:货物是 13%,服务是 6%。

一般纳税人允许进项税额抵扣。小规模纳税人适用 3% 的征收率。小规模纳税人不得抵扣进项税额。

2. 小规模纳税人税款征收管理方法

小规模纳税人和一般纳税人税额计算中,销售额的确定是一致的,进口货物应纳税额的计算也是一致的。小规模纳税人与一般纳税人在税款征收管理上的主要区别在于:小规模纳税人销售货物不得使用增值税专用发票,购买货物也不能获取增值税专用发票,即使确需开具专用发票,也只能申请由主管国家税务机关代开;小规模纳税人不能享有税款抵扣权;小规模纳税人按简易办法依 3% 的征收率计算应纳税额,不能抵扣进项税额。

三、一般纳税人与小规模纳税人的筹划

由于不同类别纳税人的税率和征收方法不同,产生了进行纳税人筹划的空间。纳税人可以根据自己的具体情况,在一般纳税人或小规模纳税人之间做出选择。

一般纳税人与小规模纳税人适用税率和计税方法是不同的。那么,在销售收入相同的情况下,究竟是一般纳税人比小规模纳税人多缴税,还是小规模纳税人比一般纳税人多缴税呢? 从上述税法规定可以看出,当销售额既定的情况下,小规模纳税人应缴税款即已确定。但一般纳税人的应缴税款还需依据其可抵扣的进项税额而定,可抵扣的进项税额越大,应缴税款越少;反之,可抵扣的进项税额越小,应缴税款越多。或者说,其增值率越高,应缴税款越多。在一般纳税人与小规模纳税人进行税负比较时,增值率就是一个关键因素。当在一个特定的增值率时,增值税一般纳税人与小规模纳税人应缴税款数额相同,我们把这个特定的增值率称为"无差别平衡点的增值率"。当增值率低于这个点时,增值税一般纳税人税负低于小规模纳税人;当增值率高于这个点时,增值税一般纳税人税负高于小规模纳税人。

无差别平衡点增值率的计算可分为含税销售额无差别平衡点增值率的计算与不含税销售额无差别平衡点增值率的计算。

1. 含税销售额无差别平衡点增值率的计算

设 X 为增值率,S 为含税销售额,P 为含税购进额,并假定一般纳税人适用税率为

13%,小规模纳税人适用税率为3%。

一般纳税人增值率：$X = (S - P) \div S$

一般纳税人应纳增值税 $= S \div (1 + 13\%) \times 13\% - P \div (1 + 13\%) \times 13\%$

$$= S \times X \div (1 + 13\%) \times 13\%$$

小规模纳税人应纳增值税 $= S \div (1 + 3\%) \times 3\%$

两种纳税人纳税额相等时,即

$$S \times X \div (1 + 13\%) \times 13\% = S \div (1 + 3\%) \times 3\%$$

$$X = 25.32\%$$

当增值率低于无差别平衡点增值率25.32%时,一般纳税人税负低于小规模纳税人,即成为一般纳税人可以节税。当增值率高于无差别平衡点增值率25.32%时,一般纳税人税负高于小规模纳税人,即成为小规模纳税人可以节税。企业可以按照本企业的实际购销情况做出选择。

同样的方法可计算出一般纳税人销售税率为9%的商品,与小规模纳税人的征收率为3%时的含税销售额的无差别平衡点增值率,见表3-1。

表3-1　无差别平衡点增值率(含税销售额)

一般纳税人税率/%	小规模纳税人征收率/%	无差别平衡点增值率/%
13	3	25.32
9	3	35.28
6	3	51.46

2. 不含税销售额无差别平衡点增值率计算

设 X 为增值率,S 为不含税销售额,P 为不含税购进额,并假定一般纳税人适用税率为13%,小规模纳税人适用税率为3%。

一般纳税人增值率：$X = (S - P) \div S$

一般纳税人应纳增值税 $= S \times 13\% - P \times 13\% = S \times X \times 13\%$

小规模纳税人应纳增值税 $= S \times 3\%$

两种纳税人纳税额相等时,即

$$S \times X \times 13\% = S \times 3\%$$

$$X = 23.08\%$$

当增值率低于无差别平衡点增值率23.08%时,一般纳税人税负低于小规模纳税人,即成为一般纳税人可以节税。当增值率高于无差别平衡点增值率23.08%时,一般纳税人税负高于小规模纳税人,即成为小规模纳税人可以节税。企业可以按照本企业的实际购销情况,根据以上情况做出选择。

同样的方法可计算出一般纳税人销售税率为9%的商品,与小规模纳税人征收率为3%时的不含税销售额的无差别平衡点增值率,见表3-2。

表 3-2　无差别平衡点增值率(不含税销售额)

一般纳税人税率/%	小规模纳税人征收率/%	无差别平衡点增值率/%
13	3	23.08
9	3	33.33
6	3	50

纳税人可以计算企业产品的增值率,按适用的税率及销售额是否含税查表。若增值率高于无差别平衡点增值率,可以通过企业分立选择成为小规模纳税人;若增值率低于无差别平衡点增值率,可以通过合并选择成为一般纳税人。

【案例 3-1】(增值税纳税人身份的选择)　某食品零售企业年零售含税销售额为 900万元,会计核算制度比较健全,符合一般纳税人条件,适用 13%的税率。该企业年购货金额为 480 万元(不含税),可取得增值税专用发票。该企业如何进行增值税纳税人身份的筹划?

该企业支付购进食品价税合计 = 480 万元 × (1 + 13%) = 542.4 万元

收取销售食品价税合计 900 万元

应缴纳增值税 = [900 ÷ (1 + 13%)] 万元 × 13% - 480 万元 × 13% = 41.139 8 万元

增值税后利润 = 900 万元 ÷ (1 + 13%) - 480 万元 = 316.460 2 万元

增值率(含税) = (900 - 542.4) 万元 ÷ 900 万元 = 39.73%

查表 3-1 发现该企业的增值率较高,超过无差别平衡点增值率 25.32%(含税增值率),故成为小规模纳税人会比一般纳税人减少增值税税款缴纳,因此,可以将企业分设成两个零售企业,各自作为独立核算单位。假定分设后两个企业的年销售额均为 450 万元(含税销售额),都符合小规模纳税人条件,适用 3%征收率。

此时,

两个企业支付购入食品价税合计 = 480 万元 × (1 + 13%) = 542.4 万元

两个企业收取销售食品价税合计 900 万元

两个企业共应缴纳增值税 = 900 万元 ÷ (1 + 3%) × 3% = 26.213 6 万元

分设后两企业增值税后净利润合计 = 900 万元 ÷ (1 + 3%) - 542.4 万元 = 331.386 4 万元

经过纳税人身份的转变,企业净利润增加了 14.926 2(331.386 4 - 316.460 2) 万元。

另外,在进行增值税一般纳税人与小规模纳税人身份筹划时,还须注意以下几个问题:

(1)税法对一般纳税人的认定要求。根据《增值税暂行条例实施细则》第三十条的规定,对符合一般纳税人条件,但不申请办理一般纳税人认定手续的纳税人,应按照销售额依照增值税税率计算应纳税额,不得抵扣进项税额,也不得使用增值税专用发票。

(2)企业财务利益最大化要求。企业经营的目标是追求利润最大化,这就决定了企业需根据市场需求不断扩大生产和经营规模。这种情况下,限制了企业作小规模纳税人的选择权。另外,一般纳税人要有健全的会计核算制度,需要培养和聘用专业会计人员,将会增加企业财务核算成本;一般纳税人的增值税征收管理制度复杂,需要投入的财力、物力和精力也多,会增加纳税人的纳税成本。

(3)企业产品的性质及客户的类型。企业产品的性质及客户的要求决定着企业进行纳税人筹划空间的大小。如果企业产品销售对象多为一般纳税人,决定了企业受到开具增值税专用发票的制约,必须选择一般纳税人,才有利于产品的销售。如果企业生产、经营的产品为固定资产或客户多为小规模纳税人或者消费者个人,不受发票类型的限制,筹划的空间较大。

第二节　增值税计税依据的税收筹划

一、计税依据的法律界定

(一)一般纳税人应纳税额的计算

一般纳税人应纳税额的计算公式为

$$应纳税额 = 当期销项税额 - 当期进项税额$$

下面分别就公式中的被减数和减数进行分析。

1.销项税额

销项税额是按税率计算并向购买方收取的增值税税额。其计算公式为

$$销项税额 = 销售额 × 税率$$

销售额是纳税人销售货物和应税劳务从购买方收取的全部价款和价外费用。价外费用是指价外向购买方收取的手续费、补贴、基金、集资费、返还利润、奖励费、违约金(延期付款利息)、包装费、包装物租金、储备费、优质费、运输装卸费、代收款项、代垫款项及其他各种性质的价外收费。上述价外费用无论其会计制度如何核算,均应并入销售额计税。但下列项目不包括在内:

(1)向购买方收取的销项税额。

(2)受托加工应征消费税的消费品所代收代缴的消费税。

(3)同时符合以下两个条件的代垫运费:

①承运部门的运费发票开具给购货方的;

②纳税人将该项发票转交给购货方的。

这里的销售额是指不包含增值税的销售额,纳税人销售货物或者应税劳务采用销售额和销项税额合并定价方法的,应当按以下公式计算不含税销售额:

$$不含税销售额 = \frac{含税销售额}{1 + 适用税率}$$

应当注意的是,根据国家税务总局规定,对增值税一般纳税人向购买方收取的价外费用,应视为含税收入,在征税时将其换算成不含税收入再并入销售额。

销售额以人民币计算。纳税人以外币结算销售额的,应当按外汇市场价格折合成人民币计算。

纳税人销售货物或者应税劳务的价格明显偏低并无正当理由的,税务机关按下列顺序确定销售额:

第一,按纳税人同期同类货物的价格确定;

第二,按纳税人最近时期同类货物的价格确定;

第三,按组成计税价格确定,计算公式为

$$组成计税价格 = 成本 \times (1 + 成本利润率)$$

属于应征消费税的货物,其组成计税价格应加计消费税税额,计算公式为

$$组成计税价格 = 成本 \times (1 + 成本利润率) + 消费税税额$$

或

$$组成计税价格 = \frac{成本 \times (1 + 成本利润率)}{1 - 消费税税率}$$

在上式中,"成本"分为两种情况:属于销售自产货物的为货物的实际生产成本;属于销售外购货物的为货物的实际采购成本。

"成本利润率"为10%。但属于应从价定率征收消费税的货物,其组成计税价格公式中的成本利润率,为《消费税若干具体问题的规定》中规定的成本利润率。

2. 进项税额

进项税额是指当期购进货物或应税劳务缴纳的增值税税额。

进项税额是增值税专用发票或海关完税凭证上注明的,而不是计算的,但下面两种情况除外:

(1)一般纳税人向农业生产者或者向小规模纳税人购买的农产品,准予按照买价和规定的扣除率计算进项税额,并可从当期销项税额中扣除。

其计算公式为

$$进项税额 = 买价 \times 扣除率$$

"免税农业产品"是指直接从事植物的种植、收割和动物的饲养、捕捞的单位和个人销售的自产农业产品。

"买价"是指经主管税务机关批准使用的收购凭证上注明的价款。购买农业产品的单位在收购价格之外按规定缴纳并负担的农业特产税,准予并入农业产品的买价,计算进项税额。"扣除率"从2002年1月1日起统一规定为13%,从2018年5月1日开始下降为10%;根据《财政部税务总局海关总署公告2019年第39号》,从2019年4月1日起,纳税人购进农产品,原适用10%扣除率的,扣除率调整为9%。纳税人购进用于生产或者委托加工13%税率货物的农产品,按照10%的扣除率计算进项税额。

(2)购进农产品,按《农产品增值税进项税额核定扣除试点实施办法》抵扣进项税额的除外。

　　为调整和完善农产品增值税抵扣机制,经国务院批准,决定在部分行业开展增值税进项税额核定扣除试点。试点纳税人购进农产品不再凭增值税扣税凭证抵扣增值税进项税额。

　　①自2012年7月1日起,以购进农产品为原料生产销售液体乳及乳制品、酒及酒精、植物油的增值税一般纳税人,纳入农产品增值税进项税额核定扣除试点范围,其购进农产品无论是否用于生产上述产品,增值税进项税额均按照《农产品增值税进项税额核定扣除试点实施办法》的规定抵扣。

　　②农产品增值税进项税额核定方法。

　　a.试点纳税人以购进农产品为原料生产货物的,农产品增值税进项税额可按以下方法核定。

　　投入产出法:参照国家标准、行业标准(包括行业公认标准和行业平均耗用值)确定销售单位数量货物耗用外购农产品的数量(以下称农产品单耗数量)。

　　当期允许抵扣农产品增值税进项税额依据农产品单耗数量、当期销售货物数量、农产品平均购买单价(含税,下同)和农产品增值税进项税额扣除率(以下简称"扣除率")计算。其计算公式为

$$当期允许抵扣农产品增值税进项税额=\frac{当期农产品耗用数量×农产品平均购买单价×扣除率}{1+扣除率}$$

$$当期农产品耗用数量=当期销售货物数量(不含采购除农产品以外的半成品生产的货物数量)×农产品单耗数量$$

　　对以单一农产品原料生产多种货物或者多种农产品原料生产多种货物的,在核算当期农产品耗用数量和平均购买单价时,应依据合理的方法归集和分配。

　　平均购买单价是指购买农产品期末平均买价,不包括买价之外单独支付的运费和入库前的整理费用。期末平均买价计算公式为

$$期末平均买价=\frac{期初库存农产品数量×期初平均买价+当期购进农产品数量×当期买价}{期初库存农产品数量+当期购进农产品数量}$$

　　成本法:依据试点纳税人年度会计核算资料,计算确定耗用农产品的外购金额占生产成本的比例(以下称"农产品耗用率")。当期允许抵扣农产品增值税进项税额依据当期主营业务成本、农产品耗用率以及扣除率计算。其计算公式为

$$当期允许抵扣农产品增值税进项税额=\frac{当期主营业务成本×农产品耗用率×扣除率}{1+扣除率}$$

$$农产品耗用率=\frac{上年投入生产的农产品外购金额}{上年生产成本}$$

　　农产品外购金额(含税)不包括不构成货物实体的农产品(包括包装物、辅助材料、燃料、低值易耗品等)和在购进农产品之外单独支付的运费、入库前的整理费用。

　　对以单一农产品原料生产多种货物或者多种农产品原料生产多种货物的,在核算当期主营业务成本以及核定农产品耗用率时,试点纳税人应依据合理的方法进行归集和分配。

　　农产品耗用率由试点纳税人向主管税务机关申请核定。

年度终了,主管税务机关应根据试点纳税人本年实际对当年已抵扣的农产品增值税进项税额进行纳税调整,重新核定当年的农产品耗用率,并作为下一年度的农产品耗用率。

参照法:新办的试点纳税人或者试点纳税人新增产品的,试点纳税人可参照所属行业或者生产结构相近的其他试点纳税人确定农产品单耗数量或者农产品耗用率。次年,试点纳税人向主管税务机关申请核定当期的农产品单耗数量或者农产品耗用率,并据此计算确定当年允许抵扣的农产品增值税进项税额,同时对上一年增值税进项税额进行调整。核定的进项税额超过实际抵扣增值税进项税额的,其差额部分可以结转下期继续抵扣;核定的进项税额低于实际抵扣增值税进项税额的,其差额部分应按现行增值税的有关规定将进项税额做转出处理。

b.试点纳税人购进农产品直接销售的,农产品增值税进项税额按照以下方法核定扣除:

$$当期允许抵扣农产品增值税进项税额 = \frac{当期销售农产品数量}{1 - 损耗率} \times$$

$$\frac{农产品平均购买单价 \times 农产品适用的增值税税率}{1 + 农产品适用的增值税税率}$$

$$损耗率 = \frac{损耗数量}{购进数量}$$

c.试点纳税人购进农产品用于生产经营且不构成货物实体的(包括包装物、辅助材料、燃料、低值易耗品等),增值税进项税额按照以下方法核定扣除:

当期允许抵扣农产品增值税进项税额 =

$$\frac{当期耗用农产品数量 \times 农产品平均购买单价 \times 农产品适用的增值税税率}{1 + 农产品适用的增值税税率}$$

农产品单耗数量、农产品耗用率和损耗率统称为农产品增值税进项税额扣除标准(以下称"扣除标准")。

扣除率为销售货物的适用税率。

对部分液体乳及乳制品实行全国统一的扣除标准,见表3-3。

表3-3 全国统一的部分液体乳及乳制品扣除标准表

产品类型	原乳单耗数量/吨
超高温灭菌牛乳(每吨)	1.068
超高温灭菌牛乳(蛋白质含量≥3.3%)(每吨)	1.124
巴氏杀菌牛乳(每吨)	1.055
巴氏杀菌牛乳(蛋白质含量≥3.3%)(每吨)	1.196
超高温灭菌羊乳(每吨)	1.023
巴氏杀菌羊乳(每吨)	1.062

除出口货物外,当期销项税额小于进项税额时,结转下期继续抵扣。

（二）小规模纳税人应纳税额的计算

小规模纳税人计算应纳税额时所用计算公式为

$$应纳税额 = 销售额 \times 征收率$$

小规模纳税人适用的征收率为3%。

其中，销售额不包括应纳税额本身，即为不含税销售额。如果小规模纳税人销售货物或者应税劳务采用销售额和应纳税额合并定价方法的，则按下列公式将含税销售额换算成不含税销售额：

$$销售额 = \frac{含税销售额}{1 + 征收率}$$

（三）进口货物应纳增值税的计算

纳税人进口货物，按照组成计税价格和条例规定的税率计算应纳税额。其计算公式为

$$组成计税价格 = 关税完税价格 + 关税 + 消费税$$

$$应纳税额 = 组成计税价格 \times 税率$$

需要注意的是，进口货物增值税的组成计税价格中包括已纳关税税额，如果进口货物属于消费税应税消费品，其组成计税价格中还要包括已纳消费税税额。

二、销项税额的税收筹划

（一）销售方式的税收筹划

销售方式是指企业以何种形式将产品销售出去。产品的销售方式多种多样，而且随着经济的发展，产品的销售方式会越来越多。在产品销售过程中，纳税人对销售方式有自主选择权，这为利用不同销售方式进行纳税筹划提供了可能。销售方式不同，往往适用不同的税收政策，也就存在税收待遇差别的问题。

1. 折扣销售

折扣销售分为商业折扣、现金折扣和销售折让三种方式。

（1）商业折扣是指企业在销售货物或提供应税劳务的行为发生后，为鼓励对方多购买而给予购买方价格上的优惠形式。商业折扣一般都从销售价格中直接扣减，即购买方所付的价款和销售方所收的货款，都是按打折以后的售价来计算的。现行增值税制度规定，纳税人采取商业折扣销售方式销售货物，如果销售额和折扣额在同一张发票上分别注明，可按折扣后的销售额征收增值税，如果将折扣额另开发票，计征增值税时均不得从销售额中减除折扣额。

【案例3-2】　某商业批发企业为增值税一般纳税人，销售给某固定客户货物一批，增值税税率13%，不含税价格为600万元，给予销售折扣5%，且折扣额与销售额在同一张发票上注明，这批货物购进成本为480万元。

购货方须支付款项 = 570万元 × (1 + 13%) = 644.1万元

批发企业应缴增值税额 = 570万元 × 13% − 480万元 × 13% = 11.7万元

批发企业毛利润 = 570 万元 - 480 万元 = 90 万元

（2）现金折扣是指企业在销售货物或提供应税劳务的行为发生后，为尽快收回资金而给予购买方价格上的优惠形式。如 10 天内付款，货款折扣率为 2%；20 天内付款，折扣率为 1%；30 天内付款则无优惠等。现金折扣发生在销货之后，是一种融资性质的理财费用，因此现金折扣不得从销售额中减除。

上例中设该批发企业销售货物时提供现金折扣，客户 10 天内付款，享受 5% 的折扣率，假定其他条件不变，则

批发企业应缴增值税额 = 600 万元 × 13% - 480 万元 × 13% = 15.6 万元

购货方应付款 = （600 - 600 × 5%）万元 + 600 万元 × 13% = 648 万元

批发企业毛利润 = 600 万元 - 600 万元 × 5% - 480 万元 = 90 万元

（3）销售折让是货物销售后，由于品种、质量等原因，购货方虽没有退货，但要求给予的一种价格上的优惠。现行增值税制度规定一般纳税人因销售折让而退还给购买方的增值税额，应从发生折让当期的销项税额中扣减。具体执行时，要求购买方取得当地主管税务机关开具的索取折让证明单，销售方以此开具红字专用发票，并扣减当期销项税额。

再如上例，设商业批发企业将价格为 600 万元（不含税）的货物售出后对方发现有质量问题，该企业决定给予 5% 的折让，购买方取得当地主管税务机关开具的索取折让证明单后该批发企业按销售额的 5% 开具了红字专用发票。假定其他条件不变，则

购货方应付款 = （600 - 30）万元 × （1 + 13%）= 644.1 万元

该企业应缴增值税额 =（600×13% - 30×13%）万元 - 480 万元×13% = 11.7 万元

批发企业毛利润 = （600 - 30）万元 - 480 万元 = 90 万元

以上三种方案，批发企业利润额都一样，但现金折扣销售方式缴纳增值税额较多，同时购货方付款金额也最多，其原因在于现金折扣虽然可以减少销售净额，但不能减少销项税额，销项税额易向前转嫁给消费者，因而消费者承担了增值税负担。所以，比较三种方案，商业折扣与销售折让效果一样，而现金折扣没减少消费者的增值税负担，因而让利效果较差。

需要注意的是，折扣销售仅限于货物价格的折扣，如果销售者将自产、委托加工和购买的货物用于实物折扣的，则该实物款不能从货物销售额中减除，且该实物应按增值税条例"视同销售货物"中的"赠送他人"计算征收增值税。

2. 还本销售

还本销售是指销货方将货物出售之后，按约定的时间一次或分次将购货款部分或全部退还给购货方，退还的货款即为还本支出。这种方式实际上是一种以货物换取资金的使用价值，到期还本不付息的筹集资金方式。税法规定，纳税人采取还本方式销售货物的，不得从销售额中减除还本支出。

【案例 3-3】 某企业以还本销售方式销售货物，价格为 300 万元（含税），规定 5 年内每年还本 60 万元，该货物的市场价格为 100 万元（含税）。假定该企业当期允许抵扣的

进项税额为 0。该企业有以下两种筹划方案可供选择：

方案一:还本销售方式。由于还本销售的销售额就是货物的销售价格,不得从销售额中减除还本支出。因此,该企业应缴纳增值税 34.51［300 ÷（1 + 13%）× 13%］万元。

方案二:该企业以市场价格销售货物,价格为 100 万元(含税),同时向购买方借款 200 万元,年利率为 10%,规定 5 年内每年还本付息 60（200 ÷ 5 + 200 × 10%）万元,本息共计 300（60 × 5）万元。该企业应缴纳增值税 11.5［100 ÷（1 + 13%）× 13%］万元。

可见,方案二比方案一可少纳税 23.01（34.51 − 11.5）万元。

3. 以旧换新

以旧换新是指纳税人在销售货物时,以一定的价格同时回收相关的旧货,以达到促销目的。根据税法规定,纳税人采取以旧换新方式销售货物的,应按新货物的同期销售价格计缴税款。无论纳税人在财务上怎样处理,旧货物的支出均不得从销售额中扣除。

4. 以物易物

以物易物是一种较为特殊的购销活动,是指购销双方不是以货币结算,而是以同等价款的货物相互交换,实现货物购销的一种方式。税法规定,以物易物双方都应作购销处理,以各自发出的货物核算销售额并计算销项税额,以各自收到的货物按规定核算购货额并计算进项税额。

(二)折扣销售方式的选择策略

1. 折扣和销售同时发生时的选择

有折扣,销售收入自然会相应减少,那么,企业的"折扣"能否直接冲减销售收入以及销项税额呢? 现行增值税制度规定,如果销售额和折扣额在同一张发票上分别注明,可按折扣后的销售额征收增值税;如果将折扣额另开发票,不论其在财务上如何处理,计征增值税时均不得从销售额中减除折扣额。

【案例 3-4】 海东家用电器制造公司为增值税一般纳税人,其主要经营业务是生产和销售某品牌的电视机。某月,该公司销售给 A 商场电视机一批,增值税税率为 13%,不含税价格为 100 万元,因对方购买量大而给予销售折扣率 5%,且折扣额销售额在同一张发票上注明。则 A 商场共须支付款项: 95 万元 ×（1 + 13%） = 107.35 万元

海东公司的增值税销项税额 = 95 万元 × 13% = 12.35 万元

上例中,如果海东公司销售电视机时直接给予 A 商场 5 万元的折扣额,且不开具发票,这种情况下,折扣额不允许从收入中减除,计征增值税时按销售额全额计算增值税销项税额。则 A 商场共须支付款项:

（100 − 100 × 5%）万元 + 100 万元 × 13% = 108 万元

海东公司的增值税销项税额: 100 万元 × 13% = 13 万元

对比以上两种情况,在第二种销售方式下,海东公司没有将折扣额计入发票,其实是

作为一种回扣返还给 A 商场,这种做法无凭无据,税务机关无从查考到底回扣了多少,从而无法正确计算应纳增值税;另一方面,对 A 商场而言,由于发票上没有注明折扣额,A 商场很可能用发票注明的数据计算抵扣增值税进项税额,从而多列进项税额达到少缴税款的目的。出于以上考虑,为保持税法的严肃性,国家规定如果销售额和折扣额不同时反映在一张发票上,其折扣额不允许从收入中减除,从而导致销售方多缴纳增值税款,购货方多支付价税合计款。

2. 折扣是在销售后才确认时的选择

累计销售返点(其实就是折扣)是一种促销方式,因为它执行"销售越多返点越高"的折扣原则,对一些具有营销实力的客户(中间商),还是有吸引力的。

但累计销售返点是事后行为,即确定了累计销售量才能确定返点的点数,就给实务中的财务处理带来了麻烦。

税法条款援引:

国税函〔2006〕1279 号规定:

纳税人销售货物并向购买方开具增值税专用发票后,由于购货方在一定时期内累计购买货物达到一定数量,或者由于市场价格下降等原因,销货方给予购货方相应的价格优惠或补偿等折扣、折让行为,销货方可按现行《增值税专用发票使用规定》的有关规定开具红字增值税专用发票。

依据这个文件,对累计销售返点的处理程序如下:从开票之日起 90 天内,填写开具红字发票《申请单》,到主管税务机关办理认证手续——把要开的红字发票对应的以前开具的蓝字专用发票拿到税务机关认证,然后按现行《增值税专用发票使用规定》的有关规定开具红字增值税专用发票,冲减折扣额(累计返点是多少就开多少的红字发票)。

这个文件好像解决了累计销售返点的问题,其实不彻底。为了进行发票管理,税务机关规定了"在开票之日起 180 天内"办理认证手续,但问题是,累计销售是全年的销售,如果最后一次供货量低,就有可能出现"供货 500 万元返点 600 万元"的情况——拿 500 万元的供货蓝字专用发票,到税务机关认证开具"返点 600 万元"的红字专用发票,恐怕就不会那么顺利了。

销售是企业的生命线,但折扣问题解决不了,就会影响企业的生命线。为了"保命",对不好处理的折扣,有些企业就违规解决,比如私下给对方回扣,这除了要承担税收负担(回扣不允许在税前扣除)外,还制造了财务风险,以后出了问题说不定更麻烦。

对这个复杂的问题,国税函〔2008〕875 号进一步予以明确:

企业为促进商品销售而在商品价格上给予的价格扣除属于商业折扣,商品销售涉及商业折扣的,应当按照扣除商业折扣后的金额确定销售商品收入金额。

我国的税收政策是明确的:累计销售返点允许扣除,但有些"前大后小"销售额的企业不好操作。这就需要节税技巧了。看看下面这个案例是如何处理的。

【案例 3-5】(累计销售返点的节税思路与方法) 某企业给销售公司的折扣政策是这样的:年不含税累计销售额在 100 万元以下,没有折扣(针对小企业的政策);超过 100

万元,返点率为1.5%;超过1 000万元,返点率为3%;超过5 000万元,返点率为4%;超过10 000万元,返点率为5%;超过20 000万元,返点率为7%。

依据国家相关税收政策和这个企业具体的销售奖励措施,我们给它们设计了累计销售返点的运行模式和财务处理方式。下面分别予以介绍。

(1)依据国税函〔2006〕1279号文件"购货方在一定时期内累计购买货物达到一定数量,销货方可按现行《增值税专用发票使用规定》的有关规定开具红字增值税专用发票"的规定,每年对各个销售公司初次开票销售,都按发票额和对应的返点比例,如不含税销售额800万元,按1.5%的奖励比例返点12万元,填写《申请单》,去税务机关办理认证手续,开红字增值税专用发票冲减销售额,进行账务处理,并在企业所得税税前扣除,随时减轻相关税负。

(2)以后开票供货时,按累计发票额及其对应的返点比例,同时考虑上次的返点额,申请开具红字发票。比如,上次开800万元,这次1 000万元,累计1 800万元,按3%的比例返点54万元,但上次返了12万元要扣除,本次申请开具红字发票的折扣额为42(54-12)万元。以此类推,在供货均匀的条件下,都可以按此种方法处理累计销售返点问题。

如果遇到临界点问题,如已经开票销售了19 800万元,也已经按相应的奖励比例5%返点990万元,但年终最后一次开票供货300万元,累计销售到了20 100万元,执行7%的返点率,返点额为1 407万元,减掉以前的返点额990万元,尚有417万元要返点。返点额(417万元)超过了蓝字发票额(300万元),如此到税务机关去办理申请,估计很难通过。

对于这样的疑难问题,我们的建议如下:

①与销售公司商议,把"超额"的返点额递延到下一个年度去。假如300万元的销售发票到税务机关可以申请开具30万元红字发票,递延额为387(417-30)万元。

②提前预测销售公司的累计销售额,对于可能出现的"超额"问题,可以在上次销售开票时,依据"先返还"的方式(限于信用客户),把"超额"的部分提前开进红字发票中去。比如,上次多折扣387万元左右,这次就可顺利解决这个"超额"问题。

解决了这个疑难问题,企业可以合法地在税前扣除返点额,获得节税效益。

(三)结算方式的税收筹划

销售结算方式通常有直接收款、委托收款、托收承付、赊销或分期收款、预收款销售、委托代销等。不同的销售方式,其纳税义务发生的时间是不相同的。

企业的销售方式多种多样,各种销售方式下增值税纳税义务发生时间都不尽相同,税法中具体的规定如下:

一是采取直接收款方式销售货物的,不论货物是否发出,均为收到销售额或者取得索取销售额的凭证,并将提货单交给买方的当天。

二是采取托收承付和委托银行收款方式销售货物的,为发出货物并办妥托收手续的当天。

三是采取赊销和分期收款方式销售货物的,为书面合同约定的收款日期的当天;无书面合同的或者书面合同没有约定收款日期的,为货物发出的当天。

四是采取预收货款方式销售货物,为货物发出的当天,但生产销售生产工期超过12个月的大型机械设备、船舶、飞机等货物的,为收到预收款或者书面合同约定的收款日期的当天。

五是委托他人代销货物的,为收到代销单位的代销清单或者收到全部或者部分货款的当天;未收到代销清单及货款的,为发出代销货物满180天的当天。

六是销售应税劳务的,为提供劳务同时收讫销售款或者索取销售款凭据的当天。

企业应注意选择于自己有利的销售方式,否则就会承担提前缴纳增值税带来的损失。因为不同的结算方式会形成不同的纳税时间。

因此,要推迟纳税义务的发生时间,关键是采取合适的结算方式。其主要筹划方式有两种。

1. 充分利用赊销和分期收款方式

赊销和分期收款结算方式,都以合同约定日期为纳税义务发生时间。因此,企业在产品销售过程中,在应收货款一时无法收回或部分无法收回的情况下,可选择赊销或分期收款结算方式,尽量回避直接收款方式。直接收款方式不论货款是否收回,都得在提货单移交并办理索取销售额的凭据之日计提增值税销项税额,承担纳税义务;而赊销或分期收款结算方式则可以在合同约定日期计提增值税销项税额,承担纳税义务,企业具有相当大的主动性,完全可以在货款收到后履行纳税义务,有效推迟增值税纳税时间。

2. 利用委托代销方式销售货物

采用委托代销商品方式,受托方根据合同要求,将商品出售后,开具销货清单,交给委托方,这时委托方才确认销售收入的实现,确认纳税义务的发生。根据这一原理,如果企业的产品销售对象是商业企业,且在商业企业实现销售后再付款结算,就可采用委托代销结算方式,回避直接收款方式、托收承付和委托银行收款方式等结算形式。这样企业就可以根据其实际收到的货款分期计算销项税额,从而延缓纳税。

工业企业的分支机构如果不独立进行注册登记,就不具备独立法人资格,也就是不具备企业所得税纳税义务人的条件,其企业所得税要汇总到总机构统一缴纳。但是分支机构是增值税的独立纳税义务人。《中华人民共和国增值税暂行条例》第一条规定:在中华人民共和国境内销售货物或者提供加工、修理修配劳务以及进口货物的单位和个人,为增值税的纳税义务人(以下简称"纳税人"),应当依照本条例缴纳增值税。因此分支机构要独立缴纳增值税,对这一点,工业企业要有清醒的认识,否则就会受到税务机关的制裁。下面就是一个没有准确认识到分支机构的增值税独立纳税人资格而造成加大企业税负的案例。

【案例3-6】(委托代销的税收筹划)　清泉啤酒厂是某地区纳税数额较大的国有企业之一,主要生产清泉牌啤酒。该厂在2019年初为扩大啤酒销量,在本省其他县市设立了八个经销处,该厂和各经销处签订了啤酒经销协议,主要内容如下:

一是啤酒厂按经销处的销售量付给销售费用,用于支付经销处在销售本厂啤酒过程中各种费用支出。支付经销处的费用标准为经销处销售额的4%。

二是经销处在销售过程中,由经销处与购买用户自行结算货款,实行自负盈亏,经销处应自备办公场所、住房、运输车辆及装卸人员等。所需费用及管理人员工资、办公经费等可从啤酒厂支付的销售费用中自行支配。

三是经销处为本厂内部销售部门,所销售的啤酒在本厂出厂时已经计税,经销处不存在税收负担。经销处在经销过程中与行政管理部门如工商、税务、物价等部门发生分歧的,啤酒厂、经销处和有关管理部门协商解决。

协议经双方负责人签字盖章后生效,啤酒经销处领取了酒类经营许可证,便开始正式销售啤酒。

在2019年度,各经销处实际销售啤酒的销售收入(含税)为600万元,共收取啤酒厂支付的费用24(600×4%)万元。啤酒厂总共销售啤酒的销售收入(含税)为1 000万元,这其中包含各经销处的600万元销售额。当年,啤酒厂可以抵扣的增值税进项税额为102万元,啤酒厂共缴纳增值税额为

$$\frac{1\ 000}{1+13\%} 万元 \times 13\% - 102\ 万元 = 13.04\ 万元$$

税务稽查人员在仔细分析了啤酒厂与经销处双方所签订协议的具体内容和经销处实际经营方式后,根据《中华人民共和国增值税暂行条例》以及《增值税条例实施细则》的规定,统一核算的总机构向不在同一县(市)的分支机构移送货物,视同销售货物,总机构应在机构所在地缴纳增值税;同样,分支机构实现销售时,也应在分支机构当地缴纳增值税。

依照上述规定,税务稽查人员确认经销处构成了销售货物的行为,应确定为增值税纳税义务人,并对经销处作为商业企业小规模纳税人下达了《税务处理决定书》,依法补缴增值税。补缴的增值税为

$$\frac{600}{1+3\%} 万元 \times 3\% = 17.48\ 万元$$

此外,税务稽查部门还对该厂课征税收滞纳金2万元,并处罚金5万元。最后这笔款项由啤酒厂和经销处共同负担。

对本案例进行分析:增值税是对商品在生产经营过程中产生的增值额征收的税种,商品每经过一个生产经营环节,都要就其产生的增值额征收增值税。在本案例中,啤酒厂销售啤酒要缴纳增值税,经销处作为增值税的独立纳税义务人,其销售啤酒的行为当然也要缴纳增值税;经销处没有主动办理增值税纳税人身份认定,税务部门只能将其按商业企业小规模纳税人对待,按小规模纳税人的征收方法征收增值税。由于啤酒厂和经销处都没有认识到这个问题,所以不但补缴了税款,还被罚了税收滞纳金,的确有些冤枉。应该作何取舍?

(1)事先将经销处作为独立的增值税纳税人缴税。

在上面的案例中,如果事先将经销处作为独立的增值税纳税人,而且是小规模纳税人,故补缴的增值税是不可避免的;但是税收滞纳金和罚金却是可以避免的。另外,在上

面的案例中,600万元作为经销处的销售额,就不应该再包含于啤酒厂的销售总额中。由于经销处从啤酒厂得到24万元的经销费用,这24万元实际可以理解为经销处的进销差价,相当于经销处从啤酒厂以576万元购进啤酒,以600万元销售,那么啤酒厂的销售总额就不是1 000万元,而是976万元。啤酒厂的销售总额减少了24万元,应纳增值税也相应会减少,减少的金额为24万元÷(1 + 13%)×13% = 2.76万元。

因此,如果事先将经销处作为独立的增值税纳税人,而且是小规模纳税人,从集团总体看,可以避免两方面的损失:一是可以避免经销处的税收滞纳金和罚金损失;二是可以减少啤酒厂增值税纳税额2.76万元。

(2)经销处应争取一般纳税人资格认定。

首先,经销处完全有条件选择按一般纳税人的增值税计算方法计算缴纳增值税。按照现行税收制度规定,实行统一核算的总机构为一般纳税人时,即使其分支机构年应税销售额未达到一般纳税人标准也可申请为一般纳税人。经销处作为啤酒厂(一般纳税人)的分支机构,被认定为一般纳税人资格是可能和可行的。

其次,经销处选择作为一般纳税人的税收负担会轻于作为小规模纳税人的税收负担。作为本厂的内部销售单位,经销处的经营活动是为了扩大本厂的销售额,经销处的存在不以营利为目的,经销处从销售额中提取的费用主要用于补偿其在销售本厂啤酒过程中各种费用支出。因此,经销处提取的费用比例不大,其含税增值率也不会高。在本例中,经销处按销售额的4%提取销售经费,则含税增值率为4%。

在本例中,如果经销处选择按小规模纳税人身份缴纳增值税,其应纳增值税额为17.48万元。如果经销处主动选择按一般纳税人身份缴纳增值税,假定各经销处的收、支付货款及开支的费用等条件与原来的数额相同,而且经销处在当年还发生了运货费用7万元,作为一般纳税人,就可以抵扣进项税额0.63(7×9%)万元,则经销处应纳增值税额为

$$\frac{600 - 576}{1 + 13\%} 万元 \times 13\% - 0.63 万元 = 2.13 万元$$

比较两项应纳增值税额,可以看出,如果经销处将自己的小规模纳税人身份变换为一般纳税人身份,经销处的增值税负担就由原来的17.48万元下降到2.13万元。税负大幅度下降的原因主要是经销处的含税增值率低,作为一般纳税人缴纳增值税的税收负担将较轻。

【案例3-7】(避免陷入合同税收陷阱的纳税筹划) 甲保健品公司采用直销方式推销产品,由业务员为其推销,其业务员并非企业雇用的员工,而是一些兼职人员,所签合同并非劳动合同,而是业务或劳务合同。合同中有如下条款:"业务员从公司的提货价必须要与卖给客户的零售价一致,然后根据销售额的5%从公司获取提成。"本年度该保健品公司直销收入总额为10 000万元,进项税为500万元。请对其进行纳税筹划。

税法依据

一般纳税人应纳增值税 = 销项税 − 进项税

= 不含税销售额 × 适用税率 − 不含税购进额 × 适用税率

小规模纳税人应纳增值税＝不含税销售额×3%

筹划思路

一般纳税人销售货物,只要其采购时取得专用发票,按增值额来缴纳增值税;但小规模纳税人的增值税纳税义务与增值额无关,仅与销售额有关。因此,应当尽量避免小规模纳税人从一般纳税人处购买货物的情况,在个人(小规模纳税人)为企业(一般纳税人)的直销业务中,应当避免企业先将产品卖给个人,个人再对外销售的合同条款。

筹划过程

方案一:仍采用原合同的条款。

须分为两道销售环节,第一道是公司将商品按照提货价卖给业务员。

$$应纳增值税 = 10\ 000\ 万元 × 13\% - 500\ 万元 = 800\ 万元$$

第二道是业务员将商品按照零售价卖给客户。

$$应纳增值税 = 10\ 000\ 万元 × 3\% = 300\ 万元$$

(当然,这300万元的增值税,业务员不可能去缴,只能由公司代缴。)

方案二:修改合同条款为:"业务员以公司的名义去销售,按照公司统一定价卖给客户,然后根据销售额的5%从公司获取提成。"则只有一道销售环节,即公司销售给客户。

$$应纳增值税 = 10\ 000\ 万元 × 13\% - 500\ 万元 = 800\ 万元$$

筹划结论

方案二比方案一少纳税300(800 + 300 - 800)万元,因此,应当选择方案二。

筹划点评

聘请财税专业人士审查合同,避免不必要的税收风险,成为企业签订合同时越来越需要注意的问题。

【案例3-8】　某集团公司于5月10日签订一份工业品买卖合同,购买护窗等产品,价税合计11 700元,规定交(提)货时间为5月并安装完毕,这种规定就有一定的弹性,如果对方在5月(最后一天)安装完毕,那么合同规定:经验收合格付款。有可能6月初验收后,到6月底才付款。如果该集团公司5月付款并取得增值税专用发票,除货款之外,该企业还垫付给供货方一笔无法抵扣的资金——进项税额1 346元,之所以说无法抵扣,是因为该集团为二级核算单位,更特殊的是其进项税额一直大大高于销项税额。如果该企业在5月底之前付款并将增值税发票拿到手,由于当月的销项税额不足以抵减进项税额,故在5月底付款和在6月底付款对企业来讲有较大的差别。在6月底付款,企业可以充分利用11 700元(含1 346元)1个月货币时间价值为企业创造更多的价值。

另一种假设就是对方企业即使在5月(最后一天)开票,但该集团公司也有可能不能及时到税务机关认证,那么即使当月有足够的销项税额也同样不能抵扣,同样会滞压1个月的资金。因此,在该集团公司无法及时抵扣进项税额的情况下,尽可能推迟付款时间或采用分期付款方式,推迟取得增值税发票是该企业增值税纳税筹划的宗旨。

如果考虑货币时间价值(1个月),此合同价税合计11 700元。1个月后11 700元的价值为 11 700元×$(F/P, 0.187\ 5\%, l)$ = 11 721.94元(假设0.187 5%是银行存款的利率)。这样,实际可节省资金21.94元。

因该合同总价款不多,节税金额并不明显。对大型集团公司而言,一般合同金额都比较大,其节税效果还是比较可观的。

(四)销售价格的税收筹划

产品的销售价格对企业来说至关重要。在市场经济条件下,纳税人有自由定价的权利。纳税人可以利用定价的自由权,制订"合理"的价格,从而获得更多的收益。

与纳税筹划有关的定价策略有两种表现形式:一种是与关联企业合作定价,目的是减轻企业间的整体税负;一种是主动制订一个稍低一点的价格,以获得更大的销量,从而获得更多的收益。

【案例3-9】 甲、乙、丙为集团公司内部三个独立核算的企业,彼此存在着购销关系;甲企业生产的产品可以作为乙企业的原材料,而乙企业制造的产品的80%提供给丙企业。有关资料见表3-4。

表3-4 集团公司内部企业购销资料

企业名称	增值税税率/%	生产数量/件	正常市价/元	转移价格/元	所得税税率/%
甲	13	1 000	500	400	25
乙	13	1 000	600	500	25
丙	13	1 000	700	700	25

注:以上价格均为含税价格。

假设甲企业进项税额为40 000元,市场年利率为24%(月利率则为2%)。如果三个企业均按正常市价结算货款,应纳增值税税额如下:

甲企业应纳增值税额 = 1 000 件 × 500 元/件 ÷ (1 + 13%) × 13% − 40 000 元
= 57 522.12 元 − 40 000 元 = 17 522.12 元

乙企业应纳增值税额 = 1 000 件 × 600 元/件 ÷ (1 + 13%) × 13% − 57 522.12 元
= 69 026.55 元 − 57 522.12 元 = 11 504.42 元

丙企业应纳增值税额 = 1 000 件 × 80% × 700 元/件 ÷ (1 + 13%) × 13% − 69 026.55
元 × 80%
= 64 424.78 元 − 55 221.24 元 = 9 203.54 元

集团合计应纳增值税额 = 17 522.12 元 + 11 504.42 元 + 9 203.54 元 = 38 230.09 元

但是,当三个企业采用转移价格时,应纳增值税情况如下:

甲企业应纳增值税额 = 1 000 件 × 400 元/件 ÷ (1 + 13%) × 13% − 40 000 元
= 46 017.7 元 − 40 000 元 = 6 017.7 元

乙企业应纳增值税额 = (1 000 件 × 80% × 500 元/件 + 1 000 件 × 20% × 600 元/件) ÷
(1 + 13%) × 13% − 46 017.7 元
= 13 805.31 元

丙企业应纳增值税额 = 1 000 件 × 80% × 700 元/件 ÷ (1 + 13%) × 13% −
1 000 件 × 80% × 500 元/件 ÷ (1 + 13%) × 13%

= 18 407.08 元

集团合计应纳增值税额 = 6 017.7 元 + 13 805.31 元 + 18 407.08 元 = 38 230.09 元

如从静态的总额看,前后应纳增值税额是完全一样的,但考虑到税款的支付时间,两者的税额便存在差异。

三、进项税额的税收筹划

(一)供货方的选择

由于增值税实行凭增值税发票抵扣的制度,只有一般纳税人才能使用增值税专用发票。一般纳税人从小规模纳税人处认购的货物,由于小规模纳税人不能开出增值税专用发票,根据税法规定,小规模纳税人可以到税务所申请代开小规模纳税人使用的专用发票,一般纳税人可根据发票上的税额计提进项税额,抵扣率为3%;如果购货方取得的是小规模纳税人自己开具的普通发票,不能进行任何抵扣(农产品除外)。因此,企业在选择购货对象时,必然要考虑以上税收规定的差异。

增值税一般纳税人从小规模纳税人处采购的货物不能进行抵扣,或只能抵扣3%,为了弥补因不能取得专用发票而产生的损失,必然要求小规模纳税人在价格上给予一定程度的优惠。究竟多大的折让幅度才能弥补损失呢? 这里就存在一个价格折让临界点。其计算公式如下:

假设从一般纳税人处购进货物价格(含税)为 A,从小规模纳税人处购进货物价格(含税)为 B。为使两者扣除货物和劳务税后的销售利润相等,可设下列等式:

$$销售(不含税) - \frac{A}{1 + 增值税税率} - \left[销售(不含税) - \frac{A}{1 + 增值税税率}\right] \times 增值税税率 \times (城建税税率 + 教育费附加征收率)$$

$$销售(不含税) - \frac{B}{1 + 征收率} - \left[销售(不含税) \times 增值税税率 - \frac{B}{1 + 征收率} \times 征收率\right] \times (城建税税率 + 教育费附加征收率)$$

当城市维护建设税税率为7%,教育费附加征收率为3%时,令两式相等,则:

$$\frac{A}{1 + 增值税税率} \times (1 - 增值税税率 \times 10\%) = \frac{B}{1 + 征收率} \times (1 - 征收率 \times 10\%)$$

$$B = \frac{(1 + 征收率) \times (1 - 增值税税率 \times 10\%)}{(1 + 增值税税率) \times (1 - 征收率 \times 10\%)} \times A$$

当增值税税率为13%,征收率为3%时,则

$$B = A \times 90.24\%$$

即当小规模纳税人的价格为一般纳税人的 90.24% 时,或者说,价格优惠幅度为 90.24% 时,无论是从小规模纳税人处采购货物还是从一般纳税人处采购货物,取得的收益是相等的。当小规模纳税人报价折扣率低于该比率时,向一般纳税人采购获得增值税专用发票可抵扣的税额将大于小规模纳税人的价格折扣;当小规模纳税人报价的折扣率高于该比率时,向小规模纳税人采购才可获得比向一般纳税人采购更大的税后利益

（表3-5）。如果从小规模纳税人处不能取得增值税专用发票,则

$$B = A \times \frac{1 - 增值税税率 \times 10\%}{1 + 增值税税率}$$

表3-5　价格优惠临界点

一般纳税人的抵扣率/%	小规模纳税人的抵扣率/%	价格优惠临界点（含税）/%
13	3	90.24
13	0	87.35
9	3	93.93
9	0	90.92
6	3	96.88
6	0	93.77

【案例3-10】　甲企业为一般纳税人,3月欲购进某种商品,销售价格为20 000元(含税)。在采购时,甲企业可以选择三种不同性质的纳税人作为购货对象:增值税一般纳税人A,能开具增值税专用发票的小规模纳税人B,开具普通发票的小规模纳税人C。假定从A、B、C公司进货的价格分别为18 000元、17 000元、16 500元(均为含税)。试分析该企业应选择从哪个企业购入货物。

由不同纳税人价格优惠临界点(含税)得知:

当增值税税率为13%,小规模纳税人征收率为3%时,小规模纳税人开具增值税专用发票后的价格优惠临界点(含税)为90.24%,而实际含税价格比率为94.44%(17 000元÷18 000元×100%),后者大于前者,适宜选择A企业作为进货方。

当增值税税率为13%,小规模纳税人征收率为3%时,小规模纳税人开具普通发票后的价格优惠临界点(含税)为87.35%,而实际含税价格比率为91.67%(16 500元÷18 000元×100%),后者大于前者,也适宜选择A企业作为进货方。

由此可以看出,甲企业适宜选择A企业作为进货方。

方案一:以一般纳税人A为进货方。

本月应纳增值税 = 20 000元÷(1 + 13%)×13% - 18 000元÷(1 + 13%)×13% = 230.09元

本月应纳城市维护建设税及教育费附加 = 230.09元×(7% + 3%) = 23.01元

本月应纳企业所得税 = [20 000÷(1 + 13%) - 18 000÷(1 + 13%) - 23.01]元×25% = 436.73元

本月税后净利润 = [20 000÷(1 + 13%) - 18 000÷(1 + 13%) - 23.01]元×(1 - 25%) = 1 310.18元

企业综合税收负担率 = (230.09 + 23.01 + 436.73)元÷(1 310.18 + 230.09 + 23.01 + 436.73)元×100%
= 34.49%

当期净现金流量 = 20 000 元 − 18 000 元 − 230.09 元 − 23.01 元 − 436.73 元
= 1 310.18 元

方案二:以能开具增值税专用发票的小规模纳税人 B 作为进货方。

本月应纳增值税 = 20 000 元 ÷ (1 + 13%) × 13% − 17 000 元 ÷ (1 + 3%) × 3%
= 1 805.74 元

本月应纳城市维护建设税及教育费附加 = 1 805.74 元 × (7% + 3%) = 180.57 元

本月应纳企业所得税 = [20 000 ÷ (1 + 13%) − 17 000 ÷ (1 + 3%) − 180.57] 元 ×
25% = 253.42 元

税后净利润 = [20 000 ÷ (1 + 13%) − 17 000 ÷ (1 + 3%) − 180.57] 元 × (1 − 25%) = 760.27 元

企业综合税收负担率 = (1 805.74 + 180.57 + 253.42) ÷ (760.27 + 1 805.74 +
180.57 + 253.42) 元 × 100% = 74.66%

当期净现金流量 = 20 000 元 − 17 000 元 − 1 805.74 元 − 180.57 元 − 253.42 元 =
760.27 元

方案三:以只能开具普通发票的小规模纳税人 C 作为进货方。

本月应纳增值税 = 20 000 元 ÷ (1 + 13%) × 13% = 2 300.89 元

本月应纳城市维护建设税及教育费附加 = 2 300.89 元 × (7% + 3%) = 230.09 元

本月应纳企业所得税 = [20 000 ÷ (1 + 13%) − 16 500 − 230.09] 元 × 25% = 242.26
元

税后净利润 = [20 000 ÷ (1 + 13%) − 16 500 − 230.09] 元 × (1 − 25%) = 726.77 元

企业综合税收负担率 = (2 300.89 + 230.09 + 242.26) 元 ÷ (726.77 + 2 300.89 +
230.09 + 242.26) 元 × 100% = 79%

当期净现金流量 = 20 000 元 − 16 500 元 − 2 300.89 元 − 230.09 元 − 242.26 元 =
726.77 元

由此可知,选择一般纳税人作为进货方时,税负最轻,申请代开增值税专用发票的小规模纳税人次之,只能开具普通发票的小规模纳税人税负最重。考虑净利润和当期净现金流量,作为一般纳税人,选择一般纳税人为进货方时,现金流量最大,开具增值税专用发票的小规模纳税人次之,只能开具普通发票的小规模纳税人最小。因而,从综合税收负担及现金流量因素来看,企业应选择一般纳税人 A 为进货方。

另外,如果一般纳税人采购的货物是用于在建工程、集体福利、个人消费等非应税项目,其选择方法同上,由于不能进行抵扣,只要比较各自的含税价格即可。

(二)兼营免税或非应税项目进项税额核算的筹划

《营改增试点实施办法》第二十九条规定:适用一般计税方法的纳税人,兼营简易计税方法计税项目、免征增值税项目,应当正确划分其不得抵扣的进项税额,无法划分不得抵扣的进项税额,按照下列公式计算不得抵扣的进项税额:

不得抵扣的进项税额 = 当期无法划分的全部进项税额 × (当期简易计税方法计税项
目销售额 + 免征增值税项目销售额) ÷ 当期全部销售额

纳税人可将按照上述公式计算的不得抵扣的进项税额与实际免税项目、非应税劳务不应抵扣的进项税额对比,如果前者大于后者,则应正确划分并按规定转出进项税额;如果前者小于后者,则无须在核算时正确划分,而改按公式计算。

【案例 3-11】 某公司是增值税一般纳税人,生产 A 产品,售价 17 元/件(不含税),成本构成大致为材料 10 元/件(其中主要原材料 9 元/件,辅助材料 1 元/件),工资等其他成本 6 元/件(进项税额忽略不计),当年预计生产 2 000 000 件。现有一国外来料加工的订单,由该公司提供辅助材料并加工成 A 产品,加工费 7.5 元/件,共计 100 000 件。

该公司销售部门的人员作了一个预测,由于来料加工货物出口时免征增值税,其耗用的辅助材料的进项税额不能抵扣,应增加材料的成本,所以该加工成本是辅助材料 1.17 元/件,工资等其他成本 6 元/件,合计成本 7.17 元/件,加工利润是 (7.5 - 7.17) 元/件 × 100 000 件 = 33 000 元,因此签订了该加工合同。

不得抵扣的进项税额 = 当期无法划分的全部进项税额 ×(当期简易计税方法计税项目销售额 + 免征增值税项目销售额)÷ 当期全部销售额

全部进项税额 = 10 元/件 × 13% × 2 000 000 件 + 1 元/件 × 13% × 100 000 件 = 2 613 000 元

免税项目销售额 = 7.5 元/件 × 100 000 件 = 750 000 元

全部销售额合计 = 17 元/件 × 2 000 000 件 + 7.5 元/件 × 100 000 件 = 34 750 000 元

不得抵扣的进项税额 = 2 613 000 × $\dfrac{750\,000}{34\,750\,000}$ 元 = 56 395.68 元

该来料加工业务的成本总额 = 1 元/件 × 100 000 件 + 56 395.68 元 + 6 元/件 × 100 000 件 = 756 395.7 元

来料加工业务利润 = 750 000 元 - 756 395.7 元 = -6 395.7 元

即该订单不但不盈利,反而亏损了 6 395.7 元。

【案例 3-12】 某工业企业 2019 年 3 月外购 600 万元(不含增值税)的钢材准备用于扩建厂房,虽然取得增值税专用发票,但未抵扣进项税额。企业财务部门将该批钢材同其他生产用钢材通过同一个科目一起核算,仓库也将该批钢材同其他生产用钢材一起存放。

4—12 月,该企业又 13 次购入钢材,价款 2 003 万元,均取得增值税专用发票,抵扣了进项税额。2020 年 3 月,国税机关在对该企业的税务稽查中发现 2019 年 5 月、9 月、11 月,该企业分 7 次领用钢材 937 万元用于"在建工程",未转出进项税额,故补缴增值税 121.81 (937 × 13%)万元,罚款 80 万元。

企业财务科长认为"在建工程"领用了未取得进项税额的 600 万元钢材,转出的进项税额应该是 (937 - 600)万元 × 13% = 43.81 万元,但又无法提供充分的证据证明这 600 万元未取得进项税额的钢材是被"在建工程"领用还是生产领用,或者仍存放在仓库里。而税法又明确规定:无法准确确定该项税额的,按当期实际成本计算应扣减的进项税额。因此,企业不仅补了税,还要接受罚款,可谓"冤枉"之极。

对以上情况,没有将工程物资单独核算和单独存放是其多缴纳税款的原因。如果该企业加强对购进项目的核算管理即可避免出现多缴税款的情况。具体做法就是将外购

的用于非应税项目、免税项目以及生活福利等方面的货物,甚至所有的不能取得进项税额的外购货物,都单独设账核算,比如说通过"专项物资"进行核算,表明"专项物资"科目下核算的所有货物,均未抵扣进项税额。在库存方面,将以上物资单独存放。当非应税项目、免税项目以及生活福利等方面领用"专项物资"下核算的外购货物时,只需将实际成本转入对应科目,而不必转出进项税额。这样就从根本上解决了"无法确定进项税额"的情况,企业再不必多缴税款了。

第三节 增值税税率的税收筹划

一、税率的法律界定

从 2019 年 4 月 1 日起,我国现行增值税有 4 个档次的税率:标准税率 13% ,低税率 9% 、6% 和适用于出口货物的零税率,见表 3-6。

表 3-6 增值税税率表

适用范围	税率/%	备注
1.销售或者进口一般货物 2.提供加工、修理修配劳务 3.提供有形动产租赁服务	13	
4.销售或进口特定货物	9	粮食、食用植物油、自来水、暖气、冷气、热水、煤气、石油液化气、天然气、沼气、居民用煤炭制品、图书、报纸、杂志、饲料、化肥、农药、农机、农膜
5.交通运输、邮政、基础电信、建筑、不动产租赁服务、销售不动产、转让土地使用权	9	
6.提供现代服务业服务、增值电信服务	6	
7.出口货物、境内单位和个人发生的跨境应税行为	0	
8.小规模纳税人	3	征收率

纳税人兼营不同税率的货物或者应税劳务的,应当分别核算不同税率的货物或者应税劳务的销售额。未分别核算销售额的,从高适用税率。

2019 年 3 月 5 日,国务院政府工作报告(从 2019 年 4 月 1 日起)指出:将制造业等行业原有 16% 增值税税率降为 13% ,将交通运输、建筑、房地产等行业现行 10% 税率降为 9% ,保持 6% 一档税率不变。落实好小规模纳税人增值税起征点从月销售额 3 万元提高到 10 万元等税收优惠政策。

（一）税率

增值税税率一共有四档：13%、9%、6%、0（表3-7）。销售交通运输服务、邮政、基础电信、建筑、不动产租赁服务、销售不动产、转让土地使用权以及销售或进口正列举的农产品等货物（易混项见附件1）税率为9%；加工修理修配劳务、有形动产租赁服务和进口税率为13%；销售无形资产（除土地使用权）为6%，出口货物税率为0；其余的：货物是13%，服务是6%。

表3-7 增值税税目税率一览表

序号	税目	税率/%
1	销售或者进口货物（除9—12项外）	13
2	加工、修理修配劳务	13
3	有形动产租赁服务	13
4	不动产租赁服务	9
5	销售不动产	9
6	建筑服务	9
7	运输服务	9
8	转让土地使用权	9
9	饲料、化肥、农药、农机、农膜	9
10	粮食等农产品、食用植物油、食用盐	9
11	自来水、暖气、冷气、热水、煤气、石油液化气、天然气、二甲醚、沼气、居民用煤炭制品	9
12	图书、报纸、杂志、音像制品、电子出版物	9
13	邮政服务	9
14	基础电信服务	9
15	增值电信服务	6
16	金融服务	6
17	现代服务	6
18	生活服务	6
19	销售无形资产（除土地使用权外）	6
20	出口货物	0
21	跨境销售国务院规定范围内的服务、无形资产	0

（二）征收率

征收率一共有两档：3%和5%（表3-8）。

一般是3%，除了财政部和国家税务总局另有规定的。

①5%：主要有销售不动产、不动产租赁、转让土地使用权、提供劳务派遣服务、安全保护服务选择差额纳税的。货物销售里没有5%的征收率。

②征收率绝大多数是3%，容易与5%记混的单独记忆一下：建筑服务、有形动产租赁、小规模纳税人提供劳务派遣服务、安全保护服务未选择差额纳税的。

③两个减按：个人出租住房，按照5%的征收率减按1.5%计算应纳税额。销售自己使用过的固定资产、旧货，按照3%的征收率减按2%征收。

④小规模纳税人以及选择简易计税的一般纳税人（见附件2）计算税款时使用征收率。

表3-8 增值税征收率一览表

序号	税目	征收率/%
1	销售货物	3
2	加工、修理修配劳务	3
3	销售服务（除另有规定外）	3
4	销售无形资产	3
5	销售不动产	5

（三）预征率

预征率有三档：2%、3%和5%（表3-9）。简易计税的预征率基本上与征收率一致。销售不动产和销售自行开发房地产的预征率简易计税与一般计税相同。

注意：换算成不含税价时，分母为税率或征收率，而不是预征率。如纳税人出租不动产适用一般计税方法计税的，应预缴税款 = 含税销售额 ÷（1 + 9%）× 预征率3%。

表3-9 增值税预征率一览表

序号	税目	预征率/%	
		一般计税	简易计税
1	销售建筑服务	2	3
2	销售自行开发房地产	3	3
3	不动产经营租赁（其中个体工商户和其他个人出租住房按5%征收率减按1.5%计算）	3	5
4	销售不动产	5	5

附注1

以下税率为13%的货物易与农产品等税率为9%的货物相混淆：

1. 以粮食为原料加工的速冻食品、方便面、副食品和各种熟食品，玉米浆、玉米皮、玉米纤维（又称喷浆玉米皮）和玉米蛋白粉。

2. 各种蔬菜罐头。

3. 专业复烤厂烤制的复烤烟叶。

4. 农业生产者用自产的茶青再经筛分、风选、拣别、碎块、干燥、匀堆等工序精制而成的精制茶、边销茶及掺兑各种药物的茶和茶饮料。

5. 各种水果罐头、果脯、蜜饯、炒制的果仁、坚果、碾磨后的园艺植物（如胡椒粉、花椒粉等）。

6. 中成药。

7. 锯材、竹笋罐头。

8. 熟制的水产品和各类水产品的罐头。

9. 各种肉类罐头、肉类熟制品。

10. 各种蛋类的罐头。

11. 酸奶、奶酪、奶油，调制乳。

12. 洗净毛、洗净绒。

13. 直接用于动物饲养的粮食、饲料添加剂。

14. 用于人类日常生活的各种类型包装的日用卫生用药（如卫生杀虫剂、驱虫剂、驱蚊剂、蚊香等）。

15. 以农副产品为原料加工工业产品的机械、农用汽车、三轮运货车、机动渔船、森林砍伐机械、集材机械、农机零部件。

附注2

（一）一般纳税人可选择5%征收率

1. 出租、销售2016年4月30日前取得的不动产。

2. 提供劳务派遣服务、安全保护服务（含提供武装守护押运服务）选择差额纳税的。

3. 收取试点前开工的一级公路、二级公路、桥、闸通行费。

4. 提供人力资源外包服务。

5. 转让2016年4月30日前取得的土地使用权，以取得的全部价款和价外费用减去取得该土地使用权的原价后的余额为销售额。

6. 2016年4月30日前签订的不动产融资租赁合同。

7. 以2016年4月30日前取得的不动产提供的融资租赁服务。

8. 房地产开发企业出租、销售自行开发的房地产老项目。

（二）一般纳税人可选择3%征收率

1. 销售自产的用微生物、微生物代谢产物、动物毒素、人或动物的血液或组织制成的生物制品。

2. 寄售商店代销寄售物品（包括居民个人寄售的物品在内）。

3. 典当业销售死当物品。

4. 销售自产的县级及县级以下小型水力发电单位生产的电力。

5. 销售自产的自来水。

6. 销售自产的建筑用和生产建筑材料所用的砂、土、石料。

7. 销售自产的以自己采掘的砂、土、石料或其他矿物连续生产的砖、瓦、石灰(不含黏土实心砖、瓦)。

8. 销售自产的商品混凝土(仅限于以水泥为原料生产的水泥混凝土)。

9. 单采血浆站销售非临床用人体血液。

10. 药品经营企业销售生物制品,兽用药品经营企业销售兽用生物制品。

11. 提供物业管理服务的纳税人,向服务接受方收取的自来水水费,以扣除其对外支付的自来水水费后的余额为销售额,按照简易计税方法依3%的征收率计算缴纳增值税。

除以上1—11项为销售货物,以下为销售服务。

12. 经认定的动漫企业为开发动漫产品提供的服务,以及在境内转让动漫版权。

13. 提供城市电影放映服务。

14. 公路经营企业收取试点前开工的高速公路的车辆通行费。

15. 提供非学历教育服务。

16. 提供教育辅助服务。

17. 公共交通运输服务,包括轮客渡、公交客运、地铁、城市轻轨、出租车、长途客运、班车。

18. 电影放映服务、仓储服务、装卸搬运服务、收派服务和文化体育服务(含纳税人在游览场所经营索道、摆渡车、电瓶车、游船等取得的收入)。

19. 以纳入营改增试点之日前取得的有形动产为标的物提供的经营租赁服务。

20. 纳入营改增试点之日前签订的尚未执行完毕的有形动产租赁合同。

21. 以清包工方式提供、为甲供工程提供的、为建筑工程老项目提供的建筑服务。

22. 建筑工程总承包单位为房屋建筑的地基与基础、主体结构提供工程服务,建设单位自行采购全部或部分钢材、混凝土、砌体材料、预制构件的,适用简易计税方法计税。(不是可选择)

23. 一般纳税人销售电梯的同时提供安装服务,其安装服务可以按照甲供工程选择适用简易计税方法计税。

24. 中国农业发展银行总行及其各分支机构提供涉农贷款取得的利息收入。

25. 农村信用社、村镇银行、农村资金互助社、由银行业机构全资发起设立的贷款公司、法人机构在县(县级市、区、旗)及县以下地区的农村合作银行和农村商业银行提供金融服务收入。

26. 对中国农业银行纳入"三农金融事业部"改革试点的各省、自治区、直辖市、计划单列市分行下辖的县域支行和新疆生产建设兵团分行下辖的县域支行(也称县事业部),提供农户贷款、农村企业和农村各类组织贷款取得的利息收入。

27. 资管产品管理人运营资管产品过程中发生的增值税应税行为,暂适用简易计税方法,按照3%的征收率缴纳增值税。

28.非企业性单位中的一般纳税人提供的研发和技术服务、信息技术服务、鉴证咨询服务,以及销售技术、著作权等无形资产。

29.非企业性单位中的一般纳税人提供技术转让、技术开发和与之相关的技术咨询、技术服务。

（三）按照 3% 征收率减按 2% 征收

1.2008 年 12 月 31 日以前未纳入扩大增值税抵扣范围试点的纳税人,销售自己使用过的 2008 年 12 月 31 日以前购进或者自制的固定资产。

2.2008 年 12 月 31 日以前已纳入扩大增值税抵扣范围试点的纳税人,销售自己使用过的在本地区扩大增值税抵扣范围试点以前购进或者自制的固定资产。

3.销售自己使用过的属于条例第十条规定不得抵扣且未抵扣进项税额的固定资产。

4.纳税人购进或者自制固定资产时为小规模纳税人,认定为一般纳税人后销售该固定资产。

5.一般纳税人销售自己使用过的、纳入营改增试点之日前取得的固定资产。

以上销售自己使用过的固定资产,适用简易办法依照 3% 征收率减按 2% 征收增值税政策的,可以放弃减税,按照简易办法依照 3% 征收率缴纳增值税,并可以开具增值税专用发票。

6.纳税人销售旧货。

（四）按照 5% 征收率减按 1.5% 征收

个体工商户和其他个人出租住房减按 1.5% 计算应纳税额。

二、税率的税收筹划

在税率的税收筹划中,应掌握低税率的适用范围。例如,低税率中的农机是指农机整机,而农机零部件则不属于"农机"范围,生产农机零部件的企业可以通过与农机厂合并、组合的形式,使产品符合低税率的标准,从而实现节税效益。另外,对于兼营高低不同税率产品的纳税人,一定要分别核算各自的销售额,杜绝从高适用税率的情况发生。

【案例 3-13】(分开核算的纳税筹划)　甲企业属于增值税一般纳税人,该企业主要生产机电设备,2019 年 9 月销售机电设备共取得收入 1 000 万元(不含税),其中农机的销售额为 600 万元(不含税),其他机电设备的销售额为 400 万元(不含税),当月可抵扣的进项税共为 100 万元。请对其进行纳税筹划。

税法依据

纳税人兼营不同税率的货物或应税劳务,应当分别核算不同税率货物或者应税劳务的销售额;未分别核算销售额的,从高适用税率。

筹划思路

纳税人应当尽量将不同税率的货物或应税劳务分开核算,以适用不同的税率,从而规避从高适用税率,进而减轻企业负担。

筹划过程

方案一:未分别核算销售额。

甲企业应纳增值税 = 1 000 万元 × 13% – 100 万元 = 30 万元

方案二:分别核算销售额。

甲企业应纳增值税 = 400 万元 × 13% + 600 万元 × 9% – 100 万元 = 6 万元

方案二比方案一少纳税 24 万元,因此,应当选择方案二。

筹划点评

分开核算在一定程度上会加大核算成本,但与节税额相比较当然是非常值得的。

【案例 3-14】(尽量适用低税率)　天津远华海运有限公司为一般纳税人,除了提供国际、国内货物运输服务外,还将闲置的船舶对外经营性租赁。2019 年 9 月,该公司获得船舶租赁业务收入 600 万元,未取得进项税发票。请对其进行纳税筹划。

筹划思路

远洋运输业的经营具有季节性特征,在淡季时,远洋运输企业往往将大量闲置的船舶对外出租,收取租赁费。根据财税〔2011〕111 号文件的规定:对远洋运输企业从事光租业务取得的收入,按照有形动产经营性租赁征收增值税,适用 17% 的增值税税率(2019 年改为 13%);对远洋运输企业从事期租业务取得的收入,按照交通运输业征收增值税,适用 11% 的增值税税率(2019 年改为 9%)。二者区分的主要标准在于远洋运输的光租业务仅出租船舶,不配备操作人员;而期租业务不仅出租船舶,同时还将操作人员一道"出租"给他人使用一定期限。因此,从事远洋运输的试点企业在对外提供船舶租赁服务时,应尽可能将光租业务转为期租业务,从而适用交通运输业较低的增值税税率。

筹划过程

方案一:该公司将闲置的船舶对外经营性租赁,获得光租业务收入 600 万元,则

当月应纳增值税 = 600 万元 × 13% = 78 万元

应纳城建税及教育费附加 = 78 万元 × (7% + 3%) = 7.8 万元

合计纳税 = 78 万元 + 7.8 万元 = 85.8 万元

方案二:该公司为出租的船舶配备操作人员,即变光租业务为期租业务,获取运输服务收入 600 万元,则

当月应纳增值税 = 600 万元 × 9% = 54 万元

应纳城建税及教育费附加 = 54 万元 × (7% + 3%) = 5.4 万元

合计纳税 = 54 万元 + 5.4 万元 = 59.4 万元

对比可见,方案二比方案一减轻税负 26.4(85.8 – 59.4)万元。因此,应当选择方案二。

筹划点评

在收入金额相同的情况下,经营模式不同,所适用的税率也会不同,缴纳的税款也有较大差异。本案例中,海运公司的期租模式比光租模式节约了大笔税款,有效降低了企业的纳税负担。实际操作中,试点纳税人应结合自身的经营状况事先进行纳税筹划,以选择最佳经营模式,实现税后收益最大化。

第四节　增值税减免税的税收筹划

一、税收优惠的有关规定

（一）《增值税暂行条例》规定的免征项目和其他主要免税措施

《增值税暂行条例》规定的免税项目：农业生产者销售的自产农业产品；避孕药品和用具；古旧图书；直接用于科学研究、科学试验和教学的进口仪器、设备；外国政府、国际组织无偿援助的进口物资和设备；由残疾人组织直接进口的，供残疾人专用的物品；销售自己使用过的物品。

（二）起征点

个人（包括个体经营者及其他个人）销售货物或应税劳务，未达到规定起征点的，免征增值税。增值税的起征点幅度规定为：

销售货物的，月销售额 5 000 ~ 20 000 元；销售应税劳务的，月销售额 5 000 ~ 20 000元；按次纳税的，每次（日）销售额 300 ~ 500 元。

2019 年 1 月 9 日国务院常务会议决定，将增值税小规模纳税人（包括小微企业、个体经营者及其他个人）免税标准提高到月销售额 10 万元。免税政策开始执行的时间：2019年 1 月 1 日。

二、利用增值税的免税规定节税

根据增值税减免税的有关规定，纳税人可以利用法定的免税规定以及机构的适当分立达到节税的目的。

对一些以农牧产品为原料的生产企业，如果从生产原料到加工出售均由一个企业完成，企业使用自产的农牧产品原料是不能抵扣进项税额的，增值税负担较重。此时，可以将农牧产品原料的生产部门独立出去，以减轻税负。

【案例 3-15】　甲乳品厂采用全程生产模式，内部设有牧场和乳品加工部门两个分部，牧场生产鲜奶，其中鲜奶的市场价格为 30 000 万元，此鲜奶经乳品加工部门加工成花色奶后出售，2020 年销售收入达 50 000 万元（不含税）。饲养奶牛所消耗的饲料，包括草料及精饲料，其中草料大部分是向农民收购，共收购草料 5 000 万元，另外从生产、经营饲料单位购进精饲料 5 000 万元（不含税）。此外，牧场购入辅助生产用品 100 万元（不含税）。请对其进行纳税筹划。

税法依据

自 2012 年 7 月 1 日起，以购进农产品为原料生产销售液体乳及乳制品、酒及酒精、植物油的增值税一般纳税人，纳入农产品增值税进项税额核定扣除试点范围，其购进农产品无论是否用于生产上述产品，增值税进项税额均按照《农产品增值税进项税额核定扣除试点实施办法》的规定抵扣。试点纳税人购进农产品不再凭增值税扣税凭证抵扣增值税进项税额。扣除率为销售货物的适用税率。

农业生产者销售自产的初级农产品免征增值税。

筹划思路

若一个企业有两个生产环节,这两个环节分别对应两个生产部门,第一个生产部门生产的是免税农产品,而第二个生产部门生产的最终产品是非免税农产品。由于最终产品是非免税农产品,所以连第一个环节也不能享受免税待遇。可以将这两个部门分立成两个独立法人。这样,不仅第一个生产环节可享受免税待遇,第二个环节还可按买价9%的扣除率计算进项税额,或者按照《农产品增值税进项税额核定扣除试点实施办法》的规定抵扣,扣除率为销售货物的适用税率,一举两得。

筹划过程

方案一:仍然采用全程生产模式。

依据税法规定可知,该厂为工业生产企业,不属于农业生产者,其最终产品也是非免税农产品,因而其加工出售的产品不享受农业生产者自产自销的免税待遇。同时,该企业可以抵扣的进项税额主要是饲养奶牛所消耗的饲料,其中草料大部分是向农民收购,因而收购部分可经税务机关批准后,按核定金额的13%扣除进项税额。此外,可按精饲料和辅助生产用品价格的9%抵扣进项税。

该企业生产的产品花色奶,适用13%的基本税率,全额按13%税率计算销项税额,由于进项税额小,导致该乳品厂承担较高的税负。假设当期允许扣除的草料为5 000万元,则

该企业应纳增值税 = 50 000万元 × 13% − 5 000万元 ÷ (1 + 13%) × 13% − 5 000万元 × 9% − 100万元 × 9% = 5 465.78万元

经营利润 = 50 000万元 − 5 000万元 ÷ (1 + 13%) − 5 000万元 − 100万元 = 40 475.22万元

方案二:将牧场和乳品加工厂分开独立核算,分立为两个独立法人,分别办理工商登记和税务登记,但在生产协作上仍按以前程序处理,即牧场生产的鲜奶仍供应给乳品加工厂加工销售,但牧场和乳品加工厂之间按正常的企业间购销关系结算。

这样处理,将产生以下两方面效果。

一方面,作为牧场,其自产自销未经加工的农产品(鲜牛奶)符合农业生产者自销农业产品的条件,可享受免税待遇,税负为零,自然进项税不能抵扣,销售给乳品加工厂的鲜牛奶价格按正常的成本利润率核定。

另一方面,作为乳品加工厂,其购进牧场的鲜牛奶,可作为农产品收购处理,可按《农产品增值税进项税额核定扣除试点实施办法》的规定抵扣,这部分进项税额已远远大于原来按草料收购额扣除的数额,而销售最终产品,仍按原办法计算销项税额。假设当期允许扣除的鲜奶为30 000万元,则

该企业应纳增值税 = 50 000万元 × 13% − 30 000万元 ÷ (1 + 13%) × 13% = 3 048.67万元

两个厂总体的增值税负担为 3 048.67 万元,总体的经营利润为

50 000 万元 − 30 000 万元 ÷ (1 + 13%) + 30 000 万元 − 5 000 万元 − 5 000 万元 × (1 + 9%) − 100 万元 × (1 + 9%) = 42 892.33 万元

与分设前相比,两个厂总体缴纳的增值税减轻了 2 417.11(5 465.78 − 3 048.67) 万元,总体经营利润增加了 2 417.11 万元。因此,应当选择方案二。

筹划点评

将牧场和乳品加工厂分开独立核算,分立为两个独立法人,分别办理工商登记和税务登记,必然要多支出一部分开办费用及其他费用。但这笔费用与省下来的增值税相比要少很多,所以将牧场和乳品加工分厂分成两个独立法人,是非常划算的。

【案例 3-16】(增值税起征点的纳税筹划) 波市某个体工商户销售水果,每月销售额为 10 万元左右。2020 年 1—3 月每月销售额分别为 100 050 元、100 100 元和 100 150元。2019 年 1 月 9 日国务院常务会议决定,将增值税小规模纳税人(包括小微企业、个体经营者及其他个人)免税标准提高到月销售额 10 万元。免税政策开始执行的时间:2019年 1 月 1 日。请计算该个体工商户 2020 年前 3 个月应缴纳增值税额并提出纳税筹划方案。

筹划分析

筹划前,该个体工商户前 3 个月应纳增值税额 = (100 050 + 100 100 + 100 150) 元 × 3% = 9 009 元。

筹划方案

如果该个体工商户进行纳税筹划,每月最后几天通过减价让利的方式减少销售额,假设 1—3 月的销售额分别调整为 99 990 元、99 995 元和 99 990 元,则该个体户不再需要缴纳增值税。经过筹划,减少销售额 = 60 元 + 105 元 + 160 元 = 325 元,节税额为 9 009元,则

实际增加收益 = 9 009 元 − 325 元 = 8 684 元

筹划点评

(1)起征点的纳税筹划仅适用于纳税人销售额刚刚达到或超过起征点的情况,因此,其应用空间较小。若遇到税务机关核定销售额的情况,则其应用空间更小。

(2)起征点的纳税筹划方法只适用于小规模纳税人(包括小微企业、个体经营者及其他个人),一般企业不能采用该方法进行筹划。

第五节 增值税出口退税的税收筹划

按照我国税法规定,除了对某些国家紧缺的货物采取限制出口,不予出口退(免)税;一般工业企业生产的产品出口业务,可以享受增值税和消费税出口免税并退税的优惠。所谓出口免税是指对货物在出口环节不征增值税、消费税;出口退税是指对货物在出口

前实际承担的税收负担,按规定的退税率计算后予以退还。

一、法律依据

适用增值税退(免)税政策的出口货物劳务采取两种方法退(免)税:一是免抵退税办法;二是免退税办法。

1. 免抵退税办法

生产企业出口货物劳务的增值税适用免抵退税办法。生产企业出口自产货物和视同自产货物及对外提供加工、修理修配劳务,免征增值税。相应的进项税额抵减应纳增值税税额(不包括适用增值税即征即退、先征后退政策的应纳增值税税额),未抵减完的部分予以退还。

计算过程如下:

(1)当期应纳税额的计算。

当期应纳税额 = 当期销项税额 - (当期进项税额 - 当期不得免征和抵扣税额) - 上期末留抵税款

当期不得免征和抵扣税额 = 当期出口货物离岸价 × 外汇人民币折合率 × (出口货物适用税率 - 出口货物退税率) - 当期不得免征和抵扣税额抵减额

当期不得免征和抵扣税额抵减额 = 当期免税购进原材料价格 × (出口货物适用税率 - 出口货物退税率)

(2)当期免抵退税额的计算。

当期免抵退税额 = 当期出口货物离岸价 × 外汇人民币折合率 × 出口货物退税率 - 当期免抵退税额抵减额

当期免抵退税额抵减额 = 当期免税购进原材料价格 × 出口货物退税率

(3)当期应退税额和免抵税额的计算。

① 当期期末留抵税额 ≤ 当期免抵退税额,则

当期应退税额 = 当期期末留抵税额

当期免抵税额 = 当期免抵退税额 - 当期应退税额

② 当期期末留抵税额 > 当期免抵退税额,则

当期应退税额 = 当期免抵退税额

当期免抵税额 = 0

当期期末留抵税额为当期增值税纳税申报表中的“期末留抵税额”。

2. 免退税办法

外贸企业出口货物劳务增值税适用免退税办法。计算公式为

(1)外贸企业出口委托加工修理修配货物以外的货物:

增值税应退税额 = 增值税退(免)税计税依据(购进货物的进项金额) × 出口货物退税率

（2）外贸企业出口委托加工修理修配货物：

出口委托加工修理修配货物的增值税应退税额 = 委托加工修理修配的增值税退（免）税计税依据 × 出口货物退税率

（3）退税率低于适用税率的，相应计算出的差额部分的税款计入出口货物劳务成本。

二、选择出口方式

目前，我国生产企业出口商品主要有企业自营（委托）出口和通过外贸出口两种方式，这两种方式都适用既免税又退税的政策。按照有关政策规定，这两种方式下出口退税额的计算和实施方法不一样，计算出的退税额的大小不一定完全相同，导致二者税负不一致。企业应结合自身经营情况和国家的出口退税政策，选择对自己有利的出口方式。

企业采用自营（委托）出口，自行办理出口退税的形式，同把货物销售给外贸企业出口，由外贸企业办理出口退税的形式税负有何差异呢？下面先来看一个例题。

【案例3-17】 某工业企业生产工业品出口，2020年自营出口销售货物的离岸价格为2 000万元（不含增值税，下同），内销的销售收入为1 000万元，该企业货物征税率为13%，退税率为9%，企业可抵扣的全部进项税额为350万元，上期无留抵的进项税额。对该企业出口退税的计算如下：

当期不得免征和抵扣税额 = 当期出口货物离岸价 × 外汇人民币折合率 × （出口货物适用税率 − 出口货物退税率） − 当期不得免征和抵扣税额抵减额

= 2 000万元 × （13% − 9%） = 80万元

当期应纳税额 = 1 000万元 × 13% − （350 − 80）万元 = − 140万元

当期免抵退税额 = 当期出口货物离岸价 × 外汇人民币折合率 × 出口货物退税率 − 当期免抵退税额抵减额 = 2 000万元 × 9% = 180万元

由于当期期末应纳税额为负数，即为当期期末留抵税额。

若当期期末留抵税额≤当期免抵退税额时，则

当期应退税额=当期期末留抵税额。

因此，该企业的应收出口退税为140万元。

假设该企业有关联外贸公司，该企业把产品以1 700万元的价格销售给外贸公司，外贸公司再以2 000万元的价格出口销售，则该企业只缴纳增值税，不办理出口退税。

该企业应纳增值税 = （1 700 + 1 000）万元 × 13% − 350万元 = 1万元

外贸公司享受出口免税并退税的优惠。

外贸公司应退税额 = 1 700万元 × 9% = 153万元

该企业和外贸公司两公司合计可得到的税收补贴 = 153万元 − 1万元 = 152万元

这比企业自营出口所得到的退税额要大。就是说这种方式下，通过外贸公司出口的税收利益大于企业自营出口的税收利益。那么通过外贸公司出口的税收利益究竟"大"

在哪里呢？让我们来分析一下上面的例题。

出口货物征税率为13%，退税率为9%，对出口货物，由于退税不完全，企业承担4%的税收负担。销售价格越高，承担的税收负担也相应越高。企业以2 000万元的价格出口，则出口货物承担的税收负担为

$$2 000 万元 × 4\% = 80 万元$$

那么，企业可不可以降低出口价格以降低其承担的税收负担呢？在工业企业自营出口的方式下，降低出口价格虽然可以降低税收负担，但企业的销售收入也降低了，因此，这种方法是得不偿失的，不宜采用。可是，通过降低销售价格给外贸公司，外贸公司再以正常的销售价格出口就可以解决此问题。

外贸公司虽然也以2 000万元的价格出口，但其从企业购进的价格为1 700万元，低于2 000万元。这部分出口货物，企业按1 700万元依13%的税率计算征收增值税，外贸公司按1 700万元依9%的退税率计算退税额，合计两企业承担的税收负担为

$$1 700 万元 × 4\% = 68 万元$$

外贸公司比企业自营出口承担的税收负担低12万元，这正是外贸公司出口的税收利益大于企业自营出口的原因所在。

换一个条件，如果出口货物征税率为17%，退税率也为17%，出口货物可以完全退税，则出口货物无论是企业自营出口还是通过外贸公司出口，无论出口价格高还是低，均不承担税收负担。这种情况下，企业自营出口与通过外贸公司出口税负没有差异。

仍如上例。设出口货物退税率为13%，其他条件相同，则企业自营出口由于全部退税，其退税的计算如下：

$$当期应纳税额 = 1 000 万元 × 13\% - 350 万元 = -220 万元$$

$$当期免抵退税额 = 当期出口货物离岸价 × 外汇人民币折合率 × 出口货物退税率 -$$
$$当期免抵退税额抵减额 = 2 000 万元 × 13\% = 260 万元$$

由于当期期末应纳税额为负数，即为当期期末留抵税额。

若当期期末留抵税额 ≤ 当期免抵退税额时，则当期应退税额 = 当期期末留抵税额。

因此，该企业的应收出口退税为220万元。

如果该企业把产品以1 700万元的价格销售给外贸公司，外贸公司再以2 000万元的价格出口销售，则

$$该企业应纳增值税 = (1 700 + 1 000) 万元 × 13\% - 350 万元 = 1 万元$$

外贸公司享受出口免税并退税的优惠。

$$外贸公司应退税额 = 1 700 万元 × 13\% = 221 万元$$

该企业和外贸公司两公司合计可得到的税收补贴：

$$两公司合计得到的税收补贴 = 221 万元 - 1 万元 = 220 万元$$

两种出口方式下，企业享受到的退税利益是一样的。

通过分析，对于出口销售，可以得出如下结论：

（1）如果出口不能完全退税，则企业出口销售价格越高，承担的税收负担越重。这种情况下，通过降低销售价格给外贸公司，外贸公司再以正常的销售价格出口可以减轻税收负担。

（2）如果出口能完全退税，工业企业自营出口与通过外贸公司出口税负没有差异。

三、选择经营方式

现行的出口退税政策对不同的经营方式规定了不同的出口退税政策，纳税人可以利用政策之间的税收差异，选择合理的经营方式，降低自己的税负。

目前生产企业出口货物主要有两种方式，即自营出口（含进料加工）和来料加工，分别按"免、抵、退"办法和"不征不退"的免税方法处理。

1. 退税率小于征税率时的税收筹划

【案例3-18】 假设某企业的一笔业务，其生产经营有以下四种方案。

方案一：某出口型生产企业采用进料加工方式为国外A公司加工化工产品一批，进口保税料件价值1 000万元，加工完成后返销A公司售价1 800万元，为加工该批产品耗用辅料、各品备件、动能费等的进项税额为20万元，该化工产品征税率为13%，退税率为9%。

当期免抵退税额 = 当期出口货物离岸价 × 外汇人民币折合率 × 出口货物退税率 － 当期免抵退税额抵减额

当期免抵退税额抵减额 = 当期免税购进原材料价格 × 出口货物退税率
= 1 000万元 × 9% = 90万元

免抵退税额 = 1 800万元 × 9% － 90万元 = 72万元

当期不得免征和抵扣税额抵减额 = 当期免税购进原材料价格 × （出口货物适用税率 － 出口货物退税率）
= 1 000万元 × （13% － 9%） = 40万元

当期不得免征和抵扣税额 = 当期出口货物离岸价 × 外汇人民币折合率 × （出口货物适用税率 － 出口货物退税率） － 当期不得免征和抵扣税额抵减额 = 1 800万元 × （13% － 9%） － 40万元 = 72万元 － 40万元 = 32万元

当期应纳税额 = 当期销项税额 － （当期进项税额 － 当期不得免征和抵扣税额） － 上期末留抵税款
= 0万元 － （20 － 32）万元 = 12万元

企业应纳税额为正数，故当期应退税额为零。该企业应缴纳增值税12万元。

如果该企业改为来料加工方式，由于来料加工方式实行免税（不征税不退税）政策，则比进料加工方式少纳税12万元。

方案二：若出口销售价格改为1 200万元，其他条件不变，则应纳税额的计算如下：

进料加工方式下：

当期免抵退税额抵减额＝当期免税购进原材料价格×出口货物退税率

$$＝1\ 000\ 万元×9\%＝90\ 万元$$

当期免抵退税额＝当期出口货物离岸价×外汇人民币折合率×出口货物退税率－

当期免抵退税额抵减额＝1 200 万元×9\%－90 万元＝18 万元

当期不得免征和抵扣税额抵减额＝当期免税购进原材料价格×（出口货物适用税

率－出口货物退税率）

$$＝1\ 000\ 万元×（13\%－9\%）＝40\ 万元$$

当期不得免征和抵扣税额＝当期出口货物离岸价×外汇人民币折合率×（出口货物

适用税率－出口货物退税率）－当期不得免征和抵扣税

额抵减额＝1 200 万元×（13\%－9\%）－40 万元＝48 万

元－40 万元＝8 万元

当期应纳税额＝当期销项税额－（当期进项税额－当期不得免征和抵扣税额）－上

期末留抵税款

$$＝0\ 万元－（20－8）万元＝－12\ 万元$$

由于当期期末应纳税额为负数，即为当期期末留抵税额。

若当期期末留抵税额 ≤ 当期免抵退税额时，则当期应退税额 ＝ 当期期末留抵

税额。

因此，该企业的应收出口退税为 12 万元。

也就是说，采用进料加工方式可获退税 12 万元，比来料加工方式的不征不退方式更

优惠，应选用进料加工方式。

方案三：若出口退税率提高为 11\%，其他条件不变，应纳税额的计算如下：

进料加工方式下：

当期免抵退税额抵减额＝当期免税购进原材料价格×出口货物退税率

$$＝1\ 000\ 万元×11\%＝110\ 万元$$

当期免抵退税额＝当期出口货物离岸价×外汇人民币折合率×出口货物退税率－

当期免抵退税额抵减额

免抵退税额＝1 800 万元×11\%－110 万元＝88 万元

当期不得免征和抵扣税额抵减额＝当期免税购进原材料价格×（出口货物适用税率

－出口货物退税率）

$$＝1\ 000\ 万元×（13\%－11\%）＝20\ 万元$$

当期不得免征和抵扣税额＝当期出口货物离岸价×外汇人民币折合率×（出口货物

适用税率－出口货物退税率）－当期不得免征和抵扣税

额抵减额＝1 800 万元×（13\%－11\%）－20 万元＝36

万元－20 万元＝16 万元

当期应纳税额＝当期销项税额－（当期进项税额－当期不得免征和抵扣税额）－上

期末留抵税款

$$＝0\ 万元－（20－16）万元＝－4\ 万元$$

由于当期期末应纳税额为负数,即为当期期末留抵税额。

若当期期末留抵税额 ≤ 当期免抵退税额时,则当期应退税额 = 当期期末留抵税额。

因此,该企业的应收出口退税为 4 万元。

也就是说,采用进料加工方式可获退税 4 万元,比来料加工方式的不征不退方式更优惠,应选用进料加工方式。

方案四:若消耗的国产料件的进项税额为 40 万元,其他条件不变,应纳税额的计算如下:

进料加工方式下:

当期免抵退税额抵减额 = 当期免税购进原材料价格 × 出口货物退税率

$$= 1\,000\ 万元 × 9\% = 90\ 万元$$

当期免抵退税额 = 当期出口货物离岸价 × 外汇人民币折合率 × 出口货物退税率 − 当期免抵退税额抵减额

免抵退税额 = 1 800 万元 × 9% − 90 万元 = 72 万元

当期不得免征和抵扣税额抵减额 = 当期免税购进原材料价格 ×（出口货物适用税率 − 出口货物退税率）

$$= 1\,000\ 万元 ×（13\% − 9\%）= 40\ 万元$$

当期不得免征和抵扣税额 = 当期出口货物离岸价 × 外汇人民币折合率 ×（出口货物适用税率 − 出口货物退税率）− 当期不得免征和抵扣税额抵减额 = 1 800 万元 ×（13% − 9%）− 40 万元 = 72 万元 − 40 万元 = 32 万元

当期应纳税额 = 当期销项税额 −（当期进项税额 − 当期不得免征和抵扣税额）− 上期末留抵税款

$$= 0\ 万元 −（40 − 32）万元 = −8\ 万元$$

由于当期期末应纳税额为负数,即为当期期末留抵税额。

若当期期末留抵税额 ≤ 当期免抵退税额时,则当期应退税额 = 当期期末留抵税额。

因此,该企业的应收出口退税为 8 万元。

也就是说,采用进料加工方式可获退税 8 万元,比来料加工方式的不征不退方式更优惠,应选用进料加工方式。

通过以上案例可以看出,对利润率较低、出口退税率较高及耗用的国产辅助材料较多(进项税额较大)的货物出口宜采用进料加工方式,对利润率较高的货物出口宜采用来料加工方式。

目前在大幅提高出口退税率的情况下,选用"免、抵、退"方法还是"免税"方法的基本思路就是如果出口产品不得抵扣的进项税额小于为生产该出口产品而取得的全部进项税额,则应采用"免、抵、退"办法,否则应采用"不征不退"的"免税"办法。

2. 退税率等于征税率时的税收筹划

对于退税率等于征税率的产品，无论其利润率高低，采用"免、抵、退"的自营出口方式均比采用来料加工等"不征不退"免税方式更优惠，因为两种方式出口货物均不征税，但采用"免、抵、退"方式可以退还全部的进项税额，而免税方式则要把该进项税额计入成本。

四、选择生产经营地

2000 年 6 月，国务院正式下发《中华人民共和国海关对于出口加工区监管暂行办法》，国家决定在北京、深圳、天津等地设立 15 个出口加工区的试点。凡是进入出口加工区内的加工企业在购买国内生产设备和原材料时，这些设备和原材料均可以视同出口，享受有关出口退税政策。

因此，对于出口企业，在出口加工区建立关联企业，或将出口加工业务从企业分离出去，或将出口加工业务迁到出口加工区去，企业用来生产出口加工业务的机器、设备、办公用品都能够视同出口，享受退税的好处。

另外，充分利用出口加工区和保税区的税收优惠政策，获得递延纳税或提前退税的好处。在出口加工区或保税区设立关联企业，如进口料件时先由保税区企业进口，获得免税优惠，等"区外"企业实际使用时，即由"区内"转"区外"时纳税。根据有关规定，保税区所有进口料件免税，保税区内所有进口设备、原材料和办公用品也可免税，因此可获得递延纳税的好处。另外，"区外"企业可先将"产品"销售给"区内"企业，再由"区内"企业出口，根据有关税法规定，进入出口加工区即视同出口，因此可获得提前退税的好处。

本章小结

增值税是我国的第一大税种，自然而然成为纳税人进行税收筹划的重点。2016 年的全面营改增以及针对小微企业的普惠性减税措施，使得增值税的征税范围和税率有了较大的变动，本章对这些变动作了全面的梳理。根据增值税的特点，增值税筹划主要包括：根据无差别平衡点增值率选择成为一般纳税人或小规模纳税人；通过销售方式、销售价格、供货商的选择等方法对销项税额和进项税额进行筹划；选择低税率的适用范围、充分利用税收优惠政策，减轻税负。

【关键术语】

无差别平衡点增值率　起征点　价格优惠临界点　出口免税
出口退税　免抵退　不征不退

复习思考题

1. 在日常生产和经营过程中,许多企业的负责人认为,与税收有关的一切事项都应当由财会人员来负责;财会人员也认为,一切涉税事项应当由自己来负责。但财会人员在处理涉税事项的过程中却感到,许多涉税他们想负责,但是无力负责;他们想处理,但是没有资格来处理;他们想控制,但是没有权力来控制。这是什么原因呢?

2. 赊购与现金采购在税收方面有何差异?

3. 作为企业经营管理者,在销售时如何有效地确定销售价格达到最优?

练习题

一、单项选择题

1. 一般纳税人销售税率为13%的商品,小规模纳税人的征收率为3%,此时的含税销售额的无差别平衡点增值率是(   )。

A. 20.05%   B. 25.32%   C. 17.65%   D. 23.08%

2. 一般纳税人销售税率为9%的商品,小规模纳税人的征收率为3%,此时的含税销售额的无差别平衡点增值率是(   )。

A. 35.28%   B. 25.32%   C. 17.65%   D. 23.08%

3. 一般纳税人销售税率为13%的商品,小规模纳税人的征收率为3%,此时的不含税销售额的无差别平衡点增值率是(   )。

A. 20.05%   B. 25.32%   C. 17.65%   D. 23.08%

4. 一般纳税人销售税率为9%的商品,小规模纳税人的征收率为3%,此时的不含税销售额的无差别平衡点增值率是(   )。

A. 20.05%   B. 25.32%   C. 33.33%   D. 23.08%

5. (   )不属于增值税的特点。

A. 保持税收中性   B. 实行价外税制度

C. 税收负担由企业承担   D. 实行税款抵扣制度

6. 根据《增值税暂行条例》及其实施细则的规定,采取预收款方式销售货物的增值税的纳税义务的发生时间是(   )。

A. 销售收到第一笔货款的当天   B. 销售收到剩余货款的当天

C. 销售方发出货物的当天   D. 购买方收到货物的当天

7. 2019年3月东方汽车公司(小规模纳税人)取得修理修配劳务收入20万元,汽车配件和用品销售收入10万元,汽车装饰装潢收入8万元,上述业务收入均能分别核算,该企业上述业务应纳增值税(   )万元。

A. 0. 87　　　　　　B. 1. 11　　　　　　C. 4. 36　　　　　　D. 0. 58

8. 从 2009 年 1 月 1 日开始,我国增值税实行全面"转型"指的是(　　)。

　　A. 由生产型转为收入型　　　　　　　　B. 由收入型转为生产型

　　C. 由生产型转为消费型　　　　　　　　D. 由消费型转为收入型

9. 甲工业企业年不含税应征增值税销售额为 500 万元,销货适用 13% 的增值税税率,现为小规模纳税人。其会计核算制度比较健全,符合作为一般纳税人的条件,不含税可抵扣购进金额为 200 万元,购货适用 13% 的增值税税率,若单从增值税负因素上考虑,则该企业应当选择的纳税人身份是(　　)。

　　A. 一般纳税人　　　B. 小规模纳税人　　　C. 都一样　　　D. 不一定

10. 增值率判别法中的增值率等于(　　)。

　　A. (不含税销售额-不含税可抵扣购进金额)÷不含税可抵扣购进金额

　　B. (不含税销售额-不含税可抵扣购进金额)÷不含税销售额

　　C. (含税销售额-含税可抵扣购进金额)÷含税可抵扣购进金额

　　D. (含税销售额-含税可抵扣购进金额)÷含税销售额

11. 甲商场销售彩电共 30 000 元(不含税)同时送货上门,单独收取运费 1 000 元,则该商场的增值税销项税额为(　　)元。

　　A. 5 245. 30　　　B. 5 300. 50　　　C. 3 990　　　D. 5 621. 36

12. 甲作为一般纳税人购进乙国有农场自产玉米,收购凭证注明价款为 65 830 元。则玉米的采购成本金额为(　　)元。

　　A. 5 924. 7　　　B. 65 830　　　C. 8 557. 90　　　D. 60 000

13. 下列项目所包含的进项税额,不得从销项税额中抵扣的是(　　)。

　　A. 购买的用于生产的机器设备　　　　B. 用于返修产品修理的易损零配件

　　C. 生产企业用于经营管理的办公用品　　D. 生产企业外购自用的小汽车

14. 甲单位采取折扣方式销售货物,折扣额单独开发票,增值税销售额是(　　)。

　　A. 折扣额　　　　　　　　　　　　B. 加上折扣额的销售额

　　C. 扣除折扣额的销售额　　　　　　　D. 不扣除折扣额的销售额

15. 增值税纳税人身份选择的筹划,可通过计算(　　)的平衡点来决定适当的纳税人身份。

　　A. 增值率　　　　B. 退税率　　　　C. 净利率　　　　D. 利润率

二、多项选择题

1. 适用 9% 低税率的货物包括(　　)。

　　A. 粮食　　　　　B. 食用植物油　　　C. 自来水　　　　D. 居民用煤炭制品

　　E. 农机

2. 适用 9% 低税率的货物包括(　　)。

　　A. 暖气　　　　　B. 冷气　　　　　C. 热水　　　　　D. 煤气

　　E. 石油液化气

3. 适用 9% 低税率的货物包括(　　)。

A. 天然气   B. 沼气   C. 图书   D. 报纸

E. 杂志

4. 适用 9% 低税率的货物包括( )。

A. 饲料   B. 化肥   C. 农药   D. 农膜

5. 根据现行增值税的规定,纳税人提供下列劳务应缴纳增值税的有( )。

A. 汽车的租赁   B. 汽车的修理   C. 房屋的修理   D. 委托加工白酒

6. 关于增值税的计税销售额规定,下列说法正确的是( )。

A. 以物易物销售货物由多交货物的一方以差价计算缴纳增值税

B. 以旧换新方式销售货物以实际收取的不含增值税的价款计算缴纳增值税(金银首饰除外)

C. 还本销售方式销售货物,以实际销售额计算缴纳增值税

D. 现金折扣方式销售货物不得从计税销售额中扣减折旧额

7. 下列属于增值税专用发票的是( )。

A. 项目齐全,与实际交易相符

B. 字迹清楚,不得压线、错格

C. 发票联和抵扣联加盖财务章或发票专用章

D. 按照增值税的纳税义务发生的时间开具专用发票

8. 下列各项中,视同销售货物计算缴纳增值税的有( )。

A. 销售代销货物   B. 将货物交付他人代销

C. 将自产货物分配给股东   D. 将购买货物用于集体福利

9. 以下符合现行增值税规定的有( )。

A. 增值税对单位和个人都规定了起征点

B. 纳税人销售额未达到规定的增值税起征点的,免征增值税;达到起征点的,全额缴纳增值税

C. 销售货物的增值税起征点,为月销售额 100 000 元

D. 按次纳税的增值税起征点,为每次(日)销售额 100 000 元

10. 小规模纳税人的基本标准是( )。

A. 从事货物生产或者提供应税劳务为主的纳税人,年应征增值税销售额在 500 万元以下(含)的

B. 从事货物生产或者提供应税劳务为主的纳税人,年应征增值税销售额在 80 万元以下(含)的

C. 以货物批发或者零售为主的纳税人,年应税销售额在 100 万元以下(含)的

D. 以货物批发或者零售为主的纳税人,年应税销售额在 500 万元以下(含)的

11. 增值税纳税义务发生时间正确的有( )。

A. 以预收款方式销售货物的,为发出货物的当天

B. 委托他人代销货物的,为货物发出的当天

C. 采用赊销方式销售货物的,为合同约定的收款日期的当天

D. 采取分期收款方式销售货物,为实际收到货款的当天

12. 按照现行规定,下列各项中会被认定为小规模纳税人的是(　　　)。

A. 年不含税销售额在 40 万元以下的从事货物生产的纳税人

B. 年不含税销售额 100 万元以上的从事货物批发的纳税人

C. 年不含税销售额为 80 万元以下,会计核算制度健全的从事货物零售的纳税人

D. 年不含税销售额为 50 万元以下的成品油加油站

三、判断题

1. 当增值率低于无差别平衡点增值率时,一般纳税人税负低于小规模纳税人,即成为一般纳税人可以节税。当增值率高于无差别平衡点增值率时,一般纳税人税负高于小规模纳税人,即成为小规模纳税人可以节税。　　　　　　　　　　　　　(　　　)

2. 中华人民共和国境外的单位或者个人在境内提供应税劳务,在境内未设有经营机构的以其境内代理人为扣缴义务人;在境内没有代理人的,不用缴纳增值税。(　　　)

3. 增值税纳税义务发生时间:采取赊销和分期收款方式销售货物为书面合同约定的收款日期的当天,无书面合同或者书面合同没有约定收款日期,为货物发出的当天。

(　　　)

4. 纳税人一经认定为一般纳税人后,不得转为小规模纳税人。　　　(　　　)

5. 纳税人以 1 个月或者 1 个季度为 1 个纳税期的,自期满之日起 15 日内申报纳税。

(　　　)

四、案例分析题

1. 利宁厨具公司(增值税一般纳税人),外购原材料——钢材时,若从北方钢铁厂(增值税一般纳税人,税率为 13%)处购入,则每吨的价格为 50 000 元(含税)。若从得平钢铁厂(增值税小规模纳税人)处购入,则可取得由税务机关代开的征收率为 3% 的专用发票,含税价格为 44 000 元。试作出该企业是否应从小规模纳税人处购货的决策(已知城市维护建设税税率为 7%,教育费附加征收率为 3%)。

2. 近年来通过科技开发生产出来的五彩棉花织品很受消费者的欢迎,但是以五彩棉花为原料生产布料的某市达尔美纺织实业公司效益却不尽如人意。该企业预计 2020 年实现坯布销售 2 100 万元,但是由于新品开发和销售费用比较大,企业年终几乎没有利润。

公司内部设有农场和纺纱织布分厂,纺纱织布分厂的原料棉花主要由农场提供,不足部分向当地供销社采购。2020 年自产棉花的市场价为 350 万元,外购棉花金额为 450 万元,取得增值税进项税额为 45(450 × 10%)万元,其他辅助材料可抵扣进项税金为 45 万元。该公司产品的适用税率为 13%,当年缴纳增值税 183(2 100 × 13% − 45 − 45)万元,缴纳城建税及教育费附加合计 18.3[183 × (7% + 3%)]万元。增值税的税收负担率接近 10%。如何才能减轻税负?

3. 某投资者 2020 年初投资设立一工业企业,预计 2020 年应纳增值税销售额为 80 万元,会计核算制度也比较健全,符合作为一般纳税人条件,适用增值税税率为 13%。但该企业准予从销项税额中抵扣的进项税额较少,只占销项税额的 15%。若投资设立两个小

规模纳税人企业,各自作为独立核算单位,则这两个小企业年应税销售额分别为45万元和35万元,适用3%的征收率。请对其进行纳税筹划。

4.甲公司属于增值税一般纳税人,2020年1月销售机器设备900万元,同时又经营农机收入100万元,进项税共计70万元。甲公司未对其分开进行核算。请对其进行纳税筹划。

5.甲商业企业为一般纳税人,从一般纳税人处采购价值2 000元的物品,进项税额应为260(2 000×13%)元,若不含税销售价为2 200元,则销项税额为286(2 200×13%)元;企业从小规模纳税人处采购时,采购价为1 800元,可取得由税务机关代开的税率为3%的增值税专用发票,若同样以2 200元的销售价出售。请对上述购货对象进行选择。

6.某家电超市的商品销售利润率为35%,即销售100元商品,成本为65元。该家电超市是增值税一般纳税人,购货可以取得增值税专用发票。为了促销,该超市拟订三个方案:

方案一:将商品以8折销售;

方案二:凡购物满500元者,可获赠价值40元的商品(成本为26元,都为含税价);

方案三:凡购物满500元者,将获返还现金40元。

分析要求:假设消费者购买一件价值500元的商品,该超市的应纳税情况和利润情况如何?该超市的经营者应如何选择促销方式?

7.某制药厂主要生产抗菌类药物,也生产避孕药品。某年该厂抗菌类药物的销售收入为800万元,避孕药品的销售收入为200万元。全年购进货物的增值税进项税额为80万元。分析要求:该制药厂应把避孕药品车间分离出来,单独设立一家制药厂,还是保持现状?

五、名词解释

出口免税 出口退税

【延伸阅读】

税务总局通报4起典型涉税违法犯罪案件

国家税务总局7月24日通报了4起典型涉税违法犯罪案件,其中,骗取出口退税案件2起,偷逃税款案件1起,发票违法犯罪案件1起。通报的4起案件是:

深圳利丰源供应链管理有限公司骗取出口退税案。深圳市国税局稽查部门在检查该公司出口退税情况时,发现该公司有骗取出口退税的嫌疑。经检查发现,该公司在没有货物交易的情况下接受虚开增值税专用发票1 990份,并虚构该货物已出口,申报退税2 726万元。

深圳市国税部门认定该公司构成利用虚开增值税专用发票骗取出口退税行为,作出追缴该公司骗取的出口退税款2 091万元、处所骗出口退税款一倍罚款、已申报未退税款635万元不予退税的决定。该案主犯黄秀英、刘健明日前已被深圳市中级人民法院以骗税罪一审判处无期徒刑。

上海龙祥公司等四家企业骗取出口退税案。上海市税务机关梳理出口退税信息时,发现龙祥公司等四家企业存在利用中央处理器(CPU)骗取出口退税的重大嫌疑,遂联合公安经侦部门对相关外贸出口企业及供货贸易公司立案开展检查。经查发现,龙祥公司等四家涉案企业合计将价税12.3亿余元的198万余片CPU散片经多次循环出口骗取出口退税款,共骗取国家出口退税款1.76亿元。

上海市高级人民法院二审判决认定,龙祥公司等四家企业骗取出口退税1.76亿元,主犯王国龙被判处无期徒刑,其他5名从犯被判处3年至10年有期徒刑。

重庆大众城市建设集团混凝土有限公司偷税案。该公司采取设置内外两套账的手法偷税,并存在取得虚假发票入账列支成本问题。核实公司隐瞒增值税应税收入,少缴增值税890万元;隐瞒应纳所得税收入,少缴企业所得税762万元。

重庆市长寿区国税局对该公司追缴偷逃的增值税款890万元、自查已申报但尚未缴纳的增值税款352万元,追缴企业所得税762万元;依法加收滞纳金546万元;对所偷逃税款罚款826万元。上述税款、罚款、滞纳金合计3376万元,已全部缴入国库。

四川广元"5·24"虚开农产品收购发票和增值税专用发票案。四川省广元市朝天区国税局纳税评估中发现,广元市健祥中药材有限公司中药材收购业务与本地中药材产量严重不符。经深入检查,发现全市共有11家同类企业涉案,共虚开农产品收购发票5.01万份,金额2.96亿元,税额4700万元;虚开增值税专用发票3327份,金额3.03亿元,税额4900万元。

四川省广元市及其他涉案地国税稽查部门全面查处了广元市11家企业及其他涉案企业,共查补入库税款2901万元,加收滞纳金161万元,罚款274万元。已将涉案企业移送司法机关查处。

——摘自2014年07月25日《人民日报》.

第四章 消费税的税收筹划

【学习目标】

消费税主要是在生产销售环节纳税。本章主要围绕消费税的特点展开税收筹划。通过本章的学习,掌握消费税纳税人、计税依据、税率的筹划。

【开篇案例】

是否可节省消费税,中间产品是关键

税收筹划,从字面上看好像都是财务人员的事情,但是,实际上与企业的生产经营的全过程有关,有的甚至完全取决于其他部门和环节。南兴化工公司主要生产经营醋酸酯,2008 年,产品销售收入 8 亿元,实现利润 3 000 万元,缴纳各项税金 7 500 万元,其中消费税 1 500 余万元。

该公司的生产流程为,以粮食为原材料,生产酒精(一般发酵中,仅含 10% 的乙醇,经蒸馏后可得到 95.6% 的酒精),将酒精进一步发酵,制取醋酸,醋酸与乙醇发生酯化反应,生成乙酸乙酯(醋酸酯)。

虽然该公司的最终产品醋酸酯不是税法规定的应税消费品,但生产醋酸酯动用了自产的应税消费品酒精,领用酒精需缴纳消费税。根据《消费税暂行条例》及其实施细则的有关规定,纳税人将自产应税消费品用于连续生产非应税消费品的,应视同销售,按规定计算缴纳消费税。视同销售业务应按同期同类产品售价计算消费税,若无同类产品售价的,应按组成计税价格计算。

2008 年,该公司领用的自产酒精生产成本为 28 000 万元,应纳消费税额的计算公式为

应纳消费税额 = 组成计税价 × 消费税率 = [成本 × (1 + 成本利润率) ÷ (1 - 消费税率)] × 消费税率 = [28 000 万元 × (1 + 5%) ÷ (1 - 5%)] × 5% = 1 547.37 万元

高额的消费税能否免除? 这个问题一直困扰着该公司的财务总监。他向税收筹划专家咨询合法节税的途径。

该公司之所以要缴纳消费税,是因为其中间产品是应税消费品(酒精),如果通过改变生产流程,使中间产品不是酒精,这个问题就解决了。生产醋酸酯需要醋酸,而生产醋酸的方法很多,既可以通过粮食发酵的方法取得,也可以通过其他方法生产。根据这个

思路,筹划人查找了相关资料,发现制作醋酸有四个办法。该公司采用的粮食发酵方法是人类最早使用的方法。这种方法的生产成本高,国外大多数企业已不采用了。其他三种方法是:①用合成法制备工业醋酸;②用石油气 C2～C4 馏分直接氧化制醋酸;③用甲醇和一氧化碳在常压下制取醋酸。

以上三种方法的中间产品不是应税消费品,均无须缴纳消费税。经调查,以上三种方法中,采取石油气 C2～C4 馏分直接氧化制醋酸不仅简便易行,而且投资成本低。不过,该公司如果现在改变生产流程将会造成大量设备闲置,可以考虑在扩大再生产时采用新的生产方法。

该案例引用了高金平先生的资料。之所以引用这篇文章,是因为该文章介绍了一个人们不十分熟悉的产品,以及这个产品的操作过程。这对税收筹划人员来说,无疑是有启发作用的。税收筹划的目的是通过税收的具体运作实现股东利益的最大化,所以进行税收筹划的基础是对税收法律法规的会计核算原理及方法有一个全面的熟悉和理解。但是,事实上要对税收筹划进行深层次的操作,仅掌握了税收、会计和财务知识还不够,在很多情况下,税收筹划还涉及企业的生产、经营和管理流程的很多环节。

消费税是对特殊产品进行的特殊调节税种,纳税人在特定的地域、生产特定的产品才需要缴纳消费税,如果生产者有办法排除税法所规定的调节对象,就可以免缴消费税。该案例就给我们利用税收法律法规以外的方法进行税收筹划提供了一个较好的范例。

第一节　消费税纳税人的税收筹划

一、纳税人的法律界定

在中华人民共和国境内生产、委托加工和进口规定的应税消费品的单位和个人,是消费税的纳税人。具体来讲,分为以下几种情况:

1. 生产应税消费品的纳税人

这主要是指从事应税消费品生产的各类企业、单位和个体经营者。生产应税消费品用于销售的,于销售时缴纳消费税。生产应税消费品自己使用而没有对外销售的,按其不同用途区别对待:将生产的应税消费品用于连续生产应税消费品的,不征收消费税;将生产的应税消费品用于生产非应税消费品和在建工程、管理部门、非生产机构、提供劳务,以及用于馈赠、赞助、集资、广告、样品、职工福利、奖励等方面的,于消费品移送时缴纳消费税。

2. 委托加工应税消费品的纳税人

委托加工应税品,以委托方为纳税人,一般由受托方代收代缴消费税。但是,委托个体经营者加工应税消费品的,一律于委托加工的应税消费品收回后,在委托方所在地缴纳消费税。委托加工的消费品在提货时已缴纳消费税的,若委托方对外销售,则不再缴纳消费税;若委托方用于连续生产应税消费品,则所纳税款允许按规定扣除。

3. 进口应税消费品的纳税人

进口应税消费品,由货物进口人或代理人在报关进口时缴纳消费税。

二、纳税人的税收筹划

由于消费税是针对特定的纳税人,因此可以通过企业的合并,递延纳税时间。

(1)合并会使原来企业间的购销环节转变为企业内部的原材料转让环节,从而递延部分消费税税款。如果两个合并企业之间存在着原材料供应的关系,则在合并前,这笔原材料的转让关系为购销关系,应该按照正常的购销价格缴纳消费税款。而在合并后,企业之间的原材料供应关系转变为企业内部的原材料转让关系,因此这个环节不用缴纳消费税,而是递延到销售环节再征收。

(2)如果后一环节的消费税税率较前一环节的低,则可直接减轻企业的消费税税负。因为前一环节应该征收的税款延迟到后面环节再征收,如果后面环节税率较低,则合并前企业间的销售额,在合并后适用了较低的税率而减轻税负。

【案例4-1】 某地区有两家大型酒厂A和B,它们都是独立核算的法人企业。企业A主要经营粮食类白酒,以当地生产的大米和玉米为原料进行酿造,按照消费税法规定,应该适用20%的税率。企业B以企业A生产的粮食白酒为原料,生产系列药酒。企业A每年要向企业B提供价值2亿元,计5000万千克的粮食酒。经营过程中,企业B由于缺乏资金和人才,无法经营下去,准备破产。此时企业B欠企业A共计5000万元货款。经评估,企业B的资产恰好也为5000万元。企业A领导人经过研究,决定对企业B进行收购,其决策的主要依据如下:

(1)这次收购支出费用较小。由于合并前,企业B的资产和负债均为5000万元,净资产为零。因此,按照现行税法规定,该购并行为属于以承担被兼并企业全部债务方式实现吸收合并,不视为被兼并企业按公允价值转让、处置全部资产,不计算资产转让所得,不用缴纳所得税。此外,两家企业之间的行为属于产权交易行为,按税法规定,不用缴纳增值税。

(2)合并可以递延部分税款。合并前,企业A向企业B提供的粮食酒,每年应该缴纳的税款为

$$消费税 = 20\,000\ 万元 \times 20\% + 5\,000\ 万元 \times 2 \times 0.5 = 9\,000\ 万元$$
$$增值税 = 20\,000\ 万元 \times 13\% = 2\,600\ 万元$$

而这笔税款一部分合并后可以递延到药酒销售环节缴纳,获得递延纳税好处。

(3)企业B生产的药酒市场前景很好,企业合并后可以将经营的主要方向转向药酒生产,而且转向后,企业应缴的消费税款将减少。由于粮食酒的消费税税率为20%,而药酒的消费税税率为10%,但以粮食白酒为酒基的泡制酒,税率则为20%。如果企业合并,税负将会大大减轻。

假定药酒的销售额为2.5亿元,销售数量为5000万千克。

合并前应纳消费税款为

A 厂应纳消费税 = 20 000 万元 × 20% + 5 000 万元 × 2 × 0.5 = 9 000 万元

B 厂应纳消费税 = 25 000 万元 × 20% + 5 000 万元 × 2 × 0.5 = 10 000 万元

合计应纳税款 = 9 000 万元 + 10 000 万元 = 19 000 万元

合并后应纳消费税款 = 25 000 万元 × 10% + 5 000 万元 × 2 × 0.5 = 10 000 万元

合并后节约消费税税款 = 19 000 万元 − 10 000 万元 = 9 000 万元

第二节　消费税计税依据的税收筹划

一、计税依据的法律界定

计税依据是计算应纳税额的根据,是征税对象量的表现。正确掌握计税依据,可以使企业减少不必要的损失,合理、合法地承担税负。我国现行的消费税的计税办法分为从价计征、从量计征和复合计征三种类型,不同的计税方法其计税依据的计算不同。

(一) 从价计征的应税消费品计税依据的确定

实行从价定率计征办法的应税消费品以销售额为计税依据,即

$$应纳税额 = 应税消费品的销售额 × 消费税税率$$

由于增值税与消费税是交叉征收的税种,为了便于管理,消费税计税依据的销售额同增值税的规定是一样的,为不含增值税、含消费税税款的销售额,即纳税人销售应税消费品向购买方收取的除增值税税款以外的全部价款和价外费用。"价外费用",是指价外收取的基金、集资费、返还利润、补贴、违约金(延期付款利息)和手续费、包装费、储备费、优质费、运输装卸费、代收款项、代垫款项以及其他各种性质的价外收费。但下列款项不包括在内:

一是承运部门的运费发票开具给购货方的。

二是纳税人将该项发票转交给购货方的。其他价外费用,无论是否属于纳税人的收入,均应并入销售额计算征税。

《消费税暂行条例实施细则》规定,应税消费品的销售额,不包括应向购货方收取的增值税税款。如果纳税人应税消费品的销售额中未扣除增值税税款或者因不得开具增值税专用发票而发生价款和增值税税款合并收取的,在计算消费税时,应当换算为不含增值税税款的销售额。其换算公式为

$$应税消费品的销售额 = \frac{含增值税的销售额}{1+增值税税率或征收率}$$

(二) 从量计征的消费品计税依据的确定

实行从量定额计征办法的应税消费品以销售数量为计税依据,即

$$应纳税额 = 应税消费品的销售数量 × 单位税额$$

销售数量的确定主要有以下规定:

销售应税消费品的计税依据为应税消费品的销售数量;自产自用应税消费品的计税依据为应税消费品的移送使用数量;委托加工应税消费品的计税依据为纳税人收回的应税消费品的数量;进口应税消费品的计税依据为海关核定的应税消费品的进口征税数量。

根据消费税暂行条例规定,实行从量定额办法计算应纳税额的,有黄酒、啤酒、汽油、柴油等应税消费品;在确定销售数量时,如果实际销售的计量单位与《消费税税目(税额)表》(表4-1)规定的计量单位不一致时,应按规定标准进行换算。

表4-1   2015年消费税税目税率一览表

税目	子目		税率
一、烟	1.卷烟	(1)每标准条(200支)调拨价70元以上的(含70元,不含增值税)	比率税率:56% 定额税率:150元/标准箱(50 000支)(0.003元/支)
		(2)每标准条(200支)调拨价70元以下的(不含增值税)	比率税率:36% 定额税率:150元/标准箱(50 000支)(0.003元/支)
		商业批发	自2015年5月10日起,将卷烟批发环节从价税税率由5%提高至11%,并按0.005元/支加征从量税
	2.雪茄烟		36%
	3.烟丝		30%
二、酒	1.啤酒	(1)每吨出厂价格(含包装物及包装物押金,不含增值税)3 000元(含)以上的	250元/吨
		(2)每吨出厂价格(含包装物及包装物押金,不含增值税)3 000元以下的	220元/吨
		(3)娱乐业和饮食业自制的	250元/吨
	2.粮食白酒、薯类白酒		比率税率:20% 定额税率:0.5元/斤(500克)或0.5元/500毫升
	3.黄酒		240/吨
	4.其他酒		10%

税目	子目	税率
三、成品油	1. 汽油	1.52 元/升
	2. 柴油	1.2 元/升
	3. 石脑油	1.52 元/升
	4. 溶剂油	1.52 元/升
	5. 润滑油	1.52 元/升
	6. 燃料油	1.2 元/升
	7. 航空煤油	1.2 元/升(暂缓征收)
四、鞭炮、焰火	—	15%
五、贵重首饰及珠宝玉石	1. 除镀金(银)、包金(银)首饰以及镀金(银)、包金(银)的镶嵌首饰以外的金银首饰;铂金首饰;钻石及钻石饰品	5%零售环节征收
	2. 其他金银珠宝首饰;珠宝玉石	10%生产环节征收
六、高尔夫球及球具	—	10%
七、高档手表[销售价格(不含增值税)每只在 10 000(含)元以上的各类手表]	—	20%
八、游艇	—	10%
九、木制一次性筷子	—	5%
十、实木地板	—	5%
十一、小汽车	1. 乘用车	
	(1)汽缸容量(排气量,下同)在 1.0 升(含)以下	1%
	(2)汽缸容量(排气量,下同)在 1.5 升(含)以下	3%
	(3)汽缸容量在 1.5 升至 2.0 升(含)	5%

续表

税目	子目	税率
十一、小汽车	(4)汽缸容量在2.0升至2.5升(含)	9%
	(5)汽缸容量在2.5升至3.0升(含)	12%
	(6)汽缸容量在3.0升至4.0升(含)	25%
	(7)汽缸容量在4.0升以上	40%
	2.中轻型商用客车	5%
十二、摩托车	1.汽缸容量250毫升	3%
	2.汽缸容量250毫升以上	10%
十三、化妆品	—	15%

注:酒精,汽车轮胎取消;成品油再次上调;摩托车汽缸容量250毫升以下不再征收;新增:电池、涂料4%。

（三）复合计税的应税消费品计税依据的确定

实行复合计税办法的应税消费品主要包括粮食白酒、薯类白酒和卷烟,税目税率详见表4-1。

复合计税办法下应纳消费税额的计算公式为

$$应纳税额 = 销售数量 \times 定额税率 + 销售额 \times 比例税率$$

二、计税依据的税收筹划

通过缩小计税依据,可达到直接减轻税负的目的。针对消费税的计税特点,其方法主要包括以下几个方面。

（一）关联企业转移定价

转让定价是指在经济活动中,有关联关系的企业各方为均摊利润或转移利润而在产品交换或买卖过程中,不依照市场买卖规则和市场价格进行交易,而是根据他们之间的共同利益或为了最大限度地维护他们之间的利益而进行的产品或非产品转让。在这种转让中,产品的转让价格根据双方的意愿,可高于或低于市场上由供求关系决定的价格,以达到相互之间利益的最大化。

消费税的纳税行为发生在生产领域而非流通领域(金银首饰除外)。如果将生产销售环节的价格降低,可直接取得节税的利益。因而,关联企业中生产(委托加工、进口)应税消费品的企业,如果以较低的价格将应税消费品销售给其独立核算的销售部门,则可以降低销售额,从而减少应纳消费税税额。而独立核算的销售部门,由于处在销售环节,只缴增值税,不缴消费税,因而,这样做可使集团的整体消费税税负下降,增值税税负保持不变。

由于消费税的课征只选择单一环节，而消费品的流通还存在着批发、零售等若干个流转环节，这在客观上为企业进行税务筹划提供了可能。企业可以采用分设独立核算的经销部、销售公司的办法，降低生产环节的销售价格，经销部、销售公司再以正常价格对外销售。由于消费税主要在生产环节征收，企业的税务负担会因此而减轻。

应当注意的是，由于独立核算的销售部门与生产企业之间存在关联关系，按照《中华人民共和国税收征收管理法》的有关规定，企业或者外国企业在中国境内设立的从事生产、经营的机构、场所与其关联企业之间的业务往来，应当按照独立企业之间的业务往来收取或者支付价款、费用。不按照独立企业之间的业务往来收取或者支付价款、费用，而是为了减少其应纳税的收入或者所得额的，税务机关有权进行合理调整。因此，企业销售给下属销售部门的价格应当参照社会的平均销售价格而定。

【案例4-2】　某酒厂主要生产粮食白酒，产品销往全国各地的批发商。按照以往的经验，本地的一些商业零售户、酒店、消费者每年到工厂直接购买的白酒大约1000箱（每箱12瓶，每瓶500毫升）。企业销售给批发部的价格为每箱（不含税）1200元，销售给零售户及消费者的价格为（不含税）1400元。经过筹划，企业在本地设立了一独立核算的经销部，企业按销售给批发商的价格销售给经销部，再由经销部销售给零售户、酒店及顾客。已知粮食白酒的税率为20%。

直接销售给零售户、酒店、消费者的白酒应纳消费税额：

1400元／箱×1000箱×20% + 12瓶／箱×1000箱×500毫升／瓶×0.5元／500毫升 = 286 000元

销售给经销部的白酒应纳消费税额：

1200元／箱×1000箱×20% + 12瓶／箱×1000箱×500毫升／瓶×0.5元／500毫升 = 246 000元

节约消费税额：286 000元 – 246 000元 = 40 000元

这种筹划方法还必须符合国家政策。比如，白酒消费税最低计税价格核定标准如下（本办法自2009年8月1日起执行）：

（1）白酒生产企业销售给销售单位的白酒，生产企业消费税计税价格高于销售单位对外销售价格70%（含70%）以上的，税务机关暂不核定消费税最低计税价格。

（2）白酒生产企业销售给销售单位的白酒，生产企业消费税计税价格低于销售单位对外销售价格70%以下的，消费税最低计税价格由税务机关根据生产规模、白酒品牌、利润水平等情况在销售单位对外销售价格的50%～70%内自行核定。其中生产规模较大，利润水平较高的企业生产的需要核定消费税最低计税价格的白酒，税务机关核价幅度原则上应选择在销售单位对外销售价格的60%～70%内。

（二）选择合理的加工方式

委托加工的应税消费品，是指由委托方提供原料和主要材料，受托方只收取加工费和代垫部分辅助材料加工的应税消费品。由受托方提供原材料生产的应税消费品，或者受托方先将原材料卖给委托方，然后再接受加工的应税消费品，以及由受托方以委托方名义购进原材料生产的应税消费品，不论纳税人在财务上是否作销售处理，都不得作为委托加工应税消费品,而应当按照销售自制应税消费品缴纳消费税。

按照消费税条例的规定,委托加工的应税消费品,由受托方在向委托方交货时代收代缴税款。这样,受托方就是法定的代收代缴义务人。纳税人委托个体经营者加工应税消费品的,一律于委托方收回后在委托方所在地缴纳消费税。

委托加工的消费品在提货时已经缴纳消费税的,委托方收回后如以不高于受托方计税价格直接出售的,不再征收消费税;委托方以高于受托方计税价格出售的,不属于直接出售,需按规定申报缴纳消费税,在计税时准予扣除已代收代缴的消费税;如用于继续生产应税消费品的,其所缴税款可按规定扣除。

委托加工的应税消费品,按照受托方的同类消费品的销售价格计算纳税,没有同类消费品销售价格的,按照组成计税价格计算纳税。组成计税价格的计算公式如下:

$$组成计税价格 = \frac{材料成本 + 加工费}{1 - 消费税税率}$$

用委托加工收回的应税消费品连续生产应税消费品,其已纳税款准予按照规定从连续生产的应税消费品应纳消费税税额中抵扣。

下列连续生产的应税消费品准予从应纳消费税税额中按当期生产领用数量计算扣除委托加工收回的应税消费品已纳消费税税款:

(1)以委托加工收回的已税烟丝为原料生产的卷烟;

(2)以委托加工收回的已税化妆品为原料生产的化妆品;

(3)以委托加工收回的已税珠宝玉石为原料生产的贵重首饰及珠宝玉石;

(4)以委托加工收回的已税鞭炮、焰火为原料生产的鞭炮、焰火;

(5)以委托加工收回的已税摩托车连续生产的摩托车;

(6)以委托加工收回的已税杆头、杆身和握把为原料生产的高尔夫球杆;

(7)以委托加工收回的已税木制一次性筷子为原料生产的木制一次性筷子;

(8)以委托加工收回的已税实木地板为原料生产的实木地板;

(9)以委托加工收回的已税石脑油为原料生产的应税消费品;

(10)以委托加工收回的已税润滑油为原料生产的润滑油。

(三)自产自用应税消费品的纳税筹划

【案例4-3】 2019年春节,甲企业将自产的特制化妆品(假设此种类化妆品不对外销售,且无市场同类产品价格)作为福利发放给职工,此批化妆品的成本为1 000万元,成本利润率为5%,消费税税率为15%。请对其进行纳税筹划。

税法依据

纳税人自产自用的应税消费品,按照纳税人生产的同类消费品的销售价格计算纳税;没有同类消费品销售价格的,按照组成计税价格计算纳税。实行从价定率办法计算纳税的组成计税价格计算公式:组成计税价格 = (成本 + 利润) ÷ (1 - 比例税率)。《中华人民共和国消费税暂行条例》第四条规定,纳税人生产的应税消费品,于纳税人销售时纳税。纳税人自产自用的应税消费品,用于连续生产应税消费品的,不纳税;用于其他方面的,于移送使用时纳税。

筹划思路

对于自产自用应税消费品用于其他方面需要纳税的情况,若无市场同类商品售价,则成本的高低直接影响组成计税价格的高低,从而影响消费税税额的高低。企业通过降低成本,可以达到降低组成计税价格的目的,从而减轻企业消费税税负。

筹划过程

方案一:维持该批产品成本不变。

组成计税价格 = 1 000 万元 × (1 + 5%) ÷ (1 - 15%) = 1 235.29 万元

应纳消费税 = 1 235.29 万元 × 15% = 185.29 万元

方案二:甲企业通过成本控制,将成本降为800万元。

组成计税价格 = 800 万元 × (1 + 5%) ÷ (1 - 15%) = 988.24 万元

应纳消费税 = 988.24 万元 × 15% = 148.24 万元

方案二比方案一少纳税37.05万元,因此,应当选择方案二。

筹划点评

降低产品成本具有一定的难度,并不是每个企业都能较为容易地做到,在涉及多种产品成本费用分配的情况下,企业可以选择合理的成本分配方法,将成本合理地较多地分摊到不需计缴消费税的产品上,从而相应地压缩了需要通过计算组成计税价格来计缴消费税产品的成本,进而降低消费税税负。

(四)以应税消费品抵债、入股的筹划

根据税法规定,纳税人用于换取生产资料和消费资料,投资入股和抵偿债务等方面的应税消费品,应当以纳税人同类应税消费品的最高销售价格作为计税依据计算消费税。因此,如果企业存在以应税消费品抵债、入股的情况下,最好先销售,再作抵债或入股的处理。

【案例4-4】 某摩托车生产企业,当月对外销售同型号的摩托车时共有三种价格,以4 000元的单价销售50辆,以4 500元的单价销售10辆,以4 800元的单价销售5辆。当月以20辆同型号的摩托车与甲企业换取原材料。双方按当月的加权平均销售价格确定摩托车的价格,摩托车的消费税税率为10%。

税法规定,纳税人自产的应税消费品用于换取生产资料和消费资料、投资入股或抵偿债务等,应当按照纳税人同类应税消费品的最高销售价格作为计税依据。

应纳消费税:4 800 元/辆 × 20 辆 × 10% = 9 600 元

如果该企业按照当月的加权平均单价将这20辆摩托车销售后,再购买原材料,则应纳消费税:

$$\frac{4\ 000\ 元/辆 × 50\ 辆 + 4\ 500\ 元/辆 × 10\ 辆 + 4\ 800\ 元/辆 × 5\ 辆}{50\ 辆 + 10\ 辆 + 5\ 辆} × 20\ 辆 × 10\% = 8\ 276.92\ 元$$

节税额:9 600 元 - 8 276.92 元 = 1 323.08 元

(五)外购应税消费品用于连续生产的筹划

1. 允许扣除已纳消费税

用外购已缴税的应税消费品连续生产的应税消费品,在计算征收消费税时,按当期

生产领用数量计算准予扣除外购的应税消费品已纳的消费税税款：

（1）外购已税烟丝生产的卷烟；

（2）外购已税化妆品生产的化妆品；

（3）外购已税珠宝玉石生产的贵重首饰及珠宝玉石；

（4）外购已税鞭炮焰火生产的鞭炮焰火；

（5）外购已税摩托车生产的摩托车（如用外购两轮摩托车改装三轮摩托车）；

（6）外购的已税杆头、杆身和握把为原料生产的高尔夫球杆；

（7）外购的已税木制一次性筷子为原料生产的木制一次性筷子；

（8）外购的已税实木地板为原料生产的实木地板；

（9）外购的已税石脑油为原料生产的应税消费品；

（10）外购的已税润滑油为原料生产的润滑油。

上述当期准予扣除外购应税消费品已纳消费税税款的计算公式为

当期准予扣除的外购应税消费品已纳税款 = 当期准予扣除的外购应税消费品买价 × 外购应税消费品适用税率

当期准予扣除外购应税消费品买价 = 期初库存的外购应税消费品的买价 + 当期购进的应税消费品的买价 − 期末库存的外购应税消费品的买价

外购已税消费品的买价是指购货发票上注明的销售额（不包括增值税税款）。

纳税人用外购的已税珠宝玉石生产的改在零售环节征收消费税的金银首饰（镶嵌首饰），在计税时一律不得扣除外购珠宝玉石的已纳税款。

2. 外购已税消费品注意事项

生产企业用外购已税消费品连续加工应税消费品时，需要注意的事项如下：

（1）允许扣除已纳税款的应税消费品除了从工业企业购进的应税消费品外，对从符合条件的商业企业购进应税消费品的已纳税款也可以扣除。所谓连续生产，是指应税消费品生产出来后直接转入下一生产环节，未经市场流通。

（2）如果企业购进的已税消费品开具的是普通发票，在换算为不含税的销售额时，应一律按3%的征收率换算。

【案例4-5】（外购消费品的扣税筹划）　某年1月4日，普利安达税务师事务所的注册税务师李刚接受江淮卷烟厂委托，对其上年度的纳税情况进行风险评估。

李刚对该企业的生产经营的涉税情况进行了比较全面的检查。发现：

（1）上年1月1日企业库存外购烟丝的进价成本为48 600 000元，先后从黄河烟叶加工厂购入烟丝10批，价款为20 000 000元，增值税专用发票注明增值税税额为3 400 000元；从东源实业供销公司购进烟丝8批，价款为30 000 000元，增值税专用发票上注明的税款为5 100 000元。上年12月31日企业账面库存外购烟丝的进价成本为49 200 000元。

上年度销售卷烟取得销售收入17 800万元，销售数量7 120标准箱。公司上年度申报并实际缴纳消费税 66 348 000 元(适用税率 56%)。请问:江淮卷烟厂的税务处理方法存在什么问题?

(2)检查中还发现:江淮卷烟厂还有从其他烟丝加工厂购进的少量烟丝,支付价税合计 100 000 元(普通发票),江淮卷烟厂的财务人员将这些发票混入管理费用中列支了。李刚告诉该厂的财务负责人,这些发票中所含的消费税同样也可以抵扣,财务人员不解地问,普通发票也可以抵扣消费税吗?李刚告诉他,不仅可以抵扣,而且比增值税专用发票所抵扣的税款更多呢。这么一说,就使该厂的财务人员更不理解了。请你告诉他这是为什么?

筹划提示

(1)根据现行税法规定,纳税人将外购已税消费品用于连续生产的,可以抵扣外购的已税消费品所含的消费税。所谓连续生产,是指应税消费品完成一个生产环节后直接转入下一个生产环节,未经市场流通。因此,允许扣除已纳消费税的外购消费品仅限于直接从生产企业购进的,不包括从商品流通企业购进的应税消费品。当期准予扣除的已纳消费税税款的计算公式为

当期准予扣除的外购应税消费品已纳税款 = 当期准予扣除的外购应税消费品买价 × 外购应税消费品适用税率

当期准予扣除外购应税消费品买价 = 期初库存的外购应税消费品的买价 + 当期购进的应税消费品的买价 - 期末库存的外购应税消费品的买价

(2)2009 年 5 月 1 日开始调整了卷烟产品消费税政策:

①调整卷烟消费税税率。卷烟消费税税率由《中华人民共和国消费税暂行条例》规定的比例税率调整为定额税率和比例税率。税率具体调整如下:

a. 定额税率:每标准箱(50 000 支,下同)150 元。

b. 比例税率:每标准条(200 支,下同)调拨价格在 70 元(含 70 元,不含增值税)以上的卷烟税率为 56%;每标准条调拨价格在 70 元(不含增值税)以下的卷烟税率为 36%。

②调整卷烟消费税计税办法。卷烟消费税计税办法由《中华人民共和国消费税暂行条例》规定的实行从价定率计算应纳税额的办法调整为实行从量定额和从价定率相结合计算应纳税额的复合计税办法。应纳税额计算公式为

应纳税额 = 销售数量 × 定额税率 + 销售额 × 比例税率

③国税发〔1997〕84 号文件。该文件规定,纳税人用已税烟丝等 8 种应税消费品的连续生产应税消费品的,允许扣除已纳税款。如果企业购进的已税消费品开具的是普通发票,在换算为不含税的销售额时,应一律采用 3% 的征收率换算。

筹划分析

(1)对于该企业,其正确的做法是,用外购已税烟丝生产的卷烟,可以从应纳税消费税税额中扣除购进原料已缴纳的消费税,仅指从生产企业购进的烟丝。因此江淮卷烟厂对于外购已税消费品,当期准予扣除的外购应税消费品的已纳税款为

当期准予扣除外购应税消费品买价 = 48 600 000 元 + 20 000 000 元 − 49 200 000 元

$$= 19\ 400\ 000\ 元$$

当期准予扣除的外购应税消费品的已纳税款 = 19 400 000 元 × 30% = 5 820 000 元

按当期销售收入计算的应纳消费税额为

应纳消费税额 = 178 000 000 元 × 56% + 7 120 标准箱 × 150 元／标准箱

$$= 100\ 748\ 000\ 元$$

则企业当期实际应纳消费税税款为

当期实际应纳税款 = 按当期销售收入计算的应纳税额 − 当期准予扣除的外购应税消费品的已纳税款

$$= 100\ 748\ 000\ 元 − 5\ 820\ 000\ 元 = 94\ 928\ 000\ 元$$

而实际上,该企业将从东源实业供销公司购进的 8 批价款为 30 000 000 元的烟丝,也作了抵扣,从而造成少缴消费税 28 580 000 元。对此,如果以后由税务机关稽查发现,则属于偷税行为。作为税务代理则属于自查,企业可以自我更正。江淮卷烟厂当年少缴消费税 28 580 000 元,应该补提消费税。

(2)为了帮助该厂的财务人员理解其中的奥妙,李刚就以 100 000 元的烟丝为例做了一个计算和分析。

对于价款为 100 000 元的普通发票,那么允许抵扣的消费税为

$$100\ 000\ 元 ÷ 1.\ 03 × 30\% = 29\ 126.\ 21\ 元$$

若取得的是增值税专用发票,那么允许抵扣的消费税为

$$100\ 000\ 元 ÷ 1.\ 13 × 30\% = 26\ 548.\ 67\ 元$$

对于同样是 100 000 元的烟丝,取得普通发票比取得专用发票多抵扣消费税:

$$29\ 126.\ 21\ 元 − 26\ 548.\ 67\ 元 = 2\ 577.\ 54\ 元$$

该笔业务,无论是开具的普通发票,还是增值税专用发票,只要其应税消费品是从生产企业购进的,都可以计算抵扣消费税。至于增值税,就要具体问题具体分析了。

对销售方来说,无论是开具何种发票,其应纳增值税和消费税是不变的,对购买方来说,要看具体情况,对于小规模纳税人来说,由于小规模纳税人不享受增值税抵扣,所以并不增加税收负担。很显然,对于小规模纳税人的购买者来说,在这里普通发票的"身价"超过了专用发票。可是对一般纳税人来讲,由于普通发票不能抵扣增值税的进项税额,虽然增加了消费税的抵扣数额,但是减少了增值税的抵扣数额,因此,要对其做具体的分析和计算,最终作出具体权衡。

江淮卷烟厂当期实际应纳消费税额 = 94 928 000 元 − 29 126.21 元 = 94 898 873.79 元

(六)以外汇结算的应税消费品的筹划

纳税人销售的应税消费品,以外汇结算销售额时,应按外汇市场牌价折合成人民币销售额以后,再按公式计算应纳税额。人民币折合汇率既可以采用结算当天的国家外汇牌价,也可以采用当月 1 日的外汇牌价。企业应从减轻税负的角度考虑根据外汇市场的变动趋势,选择有利于企业的汇率。一般情况下,越是以较低的人民币汇率计算应纳税额,越有利于减轻税负;外汇市场波动越大,进行税务筹划的必要性也越强。需要注意的

是,根据税法规定,汇率的折算方法一经确定,一年内不得随意变动。因此,在选择汇率折算方法的时候,需要纳税人对未来的经济形势及汇率走势做出恰当的判断。在人民币升值时,选每日外汇牌价;在人民币贬值时,选当月 1 日外汇牌价。

【案例 4-6】 某外商投资企业专营鞭炮、焰火,其大部分销售业务均以美元结算。在将外汇结算的销售额换算成人民币时,公司长期以来选择当月 1 日的国家外汇牌价(中间价)作为折合率。从 2011 年年底开始人民币一直处于上升通道中,而且根据中国的宏观经济形势,可预期在 2012 年,人民币将保持整体上升趋势。2012 年第一季度,该公司销售额共 50 万美元,其销售具体情况见表 4-2。

表 4-2　该企业 2012 年第一季度销售统计(采用当月 1 日汇率折合)

时间	销售额/万美元	汇率	折合人民币/万元	税率/%	消费税/万元
1 月 1 日	10	6.35	63.5	15	9.525
2 月 1 日	15	6.30	94.5	15	14.175
2 月 1 日	10	6.30	63	15	9.45
3 月 1 日	15	6.21	93.15	15	13.9725

第一季度,该公司共应纳消费税 47.1225 万元。

此例中,当预计到人民币币值可能上扬时,该企业应在年初及时调整折合率,采用当日的国家外汇牌价作为折合率折算人民币销售额。如果以当日的汇率折算,该企业第一季度各月的人民币销售额和缴纳消费税见表 4-3。

表 4-3　该企业 2012 年第一季度销售统计(采用当日汇率折合)

时间	销售额/万美元	汇率	折合人民币/万元	税率/%	消费税/万元
1 月 6 日	10	6.31	63.1	15	9.465
2 月 8 日	15	6.25	93.75	15	14.0625
2 月 12 日	10	6.23	62.3	15	9.345
3 月 13 日	15	6.15	92.25	15	13.8375

可知该公司需纳消费税为 46.71 万元。因此,以当日汇率折合人民币销售额后计算的第一季度应纳消费税可节税 0.4125 万元。

由本例可以看出,税收筹划不仅要灵活运用税法条文,而且常常需要充分利用税收以外的其他经济要素,如汇率、价格、利率等,创造出节税的可能性。对于以外汇结算的公司,汇率始终是一个税收筹划的工具。采用合适的汇率,往往可以减轻企业的税负。不仅对消费税是如此,其他一些税种也是如此。以所得税为例,由于人民币目前从长期趋势看,处于贬值阶段,而我国所得税法规定所得税按年计算,分季预缴。企业在季度预缴时,采用该季度季首日汇率,年度汇算清缴时,只就全年未纳税的外国所得按年度汇率计算应税所得额,据此计算应纳所得税额,从而避免了采用较高的人民币汇率而缴纳更多的税收。

除了汇率以外,在其他一些方面纳税人也有可选择的余地,因而也具有节税的可能性。例如,对存货的核算,采用先进先出法还是加权平均法会极大地影响企业的生产成本,从而影响企业的应纳所得税。因此,企业财务人员应保持高度的敏锐性,时刻关注汇率、利率、市场价格等的变化,及时调整核算方法,尽可能地降低收入,增加成本,减少企业的税收。

(七)包装物的筹划

根据《消费税暂行条例实施细则》的规定,实行从价定率办法计算应纳税额的应税消费品连同包装销售的,无论包装物是否单独计价,也不论在会计上如何核算,均应并入应税消费品的销售额中征收消费税。如果包装物不作价随同产品销售,而是收取押金,此项押金则不应并入应税消费品的销售额中征税。但对因逾期未收回的包装物不再退还的和已收取一年以上的押金,应并入应税消费品的销售额,按照应税消费品的适用税率征收消费税。

从1995年6月1日起,对酒类产品生产企业销售酒类产品而收取的包装物押金,无论押金是否返还及会计上如何核算,均应并入酒类产品销售额中征收消费税。

包装物的租金应视为价外费用。对增值税一般纳税人向购买方收取的价外费用和逾期未归还包装物的押金,应视为含税收入,在计征消费税时应首先换算成不含税收入,再并入销售额计税。

【案例4-7】 某焰火厂为增值税一般纳税人,当年6月销售焰火100 000件,每件价格为234元,另外包装物的价格为23.4元/件,以上价格均为含税价格。假设企业包装物本身的成本为14元/件,焰火的增值税税率和消费税税率分别为13%、15%,不考虑企业所得税的影响。该企业对此销售行为应当如何进行纳税筹划?

筹划分析

方案一:采取包装物作价随同产品一起销售的方式。包装物作价随同产品销售的,应并入应税消费品的销售额中征收增值税和消费税。

企业与包装物有关的销售收入 = 100 000件 × 23.4元/件 ÷ (1 + 13%)
= 2 070 796.46元

与包装物有关的销售成本 = 100 000件 × 14元/件 = 1 400 000元

与包装物有关的增值税销项税额 = 100 000件 × 23.4元/件 ÷ (1 + 13%) × 13%
= 269 203.54元

与包装物有关的消费税额 = 100 000件 × 23.4元/件 ÷ (1 + 13%) × 15%
= 310 619.47元

与包装物有关的利润 = 2 070 796.46元 − 1 400 000元 − 310 619.47元 = 360 177元

方案二:采取收取包装物押金的方式。在这种方式下,企业对每件包装物单独收取押金23.4元,则此项押金不并入应税消费品的销售额中征税。这又分为两种情况:

(1)包装物押金1年内收回。

这里需要考虑包装物本身的成本问题。众所周知,即使包装物可以循环使用,但最终是要报废的,本身的成本损耗也就不可避免。此时,企业与包装物有关的销售收入为 0,与包装物有关的销售成本为 1 400 000(100 000 × 14) 元,与包装物有关的增值税销项税额为 0,与包装物有关的消费税额为 0,与包装物有关的利润为 − 1 400 000(0 − 1 400 000 − 0) 元,在这种情况下,与方案一相比,企业减少了 1 760 177 元的利润。

(2)包装物押金 1 年内未收回。

1 年后企业与包装物有关的销售收入 = 100 000 件 × 23.4 元 / 件 ÷ (1 + 13%)
= 2 070 796.46 元

与包装物有关的销售成本 = 100 000 件 × 14 元 / 件 = 1 400 000 元

补缴与包装物有关的增值税销项税额 = 100 000 件 × 23.4 元 / 件 ÷ (1 + 13%) × 13% = 269 203.54 元

补缴与包装物有关的消费税额 = 100 000 件 × 23.4 元 / 件 ÷ (1 + 13%) × 15% = 310 619.47 元

与包装物有关的利润 = 2 070 796.46 元 − 1 400 000 元 − 310 619.47 元 = 360 177 元

在这种情况下,与方案一相比,企业利润都是 360 177 元,但是与包装物有关的增值税和消费税(合计 579 823 元)是在 1 年以后补缴的,这样就使企业延缓了纳税时间,获取了资金时间价值,为企业的生产经营提供了便利。

可见,企业可以考虑在情况允许时,不将包装物作价随同产品出售,而是采用收取包装物押金的方式,并对包装物的退回设置一些条款(如包装物有损坏则没收全部押金),以保证包装物押金不被退回,这样就可以缓缴税金。

(八)利用进口环节的价格缩小税基

纳税人进口应税消费品,其税目、税率(税额)依照《消费税暂行条例》所附的《消费税税率(税额)表》执行,按照组成计税价格和规定税率计算应纳税额。通过《进口环节消费税税目税率表》可以看到消费税最高可达 45% 的分类分项差别税率,高税率也说明了进行税收筹划的必要性。进口环节的消费税和国内征收的消费税一样,同样分为从量定额、从价定率及从价定率与从量定额相结合三种征收方式,具体计算公式如下:

(1)实行从量定额办法计征的应税消费品的应纳税额的计算公式为

$$应纳税额 = 应税消费品数量 × 消费税单位税额$$

应税消费品数量是指海关核定的应税消费品进口征税数量。

(2)实行从价定率办法计征的应税消费品的应纳税额的计算公式为

$$组成计税价格 = \frac{关税完税价格 + 关税}{1 - 消费税税率}$$

$$应纳税额 = 组成计税价格 × 适用税率$$

(3)如进口的应税消费品属于适用从价定率与从量定额相结合的办法计征的产品,其计算公式为

$$组成计税价格 = \frac{关税完税价格 + 关税 + 消费税定额税}{1 - 消费税税率}$$

$$应纳税额 = 组成计税价格 × 适用税率$$

从上面的计算公式可知,对商品进口的消费税进行税收筹划时,对从量定额计征的消费品,由于数量的刚性及定额税率的确定性,筹划空间是非常小的。而对涉及从价定率征收的商品,其组成计税价格中,主要包括关税完税价格、关税,在需要同时从量定额征收时,还包括消费税定额税。其中可以筹划的主要为关税完税价格及关税,尤其是关税完税价格具有相对更大的筹划空间。我国以海关审定的正常成交价格为基础的到岸价格作为关税完税价格。到岸价格包括货价,加上货物运抵我国关境内输入地点起卸前的包装费、运费、保险费和其他劳务费等费用。如果可以适当降低货价或降低费用就可以降低相应的关税完税价格,从而降低消费税的计税依据。

【案例4-8】 乐驰汽车公司是一家全球性的跨国大公司,该公司生产的汽车在世界汽车市场上占有一席之地。2016 年 7 月,该公司希望扩大在中国的市场占有份额,决定利用我国汽车关税税率从30%下降到25%的有利时机,大幅度降低公司汽车的国内销售价格,从而占领中国市场。该公司汽车的消费税税率为15% ,以前的到岸价格为 80 万元人民币(不含增值税)。

关税税率降低后,公司汽车进口时应纳关税及消费税为

$$关税 = 80 万元 × 25\% = 20 万元$$

$$消费税 = (80 + 20) 万元 ÷ (1 - 15\%) × 15\% = 17.65 万元$$

而在关税税率降低前,公司汽车进口时应纳关税及消费税为

$$关税 = 80 万元 × 30\% = 24 万元$$

$$消费税 = (80 + 24) 万元 ÷ (1 - 15\%) × 15\% = 18.35 万元$$

相比原来的关税税率,公司的汽车价格下降空间为 4.7(24 + 18.35 - 20 - 17.65) 万元,空间并不大,因此公司决定采用另一方案。由公司在国内寻找一个合作伙伴,公司将以 60 万元的价格将汽车销售给合作伙伴,然后由销售公司在国内进行销售。当然,公司和合作伙伴之间签订了相关的协议,对于销售价格减少的 20 万元由合作伙伴以其他方式返还给乐驰汽车公司。

此时,公司汽车进口时应纳关税及消费税为

$$应纳关税 = 60 万元 × 25\% = 15 万元$$

$$应纳消费税 = (60 + 15) 万元 ÷ (1 - 15\%) × 15\% = 13.24 万元$$

这样,公司汽车在进口环节缴纳的税收较关税税率降低前减少 14.11(24 + 18.35 - 15 - 13.24) 万元,如果考虑增值税因素,减少的税收更多。因此可以在保证公司利润不减少的情况下,汽车的市场销售价格下降 15 万元以上,大幅度地提高了该公司汽车的市场竞争力。

当然,在采用类似方法进行筹划时,还需要考虑海关对完税价格的确定方法。如果进口货物的成交价格不符合法律规定的条件,或者成交价格不能确定,海关与纳税义务人进行价格磋商后,会依次以下列方法审查确定该货物的完税价格。

一是相同货物成交价格估价方法,即以与该货物同时或大约同时向我国境内销售的相同货物的成交价格来估定完税价格。

二是类似货物成交价格估价方法,即以与该货物同时或大约同时向我国境内销售的

类似货物的成交价格来估定完税价格。

三是倒扣价格估价方法,即以与该货物进口的同时或大约同时,将该进口货物、相同或类似进口货物在第一级销售环节销售给无特殊关系买方最大销售总量的单位价格来估定完税价格,但应当扣除同等级或同种类货物在我国境内第一级销售环节销售时通常的利润、一般费用及通常支付的佣金,进口货物运抵境内输入地点起卸后的运输及其相关费用、保险费,以及进口关税及国内税收。

四是计算价格估价方法,即以按照下列各项总和计算的价格估定完税价格。生产该货物所使用的料件成本和加工费用,向我国境内销售同等级或同种类货物通常的利润和一般费用,该货物运抵境内输入地点起卸前的运输及其相关费用、保险费。

五是其他合理方法,即当海关不能根据上述方法确定完税价格时,海关根据客观、公平、统一的原则,以客观量化的数据资料为基础审查确定进口货物完税价格的估价方法。

在该例中,当乐驰汽车公司将进口价格从80万元降到60万元时,要注意海关是否会对其价格按以上顺序进行调整。在缺乏市场同类货物可比价格时,该方法是可行的。比如高档汽车由于品牌差异,价格空间巨大,所以该调整是可行的。另外在该例中,由于该公司汽车在国内市场的价格也会下降,所以即使海关采用倒扣价格估价方法也是可行的。

在进口应税消费品时,还需注意对不同税率的消费品或同时进口的非应税消费品分别组织进口,这样也可以降低消费税。因为根据税法规定,对下列情况,应按适用税率中最高税率征税。

(1)纳税人兼营不同税率的应税消费品,即进口或生产销售两种税率以上的应税消费品时,应当分别核算不同税率应税进口消费品的进口额或销售数量,未能分别核算的,按最高税率征税。

(2)纳税人将应税消费品与非应税消费品,或者将适用不同税率的应税消费品组成成套消费品销售的,应根据组合产品的销售金额按应税消费品的最高税率征税。

最后需要注意的是,金银首饰,以金银为基底的包镀及其他贵金属的首饰,以及上述首饰的镶嵌首饰,免征进口环节消费税(消费税实施细则)。

(九)延期纳税的纳税筹划

【案例4-9】 甲为一家化妆品生产厂家,现向A客户赊销化妆品一批,不含增值税价格为2 000万元,合同中约定的收款日期为7月31日。化妆品的消费税税率为15%,该厂家消费税纳税期限为1个月,同期银行存款利率为3%。请对其进行纳税筹划。

税法依据

纳税人采取赊销和分期收款结算方式的,其纳税义务的发生时间,为销售合同规定的收款日期的当天;纳税人采取预收货款结算方式的,其纳税义务的发生时间,为发出应税消费品的当天;纳税人采取托收承付和委托银行收款方式销售的应税消费品,其纳税义务的发生时间,为发出应税消费品并办妥托收手续的当天;纳税人采取其他结算方式的,其纳税义务的发生时间,为收讫销售款或者取得索取销售款的凭据的当天。《中华人民共和国消费税暂行条例》第十四条规定,纳税人以1个月或者1个季度为1个纳税期的,自期满之日起 15 日内申报纳税。

筹划思路

纳税人可以充分利用消费税纳税义务发生时间和纳税期限的有关规定,合理延迟纳税义务发生时间,从而可以充分利用资金的时间价值。

方案一:合同中该笔款项的收款时间仍确定为 7 月 31 日。

则 7 月份为纳税义务发生时间,甲企业须于 8 月 15 日之前缴纳税款。假设 8 月 10 日缴纳税款,则 8 月 10 日纳税额 = 2 000 万元 × 15% = 300 万元。

方案二:经与客户协商,将合同中该笔款项的收款时间确定为 8 月 1 日。

则 8 月份为纳税义务发生时间,甲企业须于 9 月 15 日之前缴纳税款。假设 9 月 10 日缴纳税款,则折现到 8 月 10 日的纳税额 = 300 万元 ÷ (1 + 3% ÷ 12) = 299.25 万元。

方案二比方案一纳税支出现值少 0.75 万元,即相当于少交了 0.75 万元的税款,因此,应当选择方案二。

筹划点评

通过合同中将赊销收款日期延迟一天,从而使纳税义务发生时间延迟一个月,进而充分利用了货币的时间价值,相当于从银行获取一笔一个月的无息贷款。若同时考虑增值税及城建税和教育费附加,则节税效果更加明显。

第三节　消费税税率的税收筹划

一、税率的法律界定

消费税税率分为比例税率和定额税率。消费税税率形式的选择,主要是根据课税对象的具体情况来确定的,对一些供求基本平衡,价格差异不大,计量单位规范的消费品,选择计税简便的定额税率,如黄酒、啤酒、汽油、柴油等;对一些供求矛盾突出、价格差异较大,计量单位不规范的消费品,选择价税联动的比例税率,如烟、白酒、化妆品等。同一种产品由于其产品性能、价格、原材料构成不同,其税率也高低不同。如酒类产品,分为粮食白酒、薯类白酒、酒精、啤酒、黄酒和其他酒等,分别适用不同的税率。2001 年 6 月 1 日后,烟、粮食白酒和薯类白酒改为定额税率和比例税率复合征收税制。

二、税率的筹划

纳税人应针对消费税的税率多档次的特点,根据税法的基本原则,正确进行必要的合并核算和分开核算,以求达到节税目的。

由于应税消费品所适用的税率是固定的,只有在兼营不同税率应税消费品的情况下,纳税人才能选择合适的销售方式和核算方式,达到适用较低的消费税率、减轻税负的目的。当企业兼营多种不同税率的应税消费品时,应当分别核算不同税率应税消费品的销售额、销售数量。因为税法规定,未分别核算销售额、销售数量,或者将不同税率的应税消费品组成成套消费品出售的,应从高适用税率,这无疑会增加企业的税收负担。

按照这一规定,一是消费税纳税人同时经营两种以上税率的应税消费品行为,则应分别核算。如某酒类综合生产企业,既生产粮食白酒又生产其他酒,两种酒的比例税率分别为20%和10%,则企业应分别核算粮食白酒和其他酒的销售额。若未分别核算,那么在纳税时,要按每500克0.5元的定额税率征税,同时按照两种酒的销售额合计,用粮食白酒20%的税率计征消费税。二是消费税纳税人将两种不同税率的应税消费品组成成套消费品销售,应尽量采取先销售后包装的形式。如化妆品公司将其生产的化妆品和金银首饰包装在一起销售,化妆品的税率为15%,金银首饰的税率为5%,则计税金银首饰依据应是两种消费品的销售额合计,按化妆品15%的税率计征消费税。

税法规定,纳税人将应税消费品与非应税消费品,以及适用税率不同的应税消费品组成成套消费品销售的,应根据销售金额按应税消费品的最高税率纳税;纳税人兼营不同税率的应税消费品(或者应征消费税货物),应当分别核算不同税率应税消费品的销售额或销售数量,未分别核算的,按最高征税。

习惯上,工业企业销售产品,都采取"先包装后销售"的方式进行。按照上述规定,如果改成"先销售后包装"的方式,则可以大大降低消费税的税负。

具体的操作方法可以从两方面考虑:其一,将上述产品先分品种的类别销售给零售商,再由零售商包装后对外销售,这样做实际上只是在生产流程上换了一个包装地点,在销售环节将不同类别的产品分别开具发票,在财务环节对不同的产品分别核算销售收入。其二,如果当地税务机关对有关操作环节要求比较严格,还可以采取分设机构的操作方法,即另外再设立一个独立核算的、专门从事包装发外销售的门市部。

另一种税率的筹划方法是根据税法的有关规定对不同等级的应税消费品进行定价筹划。应税消费品的等级不同,消费税的税率不同。等级的税法确定标准是单位定价,即等级越高,单位定价越高,税率越高。纳税人可以根据市场供需关系和税负的多少,合理定价,以获得税收利益。

如每吨啤酒出厂价格(含包装物及包装物押金)在3 000元(含3 000元,不含增值税)以上的,单位税额每吨250元,在3 000元以下的单位税额每吨220元;卷烟的比例税率为每标准条(200支,下同)调拨价格在70元(含70元,不含增值税,下同)以上的卷烟税率为56%,每标准条调拨价格不足70元的,税率为36%。

【案例4-10】(制定合理的销售价格) 根据税法的有关规定,每吨啤酒出厂价格(含包装物及包装物押金)在3 000元(含3 000元,不含增值税)以上的,单位税额每吨250元,在3 000元以下的单位税额每吨220元。纳税人可以通过制订合理的价格,适用较低的税率,达到减轻税负的目的。

价格的选择可以通过无差别价格临界点(即每吨价格高于3 000元时的税后利润与每吨价格等于2 999.99元时的税后利润相等时的价格)进行判别。

其计算过程如下:

设临界点的价格为 X(由于其高于3 000元,故适用250元的税率),销售数量为 Y,即应纳消费税:$250 \times Y$

应纳增值税:$XY \times 13\%$ - 进项税额

应纳城建税及教育费附加:$[250 \times Y + (XY \times 13\% - 进项税额)] \times (7\% + 3\%)$

应纳所得税:$\{XY - 成本 - 250 \times Y - [250 \times Y + (XY \times 13\% - 进项税额)] \times (7\% + 3\%)\} \times 所得税税率$

税后利润:$\{XY - 成本 - 250 \times Y - [250 \times Y + (XY \times 13\% - 进项税额)] \times (7\% + 3\%)\} \times (1 - 所得税税率)$ ①

每吨价格等于 2 999.99 元时税后利润:

$\{2\,999.99Y - 成本 - 220 \times Y - [220 \times Y + (2\,999.99Y \times 13\%) - 进项税额] \times (7\% + 3\%)\} \times (1 - 所得税税率)$ ②

当①式=②式时,则

$$X \approx 3\,034\ 元$$

即临界点的价格为 3 034 元时,两者的税后利润相同。当销售价格>3 034 元时,纳税人才能获得节税利益。当销售价格<3 034 元时,纳税人取得的税后利润反而低于每吨价格为 2 999.99 元时的税后利润。

同理,可解得卷烟无差别价格临界点价格。其计算过程如下:

按照税收政策的规定,卷烟消费税采取了复合计税的办法,即先从量每大箱征收 150 元,再从价对单条(200 支,下同)调拨价为 70 元(含 70 元,不含增值税)以上的按 56% 的税率征收,对单条调拨价为 70 元以下的按 36% 的税率征收。因此企业如何定价对企业税负及利润的影响非常关键。

根据税收政策,从价定率征收消费税有个临界点,即单条调拨价在 70 元时税率发生变化,消费税税率由 36% 上升到 56%,税负必然加重。而企业的财务目标为追求企业税后利润最大化,因此应根据税收政策的变化,筹划产品的价格定位。设临界点的价格为 X,可得

$X - 成本 - X \times 56\% - 从量税 - [X \times 56\% + 从量税 + (X \times 13\% - 进项税额)] \times (7\% + 3\%) = 69.99 - 成本 - 69.99 \times 36\% - 从量税 - [69.99 \times 36\% + 从量税 + (69.99 \times 13\% - 进项税额)] \times (7\% + 3\%)$

解得,$X = 111.5$ 元。

【案例 4-11】(手表起征点纳税筹划) 甲企业是一家中高档手表生产企业,2019 年生产并销售某一款中高档手表,每只手表的出厂价格为 10 100 元(不含增值税),与此相关的成本费用为 5 000 元。请对其进行纳税筹划。

税法依据

高档手表税率为 20%。消费税新增和调整税目征收范围注释中,高档手表是指销售价格(不含增值税)每只在 10 000 元(含)以上的各类手表。

筹划思路

在涉及起征点的情况,巧妙运用起征点的规定,适当降低产品价格,从而有可能规避消费税纳税义务,进而有可能增加税后利润。

筹划过程

方案一:将每只手表的出厂价格定为 10 100 元,税法认定其为高档手表。

每只高档手表应纳消费税 = 10 100 元 × 20% = 2 020 元

应纳城建税及教育费附加 = 2 020 元 × (7% + 3%) = 202 元

每只高档手表的利润 = 10 100 元 - 5 000 元 - 2 020 元 - 202 元 = 2 878 元

方案二:将每只高档手表的出厂价格降至 9 900 元,税法不认定其为高档手表。

每只手表应纳消费税 = 0 元

应纳城建税及教育费附加 = 0 元

每只手表的利润 = 9 900 元 - 5 000 元 - 0 元 - 0 元 = 4 900 元

方案二比方案一每只手表多获取利润 2 022 元,少交消费税 2 020 元,少交城建税及教育费附加 202 元,因此,应当选择方案二。

筹划点评

下面通过计算来找出手表的定价禁区:若每只手表定价为 9 999.99 元,则不交消费税,而企业若定价大于或等于 10 000 元,则设企业将手表定价为 X 元:

$$X - X × 20\% × (1 + 7\% + 3\%) > 9\,999.99$$

$$X > 12\,820.5$$

也就是说,要么定价低于 10 000 元,获取免税待遇,要么定价高于 12 820.5 元,使增加的收入可以弥补多交的税费。

本章小结

消费税是在对货物普遍征收增值税的基础上选择少数消费品再征收的一道流转税。消费税主要采用单环节纳税。根据消费税的特点,消费税的税收筹划主要包括:改变经营方式,采取特定企业间合并的形式,减少纳税环节,递延纳税时间,降低税率;通过设立关联企业,降低生产销售价格,减轻税负;在兼营不同税率应税消费品的情况下,选择合适的销售方式和核算方式,避免从高适用税率;制订合理的销售价格,避免税率跳档。

【关键术语】

转让定价　委托加工　关联企业　价外费用　外购应税消费品　连续生产

复习思考题

1. 如何利用消费税纳税环节的特点进行税收筹划?

2. 如何利用包装物的计税规定进行税收筹划?

3. 增值税中的筹划方法哪些可以应用在消费税中,为什么?

4. 请分析消费税中采用适用低税率策略时有哪些具体的筹划方法,请举例说明。

5. 根据本章内容,请分析手表制造厂可以采用哪些筹划方法? 啤酒厂呢? 它们的筹划思路存在哪些差异?

6. 消费税在征收过程中存在重复征税吗? 如果存在,请问如何避免?

7. 规避消费税的纳税义务可以采用哪些方法,请举例说明。

8. 请介绍消费税税收优惠的有关规定,纳税人应如何利用这些规定降低自己的税收负担,举例说明。

练习题

一、名词解释

1. 转让定价

2. 委托加工的应税消费品

3. 计税依据

二、单项选择题

1. 下列关于零售环节征收消费税的表述中,不正确的是( )。

A. 在零售环节征收消费税的仅限于金基、银基合金首饰以及金、银和金基、银基合金的镶嵌首饰

B. 纳税人在零售环节销售金银首饰、钻石及钻石饰品时,适用的消费税税率是5%

C. 金银首饰与其他产品组成成套消费品销售的,应按销售全额征收消费税

D. 金银首饰连同包装物销售的,无论包装物是否单独计价,也不论会计上如何核算,均应并入金银首饰的销售额,计征消费税

2. 下列各项中,属于消费税征收范围的是( )。

A. 电动汽车　　　B. 卡丁车　　　C. 高尔夫车　　　D. 小轿车

3. 甲公司生产一批化妆品用于本企业职工福利,没有同类产品价格可供比照,需要组成计税价格缴纳消费税。其组成计税价格是( )。

A. (材料成本+加工费)÷(1-消费税税率)

B. (成本+利润)÷(1-消费税税率)

C. (材料成本+加工费)÷(1-消费税税率)

D. (成本+利润)÷(1+消费税税率)

4. 下列外购商品中已缴纳的消费税,可以从本企业应纳消费税额中扣除的是( )。

A. 从工业企业购进已税汽车轮胎生产的小汽车

B. 从工业企业购进已税酒精为原料生产的勾兑白酒

C. 从工业企业购进已税高尔夫球杆握把为原料生产的高尔夫球杆

D. 从工业企业购进已税白酒为原料生产的勾兑白酒

5. 根据现行消费税政策,下列各项中不属于应税消费品的是( )。

A. 高尔夫球及球具　　　　　　　B. 化妆品

C. 护肤护发品　　　　　　　　　　D. 一次性木筷

6. 甲啤酒厂销售 A 型啤酒 20 吨给乙副食品公司,开具增值税专用发票,注明价款 60 000 元,收取包装物押金 2 000 元;销售 B 型啤酒 10 吨给丙宾馆,开具普通发票,注明价款 32 000 元,收取包装物押金 1 000 元。则甲啤酒厂应缴纳的消费税是(　　　)。

A. 5 000 元　　　　　B. 6 600 元　　　　　C. 7 200 元　　　　　D. 7 500 元

7. 甲葡萄酒生产企业,生产葡萄酒适用 10% 的消费税税率。销售葡萄酒 100 万元,本月拿 200 吨葡萄酒换生产资料。最高价为每吨 220 元,最低价每吨为 180 元,中间平均价为每吨 200 元。则本月应纳增值税和消费税分别为(　　　)。

A. 增值税 13.52 万元,消费税 10.44 万元

B. 增值税 17.68 万元,消费税 10.4 万元

C. 增值税 13.57 万元,消费税 10.44 万元

D. 增值税 17.748 万元,消费税 10.4 万元

8. 甲酒厂 2019 年 4 月销售白酒 6 000 千克,售价为 10 元/千克,随同销售的包装物价格 5 000 元;本月销售礼品盒 6 000 套,售价为 200 元/套,每套包括粮食白酒 1 千克、单价 60 元,药酒 1 千克、单价 40 元。该企业 12 月应纳消费税(　　　)。(价格均为不含税价格)

A. 270 000 元　　　　B. 265 000 元　　　　C. 271 000 元　　　　D. 175 000 元

9. 甲鞭炮企业 2019 年 8 月受托为乙单位加工一批鞭炮,乙单位提供的原材料金额为 40 万元,甲鞭炮企业收取乙单位不含增值税的加工费 8 万元,另外甲鞭炮企业提供辅助材料 3 万元,甲鞭炮企业当地无加工鞭炮的同类产品市场价格。甲鞭炮企业应代收代缴的消费税为(　　　)。(鞭炮的消费税税率为 15%)

A. 9 万元　　　　　B. 8.47 万元　　　　　C. 10 万元　　　　　D. 8.6 万元

10. 下列各项中,符合消费税纳税义务发生时间规定的有(　　　)。

A. 进口的为支付货款的当天　　　　B. 自产自用的是移送当天

C. 委托加工的是支付加工费的当天　　D. 预收货款的是收到货款的当天

12. 纳税人用委托加工收回的应税消费品连续生产应税消费品,在计算纳税时,其委托加工应税消费品的已纳消费税税款应按(　　　)办法处理。

A. 该已纳税款当期可全部扣除

B. 该已纳税款不得扣除

C. 已纳税款当期可扣除 50%

D. 可对收回的委托加工应税消费品当期生产领用部分的已纳税款予以扣除

13. 应征收消费税的委托加工消费品的组成计税价格不包括(　　　)。

A. 材料成本　　　B. 加工费　　　　　C. 增值税　　　　　D. 消费税

14. 委托加工的应税消费品,是指(　　　)。

A. 由委托方提供原料和主要材料,受托方只收取加工费和代垫部分辅助材料加工的应税消费品

B. 由受托方提供原材料生产的应税消费品

C.受托方先将原材料卖给委托方,然后再接受加工的应税消费品

D.由受托方以委托方名义购进原材料生产的应税消费品

三、多项选择题

1.企业销售生产白酒取得的下列款项中,应并入销售额计征消费税的有( )。

A.优质费   B.包装物租金   C.品牌使用费   D.包装物押金

2.下列各项中,可按委托加工应税消费品的规定征收消费税的有( )。

A.受托方代垫原料,委托方提供辅助材料

B.委托方提供主要材料和原材料,受托方代垫部分辅助材料

C.受托方负责采购委托方所需的原材料

D.委托方提供原料和全部辅助材料

3.黄河公司进口一批摩托车海关应征进口关税30万元(关税税率为30%),进口环节还需缴纳( )。

A.消费税0.9万元   B.消费税4.02万元

C.增值税17.42万元   D.增值税5.1万元

4.下列各项中,属于消费税特点的有( )。

A.征收范围具有选择性   B.征税具有普遍性

C.征收方法具有灵活性   D.征税环节具有单一性

5.下列单位中属于消费税纳税人的有( )。

A.生产销售应税消费品(金银首饰除外)的单位

B.委托加工应税消费品的单位

C.进口应税消费品的单位

D.批发应税消费品的单位(卷烟除外)

6.根据消费税法律制度的规定,下列应税消费品中,实行从价定率与从量定额相结合的复合计税方法的有( )。

A.烟丝   B.卷烟   C.酒精   D.白酒

7.根据消费税法律制度的规定,纳税人用于( )的应税消费品,应当以纳税人同类应税消费品的最高销售价格作为计税依据计算征收消费税。

A.发放福利   B.换取消费资料   C.投资入股   D.抵偿债务

8.据消费税法律制度的规定,下列项目中,可以不缴纳消费税的是( )。

A.委托加工的应税消费品,受托方已代扣代缴消费税,委托方收回后以不高于受托方计税价格直接出售的

B.自产自用的应税消费品,用于连续生产应税消费品的

C.自产自用的应税消费品,用于连续生产非应税消费品的

D.自产自用的应税消费品,用于广告的

9.下列各项中,符合应税消费品销售数量规定的有( )。

A.生产销售应税消费品的,为应税消费品的生产数量

B.自产自用应税消费品的,为应税消费品的移送数量

C. 委托加工应税消费品的,为纳税人收回的应税消费品数量

D. 进口应税消费品的,为海关核定的应税消费品进口征税数量

10. 根据消费税法律制度的规定,下列各项中,属于消费税征税范围的消费品有( )。

A. 高档手表   B. 一次性筷子   C. 鞭炮   D. 高档西服

11. 消费税纳税筹划的基本途径有( )。

A. 合理确定销售额   B. 合理选择税率

C. 外购应税品已纳税款的扣除   D. 委托加工的选择

12. 委托加工的应税消费品,不包括( )。

A. 由委托方提供原料和主要材料,受托方只收取加工费和代垫部分辅助材料加工的应税消费品

B. 由受托方提供原材料生产的应税消费品

C. 受托方先将原材料卖给委托方,然后再接受加工的应税消费品

D. 由受托方以委托方名义购进原材料生产的应税消费品

四、判断题

1. 征收消费税的消费品中有化妆品,包括各类美容、修饰类化妆品、高档类化妆品和成套化妆品,不包括舞台、戏剧影视演员化妆用的上妆油、卸妆油和油彩等。 （ ）

2. 纳税人通过独立核算门市部销售自产应税消费品,应按门市部对外销售额或销售数量征收消费税。 （ ）

3. 纳税人采取预收货款方式的,其纳税义务的发生时间为收到预售货款的当天。

（ ）

4. 若应税消费品实行从价计征方式征收消费税,则其消费税计税依据与其增值税的计税依据相同,都是不含增值税但含消费税的销售价格。 （ ）

5. 纳税人将自己生产的应税消费品无偿赠送他人的,按同类产品"当月"（或者最近时期)的"平均销售价格"确定。 （ ）

6. 纳税人用于换取生产资料和消费资料、投资入股和抵偿债务等方面的应税消费品,应当以纳税人同类应税消费品的"最高销售价格"作为计税依据计算征收消费税。

（ ）

7. 纳税人自产自用的应税消费品,用于连续生产应税消费品的,不缴纳消费税。

（ ）

8. 纳税人自产自用的应税消费品,用于非应税消费品、在建工程、管理部门、馈赠、赞助、集资、广告、样品、职工福利、奖励等,"视同销售",应缴纳消费税。 （ ）

9. 受托方是增值税的纳税义务人,在计算增值税时,代收代缴的消费税属于价外费用。

（ ）

10. 企业如果想在包装物上节约消费税,关键是将包装物能作价随同产品出售,而不应采用收取"押金"的方式,因"押金"需并入销售额计算消费税税额,尤其当包装物价值较大时,更加必要。

11. 委托加工的应税消费品,是指由委托方提供原料和主要材料,受托方只收取加工费和代垫部分辅助材料加工的应税消费品。由受托方提供原材料生产的应税消费品,或者受托方先将原材料卖给委托方,然后再接受加工的应税消费品,以及由受托方以委托方名义购进原材料生产的应税消费品,不论纳税人在财务上是否作销售处理,也都应该作为委托加工应税消费品。

五、案例分析题

1. 甲汽车生产企业 2019 年 10 月以小汽车 50 辆对外投资,当期该小汽车的销售价格分别为 9.5 万元、10 万元、10.5 万元,适用的税率为 5%。根据税法的规定,该投资行为应纳消费税 = 10.5 万元×50×5% = 26.25 万元。请对其进行纳税筹划。

2. 甲手表企业为增值税一般纳税人,生产销售某款手表每只 10 000 元,按《财政部、国家税务总局关于调整和完善消费税政策的通知》及其附件《消费税新增和调整税目征收范围注释》的规定,该手表正好为高档手表。该厂财务主管提出建议:将手表销售价格降低 100 元,为每只 9 900 元。请说明该方案是否可行?若可行还有多大的降价空间?

3. 甲化妆品厂,将生产的化妆品、护肤护发品、小工艺品等组成成套化妆品销售。其每套化妆品由下列产品组成:化妆品包括一瓶香水 28 元、一瓶指甲油 12 元、一支口红 15 元;护肤护发品包括两瓶浴液 50 元、一瓶摩丝 12 元、一块香皂 6 元;化妆工具及小工艺品 18 元、塑料包装盒 10 元。化妆品消费税税率为 15%,上述价格均不含增值税。请对其进行纳税筹划。

4. 明湖啤酒厂生产销售某品牌啤酒,出厂价格为 3 000 元/吨。请为该厂进行消费税的纳税筹划。

5. 某公司既生产经营粮食白酒,又生产经营药酒(已取得国家医药卫生部门的正式批文),两种产品的消费税税率分别为 20% 加 0.5 元/500 克(或者 500 毫升)、10%。2010 年度,该公司粮食白酒的销售额为 200 万元,销售量为 50 000 千克,药酒(酒精度低于 38 度)销售额为 300 万元,销售量为 40 000 千克,但该公司没有分别核算。2011 年度,该公司的生产经营状况与 2010 年度基本相同,现在有两种方案可供选择。方案一:统一核算粮食白酒和药酒的销售额。方案二:分别核算粮食白酒和药酒的销售额。从节税的角度出发,该公司应当选择哪个方案?

【延伸阅读】

2016 年我国白酒企业纳税政策分析

记者获悉,酒类行业的消费税征收方式有望在 2016 年内调整完成,中国酒协与国务院研究中心已就调整方案上报财政部和税务总局等多个部委参考。此次调整的思路是将征收环节从以往的生产或进口环节,转为向批发或零售环节。新的征收方式可能增加销售成本,并传导到价格环节。

目前白酒企业要缴纳的税费较多,包括增值税、消费税、营业税、企业所得税等。消费税的征收方式既要从量,又要从价,为复合征收。其中,价格按 20% 缴纳,销售数量则按 0.5 元/500 毫升缴纳。以贵州茅台为例,2015 年其营业税金及附加一栏显示,消费税的缴纳额为 24.86 亿元,而营业税金及附加合计为 34.5 亿元。五粮液 2015 年缴纳的营业税金及附加合计 17.85 亿元,其中消费税 12.62 亿元。消费税在企业总体"营业税金及附加一项"中的占比普遍为七八成。

贵州茅台在年报中指出,白酒行业 2016 年仍将处于持续深度调整期,产能持续过剩、市场竞争激烈、税负过重等问题在较长一个时期内仍将交织并存。今世缘酒业也在年报中直指,白酒行业是税负较高的行业,特别是消费税金额占税负总金额的比例较高。2015 年茅台的净利润为 155 亿元,而总体税费高达 90 亿元;五粮液净利润 61.76 亿元,税费高达 36.62 亿元。部分白酒品牌其总体税费甚至高于净利润。沱牌舍得去年的净利润只有 713 万元,但纳税额 1.556 亿元。酒鬼酒去年赚了 8 857 万元,税费 1.171 亿元。

据白酒行业市场调查分析报告调查发现,白酒消费税征收环节转移不会全部转过去,而是一部分在企业,一部分在消费者,原则是求稳。因为牵扯到酒企在地方的交税等问题,而且国内消费末端征税难度也很大。国际通行做法多数是流通环节征税。但中国白酒行业要推动消费税向流通环节转移,涉及终端的诚信度、各地经济情况差异等众多因素。

消费税征收目的除了充实财政收入外,也是为了调整产品结构,引导消费方向。作为消费税中的重要税目,酒类消费税在很多国家课征较重,以达到调节消费的目的。在欧美国家,酒类消费税实行价外税,即在流通环节征收,商品售价和消费税分开显示。消费者在购买酒类产品时能清楚知晓自己为之所缴纳的税额,并以此衡量购买行为。国内酒类消费税管理也在逐步规范和严格,并针对不同发展时期有所侧重进行引导。消费税征收环节如果能从酒厂向流通环节转移,对酒水生产商而言可能形成利好。假设一瓶白酒的出厂价是 60 元,经销商的打款价 80 元(多出部分作为保证金),经销商对外销售价格为 100 元。假设按照现行的消费税征收方式,出厂价 60 元乘以 6 折再乘以 20%,消费税是 7.2 元。若改为在流通环节征收,假设仍按目前的消费税计算方式,其消费税变成 100 元乘以 6 折再乘以 20%,那么消费税是 12 元。

不过,消费税的缴纳税基提高了,税费明显提高。税费的压力会压在渠道商身上,而最终的压力也会反弹到白酒企业身上。对酒厂而言,如果消费税真的转向流通环节征收,税基的标准、税率以及计算方式是否会同步调整以及怎么调整,都是决定这一政策究竟是利好还是利空的关键。

——摘自中国报告大厅网站,2016-04-15.

第五章　企业所得税的税收筹划

【学习目标】

　　企业所得税涉及范围较广,其应纳税额与收入、成本、费用等密切相关,筹划空间较大。本章主要从纳税主体身份的选择和纳税主体身份的转变、收入筹划、成本费用筹划和亏损弥补的筹划、享受低税率的筹划、利用税收优惠政策的纳税筹划等方面探讨企业所得税的筹划方法和技巧。通过本章的学习,掌握企业所得税的筹划方法,并结合具体情况设计具体的筹划方案。

【开篇案例】

安永避税的"四大绝招"

　　《纽约时报》披露:据一位熟悉内情的财务顾问透露,按照美国税法,富人们的收入要按15%～38.6%的税率缴纳个人所得税,但安永四大绝招中的任何一种都能让他们逍遥于税法之外。

　　第一招适用于在一项投资中获得巨额利润的人,他们用所获利润购买多元化的证券组合,至少能推迟20年纳税。

　　第二招针对拥有价值500万美元以上股票期权的企业负责人。按照美国税法,行使期权时获得的每500万美元利润,要缴纳190万美元的税。但该招可将纳税时间推迟30年,相当于原本应缴纳的每1美元税款实际只支付了6美分。

　　第三招是把薪金转化为税负较低的资本收益。一笔2 000万美元的薪金收入,如果按资本利得缴税,应纳税额可从770万美元降低到400万美元。

　　第四招是通过企业间的复杂交易来形成名义损失,抵销真实收益,从而实现逃税。这种方法适合于有耐心的企业所有者,逃税比例也最高。据安永一位名叫卡姆弗戴姆的客户披露,他曾为这一招向安永支付了106万美元的报酬。安永还将卖给他的方案又卖给其他47位客户,获得了5 000万美元的收入。和安永一样,其他大型会计师事务所也都各有高招。

　　目前,美国会计界采取的是审计、咨询混业经营模式,会计师事务所一边与其客户一起从事"创造利润"的税务咨询业务,一边对该客户进行审计监督,实际上是既当裁判员又当运动员。而且,事务所在对其税务咨询客户进行审计时,难免会审计到自己的"工作",这就好比某人一手持矛,一手持盾,双手互搏,结果可想而知。更何况,其中还有巨大的利益冲突。在2000年,世界通讯向安达信支付的审计费是230万美元,但咨询费却接近1 200万美元。费用如此悬殊,会计师事务所当然难以为真实公正的审计而放弃咨询费这块"肥肉"。这样,会计师审计结果的真实性、会计界的独立性和公信力也就无从谈起。因此,专家指出,要想彻底制止避税方案的蔓延,就必须考虑修改会计公司目前的混业经营模式。

在2002年7月由布什总统签署的《萨班斯—奥克斯利法案》中,对会计公司向其审计客户提供非审计业务进行了限制。但2003年1月,在四大会计师事务所的游说下,证监会又把税务咨询业务作为例外,允许事务所继续开展这种获利业务。为此,证监会遭到严厉批评。

2003年3月4日,美参议院部分议员又致信要求美国证券交易委员会修改法令。3月17日,前任美联储主席沃尔克也呼吁证监会尽快采取行动。在这种形势下,证监会开始重新考虑禁止会计师事务所向其审计客户提供税务咨询。数据表明,税务咨询所获收入大约占美国四大会计师事务所全部收入的1/3,如果证监会最终决定禁止这项业务,会计业将遭受沉重打击。

——摘自中国税务报,2003-03-21.

企业所得税,是对企业的生产、经营所得和其他所得征收的一种税。它是我国在总结改革开放以来,《企业所得税暂行条例》和《外商投资企业和外国企业所得税法》实践的基础上,为了创建一个公平竞争环境,适应市场经济的要求,在合并内外资企业所得税的基础上对在中国境内企业的纯收益征收的一种所得税。2007年3月16日,我国第十届全国人民代表大会第五次会议审议通过了《中华人民共和国企业所得税法》(下称《企业所得税法》),新的《企业所得税法》已于2008年1月1日起施行。企业所得税,是涉及范围较广的一个税种,其应纳税额与收入、成本、费用等密切相关。因此,税收筹划空间较大。

第一节　企业所得税纳税人身份的税收筹划

一、企业所得税的纳税人

(一)居民企业与居民企业纳税人

1.居民企业的概念
《企业所得税法》第二条规定:企业分为居民企业和非居民企业。居民企业,是指依法在中国境内成立,或者依照外国(地区)法律成立但实际管理机构在中国境内的企业。

居民企业包括两大类：一类是依照中国法律、行政法规在中国境内成立的企业、事业单位、社会团体以及其他取得收入的组织；另一类是依照外国（地区）法律成立的企业和其他取得收入的组织。

需要解释的是，"依法在中国境内成立的企业"中的"法"是指中国的法律、行政法规。目前我国法人实体中各种企业及其他组织类型分别由各个领域的法律、行政法规规定。如《中华人民共和国公司法》《中华人民共和国全民所有制工业企业法》《中华人民共和国乡镇企业法》《事业单位登记管理暂行条例》《社会团体登记管理条例》《基金会管理办法》等，都是有关企业及其他取得收入的组织成立的法律、法规依据。

居民企业如果是依照外国法律成立的，必须具备其实际管理机构在中国境内这一条件。实际管理机构是指对企业的生产经营、人员、账务、财产等实施实质性全面管理和控制的机构。我国借鉴国际惯例，对实际管理机构做出了明确的界定，这里所指的实际管理机构通常要求符合以下三个条件：

（1）对企业有实质性管理和控制的机构。实际管理机构与名誉上的企业行政中心不同，属于企业真实的管理中心之所在。一个企业在利用资源和取得收入方面往往和其经营活动的管理中心联系密切。国际私法中对法人所在地的判断标准中，通常采取"最密切联系地"的标准，也符合实质重于形式的原则。税法将实质性管理和控制作为认定实际管理机构的标准之一，有利于防止外国企业逃避税收征管，从而保障我国的税收主权。

（2）对企业实行全面管理和控制的机构。如果该机构只是对该企业的一部分或并不关键的生产经营活动进行影响和控制，比如只是对在中国境内的某一个生产车间进行管理，则不被认定为实际管理机构。只有对企业的整体或者主要的生产经营活动有实际管理控制，对本企业的生产经营活动负总体责任的管理控制机构，才符合实际管理机构标准。

（3）管理和控制的内容是企业的生产经营、人员、账务、财产等。这是界定实际管理机构的最关键标准，尤其在控制时特别强调人事权和财务权的控制。比如，到中国大陆投资的许多外国企业，如果其设在中国的管理机构冠以"亚太区总部""亚洲区总部"等字样，一般都被认定为"实际管理机构"，即对企业具有实质性管理和控制的权利。例如，在我国注册成立的沃尔玛（中国）公司、通用汽车（中国）公司，就是我国的居民企业；在英国、美国、百慕大群岛等国家和地区注册的企业，但实际管理机构在我国境内，也是我国的居民企业。

2. 居民企业的税收政策

居民企业负有全面的纳税义务。居民企业应当就其来源于中国境内、境外的所得缴纳企业所得税。居民企业承担全面纳税义务，对本国居民企业的一切所得纳税，即居民企业应当就其在中国境内、境外的所得缴纳企业所得税。

这里所指的所得，包括销售货物所得、提供劳务所得、转让财产所得、股息红利等权益性投资所得、利息所得、租金所得、特许权使用费所得、接受捐赠所得和其他所得。

3. 属于居民企业的公司制企业的税收政策

公司制企业属于法人实体,有独立的法人财产,享有法人财产权。公司以其全部财产对公司的债务承担有限责任。公司制企业一般分为有限责任公司和股份有限公司两大类。《中华人民共和国公司法》还规定了两种特殊形式的有限责任公司:一人有限责任公司和国有独资公司。

无论是有限责任公司(包括一人有限责任公司和国有独资公司)还是股份有限公司,作为法人实体,我国税法作了统一规定,即公司制企业应对其实现的利润总额作相应的纳税调整后缴纳企业所得税,如果向自然人投资者分配股利或红利,还要按20%的税率代扣投资者的个人所得税。对于投资国内(沪市和深市)上市公司的自然人股东,自2015年9月8日起,个人从公开发行和转让市场取得的上市公司股票,持股期限超过1年的,股息红利所得暂免征收个人所得税。个人从公开发行和转让市场取得的上市公司股票,持股期限在1个月以内(含1个月)的,其股息红利所得全额计入应纳税所得额,即按20%的税率计征个人所得税;持股期限在1个月以上至1年(含1年)的,暂减按50%计入应纳税所得额,即按10%的税率计征个人所得税。

目前,中国还处于社会转型期,国有独资公司作为拥有大量国有资产的国有企业还享受一些税收优惠政策,如国有独资企业之间划拨土地、房产等各类资产,以及国有独资企业改制时,免征资产交易过程中的契税、企业所得税等。

(二)非居民企业与非居民纳税人

1. 非居民企业的概念

非居民企业,是指依照外国(地区)法律成立且实际管理机构不在中国境内,但在中国境内设立机构、场所的,或者在中国境内未设立机构、场所,但有来源于中国境内所得的企业。

这里所说的机构、场所,是指在中国境内从事生产经营活动的机构、场所,它包括以下情形:

(1)管理机构、营业机构、办事机构。管理机构是指对企业生产经营活动进行管理决策的机构;营业机构是指企业开展日常生产经营活动的固定场所,如商场等;办事机构是指企业在当地设立的从事联络和宣传等活动的机构,如外国企业在中国设立的代表处,往往为开拓中国市场进行调查和宣传等工作,为企业到中国开展经营活动打下基础。

(2)工厂、农场、开采自然资源的场所。这三类场所属于企业开展生产经营活动的场所。工厂是工业企业,如制造业的生产厂房、车间所在地;农场是农业、牧业等生产经营的场所;开采自然资源的场所主要是采掘业的生产经营活动场所,如矿山、油田等。

(3)提供劳务的场所,包括从事交通运输、仓储租赁、咨询经纪、科学研究、技术服务、教育培训、餐饮住宿、中介代理、旅游、娱乐、加工以及其他劳务服务活动的场所。

(4)从事建筑、安装、装配、修理、勘探等工程作业的场所,包括建筑工地、港口码头、地质勘探场地等工程作业场所。

(5)其他从事生产经营活动的机构、场所。

（6）非居民企业委托营业代理人在中国境内从事生产经营活动的,包括委托单位和个人经常代其签订合同,或者储存、交付货物等,该营业代理人视为非居民企业在中国境内设立的机构、场所。

2.非居民纳税人的税收政策

（1）非居民企业在中国境内设立机构、场所的,应当就其所设机构、场所取得的来源于中国境内的所得,以及发生在中国境外但与其所设机构、场所有实际联系的所得,缴纳企业所得税。

这里的实际联系,是指非居民企业在中国境内设立的机构、场所拥有据以取得所得的股权、债权,以及拥有、管理、控制据以取得所得的财产等。例如,日本一家企业在中国设立营业机构(非实际管理机构),属于中国的非居民企业,如果该营业机构对中国境内的一家中国企业进行股权投资,其所获得的股息、红利等权益性收益就可以认定为与该营业机构有实际联系的所得,应就其股息、红利所得缴纳企业所得税。

（2）非居民企业在中国境内未设立机构、场所的,或者虽设立机构、场所但取得的所得与其所设机构、场所没有实际联系的,应当就其来源于中国境内的所得缴纳企业所得税。

由于非居民企业的税收政策相对复杂,且适用较为复杂的税率制度,这里对非居民企业适用的税率归纳如图5-1所示。

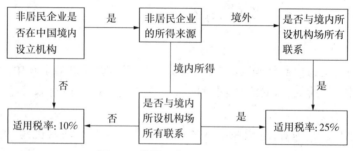

图5-1　非居民企业适用的税率

（三）子公司与分公司

《中华人民共和国公司法》第十四条规定:子公司具有法人资格,依法独立承担民事责任;分公司不具有法人资格,其民事责任由公司承担。子公司和分公司存在较大差别,下面我们分析两者的特征及其税收政策。

1.子公司是企业所得税的独立纳税人

子公司是对应母公司而言的,是指被另一家公司(母公司)有效控制的下属公司或者是母公司直接或间接控制的一系列公司中的一家公司。子公司是一个独立企业,具有独立的法人资格。

子公司因其具有独立法人资格,而被设立的所在国视为居民企业,通常要履行与该国其他居民企业一样的全面纳税义务,同时也能享受所在国为新设公司提供的免税期或其他税收优惠政策。但建立子公司一般需要复杂的手续,财务制度较为严格,必须独立开设账簿,并需要复杂的审计和证明,经营亏损不能冲抵母公司利润,与母公司的交易往往是税务机关反避税审查的重点内容。

2. 分公司不是企业所得税的独立纳税人

分公司是指公司独立核算的、进行全部或部分经营业务的分支机构,如分厂、分店等。分公司是企业的组成部分,不具有独立的法人资格。

《企业所得税法》第五十条规定:居民企业在中国境内设立不具有法人资格的营业机构的,应当汇总计算并缴纳企业所得税。汇总纳税是指一个企业总机构和其分支机构的经营所得,通过汇总纳税申报的办法实现所得税的汇总计算和缴纳。我国实行法人所得税制度,不仅是引入和借鉴国际惯例的结果,也是实现所得税调节功能的必然选择。

法人所得税制要求总、分公司汇总计算缴纳企业所得税。因此,设立分支机构,使其不具有法人资格,就可由总公司汇总缴纳所得税。这样可以实现总、分公司之间盈亏互抵,合理减轻税收负担。

依据《国家税务总局关于印发〈跨地区经营汇总纳税企业所得税征收管理暂行办法〉的通知》(国税发〔2008〕28 号)规定:企业实行"统一计算、分级管理、就地预缴、汇总清算、财政调库"的企业所得税征收管理办法。上述管理办法的基本内容:企业总机构统一计算包括企业所属各个不具有法人资格的营业机构、场所在内的全部应纳税所得额、应纳税额。但总机构、分支机构所在地的主管税务机关都有对当地机构进行企业所得税管理的责任,总机构和分支机构应分别接受机构所在地主管税务机关的管理。在每个纳税期间,总机构、分支机构应分月或分季分别向所在地主管税务机关申报预缴企业所得税。等年度终了后,总机构负责进行企业所得税的年度汇算清缴,统一计算企业的年度应纳所得税额,抵减总机构、分支机构当年已就地分期预缴的企业所得税款后,多退少补税款。

二、企业所得税纳税人的税收筹划方法

(一)纳税主体身份的选择

企业在投资设立时,要考虑纳税主体的身份与税收之间的关系。因为不同身份的纳税主体会面对不同的税收政策。

1. 居民企业纳税人与非居民企业纳税人的选择

【案例 5-1】(选择纳税人身份的纳税筹划)　甲企业现有两种运营方式:一是依照外国法律成立但其实际管理机构在中国境内;二是依照外国法律成立其实际管理机构不在中国境内,且在中国境内不设立机构、场所。假设两种方式下每年来源于中国境内的应纳税所得额均为 1 000 万元,且没有来源于中国境外的所得。请对其进行纳税筹划。

筹划思路

居民企业或非居民企业在不同的情况下适用企业所得税税率是不同的,企业可以通过选择不同的运营方式来适用低税率,从而降低企业所得税税负。

筹划过程

方案一:依照外国法律成立但其实际管理机构在中国境内,即成为居民纳税义务人的一种。

$$应纳企业所得税 = 1\,000\,万元 \times 25\% = 250\,万元$$

方案二:依照外国法律成立其实际管理机构不在中国境内,且在中国境内不设立机构、场所,即成为非居民纳税义务人的一种。

$$应纳企业所得税 = 1\,000\,万元 \times 10\% = 100\,万元$$

方案二比方案一少缴所得税150万元,因此,应当选择方案二。

筹划点评

依照外国法律成立其实际管理机构不在中国境内,且在中国境内不设立机构、场所,虽然会降低企业所得税税率,但必然会降低来源于中国境内的所得,企业应当权衡利弊,综合考虑,最终选择合适的运营方式。

2. 个人独资企业、合伙企业与公司制企业的选择

个人独资企业、合伙企业与公司制企业的主要差异如下:

(1)法律责任的差异。从法律角度上看,公司制企业属于法人企业,出资者以其出资额为限承担有限责任;个人独资企业、合伙企业适用于规模小的企业,属于自然人企业,出资者需要承担无限责任。

(2)税收待遇的差异。我国对个人独资企业、合伙企业从2000年1月1日起,比照个体工商户的生产、经营所得,适用五级超额累进税率征收个人所得税。而公司制企业需要缴纳企业所得税。如果向个人投资者分配股息、红利的,还要代扣其个人所得税(投资个人分回的股利、红利,税法规定适用20%的比例税率),由此形成"双重征税"。

因此,在选择企业的组织形式时要比较是选择公司制企业还是选择合伙企业。选择公司制企业承担有限责任,有利于公司的扩张、管理,但要承担双重税负;选择合伙企业具有纳税上的好处,但要承担无限责任。

一般而言,规模庞大、管理水平要求高的大企业,宜采用公司制企业的形式,因为规模大的企业需要的资金较多,采用公司制,因其信誉好,容易拉来资金,可以更好地解决融资问题。另外这类企业管理难度大,经营风险大,如果采用合伙企业组织形式,就得承担无限责任,对投资者来说压力太大,因而不宜采用合伙企业。此外,公司制企业因为信誉好,税务机关对这类企业也较放心,税收环境相对宽松。

对于规模不大的企业采用合伙企业形式比较合适。这类企业由于规模偏小,管理难度不大,合伙共管也可以见成效;最重要的还在于合伙企业由于纳税规定上的优惠会获得较高的利润。

【案例5-2】(个人独资企业与公司制企业的选择) 某人自办企业,年应税所得额为300 000元,该企业如按个人独资企业或合伙企业缴纳个人所得税,依据现行税制,税收负担实际为

$$300\,000\,元 \times 20\% - 10\,500\,元 = 49\,500\,元$$

若该企业为公司制企业,其适用的小微企业所得税税率为 20%,对小型微利企业年应纳税所得额不超过 100 万元、100 万元到 300 万元的部分,分别减按 25%、50% 计入应纳税所得额,企业实现的税后利润全部作为股利分配给投资者,则该投资者的税收负担为

300 000 元 × 25% × 20% + (300 000 元 − 300 000 元 × 25% × 20%) × 20% = 72 000 元

投资于公司制企业比投资于独资或合伙企业多承担所得税 22 500 元。在进行公司组织形式的选择时,应在综合权衡企业的经营风险、经营规模、管理模式及筹资额等因素的基础上,选择税负较小的组织形式。

3. 个体工商户与公司制企业的选择

在所得税方面,个体工商户的生产经营所得适用五级超额累进税率(表 5-1)。2019 年小微企业标准大幅放宽,优惠大大增加(2019 年 1 月 1 日起实施,有效期三年):企业资产总额 5 000 万元以下,从业人数 300 人以下,应纳税所得额 300 万元以下。对小型微利企业年应纳税所得额不超过 100 万元、100 万元到 300 万元的部分,分别减按 25%、50% 计入应纳税所得额,企业所得税年应纳税所得额 100 万以下实际税率降为 5%,100 万元至 300 万元降为 10%。例如,某小型微利企业 2019 年度应纳税所得额 220 万元,应纳企业所得税税额 = 100 万元 × 25% × 20% + (220 − 100) × 50% × 20% = 5 万元 + 12 万元 = 17 万元。

表 5-1　个人所得税税率(经营所得适用)(2019 年 1 月 1 日开始实施)

级数	全年应纳税所得额	税率/%	速算扣除数
1	不超过 30 000 元	5	0
2	超过 30 000 元至 90 000 元的部分	10	1 500
3	超过 90 000 元至 300 000 元的部分	20	10 500
4	超过 300 000 元至 500 000 元的部分	30	40 500
5	超过 500 000 元的部分	35	65 500

注:全年应纳税所得额是指以每一纳税年度的收入总额减除成本、费用以及损失后的余额。

【案例 5-3】　小张为今年刚毕业的大学生,考虑目前的就业压力比较大,他决定自己创业,开办一家餐饮店,需注册资金 50 000 元。经初步测算,每年可盈利 30 000 元,不考虑其他差异,年应纳税所得额也为 30 000 元。现有两种方案可供选择(不考虑税后利润分红)。

方案一:注册为个体工商户,则小张应缴纳个人所得税。

应纳税额 = 30 000 元 × 5% = 1 500 元

方案二:注册成立企业,则小张应缴纳企业所得税。

应纳税额 = 30 000 元 × 25% × 20% = 1 500 元

显然,选择注册为个体工商户与企业税负是相同的。

若年应纳税所得额达到 31 000 元。如果小张注册为个体工商户,则应缴纳个人所

得税。

$$应纳税额 = 31\ 000\ 元 \times 10\% - 1\ 500\ 元 = 1\ 600\ 元$$

如果小张注册为企业,则应缴纳企业所得税。

$$应纳税额 = 31\ 000\ 元 \times 25\% \times 20\% = 1\ 550\ 元$$

显然,小张选择注册为企业税负更低。

从上例可以看出,根据年应纳税所得额的高低不同,可以选择不同的组织形式。那么,年应纳税所得额达到多少时,应该改变组织形式呢?一般来说,年应纳税所得额小于 30 000 元的,企业税负与个体工商户是一样的;年应纳税所得额超过 30 000 元的,小型微利企业的税负就低于个体工商户。即预测年应纳税所得额小于 30 000 元时,应选择注册为个体工商户;超过 30 000 元时,应选择注册为企业。

4. 子公司与分公司的选择

企业投资设立分支机构时,不同的组织形式各有利弊。子公司是以独立的法人身份出现的,因而可以享受子公司所在地提供的包括减免税在内的税收优惠。但设立子公司手续繁杂,需要具备一定的条件;子公司必须独立开展经营、自负盈亏,独立纳税;在经营过程中还要接受当地政府部门的监督管理等。

分公司不具有独立的法人身份,因而不能享受当地的税收优惠。但设立分公司手续简单,有关财务资料也不必公开,分公司不需要独立缴纳企业所得税,并且分公司这种组织形式便于总公司管理控制。

设立子公司与设立分公司的税收利益孰高孰低并不是绝对的,它受到一国税收制度、经营状况及企业内部利润分配政策等多种因素的影响。通常而言,在投资初期分支机构发生亏损的可能性比较大,宜采用分公司的组织形式,其亏损额可以和总公司损益合并纳税。当公司经营成熟后,宜采用子公司的组织形式,以便充分享受所在地的各项税收优惠政策。

(二) 纳税主体身份的转变

纳税主体就是通常所称的纳税人,即法律、行政法规规定负有纳税义务的单位和个人。企业所得税的纳税义务人就是指在我国境内的企业和其他取得收入的组织。按照国际税收惯例,企业所得税强调法人税制,即企业所得税的纳税主体必须是独立的法人单位,只有具有法人资格的单位才能申报纳税。

而不构成法人主体的分支营业机构,必须与总机构汇总纳税。这样就可以通过一定的筹划方法,改变纳税主体的性质,使其不成为企业所得税的纳税人,于是企业所得税就可以降低乃至完全规避。

在我国,法人单位主要有以下四类:①行政机关法人;②事业法人;③社团法人;④企业法人。对于不具有法人资格的分公司和企业内部的组织,都不是独立的法人单位,都无须缴纳企业所得税。

第二节　企业所得税计税依据的税收筹划

一、计税依据的法律界定

企业所得税的计税依据是应纳税所得额。应纳税所得额,是指纳税人在一个纳税年度的收入总额减除成本、费用和损失等后的余额。

（一）应纳税所得额的计算

《中华人民共和国企业所得税法实施条例》（下称《企业所得税法实施条例》）第九条规定:企业应纳税所得额的计算,以权责发生制为原则,属于当期的收入和费用,不论款项是否收付,均作为当期的收入和费用;不属于当期的收入和费用,即使款项已经在当期收付,均不作为当期的收入和费用。

权责发生制以企业经济权利和经济义务是否发生作为计算应纳税所得额的依据,注重强调企业收入与费用的时间配比,要求企业收入费用的确认时间不得提前或滞后。企业在不同纳税期间享受不同的税收优惠政策时,坚持按权责发生制原则计算应纳税所得额,可以有效防止企业利用收入和支出确认时间的不同规避税收。另外,《企业会计准则》规定,企业要以权责发生制为原则确认当期收入或费用,计算企业生产经营成果。新《企业所得税法》与《企业会计准则》采用同一原则确认当期收入或费用,有利于减少两者的差异,减轻纳税人的税收遵从成本。

《企业所得税法》第五条规定,企业每一纳税年度的收入总额,减除不征税收入、免税收入、各项扣除以及允许弥补的以前年度亏损后的余额,为应纳税所得额。因此,应纳税所得额的计算公式可以表示如下:

应纳税所得额 = 收入总额 − 不征税收入 − 免税收入 − 各项扣除 − 允许弥补的以前
年度亏损

在计算应纳税所得额时,企业财务、会计处理办法与税收法律、行政法规的规定不一致的,应当依照税收法律、行政法规的规定计算纳税。

（二）收入项目

为防止纳税人将应征税的经济利益排除在应税收入之外,《企业所得税法》将企业以货币形式和非货币形式取得的收入,都作为收入总额来对待。

《企业所得税法实施条例》将企业取得收入的货币形式,界定为取得的现金、存款、应收账款、应收票据、准备持有至到期的债券投资以及债务的豁免等;企业取得收入的非货币形式,界定为固定资产、生物资产、无形资产、股权投资、存货、不准备持有至到期的债券投资、劳务以及有关权益等。由于取得收入的货币形式的金额是确定的,而取得收入的非货币形式的金额不确定,企业在计算非货币形式收入时,必须按一定标准折算为确定的金额,即企业以非货币形式取得的收入,按照公允价值确定收入额。

收入总额中的下列收入为不征税收入:财政拨款,依法收取并纳入财政管理的行政事业性收费、政府性基金,国务院规定的其他不征税收入。

企业的下列收入为免税收入:国债利息收入,符合条件的居民企业之间的股息、红利等权益性投资收益,在中国境内设立机构、场所的非居民企业从居民企业取得与该机构、场所有实际联系的股息、红利等权益性投资收益,符合条件的非营利公益组织的收入。

（三）税前扣除项目

1. 税前允许扣除的项目

（1）企业实际发生的与取得收入有关的、合理的支出,包括成本、费用、税金、损失和其他支出,准予在计算应纳税所得额时扣除。

（2）企业发生的公益性捐赠支出,在年度利润总额12%以内的部分,准予在计算应纳税所得额时扣除。

（3）企业按照规定计算的固定资产折旧,准予扣除。但下列固定资产不得计算折旧扣除:房屋、建筑物以外未投入使用的固定资产;以经营租赁方式租入的固定资产;以融资租赁方式租出的固定资产;已足额提取折旧仍继续使用的固定资产;与经营活动无关的固定资产;单独估价作为固定资产入账的土地;其他不得计算折旧扣除的固定资产。

（4）企业按照规定计算的无形资产摊销费用,准予扣除。但下列无形资产不得计算摊销费用扣除:自行开发的支出已在计算应纳税所得额时扣除的无形资产;自创商誉;与经营活动无关的无形资产;其他不得计算摊销费用扣除的无形资产。

（5）企业发生的下列支出,作为长期待摊费用,按照规定摊销的,准予扣除:已足额提取折旧的固定资产的改建支出;租入固定资产的改建支出;固定资产的大修理支出;其他应当作为长期待摊费用的支出。

（6）企业使用或者销售存货,按照规定计算的存货成本,准予在计算应纳税所得额时扣除。

（7）企业转让资产,该项资产的净值,准予在计算应纳税所得额时扣除。

（8）企业纳税年度发生的亏损,准予向以后年度结转,用以后年度的所得弥补,但结转年限最长不得超过五年。

2. 税前不得扣除的项目

（1）企业对外投资期间,投资资产的成本在计算应纳税所得额时不得扣除;

（2）向投资者支付的股息、红利等权益性投资收益款项;

（3）企业所得税税款;

（4）税收滞纳金;

（5）罚金、罚款和被没收财物的损失;

（6）《企业所得税法》第九条规定以外的捐赠支出;

（7）赞助支出;

（8）未经核定的准备金支出;

（9）与取得收入无关的其他支出。

二、计税依据的筹划

（一）收入的筹划

1. 应税收入确认金额的筹划

收入总额是指企业以货币形式和非货币形式从各种来源取得的收入,包括纳税人来源于中国境内、境外的生产经营收入和其他收入。

收入确认金额即收入计量,是在收入确认的基础上解决金额多少的问题。商品销售收入的金额一般应根据企业与购货方签订的合同或协议金额确定,无合同或协议的,应按购销双方都同意或都能接受的价格确定;提供劳务的总收入,一般按照企业与接受劳务方签订的合同或协议的金额确定,如根据实际情况需要增加或减少交易总金额的,企业应及时调整合同总收入;让渡资产使用权中的金融企业利息收入应根据合同或协议规定的存、贷款利息确定;使用费收入按企业与其资产使用者签订的合同或协议确定。

在收入计量中,还经常存在着各种收入抵免因素,这就给企业在保证收入总体不受大影响的前提下,提供了税收筹划的空间。例如,各种商业折扣、销售折让、销售退回,出口商品销售中的外国运费、装卸费、保险费、佣金等于实际发生时冲减了销售收入;销售中的现金折扣于实际发生时计入财务费用,也就等于抵减了销售收入。这都减少了应纳税所得额,也就相应地减少了所得税,前者还减少了流转税的计税依据。

2. 尽量增加免税收入

【案例5-4】（股息与股权转让所得的税务筹划）　甲公司是一家中型民营企业,主要生产机械设备和计算机硬件。2016年年底,甲公司决定将500万元对外进行投资,并计划于2018年5月收回后用于进一步扩大经营规模。2017年1月,甲公司将此500万元购买了乙公司60%的股权,成为其第一大股东。乙公司是科技园区的高新技术企业,享受15%的所得税优惠税率。2017年,乙公司实现税后利润200万元,甲企业对此进行税收筹划。

方案一:甲公司转让股权前,乙公司分配股利。假设乙公司决定将税后利润的50%用于分配现金股利,2018年4月,甲公司分得60万元。2018年5月,甲公司将其拥有的乙公司60%的股权全部转让,转让价格为550万元,转让过程中除发生印花税外无其他税费。甲公司2018年的生产、经营所得为100万元（企业所得税税率为25%）,结合现行政策甲公司应纳税额计算如下:

（1）印花税。根据《印花税暂行条例》规定,产权转移书据按所载金额0.5‰贴花,甲公司应缴纳印花税:550万元 × 0.5‰ = 0.275万元。

（2）企业所得税。《企业所得税法》规定,企业取得的符合条件的居民企业之间的股息、红利等权益性投资收益为免税收入。《企业所得税法实施条例》规定,符合条件的居民企业之间的股息、红利等权益性投资收益,是指居民企业直接投资于其他居民企业取得的投资收益。因此,甲公司取得的60万元现金股利属于股息性所得,按税法规定免税。

同时,《国家税务总局关于企业股权投资业务若干所得税问题的通知》(国税发〔2000〕118 号)规定,企业股权投资转让所得或损失是指企业因收回、转让或清算处置股权投资的收入减除股权投资成本后的余额。企业股权投资转让所得应并入企业的应纳税所得,依法缴纳企业所得税。则甲公司取得的股权投资转让所得应纳企业所得税:

$$(550 - 500 - 0.275) \text{万元} \times 25\% = 12.431\ 25 \text{万元}$$

自营业务应纳企业所得税:100 万元 × 25% = 25 万元

甲企业应纳各种税额合计:0.275 万元 + 12.431 25 万元 + 25 万元 = 37.706 25 万元

方案二:甲公司转让股权前,乙公司保留盈余不分配。2018 年 5 月,甲公司将其拥有的乙公司 60% 的股权全部转让,转让价格为 610 万元(因为乙企业保留盈余不分配导致股权转让价格增高),转让过程除发生印花税外无其他税费,其他条件同上。则甲公司应纳税额计算如下:

(1)应缴纳印花税:610 万元 × 0.5‰ = 0.305 万元。

(2)企业所得税。根据《国家税务总局关于贯彻落实企业所得税法若干税收问题的通知》(国税函〔2010〕79 号)第三条规定,企业转让股权收入,应于转让协议生效且完成股权变更手续时,确认收入的实现。转让股权收入扣除为取得该股权所发生的成本后,为股权转让所得。企业在计算股权转让所得时,不得扣除被投资企业未分配利润等股东留存收益中按该项股权所可能分配的金额。因此,甲公司取得的股权投资转让所得应纳企业所得税:(610 - 500 - 0.305) 万元 × 25% = 27.423 75 万元。

甲公司的自营业务应纳企业所得税:100 万元 × 25% = 25 万元。

以上甲公司应纳各项税额合计:(0.305 + 27.423 75 + 25) 万元 = 52.728 75 万元。

方案一与方案二相比可以节约税款 15.022 5(52.728 75 - 37.706 25) 万元。

甲公司应该选择方案一。

筹划解答

从税法的规定可以看出,如果被投资企业保留盈余不分配,投资企业的股权转让会导致股息性所得转化为股权转让所得,增加了投资企业的税负。因此,投资企业在转让股权前应使被投资企业尽可能最大限度地分配未分配利润,即先分配后转让。因此,甲公司应该选择方案一。

案例启发

按上述税收政策规定,"持有收益"与"处置收益"税收政策不同。企业应及时进行税收筹划,可以节税。

需要强调的是,要做到先分配后转让,投资企业首先应对被投资企业控股,从而控制被投资企业的利润分配政策,其次是被投资企业要有足够的现金可供分配。

(二)扣除项目的筹划

1. 期间费用的筹划

企业生产经营中的期间费用包括销售费用、管理费用、财务费用,这些费用的大小直接影响企业的应纳税所得额。为了防止纳税人任意加大费用、减小应纳税所得额，《企业所得税法实施条例》对允许扣除项目作了规定，结合会计核算的费用项目划分需要，将费用项目分为三类：税法有扣除标准的费用项目、税法没有扣除标准的费用项目、税法给予优惠的费用项目。

税法有扣除标准的费用项目包括职工福利费、职工教育经费、工会经费、业务招待费、广告费和业务宣传费、公益性捐赠支出等。具体标准如下：

企业发生的职工福利费支出，不超过工资薪金总额14%的部分，准予扣除。企业拨缴的工会经费，不超过工资薪金总额2%的部分，准予扣除。除国务院财政、税务主管部门另有规定外，企业发生的职工教育经费支出，不超过工资薪金总额2.5%的部分，准予扣除；超过部分，准予在以后纳税年度结转扣除。

企业发生的与生产经营活动有关的业务招待费支出，按照发生额的60%扣除，但最高不得超过当年销售（营业）收入的5‰。

企业发生的符合条件的广告费和业务宣传费支出，除国务院财政、税务主管部门另有规定外，不超过当年销售（营业）收入15%的部分，准予扣除；超过部分，准予在以后纳税年度结转扣除。

企业发生的公益性捐赠支出，在年度利润总额12%以内的部分，准予在计算应纳税所得额时扣除。其中，年度利润总额是指企业依照国家统一会计制度的规定计算的年度会计利润。财政部、税务总局发布通知，自2017年1月1日起，企业通过公益性社会组织或者县级（含县级）以上人民政府及其组成部门和直属机构，用于慈善活动、公益事业的捐赠支出，在年度利润总额12%以内的部分，准予在计算应纳税所得额时扣除；超过年度利润总额12%的部分，准予结转以后三年内在计算应纳税所得额时扣除。

这类费用一般采用以下筹划方法：

一是原则上遵照税法的规定进行抵扣，避免因纳税调整而增加企业税负；

二是区分不同费用项目的核算范围，使税法允许扣除的费用标准得以充分抵扣；

三是费用的合理转化，将有扣除标准的费用通过会计处理，转化为没有扣除标准的费用，加大扣除项目总额，降低应纳税所得额。

对于有开支限额的成本费用，如果企业实际开支超过限额规定就会被税务机关剔除并在所得税后列支；如果开支不足企业又没有充分享受到政策给予的权利。例如，业务招待费，按现行税收政策规定，企业发生的与生产经营活动有关的业务招待费支出，按照发生额的60%扣除，但最高不得超过当年销售（营业）收入的5‰。假设某企业某年销售收入为1 000万元，则其当年最多可在所得税前扣除招待费5万元。如果该企业当年实际发生招待费10万元，而没有预先自行计算汇总招待费总额，则有5万元的招待费在所得税申报时要被剔除，补缴企业所得税12 500元（设该企业所得税税率为25%），并且该企业还将被处以相应的罚款。但如果该企业实际发生业务招待费为7万元，则只能按4.2万元在企业所得税前扣除，这又没有充分享受到政策给予的权利。

企业在生产经营中总是希望所花费的费用最小化，但在缴纳所得税时却又希望费用开支最大化。因此，在申报前必须自行计算成本和费用，对于实际开支超过限额的成本费用应尽量转化为没有限额规定的成本和费用,或者没有达到限额的成本费用,以避免不应有的损失。

税法没有扣除标准的费用项目包括劳动保护费、办公费、差旅费、董事会费、咨询费、诉讼费、租赁及物业费、车辆使用费、长期待摊费用摊销、房产税、车船税、土地使用税、印花税等。这类费用一般采用以下筹划方法:

一是正确设置费用项目,合理加大费用开支。

二是选择合理的费用分摊方法。例如,对低值易耗品、无形资产、长期待摊费用等摊销时,要视纳税人不同时期的盈亏情况而定:在盈利年度,应选择使费用尽快得到分摊的方法,使其抵税作用尽早发挥,推迟所得税纳税时间;在亏损年度,应选择使费用尽可能摊入亏损并能全部得到税前弥补的年度,不要浪费费用分摊的抵税效应;在享受税收优惠的年度,应选择能使减免税年度摊销额最小、正常年度摊销额增大的摊销方法。

税法给予优惠的费用项目包括研发费用等,应充分享受税收优惠政策。例如,税法规定,企业在一个纳税年度生产经营中发生的用于研究开发新产品、新技术、新工艺的技术开发费用,允许按当年费用实际发生额的150%扣除。如果企业当年开发新产品研发费用实际支出为100万元,就可按150(100×150%)万元的数额在税前进行扣除,以体现鼓励研发的政策。

【案例5-5】 某房地产开发企业,在上海一黄金地段开发楼盘,广告费扣除率15%,预计本年销售收入7 000万元,计划本年宣传费用开支1 200万元。企业围绕宣传费用开支1 200万元做出如下两个税收筹划方案。

方案一:在当地电视台黄金时间每天播出4次,播出10个月和当地报刊连续刊登12个月,此项因广告费超支额需调增所得税金额:(1 200万元 − 7 000万元 × 15%)× 25% = 37.5万元,则广告实际总支出:1 200万元 + 37.5万元 = 1 237.5万元。

方案二:在当地电视台每天播出3次,播出10个月和当地报刊做广告需支出900万元,雇用少量人员在节假日到各商场和文化活动场所散发宣传材料需支出30万元,建立自己的网页和在有关网站发布售房信息,发布和维护费用需支出270万元。

经比较方案二为最佳方案,因网站发布和维护费用可在管理费用列支(税法未对此项广告宣传费用限制,一般作为管理费用中的其他项目列支)。此时,方案二各项支出1 200万元均可在各项规定的扣除项目限额内列支,无须纳税调整,并且从多个角度对房产进行了宣传,对房产销售起到很好的促进作用。

【案例5-6】(业务招待费的纳税筹划) 预计2016年甲企业销售(营业)收入为10 000万元,请对业务招待费进行纳税筹划。

税法依据

企业发生的与生产经营活动有关的业务招待费支出,按照发生额的60%扣除,但最高不得超过当年销售(营业)收入的5‰。

筹划思路

假设企业年销售(营业)收入为 x,年业务招待费为 y,当 $y \times 60\% = x \times 5‰$ 时,$y = x \times$

0.833%。具体来说有三种情况:一是若业务招待费正好是销售(营业)收入的0.833%时,企业才能充分利用上述政策;二是若业务招待费大于销售(营业)收入的0.833%时,企业要承受更高的税负;三是若业务招待费小于销售(营业)收入的0.833%时,与第二种情况相比企业不会增加更多的税负,与第一种情况相比企业未能充分利用上述政策,若企业业务招待费支出本来很低,则这种情况为最佳。

根据上述公式,本例中$y = x \times 0.833\% = 10\ 000$万元$\times 0.833\% = 83.3$万元,也就是说,业务招待费支出最佳状态正好是83.3万元,其次是低于83.3万元,若高于83.3万元则超过83.3万元的部分要承受更高的税负。具体验证见表5-2。

表5-2　五种方案下各种项目的比较　　　　　　　　　　　　　单位:万元

	方案一	方案二	方案三	方案四	方案五
业务招待费	50	83.3	100	200	300
业务招待费的60%	30	50	60	120	180
销售收入的5‰	50	50	50	50	50
孰低	30	50	50	50	50
纳税调增额	20	33.3	50	150	250
企业所得税增加额	5	8.33	12.5	37.5	62.5
企业所得税增加额/ 业务招待费	10%	10%	12.5%	18.75%	20.83%

筹划过程

方案一:如果企业实际发生业务招待费50万元 < 83.3万元,即小于销售(营业)收入的0.83%。

一方面,业务招待费的60%(即50万元×60% = 30万元)可以扣除;另一方面,扣除限额为销售(营业)收入的5‰ = 10 000万元×5‰ = 50万元,根据孰低原则,只能按照30万元税前扣除,纳税调整增加额 = 50万元 - 30万元 = 20万元,计算缴纳企业所得税 = 20万元×25% = 5万元,即实际消费50万元则要付出的代价 = 50万元 + 5万元 = 55万元,实际消费换算成100元则要付出110元的代价。

方案二:如果企业实际发生业务招待费83.3万元,即等于销售(营业)收入的0.833%。

一方面,业务招待费的60%(即83.3万元×60% = 50万元)可以扣除;另一方面,扣除限额为销售(营业)收入的5‰ = 10 000万元×5‰ = 50万元,正好等于业务招待费的60%,则纳税调整增加额 = 83.3万元 - 50万元 = 33.3万元,计算缴纳企业所得税 = 33.3万元×25% = 8.325万元,即实际消费83.3万元则要付出的代价 = 83.3万元 + 8.325万元 = 91.625万元,实际消费换算成100元则要付出110元的代价。

方案三:如果企业实际发生业务招待费100万元 > 83.3万元,即大于销售(营业)收入的0.833%。

一方面,业务招待费的60%(即100万元×60%=60万元)可以扣除;另一方面,扣除限额为销售(营业)收入的5‰=10 000万元×5‰=50万元,根据孰低原则,只能按照50万元税前扣除,纳税调整增加额=100万元－50万元=50万元,计算缴纳企业所得税=50万元×25%=12.5万元,即实际消费换算成100元则要付出112.5元的代价。

方案四:如果企业实际发生业务招待费200万元>83.3万元,即大于销售(营业)收入的0.833%。

一方面,业务招待费的60%(即200万元×60%=120万元)可以扣除;另一方面,扣除限额为销售(营业)收入的5‰=10 000万元×5‰=50万元,根据孰低原则,只能按照50万元税前扣除,纳税调整增加额=200万元－50万元=150万元,计算缴纳企业所得税=150万元×25%=37.5万元,即实际消费200万元则要付出的代价=200万元+37.5万元=237.5万元,实际消费换算成100元则要付出118.75元的代价。

方案五:如果企业实际发生业务招待费300万元>83.3万元,即大于销售(营业)收入的0.833%。

一方面,业务招待费的60%(即300万元×60%=180万元)可以扣除;另一方面,扣除限额为销售(营业)收入的5‰=10 000万元×5‰=50万元,根据孰低原则,只能按照50万元税前扣除,纳税调整增加额=300万元－50万元=250万元,计算缴纳企业所得税=250万元×25%=62.5万元,即实际消费300万元则要付出的代价=300万元+62.5万元=362.5万元,实际消费换算成100元则要付出120.83元的代价。

筹划结论

当销售(营业)收入为10 000万元时,业务招待费支出最佳状态是83.3万元,其次是低于83.3万元,若高于83.3万元则超过83.3万元的部分要承受更高的税负。

筹划点评

有些时候,为了提高经营业绩,不得不使业务招待费支出高于83.3万元。企业应当在增加的业绩和降低的税负之间进行权衡,以作出合理的决策。

【案例5-7】(借款利息的纳税筹划) 艾锐股份公司和泰豪有限公司之间存在关联关系,但两家公司通常情况下没有购销业务往来。艾锐公司适用企业所得税税率为25%,泰豪公司适用企业所得税税率为15%。两家公司的注册资本均为3 000万元。当年艾锐公司应纳税所得额为750万元,泰豪公司为450万元。请给出纳税筹划建议。

税法依据

(1)《企业所得税法实施条例》第三十八条规定:纳税人在生产经营活动中发生的下列利息支出,准予扣除:①非金融企业向金融企业借款的利息支出、金融企业的各项存款利息支出和同业拆借利息支出、企业经批准发行债券的利息支出;②非金融企业向非金融企业借款的利息支出,不超过按照金融企业同期同类贷款利率计算的数额的部分。

(2)《企业所得税法》第四十六条规定:企业从其关联方接受的债权性投资与权益性

投资的比例超过规定标准而发生的利息支出,不得在计算应纳税所得额时扣除。

(3)《财政部、国家税务总局关于企业关联方利息支出税前扣除标准有关税收政策问题的通知》(财税〔2008〕121号)文件规定:

①在计算应纳税所得额时,企业实际支付给关联方的利息支出,不超过以下规定比例和税法及其实施条例有关规定计算的部分,准予扣除,超过的部分不得在发生当期和以后年度扣除。

企业实际支付给关联方的利息支出,除符合本通知第二条规定外,其接受关联方债权性投资与其权益性投资比例为:金融企业为5∶1;其他企业为2∶1。

②企业自关联方取得的不符合规定的利息收入应按照有关规定缴纳企业所得税。

筹划思路

(1)关联企业之间可以通过购销业务转移利润(如前述),也可以通过借贷资金利息转移利润,还可以通过相互提供无形资产和各种服务转移利润。对于关联企业之间的借款行为,其借款总额和费用的列支,只要在符合税法规定的范围内,均可以进行纳税筹划。

(2)当关联企业借款总额及利息支出大大超过规定限额时,企业应该改变借款的形式,避免缴纳额外的税款,如可以改为向非关联企业借款。

筹划分析

筹划前:

艾锐公司应纳企业所得税额 = 750万元 × 25% = 187.5万元

泰豪公司应纳企业所得税额 = 450万元 × 15% = 67.5万元

关联企业合计应纳税额 = 187.5万元 + 67.5万元 = 255万元

关联企业整体税负率 = 255万元 ÷ (750 + 450)万元 × 100% = 21.25%

筹划建议

当年艾锐公司向泰豪公司借款1 500万元,年利率为6%,这一利率不高于银行同期同类贷款利率。假如泰豪公司在艾锐公司的注册资本为750万元,则艾锐公司向泰豪公司借款1 500万元,没有超过注册资本2倍的限定,则

艾锐公司向泰豪公司支付利息 = 1 500万元 × 6% = 90万元

艾锐公司应纳企业所得税额 = (750 - 1 500 × 6%)万元 × 25% = 660万元 × 25% = 165万元

泰豪公司应纳企业所得税额 = [(450 + 90)万元 - 90万元 × 6% × (1 + 7% + 3%)] × 15% = 535.05万元 × 15% = 80.109万元

关联企业合计应纳税额 = 165万元 + 80.109万元 = 245.109万元

该关联企业整体税负率 = 245.109万元 ÷ (660 + 535.05)万元 × 100% = 20.51%

实现节税额 = 255万元 - 245.109万元 = 9.891万元

如果艾锐公司将借来的1 500万元用于免税项目,如购买国债等,这样,税负水平还会进一步下降。

2.存货的纳税筹划

存货是指企业在日常活动中持有以备出售的产成品或商品、处在生产过程中的在产品、在生产过程或提供劳务过程中耗用的材料、物料等,包括各种原材料、燃料、包装物、低值易耗品、在产品、外购商品、自制半成品、产成品等。其最基本特征是,企业持有存货的最终目的是出售,不论是可供直接出售还是需要经过进一步加工后才能出售。因此,存货的税务筹划非常重要。

存货的税务筹划在本章仅指存货计价方法的税务筹划。《企业会计准则第1号——存货》第三章第十四条规定:"企业应当采用先进先出法、加权平均法或者个别计价法确定发出存货的实际成本。"计价方法一经选用,不得随意变更。

(1)先进先出法。即假设先入库先发出,每次发货时,先按第一批购入该种存货的单价计算,超出部分再按第二批购入该种存货单价计算,依此类推。

(2)加权平均法。即以月初结存的存货实际成本与全月收入该种存货实际成本之和除以月初结存数量与全月收入该种存货数量之和,求得平均单价。这种平均单价每月计算一次,其计算公式如下:

$$某种存货平均单价 = \frac{月初结存的存货实际成本 + 全月收入该种存货实际成本}{月初结存的存货数量 + 全月收入该种存货数量}$$

$$发出存货实际成本 = 该种存货平均单价 \times 本月发出该种存货数量$$

(3)个别计价法。个别计价法是指原材料发出时认定每件或每批材料的实际单价,以计算该件或该批材料发出成本的方法。个别计价法由于在实际操作中工作繁重、成本较高,对大多数存货品种来说都不实用,因此本节重点讨论前面两种。

一般情况下,企业在利用存货计价方法选择进行税务筹划时,要考虑企业所处的环境及物价波动等因素的影响。具体包括:其一,在实行比例税率条件下,对存货计价方法进行选择,必须充分考虑市场物价变化趋势因素的影响。当材料价格不断下降,采用先进先出法来计价,会导致期末存货价值较低,销货成本增加,从而减少应纳所得税,达到节税目的;而当物价上下波动时,企业则应选择加权平均法对存货进行计价,以避免因销货成本的波动,而影响各期利润的均衡性,进而造成企业各期应纳所得税额上下波动,增加企业安排资金的难度。其二,在实行累进税率条件下,选择加权平均法对企业发出和领用存货进行计价,可以使企业获得较轻的税收负担。因为采用加权平均法对存货进行计价,企业各期计入产品成本的材料等存货的价格比较均衡,不会时高时低,企业产品成本不至于发生较大变化,各期利润比较均衡。其三,如果企业正处于所得税的减免税期,意味着企业在该期间内获得的利润越多,其得到的减免税额也就越多,在物价上涨情况下,企业就可以通过选择先进先出法计算材料费用,减少材料费用的当期摊入,扩大当期利润。因此,存货计价方法的税务筹划对于降低企业的成本是非常必要的。

企业为了合理避税,经常在存货的几种计价方法中选择对企业有利的计价方法。

【案例5-8】(存货计价的纳税筹划) 某企业在第一年先后进货两批,数量相同,进价分别为900万元和1 100万元。第2年和第3年各出售一半,售价均为2 000万元。所得税税率为25%。在先进先出法和加权平均法下,销售成本、所得税和净利润的计算见表5-3。

表5-3　存货发出方法核算表　　　　　　　　　　单位:万元

项目	加权平均法			先进先出法		
	第2年	第3年	合计	第2年	第3年	合计
销售收入	2 000	2 000	4 000	2 000	2 000	4 000
销售成本	1 000	1 000	2 000	900	1 100	2 000
税前利润	1 000	1 000	2 000	1 100	900	2 000
所得税	250	250	500	275	225	500
净利润	750	750	1 500	825	675	1 500

两种方法计算出的销售成本不同,企业应纳税所得额也不同,所得税也不同。就本案例来看,企业应该选择加权平均法。一般来说,在物价上涨时期,采用加权平均法计算的成本高,应纳税所得额低;而在物价下降时期,采用先进先出法,成本则较高,应纳税所得额低。如果价格比较平均,涨落幅度不大,宜采用加权平均法。

值得注意的是:国家规定,企业存货计价方法一经选定,在一个年度内不得随意变更,以保持年度会计核算的口径一致。这就要求企业在选择存货计价方法时,要谨慎处理,长短期利益兼顾。

3.固定资产的税务筹划

《企业所得税法》所称固定资产,是指企业为生产产品、提供劳务、出租或者经营管理而持有的、使用时间超过12个月的非货币性资产,包括房屋、建筑物、机器、机械、运输工具以及其他与生产经营活动有关的设备、器具、工具等。

(1)购置固定资产的税务筹划。固定资产具有耗资多、价值大、使用年限长、风险大等特点,它在企业生产经营、生存发展中处于重要地位。因此,在实际工作中,必须重视固定资产购置的税务筹划。

①购置固定资产须取得增值税发票。我国目前采用的是消费型增值税,购入固定资产所含增值税就可以作为进项税额进行抵扣。因此,企业在购买固定资产的时候,就要充分考虑这一点,使固定资产投资额从税基中得以最大限度地扣除。

②设备类型的选择。企业购入固定资产的类型可分为用于"环境保护、节能节水、安全生产"等的设备和除此之外的一般设备。企业选择设备,除了考虑设备的性能、价格、用途,还应重点考虑企业的税收负担。《企业所得税法》规定:企业购置并实际使用《环境保护专用设备企业所得税优惠目录》《节能节水专用设备企业所得税优惠目录》和《安全生产专用设备企业所得税优惠目录》规定的环境保护、节能节水、安全生产等专用设备的,该专用设备投资额的10%可以从企业当年的应纳税额中抵免;当年不足抵免的,可以在以后5个纳税年度结转抵免。面对这样的税收优惠,企业在决策前应好好

进行筹划。

③固定资产计价的税务筹划。按照会计准则的要求,外购固定资产成本主要包括购买价款、相关税费、使固定资产达到可使用状态前所发生的可归属于该项资产的运输费、装卸费、安装费和专业人员服务费等。按照税法的规定,购入的固定资产,按购入价加上发生的包装费、运杂费、安装费,以及缴纳的税金后的价值计价。由于折旧费用是在未来较长时间内陆续计提的,为降低本期税负,新增固定资产的入账价值要尽可能低。例如,对于成套固定资产,其易损件、小配件可以单独开票作为低值易耗品入账,因低值易耗品领用时可以一次或分次直接计入当期费用,降低了当期的应税所得额;对于在建工程,则要尽可能早地转入固定资产,以便尽早提取折旧。例如,整体固定资产工期长,在完工部分已经投入使用时,对该部分最好分项决算,以便尽早记入固定资产账户。

(2)固定资产折旧的税务筹划。固定资产折旧是成本的重要组成部分,按照我国现行会计制度的规定,企业可选用的折旧方法包括平均年限法、双倍余额递减法及年数总和法等。运用不同的折旧方法计算出的折旧额在量上是不同的,则分摊到各期的固定资产的成本也存在差异,最终会影响到企业税负的大小。税法规定,企业的固定资产由于技术进步等原因,确需加速折旧的,可以缩短折旧年限。采取缩短折旧年限方法的,最低折旧年限不得低于规定折旧年限的60%;采取加速折旧方法的,可以采取双倍余额递减法或者年数总和法,这就给企业所得税纳税筹划提供了新的空间。

固定资产折旧的筹划主要包括折旧年限和折旧方法的筹划。

①折旧年限的筹划。根据固定资产折旧的税务处理,缩短折旧年限有利于加速成本收回,可以使后期成本费用前移,从而使前期会计利润发生后移。由于资金存在时间价值,因前期增加折旧额,税款推迟到后期缴纳。在税率稳定的情况下,所得税的递延缴纳相当于向国家取得了一笔无息贷款。

但需要注意的是,采取缩短折旧年限或者采取加速折旧方法的固定资产只有两类:一是由于技术进步,产品更新换代较快的固定资产;二是常年处于强震动、高腐蚀状态的固定资产。

固定资产的使用年限:除国务院财政、税务主管部门另有规定外,固定资产计算折旧的最低年限如下:房屋、建筑物,为20年;飞机、火车、轮船、机器、机械和其他生产设备,为10年;与生产经营活动有关的器具、工具、家具等,为5年;飞机、火车、轮船以外的运输工具,为4年;电子设备,为3年。

【案例5-9】 某企业为盈利企业,未享受企业所得税优惠政策,企业所得税税率为25%。拟购进一项由于技术进步产品更新换代较快的固定资产,该项固定资产原值500万元,预计净残值20万元,预计使用寿命5年(税法规定折旧年限不少于10年,本例为方便分析以5年为例)。根据税法规定,该项固定资产在折旧方面可享受税收优惠政策。假定按年复利利率10%计算,第1～5年的现值系数分别为:0.909、0.826、0.751、0.683、0.621。

方案一:企业不考虑税收优惠政策而按通常折旧方法计提折旧,即以年限平均法计提折旧,将固定资产的应计折旧额均匀地分摊到固定资产预计使用寿命内。固定资产折旧年限5年,年折旧额:(500 - 20) 万元 ÷ 5 = 96 万元,累计折旧现值合计:96 万元 × 0.909 + 96 万元 × 0.826 + 96 万元 × 0.751 + 96 万元 × 0.683 + 96 万元 × 0.621 = 363.84 万元,因折旧可税前扣除,相应抵税:363.84 万元 × 25% = 90.96 万元。

方案二:企业选择最低折旧年限为固定资产预计使用寿命的60%,即5年 × 60% = 3 年,按平均年限法分析,年折旧额:(500 - 20) 万元 ÷ 3 = 160 万元,累计折旧现值合计:160 万元 × 0.909 + 160 万元 × 0.826 + 160 万元 × 0.751 = 397.76 万元,因折旧可税前扣除,相应抵税:397.76 万元 × 25% = 99.44 万元。

对上述两种方案比较分析,采取缩短折旧年限方法,在固定资产预计使用寿命前期计提的折旧较多,因货币的时间价值效应,较采取通常的折旧年限方法抵税效益明显。

②折旧方法的筹划。按照会计准则的规定,固定资产折旧的方法主要有平均年限法、工作量法等直线法(或称平速折旧法)和双倍余额递减法、年数总和法的加速折旧法。不同的折旧方法对应税所得额的影响不同。虽然从整体上看,固定资产的扣除不可能超过固定资产的价值本身,但是,由于对同一固定资产采用不同的折旧方法会使企业所得税税款提前或滞后实现,从而产生不同的货币时间价值。以下针对几种固定资产折旧方法进行比较。

a. 年限平均法。年限平均法又称直线法,是指将固定资产的应计折旧额均衡地分摊到固定资产预计使用寿命内的一种方法。采用这种方法计算的每期折旧额相等。其计算公式为

$$年折旧额 = \frac{固定资产原值 - 预计净残值}{预计使用寿命(年)}$$

b. 双倍余额递减法。双倍余额递减法是在不考虑固定资产残值的情况下,用直线法折旧率的两倍作为固定的折旧率乘以逐年递减的固定资产期初账面净值,得出各年应提折旧额的方法。其计算公式为

$$年折旧率 = \frac{2}{预计的折旧年限} \times 100\%$$

$$年折旧额 = 固定资产期初账面净值 \times 年折旧率$$

c. 年数总和法。年数总和法又称折旧年限积数法或级数递减法。它是将固定资产的原值减去残值后的净额乘以一个逐年递减的分数计算确定固定资产折旧额的一种方法。逐年递减分数的分子代表固定资产尚可使用的年数,分母代表使用年数的逐年数字之总和。其计算公式为

$$年折旧率 = \frac{折旧年限 - 已使用年数}{折旧年限 \times (折旧年限 + 1) \div 2} \times 100\%$$

$$年折旧额 = (固定资产原值 - 预计残值) \times 年折旧率$$

双倍余额递减法和年数总和法都属于加速折旧法,是假设固定资产的服务潜力在前期消耗较大,在后期消耗较少,为此,在使用前期多提折旧,后期少提折旧,从而相对加速折旧的折旧方法。

加速折旧法(双倍余额递减法),折旧初期提取的折旧额比较多,相应的税基少,应缴

纳所得税也就少,折旧后期折旧额较小,相应的应缴纳所得税就多。虽然整个折旧摊销期间,总的应纳税所得额和应缴所得税是一样的,但各年应缴的税款不一样。从各年应纳税额的现值总额来看,双倍余额递减法较直线法节税。

需要注意的是,如果预期企业所得税的税率会上升,则应考虑在未来可能增加的税负与所获得的货币时间价值进行比较决策。同样的道理,在享受减免税优惠期内添置的固定资产,采用加速折旧法一般来讲是不合算的。

③固定资产计价和折旧的税务筹划方法的综合运用。推迟利润的实现获取货币的时间价值并不是固定资产税务筹划的唯一目的。在进行税务筹划时,还必须根据不同的企业或者企业处于不同的状态采用不同的对策。

盈利企业:盈利企业当期费用能够从当年的所得税前扣除,费用的增加有利于减少当年企业应纳税所得额,因此,购置固定资产时,购买费用中能够分解计入当期费用的项目,应尽可能计入当期费用而不宜通过扩大固定资产原值推迟到以后时期;折旧年限尽可能缩短,使折旧费用能够在尽可能短的时间内得到税前扣除;选择折旧方法,宜采用加速折旧法,因加速折旧法可以使折旧费用前移和应纳税所得额后移,以相对降低纳税人当期应缴纳的企业所得税。

亏损企业:由于亏损企业费用的扩大不能在当期的企业所得税前得到扣除,即使延续扣除也有 5 年时间的限定。因此,企业在亏损期间购置固定资产,应尽可能多地将相关费用计入固定资产原值,使这些费用通过折旧的方式在以后年度实现;亏损企业的折旧年限可适当延长,以便将折旧费用在更长的周期中摊销;因税法对折旧年限只规定了下限没有规定上限,因此,企业可以作出安排;折旧方法选择应同企业的亏损弥补情况相结合。选择的折旧方法必须能使不能得到或不能完全得到税前弥补的亏损年度的折旧额降低,因此,企业亏损期间购买的固定资产不宜采用加速折旧法计提折旧。

享受企业所得税优惠政策的企业:处于减免所得税优惠期内的企业,由于减免税期内的各种费用的增加都会导致应税所得额的减少,从而导致享受的税收优惠减少,因此,企业在享受所得税优惠政策期间购买的固定资产,应尽可能将相关费用计入固定资产原值,使其能够在优惠期结束以后的税前利润中扣除;折旧年限的选择应尽可能长一些,以便将折旧费用在更长的周期中摊销;折旧方法的选择,应考虑减免税期折旧少、非减免税期折旧多的折旧方法,把折旧费用尽可能安排在正常纳税年度实现,以减少正常纳税年度的应税所得额,降低企业所得税负担。

(3)对于不能计提折旧又不用的固定资产应加快处理,尽量实现财产损失的税前扣除。

(4)固定资产维修费用的筹划。固定资产的维修与改良在税收处理上有较大的差异。相比较而言,维修费用能够尽快实现税前扣除,而改良支出需要计入固定资产,通过折旧实现税前扣除。

固定资产的大修理支出必须作为长期待摊费用按规定摊销,不得直接在当期税前扣除。《企业所得税法实施条例》第六十九条规定:固定资产的大修理支出,是指同时符合下列条件的支出:第一,修理支出达到取得固定资产时的计税基础的50%以上;第二,修理后固定资产的使用年限延长2年以上。

【案例5-10】　甲企业对旧生产设备进行大修,大修过程中所耗材料费、配件费80万元,增值税13.6万元,支付工人工资6.4万元,总花费100万元,而整台设备原值为198万元。

总的修理支出大于设备原值(计税基础)的50%。按照税法规定,凡修理支出达到取得固定资产时的计税基础的50%以上的,一律作为大修理支出,按照固定资产尚可使用年限分期摊销。因此应将100万元费用计入该设备原值,在以后的使用期限内逐年摊销。

但注意到固定资产原值(计税基础)的50%为99万元,与现有花费相当,如果进行税收筹划则能节约税金。具体安排如下:节省修理支出至99万元以下,就可以视为日常维修处理,99万元修理支出可以计入当期损益在企业所得税前扣除,获得递减纳税的好处。

(5)租入固定资产租金的选择。企业取得固定资产的方式主要有购置、经营性租入和融资性租入等。由于取得的方式不同,税法所涉及的有关规定也就不同,这就给税收筹划留下了一定的空间。

纳税人以经营租赁方式从出租方取得固定资产,其符合独立纳税人交易原则的租金可根据受益时间均匀扣除。纳税人以融资租赁方式从出租方取得固定资产,其租金支出不得扣除,但可按规定提取折旧费用。

【案例5-11】　A企业由于扩大生产,现急需一台生产设备。此设备可以通过经营性租赁租入,也可以购置。企业所得税税率25%,贴现率10%。那么,在决策时有两个方案:

方案一:经营性租赁租入。每年租金15万元,假定每年年末支付,共租5年。

$$净现值 = -15 万元 \times PVIFA(5,10\%) \times (1-25\%)$$
$$= -15 万元 \times 3.791 \times (1-25\%) = -42.65 万元$$

方案二:购置。买价60万元,5年提完折旧,每年折旧12万元,假定没有残值,也没有维修费。

$$净现值 = -60 万元 + 12 万元 \times 25\% \times PVIFA(5,10\%) = -60 万元 + 12 万元 \times$$
$$3.791 \times 25\% = -48.63 万元$$

可见,方案一具有明显的税收优势。

4.无形资产摊销的筹划

《企业会计准则第6号——无形资产》规定,无形资产是指企业拥有或者控制的没有实物形态的可辨认的非货币性资产,其内容包括专利权、非专利技术、商标权、著作权、特许权、土地使用权等。《企业所得税法》所称无形资产,是指企业为生产产品、提供劳务、出租或者经营管理而持有的、没有实物形态的非货币性长期资产,包括专利权、商标权、著作权、土地使用权、非专利技术、商誉等,与《企业会计准则第6号——无形资产》中无形资产的定义存在一定的差异。

无形资产摊销额的决定性因素有三个,即无形资产的价值、摊销年限以及摊销方法。

税法规定,无形资产按照直线法计算的摊销费用,准予扣除。无形资产的摊销年限一般不得低于 10 年,作为投资或者受让的无形资产,有关法律规定或者合同约定了使用年限的,可以按照规定或者约定的使用年限分期摊销,即除了通过投资或者受让方式获取的无形资产,无形资产的摊销年限不得低于 10 年。

无形资产摊销的筹划,其要点是在受让无形资产签订合同或协议时,应尽可能体现受益期限,按较短的受益年限进行摊销,尽快将无形资产摊销完毕。

5. 公益性捐赠的筹划

为防止纳税人假借捐赠之名而虚列费用,转移利润,规避税负,税法对于捐赠金额及捐赠对象,均有限制规定。公益性捐赠是纳税人承担社会责任的表现,税法对此予以鼓励。财政部、税务总局发布通知,自 2017 年 1 月 1 日起,企业通过公益性社会组织或者县级(含县级)以上人民政府及其组成部门和直属机构,用于慈善活动、公益事业的捐赠支出,在年度利润总额 12% 以内的部分,准予在计算应纳税所得额时扣除;超过年度利润总额 12% 的部分,准予结转以后三年内在计算应纳税所得额时扣除。年度利润总额,是指企业依照国家统一会计制度的规定计算的年度会计利润。

公益性捐赠是指企业通过公益性社会团体或者县级以上人民政府及其部门,向教育、民政等公益事业和遭受自然灾害地区、贫困地区的捐赠。纳税人直接向受赠人的捐赠不允许扣除。

企业若发生捐赠支出,出于税收上的考虑,应特别注意:

第一,认清捐赠对象和捐赠中介,即企业应通过税法规定的社会团体和机关实施捐赠。

第二,注意限额。企业可根据自身的经济实力和发展战略,决定公益性捐赠的额度,从节税角度考虑,一般不宜超过税前允许扣除的比例(年度利润总额的 12%)。如果因为一些特殊原因,需要超过,应该力争在以后三年内在计算应纳税所得额时扣除。

第三,企业在符合税法规定的情况下,可以充分利用捐赠政策,分析不同捐赠方式的税收负担,在不同捐赠方式中作出选择,达到既实现捐赠又降低税负的目的。

【案例 5-12】 永发公司为提高产品知名度及竞争力,树立良好的社会形象,2019 年 10 月打算进行公益性捐赠人民币 500 万元。公司 2019 年、2020 年预计实现应纳税所得额均为 3 000 万元,企业所得税税率 25%。有两个方案可供选择:

方案一:通过我国国家机关(革命老区政府)向教育事业捐赠;

方案二:直接向革命老区进行捐赠。

两种方案的应纳税额计算如下:

方案一:属于公益、救济性捐赠。通过税法规定的公益性社会团体或者县级以上人民政府及其部门的公益性捐赠,捐赠额在年度利润总额 12% 以内的部分,准予全部扣除,如果一次性捐赠,则当年准予扣除限额:360(3 000×12%)万元。还有 140 万元在 2020 年才能税前扣除,则 2019 年应缴所得税:(3 000+500−360)万元×25% =785 万元,2020

年应缴所得税：(3 000 - 140)万元×25% = 715万元，两年合计应缴企业所得税1 500万元。

方案二：直接向受赠人捐赠，属于非公益、救济性捐赠，按税法规定，捐赠额不予扣除，则2019年应缴所得税：(3 000 + 500)万元×25% = 875万元，2020年应缴所得税：3 000万元×25% = 750万元，两年合计应缴企业所得税1 625万元。

通过以上分析和比较，方案一比方案二节约税125(500×25%)万元。

(三)亏损弥补的筹划

亏损弥补政策是我国企业所得税中的一项重要优惠措施，是国家为了扶持纳税人发展，从政策上帮助纳税人度过困难时期的一项优惠措施，企业要充分利用亏损弥补政策，以取得最大的节税效益。

1.正确申报亏损

亏损的弥补政策所说的"年度亏损额"，不是企业财务报表中反映的亏损额，而是企业财务报表中的亏损额经主管税务机关按税法规定核实调整后的金额。进行税前弥补亏损，必须以调整后的亏损为依据，而不能以会计报表中反映的亏损为依据进行弥补。根据国税发〔1996〕162号《关于企业虚报亏损如何处理的通知》，税务机关对企业进行检查时，如发现企业多报亏损的，经主管税务机关检查调整后无论企业仍是亏损还是变为盈利的，应视为查出相同数额的应纳税所得额，一律按法定税率计算出相应的应纳所得税税额，以此作为进行偷税处罚的依据。如果企业多报亏损，经主管税务机关检查调整后有盈余的，还应就调整后的应纳税所得额，按适用税率补缴企业所得税。

【案例5-13】　某企业向税务机关报送2019年度企业所得税纳税申报表时，利润总额为-30万元，应纳税所得额也是-30万元。当时企业执行的所得税税率为25%。经税务机关检查，企业有若干项会计处理不符合税法规定而企业没有自行调整，经税务机关调整后的应纳税所得额为-5万元。企业虽然不用补缴企业所得税，但仍被税务机关认定为偷税，偷税数额为

$$(30 - 5)万元×25% = 6.25万元$$

企业也由此接受了税务机关的相应处罚。

2.提前利润的实现

亏损的弥补政策，按规定是按年依序扣除，并以五年为限，超过五年以上的亏损，就无法适用该优惠政策在税前弥补。企业如果有亏损，应及早将亏损弥补完毕，否则时限超过，企业会丧失亏损弥补权利，造成总税负增加。及早弥补亏损的方法仍是提前利润的实现，以使应纳税所得额尽量在可以弥补亏损的年度实现。其具体筹划方法：

(1)提前确认收入。

(2)延后列支费用。对呆账、坏账可以不计提坏账准备，采用直接核销法处理，将可列为当期费用的项目予以资本化，或将某些可控制的费用，如广告费等延后支付。

3. 合并亏损企业

企业合并中所得税的基本规范,是 2009 年 4 月 30 日财政部和国家税务总局联合出台的《关于企业重组业务企业所得税处理若干问题的通知》(财税〔2009〕59 号)。

依照该文件的规定,一般情况下,企业合并应按照下列规定进行税务处理:①合并企业应按公允价值确定接受被合并企业各项资产和负债的计税基础;②被合并企业及其股东都应按清算进行所得税处理;③被合并企业的亏损不得在合并企业结转弥补。

在企业合并过程中,如果同时满足下述条件,可以进行特殊性税务处理:①具有合理的商业目的,且不以减少、免除或者推迟缴纳税款为主要目的;②被收购、合并或分立部分的资产或股权比例符合本通知规定的比例(对于企业合并而言,该比例指下文中提到的企业股东在该企业合并发生时取得的股权支付金额不低于其交易支付总额的 85%);③企业重组后的连续 12 个月内不改变重组资产原来的实质性经营活动;④重组交易对价中涉及股权支付金额符合本通知规定比例;⑤企业重组中取得股权支付的原主要股东,在重组后连续 12 个月内,不得转让所取得的股权。

在满足以上条件的前提下,如果企业股东在该企业合并发生时取得的股权支付金额不低于其交易支付总额的 85%,以及同一控制下且不需要支付对价的企业合并,可以选择按以下规定执行特殊税务处理方式:①合并企业接受被合并企业资产和负债的计税基础,以被合并企业的原有计税基础确定;②被合并企业合并前的相关所得税事项由合并企业承继;③可由合并企业弥补的被合并企业亏损的限额 = 被合并企业净资产公允价值 × 截至合并业务发生当年年末国家发行的最长期限的国债利率;④被合并企业股东取得合并企业股权的计税基础,以其原持有的被合并企业股权的计税基础确定。

在企业吸收合并中,合并后的存续企业性质及适用税收优惠的条件未发生改变的,可以继续享受合并前该企业剩余期限的税收优惠,其优惠金额按存续企业合并前一年的应纳税所得额(亏损计为零)计算。

【案例 5-14】 甲公司要兼并一家亏损的乙公司,乙公司当时尚有 200 万元的亏损未弥补,税前弥补期限尚有 3 年,被合并的乙企业净资产的公允价值为 1 000 万元。双方股东谈判达成协议,交易价格为 1 000 万元,甲公司股东表示出让相当于 800 万元价值的股份给原乙公司股东,同时转给乙公司股东 200 万元的现金。假设预计合并后的企业丙在2019 年、2020 年、2021 年未弥补亏损前的应税所得额分别为 100 万元、200 万元、300 万元。2019 年、2020 年、2021 年国家发行的最长期限国债利率为 4%。

根据财税〔2009〕59 号文中的指标,计算该合并业务中的股权支付比例:

股权支付比例 = 800 万元 ÷(800 + 200)万元 × 100% = 80%

因为其股权支付额未超过 85%,所以合并企业不能进行特殊税务处理,应按照一般方法纳税,被合并企业的亏损不得在合并企业结转弥补。因此,2019 年至 2021 年共应缴纳企业所得税:

应纳所得税 =(100 + 200 + 300)万元 × 25% = 150 万元

筹划操作

按照财税〔2009〕59 号文的规定,企业合并中,企业股东在该企业合并发生时取得的股权支付金额不低于其交易支付总额的 85%，以及同一控制下且不需要支付对价的企业合并，这时合并企业可以进行特殊税务处理，享受被合并企业未弥补的亏损，弥补亏损限额计算公式为

合并企业弥补的被合并企业亏损的限额 = 被合并企业净资产公允价值 × 截至合并业务发生当年末国家发行的最长期限的国债利率

甲公司股东应该提高股权支付额的比重，即甲公司股东可以出让相当于 850 万元价值的股份给原乙公司股东，同时支付给乙公司股东 150 万元的现金（或其他非股权支付方式），此时的股权支付额就达到了 85% 的比重，可以选择文件中规定的特殊税务处理方式，由合并后的企业承继被合并企业合并前的相关所得税事项，进行亏损弥补。

2019 年：可弥补亏损 = 1 000 万元 × 4% = 40 万元

应纳所得税 =（100 - 40）万元 × 25% = 15 万元

2020 年：可弥补亏损 = 1 000 万元 × 4% = 40 万元

应纳所得税 =（200 - 40）万元 × 25% = 40 万元

2021 年：弥补亏损 = 1 000 万元 × 4% = 40 万元

应纳所得税 =（300 - 40）万元 × 25% = 65 万元

三年共计应纳所得税：15 万元 + 40 万元 + 65 万元 = 120 万元

筹划结果

采用第二种合并方式，提高股权支付比例后，企业在未来三年内可降低所得税负担30（150 - 120）万元。

筹划点评

本案例中的税收筹划原理，针对的是企业合并的情况，而对股权收购方式的产权重组，效果完全不同。股权收购是收购公司与目标公司的股东之间的交易行为，并不涉及目标公司这一法人主体。因此，无论收购了目标公司多大比例的股权，目标公司本身未发生变化，并未丧失法律人格，其权利义务仍由目标公司自身承担。因此，财税〔2009〕59号文明确，企业股权收购后，被收购方应确认股权、资产转让所得或损失；收购方取得股权或资产的计税基础应以公允价值为基础确定；而被收购企业的相关所得税事项原则上保持不变。即使在文件规定的特殊处理方式下，仍明确"收购企业、被收购企业的原有各项资产和负债的计税基础和其他相关所得税事项保持不变"。因此，本案例中的税收筹划方法，只适用于企业合并，不适用于股权收购。也就是说，目标企业的法人地位必须随合并而消失，否则将不能实现本案例中分析的税收筹划效果。

（四）企业清算的纳税筹划

【案例 5-15】　甲公司董事会于 2019 年 8 月向股东会提交解散申请书，股东会于 9月 20 日通过并作出决议，清算开始日定为 10 月 1 日，清算期两个月。该公司财务部经理在开始清算后发现，1—9 月底公司预计盈利 100 万元（适用企业所得税税率 25%），并且公司在清算初期会发生巨额的清算支出。假定清算期间 10 月 1 日至 11 月 30 日的清算损失为 150 万元，其中 10 月 1 日至 10 月 14 日会发生清算支出 100 万元，10 月 15 日至11 月 30 日会发生清算支出 50 万元。请对其进行纳税筹划。

税法依据

企业在清算年度,应划分为两个纳税年度,从1月1日到清算开始日为一个生产经营纳税年度,从清算开始日到清算结束日的清算期间为一个清算纳税年度。

筹划思路

企业的清算日期不同,对两个纳税年度应税所得的影响不同。企业可以利用推迟或提前清算日期的方法来影响企业清算期间应税所得额,从而达到降低应纳企业所得税税负的目的。

筹划过程

方案一:清算开始日定于10月1日。

生产经营年度(1月1日—9月30日)应纳企业所得税 = 100万元×25% = 25万元;

清算年度(10月1日—11月30日)清算所得为清算损失150万元,不纳企业所得税。

方案二:清算开始日定于10月15日。

生产经营年度(1月1日—10月14日)应纳企业所得税 = (100-100)万元×25% = 0万元。

清算年度(10月15日—11月30日)清算所得为清算损失50万元,不纳企业所得税。

筹划结论

方案二比方案一甲公司少缴企业所得税25万元,因此,应当选择方案二。

筹划点评

本案例通过改变清算开始日期,合理调整正常生产经营所得和清算所得,从而达到降低整体税负的目的。

第三节　企业所得税税率的税收筹划

一、企业所得税的税率

(一)企业所得税的基本税率

《企业所得税法》第四条规定:企业所得税的税率为25%。无论内资企业还是外资企业,一律执行相同的基本税率,这在一定程度上保持了税收的公平性,是我国整体降低企业所得税负担的重要表现。

在中国没有设立机构场所,或者虽然设立机构场所,但来源于中国境内的、与所设机构场所没有实际联系的所得,适用20%的企业所得税税率。按《企业所得税法实施条例》规定,上述所得减按10%的税率征收企业所得税。比如,一家美国建筑设计公司在中国境内没有设立机构场所,那么对其来自上海某建设单位的设计费收入应按10%的税率征收企业所得税。

（二）企业所得税的优惠税率

1. 小型微利企业 20% 的低税率

《企业所得税法》第二十八条规定：符合条件的小型微利企业，减按 20% 的税率征收企业所得税。

自 2019 年 1 月 1 日至 2021 年 12 月 31 日，对小型微利企业年应纳税所得额不超过 100 万元的部分，减按 25% 计入应纳税所得额，按 20% 的税率缴纳企业所得税；对年应纳税所得额超过 100 万元但不超过 300 万元的部分，减按 50% 计入应纳税所得额，按 20% 的税率缴纳企业所得税。

小型微利企业是指从事国家非限制和禁止行业，且同时符合以下三个条件的企业：①年度应纳税所得额不超过 300 万元；②从业人数不超过 300 人；③资产总额不超过 5 000 万元。无论查账征收方式或核定征收方式均可享受优惠。

2. 高新技术企业 15% 的优惠税率

《企业所得税法》第二十八条规定：国家需要重点扶持的高新技术企业，减按 15% 的税率征收企业所得税。

《高新技术企业认定管理办法》规定，高新技术企业必须满足以下条件：

（1）在中国境内（不含港、澳、台地区）注册的企业，近三年内通过自主研发、受让、受赠、并购等方式，或通过五年以上的独占许可方式，对其主要产品（服务）的核心技术拥有自主知识产权。

（2）产品（服务）属于《国家重点支持的高新技术领域》规定的范围。

（3）具有大学专科以上学历的科技人员占企业当年职工总数的 30% 以上，其中研发人员占企业当年职工总数的 10% 以上。

（4）企业为获得科学技术（不包括人文、社会科学）新知识，创造性运用科学技术新知识，或实质性改进技术、产品（服务）而持续进行了研究开发活动，且近三个会计年度的研究开发费用总额占销售收入总额的比例符合如下要求：最近一年销售收入小于 5 000 万元的企业，比例不低于 6%；最近一年销售收入在 5 000 万元至 20 000 万元的企业，比例不低于 4%；最近一年销售收入在 20 000 万元以上的企业，比例不低于 3%。其中，企业在中国境内发生的研究开发费用总额占全部研究开发费用总额的比例不低于 60%。企业注册成立时间不足三年的，按实际经营年限计算。

（5）高新技术产品（服务）收入占企业当年总收入的 60% 以上。

（6）企业研究开发组织管理水平、科技成果转化能力、自主知识产权数量、销售与总资产成长性等指标符合《高新技术企业认定管理工作指引》的要求。

二、税率的筹划方法

（一）享受低税率政策

由于企业所得税的税率有三个不同的档次，税率存在显著差异。因此，企业可以创造条件设立高新技术企业,从而享受 15% 的低税率。当然,对于规模较小、盈利水平一般的企业,也可将其盈利水平控制在一定范围之内,从而适用小型微利企业 20% 的低税率。

【案例 5-16】(一般企业转化为小型微利企业的纳税筹划) 甲商业企业共有两个相对独立的门市部,该企业在 2019 年 12 月前预计 2019 年年度应纳税所得额为 500 万元,假设没有纳税调整项目,即税前利润正好等于应纳税所得额。而这两个门市部税前利润以及相应的应纳税所得额都为 250 万元,从业人数 70 人,资产总额 900 万元。请对其进行纳税筹划。

筹划思路

企业可以根据自身经营规模和盈利水平的预测,将有限的盈利水平控制在限额以下,从而成为小型微利企业,以期适用较低的税率。另外,将大企业分立为小型微利企业,也可达到适用低税率的目的。

筹划过程

方案一:维持原状。

$$应纳企业所得税 = 500 万元 × 25\% = 125 万元$$

方案二:将甲商业企业按照门市部分立为两个独立的企业 A 和企业 B。

A 企业应纳企业所得税 = 100 万元 × 25% × 20% + (250 − 100) 万元 × 50% × 20%
$$= 5 万元 + 15 万元 = 20 万元$$

B 企业应纳企业所得税 = 100 万元 × 25% × 20% + (250 − 100) 万元 × 50% × 20%
$$= 5 万元 + 15 万元 = 20 万元$$

企业集团应纳企业所得税总额 = 20 万元 + 20 万元 = 40 万元

方案二比方案一少缴企业所得税 85(125 − 40) 万元,因此,应当选择方案二。

筹划点评

甲商业企业按照门市部分立为两个独立的企业,必然要耗费一定的费用,也有可能会影响正常的经营,也不利于今后规模的扩大。因此,还需权衡利弊。

(二)预提所得税的筹划

预提所得税简称"预提税"。预提所得税制度是指一国政府对没有在该国境内设立机构场所的外国公司、企业和其他经济组织从该国取得的股息、利息、租金、特许权使用费所得,或者虽设立机构场所,但取得的所得与其所设机构场所没有实际联系的,由支付单位按支付金额扣缴所得税的制度。

【案例 5-17】 某外国企业拟到中国开展劳务服务,预计每年获利 1 000 万元人民币(假定不存在其他纳税调整事项)。该企业面临以下三种选择:

第一,在中国境内设立实际管理机构。

第二,在中国境内不设立实际管理机构,但设立营业机构,营业机构适用 25% 的所得税税率。劳务收入通过该营业机构取得。

第三,在中国境内既不设立实际管理机构,也不设立营业机构。

对于上述三种不同选择,该外国企业的收入面临不同的税率和纳税状况,具体分析如下:

如果该外国企业选择在中国境内设立实际管理机构,则一般被认定为居民企业,这种情况下适用的企业所得税税率为25%,则

$$应纳企业所得税 = 1\ 000\ 万元 × 25\% = 250\ 万元$$

如果该外国企业选择在中国境内不设立实际管理机构,设立营业机构并以此获取收入,则获取的所得适用该营业机构的税率为25%,则

$$应纳企业所得税 = 1\ 000\ 万元 × 25\% = 250\ 万元$$

如果该外国企业在中国境内既不设立实际管理机构,也不设立经营场所,则其来源于中国境内的所得适用10%的预提所得税税率,则

$$应纳企业所得税 = 1\ 000\ 万元 × 10\% = 100\ 万元$$

第四节　企业所得税优惠政策的税收筹划

一、企业所得税的优惠政策

(一)农、林、牧、渔减免税优惠政策

1. 免征企业所得税项目

(1)蔬菜、谷物、薯类、油料、豆类、棉花、麻类、糖料、水果、坚果的种植;

(2)中药材的种植;

(3)林木的培育和种植;

(4)牲畜、家禽的饲养;

(5)林产品的采集;

(6)灌溉、农产品初加工、兽医等农、林、牧、渔服务业项目;

(7)远洋捕捞。

2. 减半征收企业所得税项目

(1)花卉、饮料和香料作物的种植;

(2)海水养殖、内陆养殖。

国家禁止和限制发展的项目,不得享受本条规定的税收优惠。

(二)其他减免税优惠政策

1. 从事国家重点扶持的公共基础设施项目投资经营的所得

企业从事国家重点扶持的公共基础设施项目(国家重点扶持的公共基础设施项目,是指《公共基础设施项目企业所得税优惠目录》规定的港口码头、机场、铁路、公路、电力、水利等项目)的投资经营所得,从项目取得第一笔生产经营收入所属纳税年度起,第一年至第三年免征企业所得税,第四年至第六年减半征收企业所得税。企业承包经营、承包建设和内部自建自用以上项目,不得享受本条规定的企业所得税优惠。

上述享受减免税优惠的项目,在减免税期未满时转让的,受让方自受让之日起,可以在剩余期限内享受规定的减免税优惠;减免税期满后转让的,受让方不得就该项目重复享受减免税优惠。

2.从事符合条件的环境保护、节能节水项目的所得

符合条件的环境保护、节能节水项目,包括公共污水处理、公共垃圾处理、沼气综合开发利用、节能技术改造、海水淡化等,具体条件和范围由国务院财政、税务主管部门同有关部门共同制定报国务院批准后公布施行。

企业从事前款规定的符合条件的环境保护、节能节水项目的所得,从项目取得第一笔生产经营收入所属纳税年度起,第一年至第三年免征企业所得税,第四年至第六年减半征收企业所得税。

上述享受减免税优惠的项目,在减免税期未满时转让的,受让方自受让之日起,可以在剩余期限内享受规定的减免税优惠;减免税期满后转让的,受让方不得就该项目重复享受减免税优惠。

3.符合条件的技术转让所得

符合条件的技术转让所得免征、减征企业所得税,是指一个纳税年度内居民企业转让技术所有权所得不超过500万元的部分免征企业所得税,超过500万元的部分减半征收企业所得税。

(三)加计扣除优惠政策

企业的下列支出,可以在计算应纳税所得额时加计扣除:

(1)开发新技术、新产品、新工艺发生的研究开发费用。

企业为开发新技术、新产品、新工艺发生的研究开发费用,未形成无形资产计入当期损益的,在按照规定实行100%扣除的基础上,按照研究开发费用的50%加计扣除;形成无形资产的,按照无形资产成本的150%摊销。

(2)安置残疾人员及国家鼓励安置的其他就业人员所支付的工资。

企业安置残疾人员的,在按照支付给残疾职工工资据实扣除的基础上,按照支付给上述人员工资的100%加计扣除。

(四)创业投资额抵扣政策

创业投资企业采取股权投资方式投资于未上市的中小高新技术企业2年以上的,可以按照其投资额的70%在股权持有满2年的当年抵扣该创业投资企业的应纳税所得额;当年不足抵扣的,可以在以后纳税年度结转抵扣。

(五)减计收入优惠政策

企业综合利用资源,生产符合国家产业政策规定的产品所取得的收入,可以在计算应纳税所得额时减计收入。这里所谓的"减计收入",是指企业以《资源综合利用企业所得税优惠目录》规定的资源作为主要原材料,生产非国家限制和禁止并符合国家和行业相关标准的产品取得的收入,减按90%计入收入总额。

该优惠政策相当于无限期延长减免期限,采用直接减计收入的形式拓展了减免基数,使税收优惠政策更加科学合理。

（六）税额抵免政策

企业购置并实际使用《环境保护专用设备企业所得税优惠目录》《节能节水专用设备企业所得税优惠目录》和《安全生产专用设备企业所得税优惠目录》规定的环境保护、节能节水、安全生产等专用设备,其设备投资额的10%可以从企业当年的应纳税额中抵免;当年不足抵免的,可以在以后5个纳税年度结转抵免。

值得注意的是,享受该项企业所得税优惠的环境保护、节能节水、安全生产等专用设备,应当是企业实际购置并自身实际投入使用的设备;企业购置上述设备在5年内转让、出租的,应当停止执行本条规定的企业所得税优惠政策,并补缴已经抵免的企业所得税税款。税法界定"环境保护,节能节水,安全生产"实行投资抵免,支持对社会层面的投资,而不是简单企业层面如增加效能、增加产量的技术改造,扩大了外延,更具广泛性和针对性。

二、企业所得税优惠政策的税收筹划方法

（一）选择投资方向

《企业所得税法》是以"产业优惠为主、区域优惠为辅"作为税收优惠的导向。无论是初次投资还是增加投资都可以根据税收优惠政策加以选择,充分享受税收产业优惠政策。

1. 选择减免税项目投资

第一,投资于农、林、牧、渔业项目的所得,可以免征、减征企业所得税。投资于基础农业,如蔬菜、谷物、薯类、油料、豆类、棉花、麻类、糖料、水果、坚果的种植;牲畜、家禽的饲养、农作物新品种的选育等可以享受免征企业所得税待遇。投资于高收益的农、林、牧、渔业项目可以减半征收企业所得税。

第二,投资于公共基础设施项目、环境保护、节能节水项目从项目取得第一笔生产经营收入所属纳税年度起实行"三免三减半"税收优惠。

2. 创业投资企业对外投资的筹划

创业投资企业从事国家需要重点扶持和鼓励的创业投资,可以按投资额的一定比例抵扣应纳税所得额。抵扣应纳税所得额,是指创业投资企业采取股权投资方式投资于未上市的中小高新技术企业2年以上的,可以按照其投资额的70%在股权持有满2年的当年抵扣该创业投资企业的应纳税所得额;当年不足抵扣的,可以在以后纳税年度结转抵扣。

【案例5-18】 甲创业投资有限责任公司于2018年采取股权投资方式投入资本2 000万元,在某高新技术开发区设立A高新技术企业（小型）,职工人数120人,A企业已经通过高新技术企业认定。当年实现利润200万元,2019年实现利润300万元,2020

年1月甲公司把A企业的股权转让,转让价格3 700万元。

(1)甲公司工商登记为"创业投资有限责任公司",经营范围符合《创业投资企业管理暂行办法》规定,投资设立的A公司已经通过高新技术企业认定,可以享受按投资额的一定比例抵扣应纳税所得额的优惠。

(2)甲公司是A企业的投资方,享有100%的股权。A企业是高新技术开发区的高新技术企业,根据财税〔2000〕25号规定,对我国境内新办软件生产企业经认定后,自开始获利年度起,第一年和第二年免征企业所得税,第三年至第五年减半征收企业所得税。A企业两年免征企业所得税,两年获利500万元,全部分配给甲公司,因是居民企业之间的投资分红,所以免税。

(3)2020年1月甲公司把A企业的股权转让,转让价格3 700万元。

$$股权转让所得 = 3\ 700万元 - 2\ 000万元 = 1\ 700万元$$

甲公司可以按投资额的70%予以抵免:

甲公司投资抵扣应纳税所得额的限额 = 2 000万元 × 70% = 1 400万元

股权转让所得应缴企业所得税 = (1 700 - 1 400)万元 × 25% = 75万元

(二)利用企业所得税的优惠政策节税

【案例5-19】 某非关联科技企业有一项技术转让给大庆石化总厂,技术转让总价值1 000万元,现有两个投资方案可供选择:

方案一:某非关联科技企业2019年全部技术转让。

方案二:某非关联科技企业将技术转让分成两部分,2019年技术转让价值为500万元,2020年技术转让价值为500万元。

方案一技术转让所得应纳所得税为62.5[0 + (1 000 - 500) × 25% × (1 - 50%)]万元,税后收益为937.5万元;方案二技术转让所得应纳所得税为0万元,税后收益为1 000万元;方案二比方案一税后收益多62.50万元。方案二为最优方案,故筹划时应选择方案二。

本章小结

企业所得税是对企业的生产、经营所得和其他所得征收的一种税。企业所得税涉及范围较广,其应纳税额与收入、成本、费用等密切相关,筹划空间较大。企业所得税筹划主要包括:纳税主体身份的选择和纳税主体身份的转变;收入筹划、成本费用筹划和亏损弥补的筹划;享受低税率的筹划;利用税收优惠政策的纳税筹划。

【关键术语】

居民企业 非居民企业 权责发生制 子公司 分公司

复习思考题

1. 居民企业与非居民企业有何区别? 请简述居民企业与非居民企业所适用的税收政策。

2. 子公司和分公司在税收筹划方面有何区别?

3. 简述企业所得税计税依据筹划的方法。

4. 企业所得税纳税人的筹划一般从哪些角度切入?

5. 如何进行收入的筹划?

6. 如何筹划企业所得税的税前扣除项目?

练习题

一、名词解释

预提所得税制度

二、简答题

《企业所得税法》第二十八条规定:国家需要重点扶持的高新技术企业,减按15%的税率征收企业所得税。这里所说的高新技术企业必须满足哪些条件?

三、单项选择题

1. 下列各项收入中,须计入应纳税所得额计算缴纳企业所得税的有(　　)。

A. 国债利息收入

B. 存款利息收入

C. 财政拨款

D. 符合条件的居民企业之间的股息、红利等权益性收益

2. 2019年A集团公司总部实现商品销售收入6 000万元,股权转让收入800万元,债务重组收益200万元,发生的收入相配比的成本费用总额6 500万元,其中业务招待费支出80万元。假定不存在其他纳税调整事项,2019年度该企业应缴纳企业所得税(　　)万元。

　　A. 543　　　　　　　B. 201. 4　　　　　　C. 506. 5　　　　　　D. 136. 5

3. A商场位于县城(增值税一般纳税人),2019年10月1—7日进行优惠活动,将一部分进价200元/件(取得了增值税专用发票)、原价450元/件(商品折扣价款与销售价款开具在同一张发票上)的服装,以9折销售,该商场暂不涉及其他业务,该商场销售一件商品应缴纳企业所得税(　　)元。(以上价格均为不含税价格,企业所得税税率为25%,增值税税率为13%。)

　　A. 34. 85　　　　　　B. 2. 788　　　　　　C. 3. 417　　　　　　D. 50. 58

4. 企业取得的( )利息收入免征企业所得税。

A. 国债   B. 国家重点建设债券

C. 金融债券   D. 外国政府债券

5. 不能达到节税目的的租金支出的纳税筹划是( )。

A. 使租金支出费用最大化

B. 合理分配跨期费用

C. 取得合法凭证

D. 在支出水平相等的情况下,以融资租赁方式承租

6. 下列不属于企业所得税纳税人的是( )。

A. 国有企业   B. 外商投资企业   C. 小微企业   D. 个人独资企业

7. 下列项目收入中,不需要计应纳税所得额的有( )。

A. 企业债券利息收入   B. 居民企业之间股息收益

C. 非货币性交易收入   D. 接受捐赠的实物资产价值

8. 下列税金在计算企业应纳税所得额时,不得从收入总额中扣除的是( )。

A. 土地增值税   B. 消费税   C. 增值税   D. 印花税

9. 甲制药厂 2019 年销售收入 3 000 万元,转让技术使用权收入 200 万元,广告费支出 600 万元,业务宣传费 40 万元,则计算应纳税所得额时调整所得( )。

A. 调增应纳税所得额 160 万元   B. 调增应纳税所得额 190 万元

C. 调减应纳税所得额 160 万元   D. 调减应纳税所得额 190 万元

10. 甲企业 2019 年度利润总额为 400 万元,未调整捐赠前的所得额为 500 万元。当年"营业外支出"账户中列支了通过当地教育部门向农村义务教育的捐赠 60 万元。该企业 2019 年应缴纳的企业所得税为( )。

A. 125 万元   B. 128 万元   C. 134. 5 万元   D. 162. 5 万元

四、多项选择题

1. 下列各项中,不得计算折旧或摊销在企业所得税税前扣除的有( )。

A. 外购商标权   B. 自创商誉

C. 单独估价作为固定资产入账的土地   D. 盘盈的固定资产

2. 下列各项中,在计算企业所得税时,允许在应纳税所得额中据实扣除的有( )。

A. 企业依照国务院有关主管部门规定为职工缴纳的基本保险

B. 合理的工资、薪金支出

C. 公益性捐赠支出

D. 企业的广告费和业务宣传费

3. 根据企业所得税法的规定,下列项目中属于不征税收入的有( )。

A. 财政拨款

B. 国债利息收入

C. 金融债券利息收入

D. 依法收取并纳入财政管理的行政事业性收费、政府性基金

4. 企业下列项目的所得免征企业所得税。(　　)

A. 坚果的种植　　　　B. 农产品初加工　　C. 林木的培育　　　　D. 花卉的种植

5. 企业所得税法所说的关联企业,是指与企业有特殊经济关系的公司、企业和其他经济组织。特殊经济关系包括(　　)。

A. 在资金方面存在直接或间接的拥有或者控制

B. 在经营方面存在直接或间接的拥有或者控制

C. 在购销方面存在直接或间接的拥有或者控制

D. 直接或间接地同为第三者所拥有或者控制

五、判断题

1. 居民企业和中国境内设有机构、场所且所得与机构、场所有关联的非居民企业适用税率为25%。　　　　　　　　　　　　　　　　　　　　　　　　　(　　)

2. 国家重点扶持的高新技术企业减按15%税率征收企业所得税。　(　　)

3. 小型微利企业减按20%的所得税税率征收企业所得税。　　　(　　)

4. 企业与其关联方之间的业务往来,不符合独立交易原则而减少企业或者其关联方应纳税收入或者所得额的,税务机关有权按照合理方法调整。　　　　　(　　)

5. 在计算企业所得税时,企业以买一赠一等方式组合销售本企业商品的,不属于捐赠,应将总的销售金额按各项商品的公允价值的比例来分摊确认各项的销售收入。

(　　)

六、案例分析题

1. 甲企业2019年的会计利润预计为100万元(扣除捐赠后的利润额),计划通过公益性组织捐赠8万元,直接向受赠单位捐赠4万元。不考虑其他纳税调整因素,计算该企业年应缴纳的企业所得税。请对其进行纳税筹划。

2. 甲企业计划2019年度的业务招待费支出为150万元,业务宣传费支出为120万元,广告费支出为480万元。该企业2019年度的预计销售额8 000万元。请对其进行纳税筹划。

3. 甲商业企业资产总额900万元,有职工70人。该企业预计2019年全年实现应纳税所得额为300.2万元。请对其进行纳税筹划。

4. 某企业有闲置资金500万元。已知:当期银行1年期定期存款利率为1.85%,国家发行的3年期国债利率为3%,国家发行的3年期重点建设债券年利率为4%。该企业应该如何运用这笔闲置资金?

5. 深圳某工业企业,2007年使用了一笔10 000万元银行流动资金贷款建设厂房,假设以上银行贷款年利率为6%。企业财务部门为尽快发挥利息的抵税作用,在贷款时拟申请流动资金贷款,并拟将全部贷款利息费用化,以加大当年费用。这一做法是否正确?税务上是否有利?(提示:2008年中国所得税制大改革,深圳特区的税率分5年,由15%上调到25%。根据《国务院关于实施企业所得税过渡优惠政策的通知》,自2008年1月1日起,原享受低税率优惠政策的企业,在新税法施行后5年内逐步过渡到法定税率。其中享受企业所得税15%税率的企业,2008年按18%税率执行,2009年按20%税率执行,

2010 年按 22% 税率执行,2011 年按 24% 税率执行,2012 年按 25% 税率执行。)

【延伸阅读】

汶川地震时主要捐赠模式的税负比较

1. 企业现金捐赠和企业个人股东现金捐赠相结合的模式

企业现金捐赠和企业个人股东现金捐赠相结合是向汶川地震灾区捐赠中比较典型的模式。如 2008 年 5 月 13 日上午,大连万达集团率先通过四川省慈善总会向受灾地区捐款 500 万元,之后大连万达集团各地子公司又向陕西、重庆等灾区捐款 400 万元。与此同时,大连万达集团员工个人捐款近 600 万元,人均捐款 1 060 元。5 月 21 日,在得知都江堰市中医院在此次地震中被严重毁损,人民群众看病难上加难的情况后,王健林董事长果断决定再捐资 6 000 万元,以最快速度为都江堰市重建一座震不倒、水准高的新型中医院。同时他还宣布,大连万达集团将再捐 3 000 万元,专门用于四川灾区其他项目的重建。

根据国家税务总局 2008 年 5 月 19 日发布的《关于认真落实抗震救灾及灾后重建税收政策问题的通知》(财税〔2008〕62 号),企业发生的公益性捐赠支出,按《企业所得税法》及其《企业所得税法实施条例》的规定在计算应纳税所得额时扣除。《企业所得税法》规定,企业发生的公益性捐赠支出,在年度利润总额 12% 以内的部分,准予在计算应纳税所得额时扣除。但《关于个人向地震灾区捐赠有关个人所得税征管问题的通知》(国税发〔2008〕55 号)规定,个人捐赠金额允许在个人所得税税前全额扣除,不受比例限制。

从这几项税收条款可以看出,企业捐赠中会不会额外承担税收负担的上线是年度利润总额 12% 以内的部分,而个人捐赠则不受限制。因此,选择该模式对企业节约税收支出有很大帮助。

2. 提供无偿劳务捐赠模式

如地震发生后的 4 天内,麦当劳有限公司(简称"麦当劳")共向灾区提供了超过 4 万份巨无霸汉堡包。根据《营业税暂行条例实施细则》第四条规定,有偿提供应税劳务、有偿转让无形资产或者有偿转让不动产所有权需要缴纳营业税。与之相对应,企业无偿提供的劳务则不需要缴纳营业税。麦当劳免费提供的食物不征收营业税。但《企业所得税法实施条例》第二十五条规定,企业发生非货币性资产交换,以及将货物、财产、劳务用于捐赠、偿债、赞助、集资、广告、样品、职工福利或者利润分配等用途的,应当视同销售货物、转让财产或者提供劳务,但国务院财政、税务主管部门另有规定的除外。企业的公益性捐赠为实物或者劳务,在企业所得税的处理上都应视同销售,只是其发生的成本可以在企业所得税前扣除,也就是说企业无偿提供劳务仍应按视同销售征收企业所得税。

很明显,企业提供无偿劳务,即劳务捐赠应分解为按公允价值视同销售和捐赠两项业务进行所得税处理,需要缴纳企业所得税,如果无法取得捐赠凭证,则属于与取得收入无关的支出。假定麦当劳巨无霸汉堡包售价为 20 元/只,成本是 10 元/只,向灾区无偿提供 4 万只巨无霸汉堡包应缴纳企业所得税 10 万元。类似麦当劳无偿提供食物的捐赠方式,由于是面向个体消费者无偿捐赠,通常无法取得捐赠凭证,不能税前扣除,是纳税成本最高的捐赠方式之一,需要谨慎采用。尽管在现实生活中,一旦发生大的灾害,灾区及其周边地区的生产、商贸企业就需要马上承担起物资供应的任务,这时主要以无偿劳务捐赠为主,鼓励企业加大捐赠力度对受灾地区的生活安定将起到积极作用。

3. 提供企业自产应缴增值税产品捐赠模式

对生产型企业而言,捐赠自产应缴增值税产品是一种既能体现社会责任又能避免一次性支出现金过多的捐赠模式。如汶川地震发生后,扬子江药业集团董事长徐镜人在第一时间作出通过江苏省红十字会向地震灾区捐赠价值为1 000万元的药品的决定,扬子江药业集团分布在四川、北京等地的子公司也捐出价值为500万元的药品,支持灾区抗震救灾。5月20日,扬子江药业集团又通过国家计生委向四川灾区捐赠价值为500万元的药品。

按照《增值税暂行条例实施细则》第四条的规定,单位或个体经营者将自产、委托加工或购买的货物无偿赠送他人,视同销售货物,需要缴纳增值税。《企业所得税法实施条例》第二十五条规定,企业的捐赠为实物,还应缴纳所得税。扬子江药业集团向四川灾区捐赠价值为2 000万元的药品,按照视同销售货物处理,需要缴纳增值税。对于非货币性资产捐赠,需要由接受捐赠的慈善机构委托专业机构评估,确定其公允价值,将公益性捐赠凭证开具给扬子江药业集团,扬子江药业集团则可以税法规定的限额在所得税前扣除。因此,对企业而言,捐赠灾区急需的药品、食品、帐篷等救灾物资,在获得节税收益的同时可以减少现金支出、加速存货周转,这也是企业可选择的捐赠方式。

4. 提供无偿使用设备模式

对生产耐用资本品的企业而言,提供无偿使用设备是一种税负较轻的捐赠模式。所提供设备在灾情结束时还可以有残值收回,也不涉及劳务提供,不存在所得税问题,所提供设备往往也能够发挥关键性作用。至于使用过程中发生的相关油费、过路过桥费、维修费等支出一般比较容易取得捐赠凭证并入捐赠总额,按会计利润的12%限额扣除。如果无法取得捐赠凭证则属于与取得收入无关的支出,不允许列支。这是一种税收负担较轻的捐赠模式。

5. 通过下设公益基金会进行捐赠的模式

最典型的是腾讯模式。腾讯公司是本次赈灾行动中反应最快、捐赠力度最大的互联网企业之一。汶川地震发生后,腾讯公司慈善基金会立即启动了紧急救援机制,协助救灾工作。腾讯公司联合中国红十字总会壹基金计划,启动第一个"5·12地震"网络募捐平台。5月15—20日,腾讯网友在线捐赠突破2 000万元,创下互联网公益性捐赠数额的最高纪录。5月20日,中国红十字总会开具了一份特殊的赈灾捐款证明——《腾讯网友地震捐款的确认函》(简称《确认函》),为了确保网友捐款使用的透明度及公信力,中国红十字总会在《确认函》中指出:全球四大会计师事务所之一的德勤华永会计师事务所有限公司将对善款的使用进行审计,同时向公众详细介绍善款的募集和使用情况,接受媒体以及社会公众的共同监督。

腾讯公司成立的腾讯公益慈善基金会,是国内首个互联网企业公益基金组织,该慈善基金会面向社会实施慈善救助和开展公益活动,属于国家民政部门主管的全国性非公募基金,不接受外界捐赠。该慈善基金会的启动资金就是网友在线捐赠的2 000万元,依靠企业内部持续的利润投入运作,年末要编制企业社会责任报告,包括慈善基金会的工作总结报告和具体的财务审核报告、资金流向报告等。

按照税法的规定,腾讯公司投入到基金会的资金,在会计利润12%以内的部分准予扣除。由于企业会计利润的核算具有滞后性,为了确保公益性捐赠在税前扣除限额以内,腾讯公司以"内部借款"名义将捐赠资金划拨给腾讯公益慈善基金会,将不允许税前扣除的捐赠结转到以后年度扣除。另据《企业所得税法》第二十六条规定,符合条件的非营利组织的收入为免税收入。公益基金会属于非营利公益组织,其收入免税,而其相关支出允许据实列支,这种实质上为免税的单位,不受捐赠额度的限制。因此,腾讯公益慈善基金会作为免税单位,搭建了一个公益性捐赠网络平台,通过公开、高效的捐赠运作模式,将企业公益性捐赠的优势发挥到极致,是最节税的捐赠模式,值得提倡。但是,这一方式只适用于一些规模较大的企业,对中小企业并不合适。因为在实际操作中,公益基金会的设立和维持成本较高,其操作难度很大。《企业所得税法实施条例》第八十四条规定,公益基金会必须同时符合七个条件才能免税,其成立需要符合一定的条件并有规定的程序,而且受基金管理的限制,资金的用途、使用时间、票据的开具等,都会受到约束和限制。

6. 集体决策的捐赠——上海家化模式

对企业公益性捐赠数额的选择十分重要:捐赠数额过高,超出抵扣限额部分,必须缴纳25%的企业所得税,这无疑会加重企业的税收负担;捐赠数额过低,企业会显得"小气",可能遭遇非议。

上海家化联合股份有限公司(简称"上海家化")将赈灾捐款额度的选择权交给了员工。5月12日地震灾害发生以后,上海家化决定通过综合民意调查确定捐款的额度。在综合了大部分员工的意见后,上海家化决定捐赠300万元。由于捐赠行为涉及股东权益,上海家化以发布公告的形式告知投资者,同时发起员工捐款。上海家化通过员工投票的方式决定捐赠的数额,体现了集体决策的智慧,而通过发布公告告知投资者,做到了信息公开,同时也宣传了企业的善举。

通过以上分析可以看出,按照目前的相关法律规定,从捐赠模式看,现金捐赠模式税收负担最轻,当然,现金捐赠模式需要企业有充裕的现金流。现金捐赠模式中,最好以个人名义捐赠,其次是以公益基金会捐赠,最后是以企业名义直接捐赠。捐赠金额税前扣除还需要注意捐赠渠道和取得相应凭证。

第六章　新个人所得税及其税收筹划

【学习目标】

本章首先全面阐述了新修订的个人所得税法规,然后从居民纳税人与非居民纳税人的转换,企业所得税纳税人与个人所得税纳税人的选择,综合所得、经营所得、利息、股息、红利所得、财产租赁所得、财产转让所得、偶然所得临界点的筹划,利用税收优惠政策的筹划等方面探讨了个人所得税筹划方法和技巧。通过本章的学习,掌握个人所得税筹划的要领,并针对具体情况设计具体的筹划方案。

【开篇案例】

2019年春节长假过后第一个工作日,某公司的员工们对上一年度的年终奖犯了糊涂。年前大家欢欢喜喜地拿了年终奖各自回家,年后上班才谈论起各自实际拿到的年终奖。平时每月工资都一样是40 000元,一位同事业绩较好,老板发了300 001元的年终奖,税后有227 660.75元。另一位同事业绩略差,发了300 000元的年终奖,税后却有241 410元。一扣税,业绩较好的员工年终奖比业绩略差的员工还少了13 749.25元。如果你是该公司的财务人员,如何避免这样的事情发生?

个人所得税是对自然人取得的各项应税所得征收的一种税。它是一个世界范围内普遍开征的税种,特别是在发达国家的税收体系中占据着主体税种的地位。在我国,个人所得税收入占税收总额的比重约为6%,并呈逐年上升趋势。工资薪金所得项目个人所得税收入占个人所得税总收入为50%~60%,工薪阶层多年来稳定地承担着缴纳个人所得税的"主力军"角色,个人所得税也因此被戏称为"工资所得税"。因此,对个人所得税进行筹划,尤其是对工资薪金所得项目个人所得税进行筹划是十分必要的。

第一节　个人所得税法规

一、个人所得税改革的主要内容

2018 年 8 月 31 日,十三届全国人大常委会第五次会议表决通过了关于修改个人所得税法的决定。修订通过的新个税法已于 2019 年 1 月 1 日起施行,其中自 2018 年 10 月 1 日至 2018 年 12 月 31 日,工资薪金所得先行享有变动后的起征点和综合所得税率表。

(1)这是我国个税法实施以来的第四次修订,基本费用减除标准从 3 500 元/月提至 5 000 元/月。

(2)扩大了 3%、10%、20% 三档低税率的级距。

(3)迈出了向"分类与综合相结合"税制的第一步,工资薪金、劳务报酬、稿酬和特许权使用费四项收入先行纳入综合征税范围,按年综合纳税,适用统一的 3% ~45% 超额累进税率。

(4)考虑个人负担的差异性,这次个税法修订还增加了子女教育支出、继续教育支出、大病医疗支出、住房贷款利息和住房租金、赡养老人支出五项专项附加扣除。

二、个人所得税纳税义务人

在中国境内有住所,或者无住所而一个纳税年度内在中国境内居住累计满 183 天的个人,为居民个人。居民个人从中国境内和境外取得的所得,依法缴纳个人所得税。

在中国境内有住所,是指因户籍、家庭、经济利益关系而在中国境内习惯性居住;所称从中国境内和境外取得的所得,分别是指来源于中国境内的所得和来源于中国境外的所得。

在中国境内无住所又不居住,或者无住所而一个纳税年度内在中国境内居住累计不满 183 天的个人,为非居民个人。非居民个人从中国境内取得的所得,依法缴纳个人所得税。

纳税年度,自公历 1 月 1 日起至 12 月 31 日止。

个人所得税以所得人为纳税人,以支付所得的单位或者个人为扣缴义务人。

三、个人所得税征税范围

下列各项个人所得,应当缴纳个人所得税:

(1)工资、薪金所得;

(2)劳务报酬所得;

(3)稿酬所得;

(4)特许权使用费所得;

(5)经营所得;

（6）利息、股息、红利所得；

（7）财产租赁所得；

（8）财产转让所得；

（9）偶然所得。

居民个人取得的工资、薪金所得、劳务报酬所得、稿酬所得、特许权使用费所得（以下称"综合所得"），按纳税年度合并计算个人所得税；非居民个人取得的工资、薪金所得、劳务报酬所得、稿酬所得、特许权使用费所得，按月或者按次分项计算个人所得税。纳税人取得的经营所得、利息、股息、红利所得、财产租赁所得、财产转让所得、偶然所得，依法规定分别计算个人所得税。

四、个人所得税的税率

1.综合所得

（1）居民个人取得综合所得适用3%～45%的超额累进税率，见表6-1。

表6-1　个人所得税税率表（综合所得适用）

级数	全年应纳税所得额	税率/%	速算扣除数
1	不超过36 000元	3	0
2	超过36 000元至144 000元的部分	10	2 520
3	超过144 000元至300 000元的部分	20	16 920
4	超过300 000元至420 000元的部分	25	31 920
5	超过420 000元至660 000元的部分	30	52 920
6	超过660 000元至960 000元的部分	35	85 920
7	超过960 000元的部分	45	181 920

注：全年应纳税所得额，是指居民个人取得综合所得以每一纳税年度的收入额减除费用6万元以及专项扣除、专项附加扣除和依法确定的其他扣除后的余额。

（2）非居民个人工资、薪金所得，劳务报酬所得，稿酬所得，特许权使用费所得适用税率见表6-2。

表6-2　个人所得税税率表

级数	应纳税所得额	税率/%	速算扣除数
1	不超过3 000元	3	0
2	超过3 000元至12 000元的部分	10	210
3	超过12 000元至25 000元的部分	20	1 410
4	超过25 000元至35 000元的部分	25	2 660
5	超过35 000元至55 000元的部分	30	4 410

续表

级数	应纳税所得额	税率/%	速算扣除数
6	超过 55 000 元至 80 000 元的部分	35	7 160
7	超过 80 000 元的部分	45	15 160

2. 经营所得

个人经营所得适用5% ~ 35%的超额累进税率,见表6-3。

表6-3 个人所得税税率表(经营所得适用)

级数	全年应纳税所得额	税率/%	速算扣除数
1	不超过 30 000 元	5	0
2	超过 30 000 元至 90 000 元的部分	10	1 500
3	超过 90 000 元至 300 000 元的部分	20	10 500
4	超过 300 000 元至 500 000 元的部分	30	40 500
5	超过 500 000 元的部分	35	65 500

注:全年应纳税所得额,是指以每一纳税年度的收入总额减除成本、费用以及损失后的余额。

3. 其他所得

利息、股息、红利所得,财产租赁所得,财产转让所得和偶然所得,适用比例税率,税率为20%。《财政部、国家税务总局关于调整住房租赁市场税收政策的通知》(财税〔2000〕125号)第三条:对个人出租房屋取得的所得暂减按10%的税率征收个人所得税。

五、应纳税所得额的计算

(1)居民个人的综合所得,以每一纳税年度的收入额减除费用6万元以及专项扣除、专项附加扣除和依法确定的其他扣除后的余额,为应纳税所得额。

(2)非居民个人的工资、薪金所得,以每月收入额减除费用5 000元后的余额为应纳税所得额;劳务报酬所得、稿酬所得、特许权使用费所得,以每次收入额为应纳税所得额。

(3)经营所得,以每一纳税年度的收入总额减除成本、费用以及损失后的余额,为应纳税所得额。

成本、费用,是指生产、经营活动中发生的各项直接支出和分配计入成本的间接费用以及销售费用、管理费用、财务费用;所称损失,是指生产、经营活动中发生的固定资产和存货的盘亏、毁损、报废损失,转让财产损失,坏账损失,自然灾害等不可抗力因素造成的损失以及其他损失。

取得经营所得的个人,没有综合所得的,计算其每一纳税年度的应纳税所得额时,应当减除费用6万元、专项扣除、专项附加扣除以及依法确定的其他扣除。专项附加扣除在办理汇算清缴时减除。

从事生产、经营活动，未提供完整、准确的纳税资料，不能正确计算应纳税所得额的，由主管税务机关核定应纳税所得额或者应纳税额。

（4）财产租赁所得，每次收入不超过 4 000 元的，减除费用 800 元；4 000 元以上的，减除 20% 的费用，其余额为应纳税所得额。

（5）财产转让所得，以转让财产的收入额减除财产原值和合理费用后的余额，为应纳税所得额。

（6）利息、股息、红利所得和偶然所得，以每次收入额为应纳税所得额。

劳务报酬所得、稿酬所得、特许权使用费所得以收入减除 20% 的费用后的余额为收入额。稿酬所得的收入额减按 70% 计算。

个人将其所得对教育、扶贫、济困等公益慈善事业进行捐赠，捐赠额未超过纳税人申报的应纳税所得额 30% 的部分，可以从其应纳税所得额中扣除；国务院规定对公益慈善事业捐赠实行全额税前扣除的，从其规定。

个人将其所得对教育、扶贫、济困等公益慈善事业进行捐赠，是指个人将其所得通过中国境内的公益性社会组织、国家机关向教育、扶贫、济困等公益慈善事业的捐赠。此处所称应纳税所得额，是指计算扣除捐赠额之前的应纳税所得额。

专项扣除，包括居民个人按照国家规定的范围和标准缴纳的基本养老保险、基本医疗保险、失业保险等社会保险费和住房公积金等；专项附加扣除，包括子女教育、继续教育、大病医疗、住房贷款利息或者住房租金、赡养老人等支出，具体范围和标准按照国家规定。

六、个人所得税专项附加扣除政策

专项附加扣除，是指在计算综合所得应纳税额时，除了免征额和"三险一金"等专项扣除外，还允许额外扣除的项目，如子女教育等六项费用。具体政策如下：

（一）子女教育专项附加扣除

纳税人的子女接受学前教育和学历教育的相关支出，按照每个子女每年 12 000 元（每月 1 000 元）的标准定额扣除。

学前教育包括年满 3 岁至小学入学前教育。学历教育包括义务教育（小学和初中教育）、高中阶段教育（普通高中、中等职业教育）、高等教育（大学专科、大学本科、硕士研究生、博士研究生教育）。

受教育子女的父母分别按扣除标准的 50% 扣除；经父母约定，也可以选择由其中一方按扣除标准的 100% 扣除。具体扣除方式在一个纳税年度内不得变更。

纳税人子女在中国境外接受教育的，纳税人应当留存境外学校录取通知书、留学签证等相关教育的证明资料备查。

（二）继续教育专项附加扣除

纳税人在中国境内接受学历（学位）继续教育的支出，在学历（学位）教育期间按照每月 400 元定额扣除。同一学历（学位）继续教育的扣除期限不能超过 48 个月。纳税人接受技能人员职业资格继续教育、专业技术人员职业资格继续教育的支出,在取得相关证书的当年,按照3 600元定额扣除。

个人接受本科及以下学历(学位)继续教育,符合本办法规定扣除条件的,可以选择由其父母扣除,也可以选择由本人扣除。

纳税人接受技能人员职业资格继续教育、专业技术人员职业资格继续教育的,应当留存相关证书等资料备查。

(三)大病医疗专项附加扣除

在一个纳税年度内,纳税人发生的与基本医保相关的医药费用支出,扣除医保报销后个人负担(指医保目录范围内的自付部分)累计超过15 000元的部分,由纳税人在办理年度汇算清缴时,在80 000元限额内据实扣除。

纳税人发生的医药费用支出可以选择由本人或者其配偶扣除;未成年子女发生的医药费用支出可以选择由其父母一方扣除。

纳税人应当留存医药服务收费及医保报销相关票据原件(或者复印件)等资料备查。医疗保障部门应当向患者提供在医疗保障信息系统记录的本人年度医药费用信息查询服务。

(四)住房贷款利息专项附加扣除

纳税人本人或者配偶单独或者共同使用商业银行或者住房公积金个人住房贷款为本人或者其配偶购买中国境内住房,发生的首套住房贷款利息支出,在实际发生贷款利息的年度,按照每月1 000元的标准定额扣除,扣除期限最长不超过240个月。纳税人只能享受一次首套住房贷款的利息扣除。

这里所称的首套住房贷款是指购买住房享受首套住房贷款利率的住房贷款。

经夫妻双方约定,可以选择由其中一方扣除,具体扣除方式在一个纳税年度内不能变更。

夫妻双方婚前分别购买住房发生的首套住房贷款,其贷款利息支出,婚后可以选择其中一套购买的住房,由购买方按扣除标准的100%扣除,也可以由夫妻双方对各自购买的住房分别按扣除标准的50%扣除,具体扣除方式在一个纳税年度内不能变更。

纳税人应当留存住房贷款合同、贷款还款支出凭证备查。

(五)住房租金专项附加扣除

纳税人在主要工作城市没有自有住房而发生的住房租金支出,可以按照以下标准定额扣除:

(1)承租的住房位于直辖市、省会(首府)城市、计划单列市以及国务院确定的其他城市,扣除标准为每月1 500元。

(2)承租的住房位于其他城市,市辖区户籍人口超过100万的城市,扣除标准为每月1 100元;市辖区户籍人口不超过100万的城市,扣除标准为每月800元。

纳税人的配偶在纳税人的主要工作城市有自有住房的,视同纳税人在主要工作城市有自有住房。

市辖区户籍人口,以国家统计局公布的数据为准。

所谓的主要工作城市是指纳税人任职受雇的直辖市、计划单列市、副省级城市、地级市(地区、州、盟)全部行政区域范围;纳税人无任职受雇单位的,为受理其综合所得汇算清缴的税务机关所在城市。

夫妻双方主要工作城市相同的,只能由一方扣除住房租金支出。

住房租金支出由签订租赁住房合同的承租人扣除。

纳税人及其配偶在一个纳税年度内不能同时分别享受住房贷款利息和住房租金专项附加扣除。

纳税人应当留存住房租赁合同、协议等有关资料备查。

(六)赡养老人专项附加扣除

纳税人赡养一位及以上被赡养人的赡养支出,统一按照以下标准定额扣除:

(1)纳税人为独生子女的,按照每月 2 000 元的标准定额扣除。

(2)纳税人为非独生子女的,由其与兄弟姐妹分摊每月 2 000 元的扣除额度,每人分摊的额度不能超过每月 1 000 元。可以由赡养人均摊或者约定分摊,也可以由被赡养人指定分摊。约定或者指定分摊的须签订书面分摊协议,指定分摊优先于约定分摊。具体分摊方式和额度在一个纳税年度内不能变更。

这里所称的被赡养人是指年满 60 岁的父母,以及子女均已去世的年满 60 岁的祖父母、外祖父母。这里所称的父母,是指生父母、继父母、养父母。本办法所称子女,是指婚生子女、非婚生子女、继子女、养子女。父母之外的其他人担任未成年人的监护人的,比照《个人所得税专项附加扣除暂行办法》规定执行。

七、居民个人取得综合所得应纳个人所得税预扣预缴计算办法

居民个人取得综合所得,按年计算个人所得税;有扣缴义务人的,由扣缴义务人按月或者按次预扣预缴税款;需要办理汇算清缴的,应当在取得所得的次年 3 月 1 日至 6 月 30 日办理汇算清缴。

(一)工资薪金个税按照累计预扣法预扣预缴税款

依据国家税务总局公告 2018 年第 61 号规定,扣缴义务人向居民个人支付工资、薪金所得时,应当按照累计预扣法计算预扣税款,并按月办理扣缴申报,适用个人所得税预扣率见表6-4。

表 6-4　个人所得税预扣率

(居民个人工资、薪金所得预扣预缴适用)

级数	累计预扣预缴应纳税所得额	预扣率/%	速算扣除数
1	不超过 36 000 元	3	0
2	超过 36 000 元至 144 000 元的部分	10	2 520
3	超过 144 000 元至 300 000 元的部分	20	16 920

续表

级数	累计预扣预缴应纳税所得额	预扣率/%	速算扣除数
4	超过 300 000 元至 420 000 元的部分	25	31 920
5	超过 420 000 元至 660 000 元的部分	30	52 920
6	超过 660 000 元至 960 000 元的部分	35	85 920
7	超过 960 000 元的部分	45	181 920

1. 累计预扣法定义

累计预扣法是指,扣缴义务人在一个纳税年度内,以截至当前月份累计支付的工资薪金所得收入额减除累计基本减除费用、累计专项扣除、累计专项附加扣除和依法确定的累计其他扣除后的余额为预缴应纳税所得额。对照综合所得税率表,计算出累计应预扣预缴税额,减除已预扣预缴税额后的余额,作为本期应预扣预缴税额。

2. 累计预扣法具体计算公式

本期应预扣预缴税额 = (累计预扣预缴应纳税所得额 × 预扣率 − 速算扣除数) − 累计减免税额 − 累计已预扣预缴税额

累计预扣预缴应纳税所得额 = 累计收入 − 累计免税收入 − 累计减除费用 − 累计专项扣除 − 累计专项附加扣除 − 累计依法确定的其他扣除

其中,累计减除费用按照 5 000 元/月乘以纳税人当年截至本月在本单位的任职受雇月份数计算。

注意事项:

(1)扣缴义务人在一个纳税年度内预扣预缴税款时,以纳税人在本单位截至当前月份工资薪金所得累计收入计算本期应预扣预缴税额,不考虑纳税人在其他单位的收入。

(2)预扣预缴时,计算出的累计应预扣预缴税额,再减除累计减免税额和累计已预扣预缴税额,其余额为本期应预扣预缴税额。余额为负值时,暂不退税。

(3)纳税年度终了后余额仍为负值时,由纳税人通过办理综合所得年度汇算清缴,税款多退少补。

(4)专项扣除,包括居民个人按照国家规定的范围和标准缴纳的基本养老保险、基本医疗保险、失业保险等社会保险费和住房公积金等。

(5)专项附加扣除,包括子女教育、继续教育、大病医疗、住房贷款利息或者住房租金、赡养老人等支出。

(6)其他扣除,包括个人缴付符合国家规定的企业年金、职业年金,个人购买符合国家规定的商业健康保险、税收递延型商业养老保险的支出,以及国务院规定可以扣除的其他项目。

(7)专项扣除、专项附加扣除和依法确定的其他扣除,以居民个人一个纳税年度的应纳税所得额为限额;一个纳税年度扣除不完的,不结转以后年度扣除。

(8)劳务报酬所得、稿酬所得、特许权使用费所得以收入减除20%的费用后的余额为收入额。稿酬所得的收入额减按70%计算,注意与预扣预缴时减除费用是有差异的。

3. 累计预扣法思路

第一步:计算截至当月所有工资,相当于"年"算个税。

第二步:减去截止到上月已累计缴纳税额。

第三步:计算当月需要"缴"的个税。

4. 累计预扣法案例

【案例6-1】 曾先生在甲企业任职,2019年1—12月每月在甲企业取得工资薪金收入16 000元,无免税收入;每月缴纳三险一金2 500元,从1月开始享受子女教育和赡养老人专项附加扣除共计为3 000元,无其他扣除。另外,2019年3月取得劳务报酬收入3 000元,稿酬收入2 000元,6月取得劳务报酬收入30 000元,特许权使用费收入2 000元。

工资薪金所得预扣预缴计算过程如下:

(1)2019年1月:

1月累计预扣预缴应纳税所得额 = 累计收入 − 累计免税收入 − 累计减除费用 − 累计专项扣除 − 累计专项附加扣除 − 累计依法确定的其他扣除 = 16 000元 − 5 000元 − 2 500元 − 3 000元 = 5 500元,对应税率为3%。

1月应预扣预缴税额 =(累计预扣预缴应纳税所得额×预扣率−速算扣除数)− 累计减免税额 − 累计已预扣预缴税额 = 5 500元 × 3% = 165元

2019年1月,甲企业在发放工资环节预扣预缴个人所得税165元。

(2)2019年2月:

2月累计预扣预缴应纳税所得额 = 累计收入 − 累计免税收入 − 累计减除费用 − 累计专项扣除 − 累计专项附加扣除 − 累计依法确定的其他扣除 = 16 000元 × 2 − 5 000元 × 2 − 2 500元 × 2 − 3 000元 × 2 = 11 000元,对应税率为3%。

2月应预扣预缴税额 =(累计预扣预缴应纳税所得额×预扣率−速算扣除数)− 累计减免税额 − 累计已预扣预缴税额 = 11 000元 × 3% − 165元 = 165元

2019年2月,甲企业在发放工资环节预扣预缴个人所得税165元。

(3)2019年3月:

3月累计预扣预缴应纳税所得额 = 累计收入 − 累计免税收入 − 累计减除费用 − 累计专项扣除 − 累计专项附加扣除 − 累计依法确定的其他扣除 = 16 000元 × 3 − 5 000元 × 3 − 2 500元 × 3 − 3 000元 × 3 = 16 500元,对应税率为3%。

3月应预扣预缴税额 =(累计预扣预缴应纳税所得额×预扣率−速算扣除数)− 累计减免税额 − 累计已预扣预缴税额 = 16 500元 × 3% − 165元 − 165元 = 165元

2019年3月，甲企业在发放工资环节预扣预缴个人所得税165元。

按照上述方法以此类推，计算得出曾先生各月个人所得税预扣预缴情况，见表6-5。

表6-5　2019年1—12月工资薪金个人所得税预扣预缴计算表　　　　单位:元

月份	工薪收入	费用扣除标准	专项扣除	附加扣除	应纳税所得额	适用税率	速算扣除数	累计应纳税额	当月应纳税额
1月	16 000	5 000	2 500	3 000	5 500	3%	0	165	165
2月	16 000	5 000	2 500	3 000	—	—	—	—	—
累计	32 000	10 000	5 000	6 000	11 000	3%	0	330	165
3月	16 000	5 000	2 500	3 000	—	—	—	—	—
累计	48 000	15 000	7 500	9 000	16 500	3%	0	495	165
4月	16 000	5 000	2 500	3 000	—	—	—	—	—
累计	64 000	20 000	10 000	12 000	22 000	3%	0	660	165
5月	16 000	5 000	2 500	3 000	—	—	—	—	—
累计	80 000	25 000	12 500	15 000	27 500	3%	0	825	165
6月	16 000	5 000	2 500	3 000	—	—	—	—	—
累计	96 000	30 000	15 000	18 000	33 000	3%	0	990	165
7月	16 000	5 000	2 500	3 000	—	—	—	—	—
累计	112 000	35 000	17 500	21 000	38 500	10%	2 520	1 330	340
8月	16 000	5 000	2 500	3 000	—	—	—	—	—
累计	128 000	40 000	20 000	24 000	44 000	10%	2 520	1 880	550
9月	16 000	5 000	2 500	3 000	—	—	—	—	—
累计	144 000	45 000	22 500	27 000	49 500	10%	2 520	2 430	550
10月	16 000	5 000	2 500	3 000	—	—	—	—	—
累计	160 000	50 000	25 000	30 000	55 000	10%	2 520	2 980	550
11月	16 000	5 000	2 500	3 000	—	—	—	—	—
累计	176 000	55 000	27 500	33 000	60 500	10%	2 520	3 530	550
12月	16 000	5 000	2 500	3 000	—	—	—	—	—
累计	192 000	60 000	30 000	36 000	66 000	10%	2 520	4 080	550

（二）劳务报酬、稿酬、特许权使用费所得的预扣预缴

依据国家税务总局公告2018年第61号规定，扣缴义务人向居民个人支付劳务报酬所得、稿酬所得、特许权使用费所得时，应当按照以下方法按次或者按月预扣预缴税款。

劳务报酬所得、稿酬所得、特许权使用费所得以收入减除费用后的余额为收入额;其中，稿酬所得的收入额减按70%计算。

减除费用:预扣预缴税款时,劳务报酬所得、稿酬所得、特许权使用费所得每次收入不超过 4 000 元的,减除费用按 800 元计算;每次收入超过 4 000 元的,减除费用按收入的 20% 计算。

应纳税所得额:劳务报酬所得、稿酬所得、特许权使用费所得,以每次收入额为预扣预缴应纳税所得额,计算应预扣预缴税额。劳务报酬所得适用个人所得税预扣率(表 6-6),稿酬所得、特许权使用费所得适用 20% 的比例预扣率。

表 6-6　个人所得税预扣率
(居民个人劳务报酬所得预扣预缴适用)

级数	预扣预缴应纳税所得额	预扣率/%	速算扣除数
1	不超过 20 000 元	20	0
2	超过 20 000 元至 50 000 元的部分	30	2 000
3	超过 50 000 元的部分	40	7 000

注意事项:

(1)劳务报酬所得、稿酬所得、特许权使用费所得,属于一次性收入的,以取得该项收入为一次;属于同一项目连续性收入的,以一个月内取得的收入为一次。

(2)居民个人办理年度综合所得汇算清缴时,应当依法计算劳务报酬所得、稿酬所得、特许权使用费所得的收入额,并入年度综合所得计算应纳税款,税款多退少补。

(3)每次减除费用区分不超过 4 000 元和 4 000 元以上,仅仅是在预扣预缴时,与年度汇算时是不同的。

(4)居民个人取得劳务报酬所得、稿酬所得、特许权使用费所得,预扣预缴时不减除专项附加扣除,应当在汇算清缴时向税务机关提供有关信息,减除专项附加扣除。

【案例 6-2】　承接【案例 6-1】,其他综合所得,即劳务报酬、稿酬、特许权使用费所得预扣预缴个人所得税计算过程如下:

(1)2019 年 3 月,取得劳务报酬收入 3 000 元,稿酬收入 2 000 元。

①劳务报酬所得预扣预缴应纳税所得额 = 每次收入 - 800 元
$$= 3 000 元 - 800 元 = 2 200 元$$

劳务报酬所得预扣预缴税额 = 预扣预缴应纳税所得额 × 预扣率 - 速算扣除数
$$= 2 200 元 × 20\% - 0 元 = 440 元$$

②稿酬所得预扣预缴应纳税所得额 = (每次收入 - 800 元) × 70%
$$= (2 000 元 - 800 元) × 70\% = 840 元$$

稿酬所得预扣预缴税额 = 预扣预缴应纳税所得额 × 预扣率 = 840 元 × 20% = 168 元

曾先生 3 月劳务报酬所得预扣预缴个人所得税 440 元;稿酬所得预扣预缴个人所得税 168 元。

(2)2019 年 6 月,取得劳务报酬 30 000 元,特许权使用费所得 2 000 元。

①劳务报酬所得预扣预缴应纳税所得额 = 每次收入 × (1 - 20%)
$$= 30 000 元 × (1 - 20\%) = 24 000 元$$

劳务报酬所得预扣预缴税额 = 预扣预缴应纳税所得额 × 预扣率 - 速算扣除数

$$= 24\,000 \, 元 \times 30\% - 2\,000 \, 元 = 5\,200 \, 元$$

②特许权使用费所得预扣预缴应纳税所得额 = 每次收入 - 800 元

$$= 2\,000 \, 元 - 800 \, 元 = 1\,200 \, 元$$

特许权使用费所得预扣预缴税额 = 预扣预缴应纳税所得额 × 预扣率

$$= 1\,200 \, 元 \times 20\% = 240 \, 元$$

曾先生 6 月劳务报酬所得预扣预缴个人所得税 5 200 元;特许权使用费所得预扣预缴个人所得税 240 元。

八、取得综合所得需要办理汇算清缴的情形

(1)从两处以上取得综合所得,且综合所得年收入额超过专项扣除额 6 万元。

(2)取得劳务报酬所得、稿酬所得、特许权使用费所得中一项或者多项所得,且综合所得年收入额超过专项扣除额 6 万元。

居民个人取得劳务报酬所得、稿酬所得、特许权使用费所得,应当在汇算清缴时向税务机关提供有关信息,减除专项附加扣除。

仅取得劳务报酬所得、稿酬所得、特许权使用费所得需要享受专项附加扣除的纳税人,应当在次年 3 月 1 日至 6 月 30 日,自行向汇缴地主管税务机关报送相关专项附加扣除信息,在办理汇算清缴申报时扣除。

(3)纳税年度内预缴税额低于应纳税额。

(4)纳税人申请退税。

居民个人的综合所得,以每一纳税年度的收入额减除费用 6 万元以及专项扣除、专项附加扣除和依法确定的其他扣除后的余额,为应纳税所得额。适用 3% ~ 45% 的超额累进税率,详见表 6-1。

【案例 6-3】 承接【案例 6-1】、【案例 6-2】,综合所得汇算清缴计算过程如下:

(1)年收入额 = 工资、薪金所得收入 + 劳务报酬所得收入 + 稿酬所得收入 + 特许权使用费所得收入 = 16 000 元 × 12 + (3 000 + 30 000) 元 × (1 - 20%) + 2 000 元 × (1 - 20%) × 70% + 2 000 元 × (1 - 20%) = 221 120 元

(2)综合所得应纳税所得额 = 年收入额 - 60 000 元 - 专项扣除 - 专项附加扣除 - 依法确定的其他扣除 = 221 120 元 - 60 000 元 - (2 500 × 12) 元 - (3 000 × 12) 元 = 95 120 元

(3)应纳税额 = 应纳税所得额 × 税率 - 速算扣除数 = 95 120 元 × 10% - 2 520 元 = 6 992 元

(4)预扣预缴税额 = 工资、薪金所得预扣预缴税额 + 劳务报酬所得预扣预缴税额 + 稿酬所得预扣预缴税额 + 特许权使用费所得预扣预缴税额 = 4 080 元 + (440 + 5 200) 元 + 168 元 + 240 元 = 10 128 元

(5)年度汇算应补(退)税额 = 应纳税额 - 预扣预缴税额 = - 3 136 元,汇算清缴应退税额 3 136 元。

第二节 个人所得税纳税人的税收筹划

一、居民纳税人与非居民纳税人的转换筹划

依据国际惯例,个人所得税的纳税人按照住所和居住时间两个标准划分为居民纳税人和非居民纳税人。居民纳税人负有无限纳税义务,就其来源于中国境内或境外的全部所得缴纳个人所得税;而非居民纳税人承担有限纳税义务,仅就其来源于中国境内的所得,向中国政府缴纳个人所得税。很明显,非居民纳税人将会承担较轻的税负。因此,不同身份纳税人纳税义务的差异,为个人所得税提供了纳税筹划空间。

(一)居民纳税人的判断标准及纳税义务

在中国境内有住所,或者无住所而一个纳税年度内在中国境内居住累计满 183 天的个人,为居民个人。居民个人从中国境内和境外取得的所得,依照个人所得税法规定缴纳个人所得税。

纳税年度,自公历 1 月 1 日起至 12 月 31 日止。个人所得税法所称在中国境内有住所,是指因户籍、家庭、经济利益关系而在中国境内习惯性居住;所称从中国境内和境外取得的所得,分别是指来源于中国境内的所得和来源于中国境外的所得。

(二)非居民纳税人的判断标准及纳税义务

在中国境内无住所又不居住,或者无住所而一个纳税年度内在中国境内居住累计不满 183 天的个人,为非居民个人。非居民个人从中国境内取得的所得,依照个人所得税法规定缴纳个人所得税。

非居民纳税人的纳税义务远轻于居民纳税人的纳税义务,因此个人在进行纳税筹划时可将居民纳税人身份变成非居民纳税人身份,从而减轻自己的税收负担。

(三)利用特殊政策筹划纳税人身份的转换

无住所个人一个纳税年度内在中国境内累计居住天数,按照个人在中国境内累计停留的天数计算。在中国境内停留的当天满 24 小时的,计入中国境内居住天数,在中国境内停留的当天不足 24 小时的,不计入中国境内居住天数。

例如,张先生为香港居民,在深圳工作,每周一早上来深圳上班,周五晚上回香港。周一和周五当天停留都不足 24 小时,因此不计入境内居住天数,再加上周六、周日 2 天也不计入,这样,每周可计入的天数仅为 3 天,按全年 52 周计算,张先生全年在境内居住天数为 156 天,未超过 183 天,不构成居民个人,张先生取得的全部境外所得,就可免缴个人所得税。

税法还规定了一些针对无住所纳税人的特殊政策:无住所个人一个纳税年度在中国境内累计居住满 183 天的,如果此前 6 年在中国境内每年累计居住天数都满 183 天而且没有任何一年单次离境超过 30 天,该纳税年度来源于中国境内、境外所得应当缴纳个人

所得税；如果此前 6 年的任一年在中国境内累计居住天数不满 183 天或者单次离境超过 30 天，该纳税年度来源于中国境外且由境外单位或者个人支付的所得，免予缴纳个人所得税。

所称的此前 6 年，是指该纳税年度的前 1 年至前 6 年的连续 6 个年度，此前 6 年的起始年度自 2019 年（含）以后年度开始计算。按此规定，2024 年（含）之前，所有无住所个人在境内居住年限都不满 6 年，其取得境外支付的境外所得都能享受免税优惠。此外，自 2019 年起任一年度如果有单次离境超过 30 天的情形，此前连续年限"清零"，重新计算。

【案例 6-4】 曾先生为香港居民，2013 年 1 月 1 日来深圳工作，2026 年 8 月 30 日回到香港工作，在此期间，除 2025 年 2 月 1 日至 3 月 15 日临时回香港处理公务外，其余时间一直停留在深圳。

曾先生在境内居住累计满 183 天的年度，如果从 2013 年开始计算，到 2019 年实际上已经满 6 年，但是由于 2018 年之前的年限一律"清零"，自 2019 年开始计算，因此，2019—2024 年，曾先生在境内居住累计满 183 天的年度连续不满 6 年，其取得的境外支付的境外所得，就可免缴个人所得税。

2025 年，曾先生在境内居住满 183 天，且从 2019 年开始计算，他在境内居住累计满 183 天的年度已经连续满 6 年（2019—2024 年），且没有单次离境超过 30 天的情形，2025 年，曾先生应就在境内和境外取得的所得缴纳个人所得税。

2026 年，由于曾先生 2025 年有单次离境超过 30 天的情形（2025 年 2 月 1 日至 3 月 15 日），其在内地居住累计满 183 天的连续年限清零，重新起算，2026 年当年曾先生取得的境外支付的境外所得，可以免缴个人所得税。

二、企业所得税纳税人与个人所得税纳税人的选择筹划

2006 年 1 月 1 日开始实施的公司法，其最大亮点就是首次明确了一名自然人股东或一名法人股东可以设立一人有限责任公司（以下简称"一人公司"）。

一人公司与个人独资企业在所得税上的差异，主要缘于二者的法律地位不同。具有法人资格的企业（股份有限公司、有限责任公司）需要缴纳 25% 的企业所得税，个人股东从股份有限公司和有限责任公司取得的税后利润需要缴纳个人所得税（税率 20%）。

不具有法人资格的企业（个人独资企业、合伙企业）不需缴纳企业所得税，投资者就其从个人独资企业和合伙企业中取得的利润按照"经营所得"缴纳个人所得税。

一般人认为，前者要缴纳两道税，税负较重，后者只缴纳一道税，税负较轻。但是，由于新企业所得税法实施后，取消了内资企业计税工资限制，这一筹划思路出现了新的变化。如果从两类企业综合因素分析，充分利用我国所得税优惠政策，合理进行筹划，便会起到不同的效果。

【案例 6-5】 某投资者计划投资设立一家企业，在个人独资企业未扣除投资者费用、一人公司未扣除投资者工资的情况下，预计 2019 年度利润为 22.4 万元。从减轻税负的角度来看，请问应设立一人公司还是个人独资企业？

法律依据

《财政部、国家税务总局关于印发〈关于个人独资企业和合伙企业投资者征收个人所得税法的规定〉的通知》(财税〔2000〕91号)规定:自2000年1月1日起,个人独资企业和合伙企业每一纳税年度的收入总额减除成本、费用以及损失后的余额,作为投资者个人的生产经营所得,比照个人所得税法的"经营所得"应税项目,适用5%~35%的五级超额累进税率,计算征收个人所得税(税率、速算扣除数见表6-3)。

应纳税所得额 = 收入总额 - (成本 + 费用 + 损失 + 准予扣除的税金)

应纳税额 = 应纳税所得额 × 适用税率 - 速算扣除数

筹划分析

(1)如果设立个人独资企业,则

应纳个人所得税额 = (224 000 - 60 000)元 × 20% - 10 500元 = 22 300元

税负率 = 22 300元 ÷ 224 000元 × 100% = 10%

(2)如果设立一人公司,由于该企业利润没有超过30万元,只要其他条件符合要求,便可享受小型微利企业的税收优惠。该投资者如果每月发放12 000元工资,则

年度工资薪金应纳个人所得税额 = (12 000 × 12 - 60 000)元 × 10% - 2 520元
= 5 580元

公司年度应纳企业所得税额 = (224 000 - 12 × 12 000)元 × 25% × 20% = 4 000元

分回股利收入应纳个人所得税额 = (224 000 - 12 × 12 000 - 4 000)元 × 20%
= 15 200元

合计应纳税额 = 5 580元 + 4 000元 + 15 200元 = 24 780元

一人公司所得税税负 = 24 780元 ÷ 224 000元 × 100% = 11%

一人公司的税负比个人独资企业的税高1个百分点,税负略高。

在上述案例中,影响两种不同企业组织形式的税负的主要因素有:①一人公司每月发放的工资;②一人公司能否享受企业所得税的税收优惠政策。

筹划小结

(1)纳税人临时离境要进行成本—收益分析,如果节省的税收额少于筹划成本,就没有必要进行筹划。如果国外的税率低于国内的税率,则作为非居民纳税人可以节税;相反,如果国外的税率高于或等于国内的税率,则这种筹划没有必要。

(2)新企业所得税法取消了计税工资限制后,由于企业利润情况的变化,个人独资企业的所得税税负并没有比一人公司低很多,并且一人公司以有限责任公司的形式出现,只承担有限责任,风险相对较小;个人独资企业由于要承担无限责任,风险较大。因此,投资者要综合考虑所得税税负及各方面的因素,选择适合自身实际情况的企业组织形式,以实现投资效益的最大化。

第三节　计税依据和税率的税收筹划

一、工资、薪金所得的纳税筹划方法

虽然工资、薪金个人所得税是由个人自己负担的,但由于我国对工资、薪金个人所得税实行源泉扣缴,实际由企业代扣代缴。而且,由于在市场竞争中人才资源所发挥的作用越来越大,不少企业为了吸引人才,往往不惜重金聘请。但是我国目前的个人所得税采取的是七级超额累进税率,最高一档的边际税率高达45%,也就是说接近一半的收入会被税务机关征去。这样一来,企业所付出的高薪中有很大一部分并没有最终到员工手中,而是缴纳了税款,企业高薪政策的效果也会大打折扣。如果企业能够进行精心筹划,统筹安排,不仅对员工有利,直接增加了员工的实际待遇,而且对企业纳税和企业效益会产生积极的影响。因此,工资、薪金所得的纳税筹划不仅是个人所得税纳税人个人的事,往往也是企业、单位的事。

（一）充分利用税前扣除

我国个人所得税相关法规规定了个人所得税税前扣除的相关政策,纳税人如能充分利用这些政策,则可以降低税负,如住房公积金、医疗保险费、基本养老保险金、失业保险费等可以在税前抵扣。特别是合理增加每个月的住房公积金,可以起到降低适用税率、节约税收支出的作用。按照住房公积金有关文件的规定,职工个人与其所在单位,各按职工月工资总额的同一比例,按月缴存住房公积金。职工个人每月缴存额等于职工每月工资总额乘以个人缴存率,单位每月缴存额等于该职工每月工资总额乘以单位缴存率,两笔资金全部存入个人账户,归职工个人所有。由于住房公积金缴存额可从工资总额中作税前扣除,免纳个人所得税,在不增加单位负担的情况下,提高公积金计提比例,减少个人所得税应纳税额,可以提高职工的实际收入水平。但应注意的是,单位和个人超过规定标准缴付的"三险一金"应计入年所得,需依法纳税。

《财政部、国家税务总局关于基本养老保险费、基本医疗保险费、失业保险费、住房公积金有关个人所得税政策的通知》(财税〔2006〕10号)规定:企事业单位按照国家或省(自治区、直辖市)人民政府规定的缴费比例或办法实际缴付的基本养老保险费、基本医疗保险费和失业保险费,免征个人所得税;个人按照国家或省(自治区、直辖市)人民政府规定的缴费比例或办法实际缴付的基本养老保险费、基本医疗保险费和失业保险费,允许在个人应纳税所得额中扣除。

单位和个人分别在不超过职工本人上一年度月平均工资12%的幅度内,其实际缴存的住房公积金,允许在个人应纳税所得额中扣除。单位和职工个人缴存住房公积金的月平均工资不得超过职工工作地所在城市上一年度职工月平均工资的3倍,具体标准按照各地有关规定执行。

【案例6-6】　2019年和2020年,某公司员工张某每月工资为9 090元,扣除按上年平均工资的 6% 计提的住房公积金后,应税工资为 8 545 元。请问:能否减轻张某的个人所得税税负?

筹划分析

筹划前:

张某年应纳个人所得税额 = (8 545 × 12 - 60 000)元 × 10% - 2 520 元 = 1 734 元

筹划过程

由于张某的住房公积金计提比例没有达到国家规定的上限,因此可以将超过第一级距上限的 6 540 元用来提高公积金个人缴纳比例至 12%。则

工资所得年应纳个人所得税额 = [9 090 × (1 - 12%) × 12 - 60 000]元 × 3%

= 1 079.71 元

筹划后节税额 = 1 734 元 - 1 079.71 元 = 654.29 元

当然,虽然提高住房公积金的个人缴纳比例可以减轻纳税人的个人所得税负,但还需用人单位配合。

(二)纳税项目选择筹划法

《个人所得税法》对于不同性质的收入,规定了不同的征税标准;对于相同性质的收入,根据收入的差异也有不同的征税标准。纳税人可以根据这些规定的不同,进行事先筹划,例如,工资、薪金所得与利息所得之间的相互转化,尽可能选择有利于减轻自身税负的项目进行纳税。

(三)一次性年终奖筹划法

1. 2019—2021 年一次性年终奖计税方式的选择

2022 年起,我国将废除年终奖单独计税的政策,年终奖将并入综合所得缴纳个人所得税。根据《财政部 税务总局关于个人所得税法修改后有关优惠政策衔接问题的通知》,居民个人取得的全年一次性奖金,在 2021 年 12 月 31 日前,可以不并入当年综合所得缴纳个人所得税。但从 2022 年 1 月 1 日起,居民个人取得的全年一次性奖金,也将并入当年综合所得缴纳个人所得税。也就是说 2019—2021 年终奖有如下两种计税方式。

(1)按全年一次性奖金计税。

步骤:

第一步:不管当月工资是多少,将全年一次性奖金除以 12,用得到的商数作为应纳税所得额,在个人所得税税率表 6-2 中找到对应的税率和速算扣除数。

第二步:计算应纳税额。计算公式:

应纳税额 = 全年一次性奖金收入 × 适用税率 - 速算扣除数

【案例 6-7】 小曾是某公司员工,2019 年 1 月取得年终奖 24 000 元。

第一步:应纳税所得额 = 24 000 元 ÷ 12 = 2 000 元,对应的税率为 3%,速算扣除数为 0。

第二步:应纳税额 = 24 000 元 × 3% - 0 = 720 元

（2）并入综合所得计税。

步骤：

第一步：假如1月取得年终奖，年终奖并入1月工资作为本月工资收入计算缴纳个人所得税。即

$$应纳税所得额 = 1月应发工资 + 年终奖 - 1月免税收入 - 5\,000\,元 \times 1 -$$
$$1月专项附加扣除 - 1月个人负担的三险一金 - 1月其他扣除$$

第二步：按累计预扣预缴法计算个人所得税。

【案例6-8】 小曾是某公司员工，2019年1月取得年终奖24\,000元，1月工资3\,000元，专项附加扣除2\,000元，个人负担的三险一金500元。

第一步：应纳税所得额 = 3\,000元 + 24\,000元 - 5\,000元 × 1 - 2\,000元 - 500元 = 19\,500元，参照个人所得税税率表6-1，对应的税率为3%，速算扣除数为0。

第二步：应纳个人所得税额 = 19\,500元 × 3% - 0 = 585元

可见，奖金计税方式不同，个人所得税的税负也不同，企业可以根据职工的工资和奖金的金额来制定奖金的计税方案。

筹划思路

当每月工资不交个人所得税或交的个人所得税较低时，应该选择并入综合所得计税；当每月工资应纳个人所得税较高时，应选择按全年一次性奖金计税。

2. 一次性年终奖发放方式的选择

在实务中，应该如何选择一次性年终奖的发放方式才能节税呢？其基本思路是：①选择临界年终奖金；②将综合所得适用最高税率的部分转移为全年一次性奖金，转移的限度为全年一次性奖金适用的税率低于或等于综合所得适用的最高税率。这样就能最大限度地享受低税率。

定量分析步骤如下：

第一步，根据表6-7，选择临界年终奖金，如36\,000元、144\,000元等。因为全年一次性奖金纳税时，按个人所得税税率表6-2对应的税率和速算扣除数计算，扣除的速算扣除数较小，更接近全额累进计税，所以超过年终奖金临界点，应纳税额增加的幅度会较大，见表6-7。

表6-7　年终奖6个临界点　　　　　　　　　　　　　　　　单位：元

年终奖临界点	应交个税额	奖金增加1元	应交个税额	奖金增加1元多交的个税
36 000	1 080	36 001	3 390.10	2 310.10
144 000	14 190	144 001	27 390.20	13 200.20
300 000	58 590	300 001	72 340.25	13 750.25
420 000	102 340	420 001	121 590.30	19 250.30
660 000	193 590	660 001	223 840.35	30 250.35
960 000	328 840	960 001	416 840.45	88 000.45

表 6-7 显示,超过年终奖临界点,即使只多发 1 元,也需要多交几千甚至几万元的税金。年终奖多发 1 元,多交的个税最高可达 88 000.45 元。比如,年终奖为 30 万元时,应纳个税 = 300 000 元 × 20% − 1 410 元 = 58 590 元,再多发 1 元,即年终奖为 300 001 元时,应纳个税 = 300 001 元 × 25% − 2 660 元 = 72 340.25 元,多缴个人所得税 13 750.25 元。

第二步,使得全年一次性奖金适用的税率低于或等于综合所得适用的最高税率。

满足上述步骤之后再设计多个薪酬方案进行选择,达到员工税后收入最大的目标。

另外,从税务筹划角度来讲,企业应当慎重发放季度奖或者半年奖,因为根据税法规定,按全年一次性奖金计税的方法,一年只能用一次,所以季度奖或者半年奖一律与当月的综合所得合并缴纳个人所得税,会提高纳税基数和税率,增加税负。当然,季度奖或半年奖在员工激励方面效果还是很明显的,企业应根据自身情况安排,不可只考虑税务因素。

【案例 6-9】　某公司员工年薪 204 000 元,在未扣除免征额的情况下,每月应税工资 17 000 元。如何使得税后收入最大? 有以下几个方案供选择,哪一个方案最优?

方案一:每月工资 17 000 元,全年总计 204 000 元。

方案二:每月工资 5 000 元,其余 144 000 元为全年一次性奖金。

方案三:每月工资 10 000 元,其余 84 000 元为全年一次性奖金。

方案四:全年一次性奖金 36 000 元,其余的每月工资 14 000 元。

筹划分析

方案一:工资所得年应纳个人所得税额 = (17 000 × 12 − 60 000) 元 × 10% − 2 520 元 = 11 880 元

全年税后收入 = 204 000 元 − 11 880 元 = 192 120 元

方案二:月工资 5 000 元,工资所得年应纳个人所得税额为 0。

年终奖金应纳个人所得税额 = 144 000 元 × 10% − 210 元 = 14 190 元

全年税后收入 = 204 000 元 − 14 190 元 = 189 810 元

方案三:工资所得年应纳个人所得税额 = (10 000 × 12 − 60 000) 元 × 10% − 2 520 元 = 3 480 元

年终奖应纳个人所得税额 = 84 000 元 × 10% − 210 元 = 8 190 元

全年合计应纳个人所得税额 = 3 480 元 + 8 190 元 = 11 670 元

全年税后收入 = 204 000 元 − 11 670 元 = 192 330 元

可见方案三税后收入更大。

方案四:工资所得年应纳个人所得税额 = (14 000 × 12 − 60 000) 元 × 10% − 2 520 元 = 8 280 元

年终奖应纳个人所得税额 = 36 000 元 × 3% = 1 080 元

全年合计应纳个人所得税额 = 8 280 元 + 1 080 元 = 9 360 元

全年税后收入 = 204 000 元 − 9 360 元 = 194 640 元

可见方案四税后收入最大。

由此可见,在设计薪酬方案时,首先应该满足工资所得最低档税率,然后再选择年终奖最低档税率,再次是选择工资所得稍高档税率,而后选择年终奖稍高档税率,以此类推作选择,达到员工税后收入最大的目标。

(四)工资薪金转企业费用化处理

收入费用化是工资薪金税务筹划的手段之一。可以将部分工资薪金转为企业费用处理,这样,既可以保障员工的福利,又提高了公司的形象与员工凝聚力。需要注意的是,增加的经营费用必须为税法准许税前扣除的项目,以保障公司利益。

(五)合理填写六项附加扣除

若能合理填写六项附加扣除,则能达到最大限度的扣除。一旦选择了具体的扣除方式,一个纳税年度内都不能变更,故做出选择之前要考虑清楚。合理的填写方法可遵循以下三原则。

1. 相同扣除额度,谁的收入高填谁

比如,住房贷款利息 1 000 元专项附加扣除,可以全部在丈夫或妻子一人名下扣除,也可由夫妻双方各扣 50%。个人所得税实行超额累进税率,根据收入的高低适用 3%、10%、20%、25%、30%、35% 和 45% 的七级超额累进税率。如果丈夫收入高到适用 20%的税率,而妻子收入低适用 10% 的税率,那么 1 000 元的扣除额全部在丈夫名下扣除,意味着减税 200 元,全部在妻子名下扣除,就只能减税 100 元,而如果夫妻双方各扣 50%,意味着总共减税 150 元。显然将 1 000 元全额在收入高的丈夫名下扣除,整个家庭减税幅度最大。

2. 不同扣除额度,谁能扣除得多填谁

小西大专毕业后参加工作,后来参加继续教育读本科,按照规定,小西可以选择在自己名下 400 元/月的继续教育专项附加扣除,也可以选择在小西的父母名下 1 000 元/月的子女教育专项附加扣除,但两者只能二选一,不能重复扣除。如果小西或小西父母都能够全额扣除,显然由小西父母扣除可以达到最大的减税幅度。但是假设小西月工资 5 400 元,而小西父母月工资只有 5 000 元,在这种情况下,虽然子女教育专项附加扣除的额度大,但小西父母的月收入未达到个人所得税的免征额,本来就不用缴纳个人所得税,所以选择小西自己每月扣除 400 元的继续教育专项附加扣除是最合算的。

3. 不同扣除项目,选择额度高的项目填报

前几年,单身未婚的小曾贷款在深圳购买了一套住房,享受了首套住房贷款利率。后来小曾跳槽到上海工作,在上海没有自有住房,于是在上海租了一套住房居住。在这种情况下,小曾可以选择每月 1 500 元的住房租金专项附加扣除,也可以选择每月 1 000元的住房贷款利息专项附加扣除,但两者不能重复扣除。显然,小曾选择每月 1 500 元的住房租金专项附加扣除更合算。但如果小曾的主要工作城市市辖区户籍人口不足 100万,住房租金专项附加扣除的标准每月只有 800 元,在这种情况下,小曾则应该选择每月 1 000 元的住房贷款利息专项附加扣除,这样减税幅度更大。

二、个体工商户生产经营所得的纳税筹划方法

(一)核定征收与查账征收的选择

作为个体工商户、独资企业、合伙企业等纳税人应纳税额的计算征税方式有两种,即核定征收与查账征收。究竟哪种方式更好呢?对于这个问题,我们必须根据不同纳税人的利润情况而定。如果纳税人每年的利润较高且稳定,采用核定征收方式比较好;若利润不稳定,则采用查账征收方式比较好。另外,纳税人实行核定征收方式的,不得享受企业所得税的各项税收优惠政策,同时投资者个人也无法享受个人所得税的优惠政策。因此,个体工商户、独资企业、合伙企业等纳税人在考虑享受某项个人所得税的优惠政策时,不宜采取核定征收方式。

(二)采用查账征收的个体工商户的纳税筹划

应纳税所得额 = 收入总额 − (成本 + 费用 + 损失 + 准予扣除的税金)

应纳税额 = 应纳税所得额 × 适用税率 − 速算扣除数

大多数个体工商户采用查账征收方式,其纳税与企业的生产经营活动密不可分。个体工商户的纳税筹划主要在收入、成本费用、税率这三个环节,即在保证纳税筹划行为合法的前提下,如何使应税收入最小化,如何使与取得收入有关的成本费用最大化,如何使自己的应纳税所得额适用低档次的税率。当然,个体工商户在决定增加成本开支时,应合理测算成本增大减少的利润额与税收降低的关系,进而分析个体企业利润下降对业主收入和税收的影响程度,否则,盲目扩大成本,会得不偿失。

个体工商户利用扩大费用列支减少税收的方法主要有以下几个方面:

1. 尽可能地把一些收入分解

个体工商户主要利用家庭、雇佣关系或者优惠政策,将所得分散或者转移,减少税基、降低税率,达到减少应纳所得税额的目标,这种方法在累进税率下有明显的效果。

【案例6-10】 Z公司系刘某的个人独资企业,第一年的生产扣除经营费用后所得为180 000元。请为李某进行税务筹划。

按原方案,刘某应缴个人所得税:180 000元 × 20% − 10 500元 = 25 500元。

采用收入分解筹划方法,刘某与其妻子协商,让其妻子黄某作为投资人占50%份额(需要财产公证以及相应工商注册变更程序),Z公司变为合伙企业,假设第二年Z公司生产经营所得仍为180 000元,则刘某应缴个人所得税 = 90 000元 × 10% − 1 500元 = 7 500元,黄某应缴个人所得税也为7 500元,两人合计应缴个人所得税15 000元。第二年,该家庭可节税 = 25 500元 − 15 000元 = 10 500元。

2. 费用最大化法

个体工商户尽可能地把一些收入转换成费用开支;使用家庭成员或雇用临时工,增加工资等费用支出;投资者可以按照国家税法及财务会计的有关规定,选择合理的成本费用计算方法、计算程序、费用分摊等一系列有利于自身利益的内部核算方法,使费用、

成本和利润达到最佳值,以达到少缴税款甚至不缴税款的目的。

3. 企业财产与个人财产互换法

按照我国《个人独资企业法》的规定,个人独资企业的投资人对企业债务承担无限责任。对于个人独资企业来说,企业的财产即是投资人的财产,但投资人的财产并不全是企业的财产。《个人独资企业法》对企业资金的增减不作特别要求,给纳税人通过增资或减资以影响纳税提供了税务筹划的空间,即投资者可以将用于经营的财产投入企业(增资),或将其所有的财产从企业账面中抽出(减资),由于个人财产租赁、转让所得适用20%的比例税率,从而使财产租赁或转让适用较低的税率,达到减轻税负的目的。

4. 挂靠筹划法

投资者可以通过将自己的生产经营挂靠在科研单位而享受一定的免税优惠。当然,这种筹划法需要一定的前提,即该单位或企业能获得高新技术企业的称号,获得税务机关和海关的批文和认可,享受国家的优惠政策等。投资者也可以通过挂靠民政福利企业或者其他能够享受税收优惠待遇的企业进行必要的纳税筹划。国家为了扶持民政福利企业,使更多的残疾人能够自食其力,对民政福利企业实行了减免税优惠。

三、对企事业单位的承包、承租经营所得的纳税筹划方法

纳税人对企事业单位的承包、承租经营方式是否变更营业执照将直接决定纳税人税负的轻重。若使用原企业营业执照,则多征一道企业所得税,如果变更为个体营业执照,则只征一道个人所得税。

在实际操作中,税务部门判断承包、承租人对企业经营是否拥有所有权,一般是按照对经营成果的分配方式确定的。如果是定额上缴,成果归承包、承租人,则属于承包、承租经营所得;如果对经营成果按比例分配,或承包、承租人按定额取得成果,其余成果上缴,则属于工资、薪金所得。因此,纳税人可以根据预期的经营成果测算个人所得税税负,然后确定具体的承包分配方式,以达到降低税负的目的。

对企事业单位的承包经营、承租经营所得的计税方法:

$$应纳税所得额 = 承包经营利润 - 上缴承包费 - 承包月份 \times 5\,000\,元$$

应纳税额的计算:对企事业单位承包经营、承租经营所得也适用个人所得税税率表6-3(经营所得适用),即五级超额累进税率,其计算公式为

$$应纳税额 = 应纳税所得额 \times 适用税率 - 速算扣除数$$

【案例6-11】 某乡镇集体企业由于对市场需求把握不准,造成产品积压,资金回笼困难,企业处在倒闭的边缘。为了避免破产,企业主管部门经研究决定,将企业对外租赁经营。通过竞标,退职的企业管理人员曾先生出资经营该企业。该企业主管部门将全部资产租赁给曾先生经营,曾先生每年上交租赁费20万元。租期为2年,从2019年4月1日至2021年4月1日。2019年4—12月应计提折旧6 000元。租赁后,该企业主管部门不再为该企业提供管理方面的服务,该企业的经营成果全部归曾先生个人所有。如果曾先生2019年实现会计利润380 000元,已扣除应上交的2019年4—12月的租赁

费150 000元,未扣除折旧,曾先生本人未拿工资,该省规定的业主费用扣除标准为每月5 000元。对该厂的工商登记和纳税问题,曾先生请有关咨询机构设计了两套方案。

方案一:将原企业工商登记改变为个体工商户;

方案二:曾先生仍使用原企业营业执照。

哪个方案对纳税人张先生更有利呢?

筹划分析

曾先生将原企业的工商登记改变为个体工商户。这样,其经营所得就按个体工商户的生产经营所得计算缴纳个人所得税。由于个体工商户生产经营所得应纳税额采取按年计征、分月预缴、年终汇算清缴的方法,因此,在实际工作中,需要分别计算按月应预缴税额和年终汇算清缴税额。

按照国税发〔1997〕第43号文件的规定,个体工商户在生产经营过程中以经营租赁方式租入固定资产的租赁费,可以据实扣除。如果曾先生2019年实现会计利润380 000元,已扣除应上交的2019年4—12月的租赁费150 000元,未扣除折旧,曾先生本人未拿工资,该省规定的业主费用扣除标准为每月5 000元,则

本年度应纳税所得额:380 000元 - 5 000元 × 9 = 335 000元

换算成全年的所得额:335 000元 ÷ 9 × 12 = 446 666.67元

按全年所得计算的应纳税额 = 446 666.67元 × 30% - 40 500元 = 93 500元

实际应纳税额:93 500元 ÷ 12 × 9 = 70 125元

曾先生实际取得的税后利润:380 000元 - 70 125元 - 6 000元 = 303 875元

在这里,曾先生支付的200 000元租赁费允许在本年度扣除150 000(200 000 ÷ 12 × 9)元,但不得提取折旧。

如果曾先生仍使用原企业的营业执照,则按规定在缴纳企业所得税后,还要就其税后所得再按承包、承租经营所得缴纳个人所得税。在一个纳税年度内,承包、承租经营不足12个月的,应以其实际承包、承租经营的期限为一个纳税年度计算纳税。

在这种情况下,原企业的固定资产仍属该企业所有,按规定可以提取折旧,但上交的租赁费不得在企业所得税前扣除,也不得把租赁费当作管理费用进行扣除。

需要说明的是,对承包、承租经营方式下企业上交的承包费能否在税前扣除的问题,各地做法不一,有的省市规定可以按照权责发生制据实扣除,有的省市则不允许扣除。为比较税负,这里采用不允许扣除的办法。

若本年折旧额为6 000元,不考虑其他纳税调整因素,则

该企业2019年实现的会计利润:380 000元 - 6 000元 = 374 000元

应纳税所得额:374 000元 + 150 000元(承包费) = 524 000元

假如达到小微企业的标准,则应纳企业所得税:524 000元 × 25% × 20% = 26 200元

曾先生实际取得承包、承租收入:374 000元 - 26 200元 = 347 800元

应纳个人所得税:(347 800 - 5 000 × 9)元 × 30% - 40 500元 = 50 340元(不必换算为1年)

曾先生实际取得的税后利润:347 800元 - 50 340元 = 297 460元

通过比较,第一种方案比第二种方案多获利 6 415 元。

四、劳务报酬所得的纳税筹划方法

依据国家税务总局公告 2018 年第 61 号规定,扣缴义务人向居民个人支付劳务报酬所得时,应当按照个人所得税预扣率表 6-5(居民个人劳务报酬所得预扣预缴适用)按次或者按月预扣预缴税款。居民个人办理年度综合所得汇算清缴时,应当依法计算劳务报酬所得的收入额,并入年度综合所得计算应纳税款,税款多退少补。

劳务报酬所得纳税筹划方法的一般思路:按次或者按月预扣预缴税款时,通过延迟收入、平分收入等方法,将每一次的劳务报酬所得控制在较低的范围内,尽量少预扣预缴税款或者使得预扣预缴的税款为零。办理年度综合所得汇算清缴时,再依法计算劳务报酬所得的收入额,并入年度综合所得计算应纳税款,多退少补,尽量充分利用资金的时间价值。

(一)增加支付次数筹划法

劳务报酬所得因其一般具有不固定、不经常性,不便于按月计算,因此,我国的《个人所得税法》规定,对纳税义务人取得的劳务报酬所得采取按"次"计算征税。《个人所得税法实施条例》中明确规定:劳务报酬所得,属于一次性收入的,以取得该项收入为一次;属于同一项目连续性收入的,以一个月内取得的收入为一次。一般来讲,纳税人的劳务报酬收入什么时间取得、采取什么方式取得,直接影响着一定时期的收入,因此,可以通过对劳务报酬次数的筹划来减轻纳税人的个人所得税税负。

1. 提供劳务时间的筹划

税法中讲的是"一个月"而非 30 天,这就给纳税人合理安排劳务提供的时间进行次数的筹划提供契机。纳税人可跨月安排劳务提供的时间,即在本月末和下月初提供劳务,这样,纳税人的同一笔收入就变成了两个月内取得的连续性收入,应按两次计算纳税,从而可以扣除两次费用。

【案例 6-12】 曾先生在甲企业任职,2019 年 1—12 月每月在甲企业取得工资薪金收入 16 000 元,无免税收入;每月缴纳三险一金 2 500 元,从 1 月份开始享受子女教育和赡养老人专项附加扣除共计为 3 000 元,无其他扣除。另外,曾先生 2019 年 6 月应邀到外地进行培训授课,授课时间为 8 天,每天收入为 6 000 元,收入总额共计 4.8 万元。工资、薪金所得预扣预缴税额 4 080 元。曾先生应怎样筹划以减轻其个人所得税税负?

筹划分析

方案一:如果授课时间为 6 月 23—30 日,属于一个月内取得的连续性收入,应作为一次计算纳税,则

劳务报酬所得预扣预缴税额 = 48 000 元 × (1 - 20%) × 30% - 2 000 元 = 9 520 元

综合所得汇算清缴计算过程:

(1)年收入额 = 工资、薪金所得收入 + 劳务报酬所得收入 = 16 000 元 × 12 + 48 000 元 × (1 - 20%) = 230 400 元。

（2）综合所得应纳税所得额 = 年收入额 - 6 万元 - 专项扣除 - 专项附加扣除 - 依法确定的其他扣除 = 230 400 元 - 60 000 元 - （2 500 × 12）元 - （3 000 × 12）元 = 104 400 元。

（3）应纳税额 = 应纳税所得额 × 税率 - 速算扣除数 = 104 400 元 × 10% - 2 520 元 = 7 920 元。

（4）预扣预缴税额 = 工资、薪金所得预扣预缴税额 + 劳务报酬所得预扣预缴税额 = 4 080 元 + 9 520 元 = 13 600 元。

（5）年度汇算应补（退）税额 = 应纳税额 - 预扣预缴税额 = 7 920 元 - 13 600 元 = - 5 680 元，汇算清缴应退税额 5 680 元。

方案二：如果授课时间为 6 月 27 日至 7 月 4 日，属于两个月内取得的连续性收入，应按两次计算纳税。

6 月劳务报酬所得预扣预缴税额 = 6 000 元 × 4 × （1 - 20%） × 20% = 3 840 元

7 月劳务报酬所得预扣预缴税额 = 6 000 元 × 4 × （1 - 20%） × 20% = 3 840 元

劳务报酬所得预扣预缴税额合计 = 3 840 元 + 3 840 元 = 7 680 元

采取方案二劳务报酬所得预扣预缴税额可减少 = 9 520 元 - 7 680 元 = 1 840 元

预扣预缴税额合计 = 工资、薪金所得预扣预缴税额 + 劳务报酬所得预扣预缴税额 = 4 080 元 + 7 680 元 = 11 760 元

年度汇算应补（退）税额 = 应纳税额 - 预扣预缴税额 = 7 920 元 - 11 760 元 = - 3 840 元，汇算清缴应退税额 3 840 元。

从充分利用资金时间价值的角度，方案二的节税效果更好。可见，同样是连续的 8 天授课活动，取得的收入也同样是 4.8 万元，采取方案二税负之所以会减轻，主要是因为通过合理安排劳务提供的时间"分次"，避免了预扣预缴税额时的加成征收。

2. 取得劳务报酬次数的筹划

对于劳务报酬收入，可以采取一次收入、多次支付的办法，在预扣预缴税款时，既可以多扣费用，又避免了一次收入畸高而适用较高的税率，达到尽量少预扣预缴税款或者使得预扣预缴的税款为零的目的。办理年度综合所得汇算清缴时，再依法计算劳务报酬所得的收入额，并入年度综合所得计算应纳税款，多退少补，尽量充分利用资金的时间价值。

（二）费用转移筹划法

费用转移的纳税筹划是指由被服务方提供服务，从而转移了计算应纳税所得额所不允许扣除的费用。由被服务方向提供劳务服务方提供餐饮服务，报销交通、住宿、办公用具等开销，安排实验设备等，等于扩大了提供劳务服务方的费用开支，降低了劳务报酬总额，从而使劳务报酬应纳税所得额保持在较低的水平上。

被服务方所提供的伙食、交通等服务通常是提供劳务服务方的日常开支，若由其本人用收入购买，往往不能在缴纳所得税时进行扣除；而由被服务方提供服务，虽然提供劳务报酬的所得因接受对方的服务而降低，但同时也能达到减轻税收负担的目的，这比直

接获得较高的劳务报酬但支付较多的税收有利,因为这样可使劳务报酬所得者在总体上保持更高的消费水平。

五、稿酬所得的纳税筹划方法

(一)稿酬所得的计税方法

依据国家税务总局公告 2018 年第 61 号规定,扣缴义务人向居民个人支付稿酬所得时,应当按照以下方法按次或者按月预扣预缴税款。居民个人办理年度综合所得汇算清缴时,应当依法计算劳务报酬所得的收入额,并入年度综合所得计算应纳税款,税款多退少补。

1. 预扣预缴应纳税所得额的确定

稿酬所得,以每次收入减除费用后的余额为应纳税所得额,其费用扣除方法与劳务报酬所得相同:每次收入不超过 4 000 元的,定额减除 800 元的费用;每次收入超过 4 000 元的,定率减除 20% 的费用。稿酬所得的收入额(应纳税所得额)减按 70% 计算。

稿酬所得按"次"计税,所谓的"每次收入",是指以每次出版、发表取得的收入为一次。具体规定如下:

(1)个人每次以图书、报刊方式出版、发表同一作品(文字作品、书画作品、摄影作品以及其他作品),不论出版单位是预付还是分笔支付稿酬,或者加印该作品后再付稿酬,均应合并其稿酬所得按一次计征个人所得税。

(2)在两处或两处以上出版、发表或再版同一作品而取得的稿酬所得,可根据各处取得的所得或再版所得按分次所得计征个人所得税。

(3)个人的同一作品在报刊上连载,应合并其因连载而取得的所有稿酬所得为一次,按税法规定计征个人所得税。在其连载之后又出书取得稿酬所得,或先出书后连载取得稿酬所得,应视同再版稿酬分次计征个人所得税。

(4)作者去世后,对取得其遗作稿酬的个人,按稿酬所得征收个人所得税。

(5)多人共同合作著书,应先分稿酬再缴税。

2. 预扣预缴税额的计算

稿酬所得适用 20% 的比例税率。其计算公式为

$$预扣预缴税额 = 预扣预缴应纳税所得额 \times 70\% \times 20\%$$

(二)稿酬所得的纳税筹划方法

稿酬所得的税负一般不是很重,但作者在著书或者写文章时,如果能进行纳税筹划,可以进一步减轻税负。稿酬所得纳税筹划方法与劳务报酬所得纳税筹划方法相似,一般思路是尽量增加费用扣除的次数或转移费用。按次或者按月预扣预缴税款时,通过延迟收入、平分收入等方法,将每一次的稿酬所得控制在较低的范围内,尽量少预扣预缴税款或者使得预扣预缴的税款为零。办理年度综合所得汇算清缴时,再依法计算稿酬所得的收入额,并入年度综合所得计算应纳税款,多退少补,尽量充分利用资金的时间价值。具

体可从以下几方面进行。

1.次数的纳税筹划

稿酬所得应纳的个人所得税是按次征收的,次数的纳税筹划即通过筹划使同一笔稿酬收入由某一个人纳一次税、只扣除一次费用,变为由一个人或多个人纳多次税,使费用扣除的次数增加,如果每次收入不超过4 000元,定额减除费用800元,费用扣除比率就超过20%,从而成功减少应纳税所得额,减轻税收负担。

(1)系列丛书筹划法。

税法规定,个人以图书、文章方式出版发表同一作品(文字作品、书画作品、摄影作品以及其他作品),不论出版单位是预付还是分笔支付稿酬,或者加印该作品再付稿酬,均应合并稿酬所得按一次计征个人所得税。但对不同的作品却是分开计税,这就为纳税筹划创造了条件。

将一本书分成几个部分,以系列丛书的形式出现,则该作品将被认定为几个单独的作品,单独计算纳税,这可以为纳税人节省税款。

【案例6-13】　曾教授是某大学的英语教师,在考研英语辅导方面颇有心得,许多人建议他编写一本考研英语辅导用书。曾教授接受了此建议,准备编写一本《英语考研宝典》,包括单词、语法、完形填空、阅读、写作、听力六部分,约40万字,将取得稿酬20 400元,曾教授可通过怎样的筹划减轻个人所得税税负?

筹划分析

方案一:如果曾教授只出版一本《英语考研宝典》,则

稿酬所得预扣预缴税额 = 20 400元 × (1 - 20%) × 70% × 20% = 2 284.8元

方案二:如果曾教授将一本书编写成一套《英语考研宝典》丛书,一共6本,分别是《英语考研宝典——单词分册》《英语考研宝典——语法分册》《英语考研宝典——完形填空分册》《英语考研宝典——阅读分册》《英语考研宝典——写作分册》《英语考研宝典——听力分册》,平均每本书稿费为3 400元。

每本书稿酬所得预扣预缴税额 = (3 400 - 800)元 × 70% × 20% = 364元

系列丛书稿酬所得预扣预缴税额合计 = 364元 × 6 = 2 184元

曾教授稿酬所得少预扣预缴税额100.8(2 284.8 - 2 184)元。

只出版一本书时,纳税人预扣预缴税额相对较多,因为同一部作品的稿酬只能扣除一次费用;出版系列丛书时,纳税人预扣预缴税额相对较少,因为不同的作品分开计税,每一部作品的稿酬都能扣除一次费用,费用扣除增加。因此,曾教授应编写系列丛书。

采用系列丛书筹划法时应注意:首先,以系列丛书的形式出版,一方面可以使自己的书尽快面市,让读者很快购买到急需的书;另一方面可以减轻读者购买的承受力,从而扩大市场占有量。但如果该种分解导致著作的销量或者学术价值大受影响,则这种方式将得不偿失。其次,筹划时应保证每本书的平均稿酬低于4 000元,因为这种筹划方法利用的是费用扣除的临界点,只有在稿酬所得低于4 000元时,实际费用扣除标准才大于20%,从而使预扣预缴税额相对较少;若每本书的平均稿酬高于4 000元,这种筹划方法

对纳税人预扣预缴税额没有任何影响。

（2）共同创作筹划法。

如果一项稿酬所得预计数额较大，还可以考虑采用共同创作筹划法，即将一本书由一个人写作改为由多个人写作。与上一种方法一样，该种筹划方法利用的是低于4 000元稿酬的800元费用抵扣，这项抵扣的效果是大于20%抵扣标准的，从而使预扣预缴税额相对较少。如果每个作者的稿酬低于800元，则预扣预缴税额为零。

2. 费用转移的纳税筹划

根据税法规定，个人取得的稿酬所得只能在一定限额内扣除费用。众所周知，应纳税额的计算是应纳税所得额乘以税率而得，税率是固定不变的，应纳税所得额越大，应纳税额就越大。如果能在现有扣除标准下，再多扣除一定的费用，或想办法将应纳税所得额减少，就可以减少应纳税额。

例如，让出版社提供尽可能多的设备或服务（可以考虑由出版社负担的费用有资料费、稿纸、绘画工具、作图工具、书写工具、其他材料、交通费、住宿费、实验费、用餐、实践费等，有些行业甚至可以要求提供办公室以及电脑等办公设备），这样就将费用转移给了出版社，自己基本上不负担费用，使自己的稿酬所得相当于享受到两次费用抵扣，从而减少应纳税额。

六、特许权使用费所得的纳税筹划方法

特许权使用费所得，是指个人提供专利权、商标权、著作权、非专利技术以及其他特许权的使用权取得的所得。

（一）特许权使用费所得的计税方法

1. 预扣预缴税款

依据国家税务总局公告2018年第61号规定，扣缴义务人向居民个人支付特许权使用费所得时，应当按次或者按月预扣预缴税款。

特许权使用费所得以收入减除费用后的余额为收入额。减除费用：预扣预缴税款时，特许权使用费所得每次收入不超过4 000元的，减除费用按800元计算；每次收入4 000元以上的，减除费用按收入的20%计算。

特许权使用费所得，以每次收入额为预扣预缴应纳税所得额，计算应预扣预缴税额。特许权使用费所得适用20%的比例预扣率。

特许权使用费所得按"次"计税。所谓每次收入，是指以一项特许权的一次许可使用所取得的收入为一次。纳税人采用同一合同转让一项特许权分期（跨月）取得收入的，应合并为一次收入征税。

2. 年度综合所得汇算清缴

居民个人办理年度综合所得汇算清缴时，应当依法计算特许权使用费所得的收入额，并入年度综合所得计算应纳税款，税款多退少补。

年度综合所得汇算清缴时,特许权使用费所得以收入减除 20% 的费用后的余额为收入额。每次减除费用区分不超过 4 000 元和 4 000 元以上,仅仅是在预扣预缴时,与年度汇算时是不同的。

(二)特许权使用费所得的纳税筹划方法

特许权使用费所得的纳税筹划,在于特许权的拥有者是考虑将特许权转让以取得特许权使用费所得,还是将特许权用来投资以获得更大的回报。

【案例 6-14】　曾博士任职于某高校,每月工资薪金收入 16 000 元,无免税收入;每月缴纳三险一金 2 500 元,每月享受子女教育和赡养老人专项附加扣除共计为 3 000 元,无其他扣除。工资、薪金所得预扣预缴税额 4 080 元。另外,曾博士发明了一项新生物科技并获得了国家专利,专利权属个人。专利公布后,引起了众多公司的关注,曾博士在其中两家条件均非常有吸引力的企业之间无法抉择。甲公司希望曾博士转让该专利使用权,提出的转让价格为 6 000 000 元;发展空间很大的乙公司提出让曾博士持有该公司 6 000 000 元的股权,预计每年可获得股息收入 600 000 元,并让曾博士在公司中担任副总经理,主管公司的技术研发工作。预计专利使用寿命为 10 年。面对甲、乙两个公司的条件,曾博士该如何选择?

筹划分析

面对甲、乙两家公司,曾博士考虑的主要问题是选择哪个公司能使自己的税后实际收益更大。

方案一:如果选择甲公司,即直接转让专利获取收入 6 000 000 元,则:

预扣预缴税款 = 6 000 000 元 × (1 − 20%) × 20% = 960 000 元

综合所得汇算清缴计算过程如下:

(1)年收入额 = 工资、薪金所得收入 + 特许权使用费所得收入 = 16 000 元 × 12 + 6 000 000 元 × (1 − 20%) = 4 992 000 元。

(2)综合所得应纳税所得额 = 年收入额 − 60 000 元 − 专项扣除 − 专项附加扣除 − 依法确定的其他扣除 = 4 992 000 元 − 60 000 元 − (2 500 × 12) 元 − (3 000 × 12) 元 = 4 866 000 元。

(3)应纳税额 = 应纳税所得额 × 税率 − 速算扣除数 = 4 866 000 元 × 45% − 181 920 元 = 2 007 780 元。

(4)年度汇算应补(退)税额 = 应纳税额 − 预扣预缴税额 = 2 007 780 元 − 4 080 元 − 960 000 元 = 1 043 700 元。

汇算清缴应补税额 1 043 700 元。

税后实际收益 = 16 000 元 × 12 + 6 000 000 元 − 2 007 780 元 = 4 184 220 元。

方案二:如果选择乙公司,即将专利折合成股份,拥有股权,按照《个人所得税法》的规定,拥有股权所取得的股息、红利,应按 20% 的比例税率缴纳个人所得税。

每年取得的股息、红利应纳个人所得税额 = 600 000 元 × 20% = 120 000 元

税后收益 = 600 000 元 − 120 000 元 = 480 000 元

10 年后税后总收益 = 480 000 元 × 10 = 4 800 000 元

因此,曾博士如果选择乙公司,10 年后除了可以收回全部转让收入 6 000 000 (600 000 × 10) 元外,税后所得将增加 615 780(4 800 000 − 4 184 220) 元。

曾博士选择甲、乙两个公司的利弊都很明显:选择甲公司,没有什么风险,缴税之后,就可以实实在在地拥有个人所得,但它是一次性收入,税负太重,而且收入是固定的,没有升值的希望;选择乙公司,缴税更少,但是风险大一些、收入不确定,属于分期支付,而且拥有股权,有很大的升值可能。因此,特许权使用费所得的纳税筹划应从长远考虑,全方位地进行筹划。

七、利息、股息、红利所得的纳税筹划方法

(一)利息、股息、红利所得以及偶然所得、其他所得的计税方法

1. 应纳税所得额的确定

除特殊规定外,利息、股息、红利所得以及偶然所得、其他所得,以每次收入额为应纳税所得额,不扣除任何费用。这里所谓的"次"以每次取得该项收入为一次。

2. 应纳税额的计算

利息、股息、红利所得以及偶然所得、其他所得,适用 20% 的比例税率,其计算公式为

$$应纳税额 = 应纳税所得额(每次收入) × 20\%$$

(二)利息、股息、红利所得的纳税筹划方法

1. 公积金转增资本

可以用于转增资本(或股本)的公积金有两种:一种是资本公积金,另一种是盈余公积金。资本公积与盈余公积最大的区别在于:前者为全体股东所有,而后者属于企业留存收益。

资本公积是由股东投入的但因故不能计入实收资本(或股本)中的那部分投入资金,以及企业在经营过程中,根据企业会计制度的规定,应当计入资本公积的那部分数额。它包括:资本(或股本)溢价、接受捐赠非现金资产准备、接受现金捐赠、股权投资准备、拨款转入、外币资本折算差额、其他资本公积。经营活动中按规定计入资本公积的数额,不是由企业创造的利润带来的。从总体上来说,资本公积属于投入资本,归全体股东按投资比例所有。资本公积(股本溢价部分)可以转增资本。

盈余公积是指企业根据法律法规的规定和企业权力机构的决议,从企业税后利润中提取 10% 作为盈余公积金。盈余公积在保留法定余额的前提下,可以用于转增资本、分派股利、弥补亏损等。

资本公积金与盈余公积金在转增个人股本时,税收待遇不同。股份制企业用资本公积金转增股本不属于股息、红利性质的分配,对个人取得的转增股本数额,不作为个人所得,不征收个人所得税;股份制企业用盈余公积金派发红股属于股息、红利性质的分配,对个人取得的红股数额,应作为个人所得征税。企业在增资扩股时,应当充分考虑政策因素,减轻投资者的个人所得税负担。

2. 股息转化为工资

我国税法规定,股份制企业向自然人投资者分配股利或红利,要按20%的税率代扣投资者的个人所得税。对于投资国内(沪市和深市)上市公司的自然人股东,自2015年9月8日起,个人从公开发行和转让市场取得的上市公司股票,持股期限超过1年的,股息红利所得暂免征收个人所得税。个人从公开发行和转让市场取得的上市公司股票,持股期限在1个月以内(含1个月)的,其股息红利所得全额计入应纳税所得额,即按20%的税率计征个人所得税;持股期限在1个月以上至1年(含1年)的,暂减按50%计入应纳税所得额,即按10%的税率计征个人所得税。

对上市公司自然人股东的股息红利税收筹划的空间有限,而对股份制企业向自然人投资者分配股利或红利时,可以采用股息转化为工资的筹划方法。我们知道,股息所得适用20%的税率,而工资、薪金所得适用3% ~45%的七级超额累进税率,同样的金额,不同的项目其税负是不同的。当股息转化为工资薪金能减轻税负时,我们就可以采取这种方法。

【案例6-15】 某有限责任公司由甲、乙、丙三个自然人投资组建,投资比例各占1/3,甲、乙、丙三人各月的工资均为8 000元,当年企业利润为100万元,无其他纳税调整事项。投资当年每人应得股利48 000元。请给出纳税筹划建议。

筹划分析

如果年初将预计分配的股利通过增加工资的形式领取,税负就会大大降低。

筹划前:

工资薪金所得应纳税额 = (8 000 × 12 - 60 000)元 × 3% - 0元 = 1 080元

股息所得应纳税额 = 48 000元 × 20% = 9 600元

三人个税应纳税额合计 = (1 080 + 9 600)元 × 3 = 32 040元

每人实际税后年收入 = 8 000元 × 12 + 48 000元 - (1 080 + 9 600)元 = 133 320元

假设达到小微企业条件,则应纳企业所得税额 = 1 000 000元 × 25% × 20% = 50 000元

筹划后:

假设将每人应得的股利48 000元平均增加到各月的工资中,这样每人每月增加4 000元工资,其应纳的个人所得税应改按"工资、薪金所得"项目计算。筹划后:无股息所得。

每人年工资薪金所得应纳税额 = (12 000 × 12 - 60 000)元 × 10% - 2 520元
= 5 880元

三人应纳税额合计 = 5 880元 × 3 = 17 640元

应纳企业所得税额 = (1 000 000 - 48 000 × 3)元 × 25% × 20% = 42 800元

筹划后合计个税节税额 = 32 040元 - 17 640元 = 14 400元

每人可节税 = 14 400元 ÷ 3 = 4 800元

企业所得税节税额 = 50 000元 - 42 800元 = 7 200元

每人实际年收入 = 8 000元 × 12 + 48 000元 - 5 880元 = 138 120元

比筹划前增加 4 800 元。

需要注意的是,由于存在企业所得税工资扣除和税后各项提留,其计算结果可能并不与上述结果完全相同。以上计算只是说明一个道理,将股息所得转化为工资、薪金所得,其税负是不同的。在运用这种筹划方法时,应注意以下几个问题:一是如果预计公司当年不会有盈利或者盈利很少,则说明不会涉及股息所得的税收问题;二是如果预计公司当年有足够的盈余,则提高个人股东的工资时,必须以"工资、薪金所得"项目不超过20%的适用税率为限。

八、财产租赁所得的纳税筹划方法

(一)财产租赁所得的计税方法

1. 应纳税所得额的确定

财产租赁所得一般以个人每次取得的收入,定额或定率减除规定费用后的余额为应纳税所得额。财产租赁所得,每次收入不超过 4 000 元的,减除费用 800 元;超过 4 000元的,减除 20% 的费用,其余额为应纳税所得额。同时,纳税人在出租财产过程中缴纳的相关税费,可持完税(缴款)凭证,从其财产租赁收入中扣除。此外,由纳税人负担的该出租财产实际开支的修缮费用,凡是能够提供有效、准确凭证的,按每次 800 元为限扣除,扣完为止。财产租赁所得以 1 个月内取得的收入为一次。

(1)每月收入不超过 4 000 元的:

应纳税所得额 = 每月收入 - 准予扣除项目 - 修缮费用 - 800 元

(2)每次(月)收入超过 4 000 元的:

应纳税所得额 = (每月收入 - 准予扣除项目 - 修缮费用)× (1 - 20%)

需要提示的是,上述公式中的三项扣除顺序不可错乱。

2. 应纳税额的计算

财产租赁所得适用 20% 的比例税率。另外,根据《财政部、国家税务总局关于调整住房租赁市场税收政策的通知》(财税〔2000〕125 号)第三条:对个人出租房屋(居民住房)取得的所得暂减按 10% 的税率征收个人所得税。其计算公式为

应纳税额 = 应纳税所得额 × 适用税率

(二)财产租赁所得纳税筹划方法

财产租赁所得纳税筹划方法的一般思路:分次取得收入;尽量使发生的费用能全部扣除。

1. 次数的纳税筹划

财产租赁所得是按次征收的,以纳税人一个月内取得的收入为一次。纳税人在取得财产租赁收入时,若能将一笔收入分月取得,就能增加费用扣除的次数,从而减少应纳税所得额,减轻税收负担。

【案例 6-16】 曾先生在某写字楼拥有两间办公室,2019 年 1 月起出租给丙公司

办公,租期为1年,租金为3万元。曾先生希望丙公司于进驻前一次性付清房租,而该公司则希望能按月支付房租。请从纳税筹划的角度为曾先生房租收入的取得方式提出建议。

筹划分析

方案一:如果曾先生一次性取得房租,则

应纳个人所得税额 = 30 000 元 × (1 - 20%) × 20% = 4 800 元

方案二:如果曾先生分月取得房租,则

每月应纳个人所得税额 = (30 000 ÷ 12 - 800) 元 × 20% = 340 元

全年应纳个人所得税额 = 340 元 × 12 = 4 080 元

因为分月取得房租比一次性取得房租税负减轻 720(4 800 - 4 080) 元,所以曾先生应采取分月的方式取得房租。

2. 费用的纳税筹划

税法规定,在确定财产租赁的应纳税所得额时,纳税人在出租财产过程中缴纳的税费,可持完税凭证从其财产租赁收入中扣除。此外,还准予扣除能够提供有效、准确凭证,证明由纳税人负担的该出租财产实际开支的修缮费用。允许扣除的修缮费用,每次以 800 元为限。一次扣除不完的,准予在下一次继续抵扣,直到扣完为止。因此,纳税人应取得并妥善保管有关税费凭证,否则会令税负加重。

九、财产转让所得的纳税筹划方法

(一)财产转让所得的计税方法

1. 应纳税所得额的确定

财产转让所得,以一次转让财产的收入额,减除财产原值和合理税费后的余额为应纳税所得额。其计算公式为

应纳税所得额 = 每次转让财产收入额 - 财产原值 - 合理税费

2. 应纳税额的计算

财产转让所得依 20% 的税率按次计算应纳税额。其计算公式为

应纳税额 = 应纳税所得额 × 20%

(二)财产转让所得的纳税筹划思路

目前,一些省级地方税务局对住房转让所得按征收率 1% 计征个人所得税。假设房屋销售价为 M,可减除财产原值、合理费用、税金等为 N,则住房转让所得按税率纳税为 $(M - N) × 20\%$,按征收率纳税为 $M × 1\%$。当 $(M - N) × 20\% > M × 1\%$ 时,$(M - N)/M > 5\%$。

也就是说,当 $(M-N)/M > 5\%$ 时,按征收率纳税较为合算。一方面,随着近年来房价上涨,二手房的增值远大于 5%。根据国税发〔2006〕108 号文件的规定,可以减除的合理费用中,装修费用有最高扣除限额,已购公有住房、经济适用房的最高扣除限额为房屋

原值的 15%,商品房及其他住房为房屋原值的 10%。如果房产购进时,合同注明房价款中含有装修费的,不得再重复扣除装修费用。另一方面,贷款利息、手续费、公证费等其他费用和税金也未必都保留了凭证,所以通常扣除额会很少,因此按核定征收率缴税会相对合算。

【案例 6-17】 假设某人出售一套房产,成交价为 100 万元,6 年前购进价为 50 万元。装修费 3 万元,贷款利息、手续费、公证费、税金等其他可减除项目,能找到凭证的只有 1 万元。共计减除 4 万元。该纳税人按哪种计税方式纳税能节税?

筹划分析

方案一:如果按转让财产所得税率 20% 计算,则

应纳个人所得税额 = (100 - 50 - 4) 万元 × 20% = 9.2 万元

方案二:如果按 1% 纳税,则

应纳个人所得税额 = 100 万元 × 1% = 1 万元

显然,方案二更节税。

十、偶然所得临界点的纳税筹划

(一)偶然所得的计税方法

偶然所得,是指个人得奖、中奖、中彩以及其他偶然性质的所得。得奖是指参加各种有奖竞赛活动,取得名次得到的奖金;中奖、中彩是指参加各种有奖活动,如有奖销售、有奖储蓄或者购买彩票,经过规定程序抽中、摇中号码而取得的奖金。偶然所得应缴的个人所得税税款,一律由发奖单位或机构代扣代缴。

对个人购买社会福利有奖募捐奖券一次中奖不超过 1 万元的,暂免征收个人所得税;超过 1 万元的,按全额征税。

偶然所得应纳税额的计算公式:

应纳税额 = 应纳税所得额 × 适用税率 = 每次收入额 × 20%

个人取得单张有奖发票奖金所得不超过 800 元(含)的,暂免征收个人所得税;个人取得单张有奖发票奖金所得超过 800 元的,应全额按照《中华人民共和国个人所得税法》规定的“偶然所得”项目征收个人所得税。

(二)偶然所得临界点的纳税筹划

《中华人民共和国个人所得税法》规定:对个人购买福利彩票、赈灾彩票、体育彩票,一次中奖收入在 1 万元以下的(含 1 万元)暂免征收个人所得税;超过 1 万元的,全额征收个人所得税。发行体育彩票和社会福利有奖募捐的单位在设立奖项时,应当考虑税收政策起征点的规定,尽量避免刚刚超过 1 万元的情况出现。

【案例 6-18】 发行体育彩票和社会福利有奖募捐的单位在设立奖项时,有两种方案:一是只设置一等奖,每个 11 000 元,共 5 个;二是设置一等奖,每个 10 000 元,共 5 个,二等奖每个 1 000 元,共 5 个。请对其进行纳税筹划。

筹划过程

方案一:只设置一等奖,每个 11 000 元,共 5 个。

　　　　　应纳个人所得税共计 = 11 000 元 × 20% × 5 = 11 000 元

　　　　　税后收入 = 11 000 元 × 5 − 11 000 元 = 44 000 元

方案二:设置一等奖每个 10 000 元,共 5 个,二等奖每个 1 000 元,共 5 个。

不纳个人所得税。

　　　　　税后收入 = 10 000 元 × 5 + 1 000 元 × 5 = 55 000 元

方案二比方案一少缴税 11 000 元,因此,应当选择方案二。

筹划点评

只有当奖金超出 10 000 元达到一定数额时,获奖者才不会感到"吃亏"。下面通过设立方程式求解均衡点。

设奖金为 x,则 $x(1 − 20\%) \geqslant 10\ 000$ 元,

解得 $x \geqslant 12\ 500$ 元。

也就是说,区间(10 000,12 500)是非有效区,如果奖金设在这个区间,税后收入反而会低于 10 000 元。因此,发行体育彩票和社会福利有奖募捐的单位在设立奖项时,应当考虑税收政策的规定,要么小于或等于 10 000 元,要么超过 12 500 元。

筹划小结

(1)同其他税种一样,个人所得税的纳税筹划仍应以纳税人、计税依据、税率为筹划的切入点。修订后的个人所得税实行综合与分项相结合的计征模式,计税依据与税率的筹划一般交叉在一起,纳税人应尽量避免一次性取得大额收入,在合法的前提下将所得均衡分摊或分解,增加扣除次数,降低应纳税所得额。

(2)个人所得税的纳税筹划是一项系统工程,进行个人所得税纳税筹划时,不仅要深刻理解和掌握税法,领会并顺应税收政策导向,更应关注一些相关的政府配套政策。

(3)任何一种方案都是针对特定的对象、特定的时间、特定的空间而设计的。个人所得税的纳税筹划方案是在一定时间、一定法律环境下,以一定的企业经营活动为背景来制订的,随着外部因素的变化,企业必须对原有的个人所得税纳税筹划方案进行相应的修改和完善,以适应外部条件的变化。

第四节　利用税收优惠政策的税收筹划

一、税收优惠政策

(一)关于捐赠的税收优惠政策

(1)修改后的《中华人民共和国个人所得税法》规定,个人将其所得对教育、扶贫、济困等公益慈善事业进行捐赠,捐赠额未超过纳税人申报的应纳税所得额30%的部分,可以从其应纳税所得额中扣除;国务院规定对公益慈善事业捐赠实行全额税前扣除的,从其规定。

(2)限额扣除30%的政策规定:个人向中国光华科技基金会、中国人口福利基金会、

中国妇女发展基金会、中国光彩事业促进会、中国法律援助基金会、中华环境保护基金会、中国初级卫生保健基金会、阎宝航教育基金会、中国高级检察官教育基金会、中国金融教育发展基金会、中国国际民间组织合作促进会、中国社会工作协会孤残儿童救助基金管理委员会、中国发展研究基金会、陈嘉庚科学奖基金会、中国友好和平发展基金会、中华文学基金会、中华农业科教基金会、中国少年儿童文化艺术基金会、中国公安民警英烈基金会等的捐赠,在个人申报应纳税所得额 30% 以内的部分,准予在计算缴纳个人所得税税前扣除。

(3)全额扣除的政策规定:个人向公益性青少年活动场所(其中包括新建)的捐赠、红十字事业的捐赠、福利性及非营利的老年服务机构的捐赠、农村义务教育的捐赠、中华健康快车基金会、孙冶方经济科学基金会、中华慈善总会、中国法律援助基金会、中华见义勇为基金会、中国医药卫生事业发展基金会等的捐赠,准予在计算缴纳个人所得税税前全额扣除。

(4)财税〔2008〕160 号和财税〔2010〕45 号规定:对于通过公益性社会团体发生的公益性捐赠支出,企业或个人应提供省级以上(含省级)财政部门印制并加盖接受捐赠单位印章的公益性捐赠票据,或加盖接受捐赠单位印章的非税收入一般缴款书收据联,方可按规定进行税前扣除。

(5)财税〔2011〕50 号规定:

①企业在销售商品(产品)和提供服务过程中向个人赠送礼品,属于下列情形之一的,不征收个人所得税:

一是企业通过价格折扣、折让方式向个人销售商品(产品)和提供服务;

二是企业在向个人销售商品(产品)和提供服务的同时给予赠品,如通信企业对个人购买手机赠话费、入网费,或者购话费赠手机等;

三是企业对累积消费达到一定额度的个人按消费积分反馈礼品。

②企业向个人赠送礼品,属于下列情形之一的,取得该项所得的个人应依法缴纳个人所得税,税款由赠送礼品的企业代扣代缴:

一是企业在业务宣传、广告等活动中,随机向本单位以外的个人赠送礼品,对个人取得的礼品所得,按照"其他所得"项目,全额适用 20% 的税率缴纳个人所得税;

二是企业在年会、座谈会、庆典以及其他活动中向本单位以外的个人赠送礼品,对个人取得的礼品所得,按照"其他所得"项目,全额适用 20% 的税率缴纳个人所得税;

三是企业对累积消费达到一定额度的顾客,给予额外抽奖机会,个人的获奖所得,按照"偶然所得"项目,全额适用 20% 的税率缴纳个人所得税。

③企业赠送的礼品是自产产品(服务)的,按该产品(服务)的市场销售价格确定个人的应税所得;是外购商品(服务)的,按该商品(服务)的实际购置价格确定个人的应税所得。

(二)境外已纳税额抵免的规定

《个人所得税法》第七条规定:居民个人从中国境外取得的所得,可以从其应纳税额中抵免已在境外缴纳的个人所得税税额,但抵免额不得超过该纳税人境外所得依照本法规定计算的应纳税额。

(三) 免缴个人所得税的福利性支出

免缴个人所得税的福利性支出包括:福利费、抚恤金、救济金。其中福利费是指根据国家有关规定,从企业、事业单位、国家机关、社会团体提留的福利费或者从工会经费中支付给个人的生活补助费;救济金是指国家民政部门支付给个人的生活困难补助费。

二、利用税收优惠政策的纳税筹划方法

(一) 利用捐赠扣除的筹划

为了鼓励高收入者对公益、教育事业作贡献,我国《个人所得税法》规定,个人将其所得通过中国境内的社会团体、国家机关向教育和其他社会公益事业以及遭受严重自然灾害地区、贫困地区的捐赠,只要捐赠额未超过其申报的应纳税所得额的30%的部分,就可以从其应纳税所得额中扣除。此外,相关税收法规还规定了全额捐赠扣除的有关规定,例如对红十字事业的捐赠、对农村义务教育的捐赠、对科研机构、高等院校研究开发经费的捐赠等可以全额在税前扣除。这就是说,在个人捐赠时,只要其捐赠方式、捐赠款投向、捐赠额度符合法律的规定,就可以使这部分捐赠款免缴个人所得税。该政策实际上是允许纳税人将自己对外捐赠的一部分改为由税收来负担。该条款的立法宗旨很明确,就是要引导纳税人的捐赠方向,将其引入公益、救济性质,从而为社会和国家减轻负担。对于个人来说,则可以通过公益、救济性捐赠将一部分收入从应纳税所得额中扣除,从而达到抵免一部分税收的目的。

1. 捐赠时期的纳税筹划

纳税人对外捐赠是出于自愿,捐多少,何时捐,都由纳税人自己决定。允许按应纳税所得额的一定比例进行税前扣除,其前提必须是取得一定的收入,也就是说,如果纳税人本期未取得收入,而是用自己过去的积蓄进行捐赠,则不能得到税收退还。由此可见,选择适当的捐赠时期对纳税人来说,是非常重要的。

2. 捐赠数额的纳税筹划

纳税人打算对外捐多少,应当取决于本期取得的收入,如果本期取得的应税收入较多,则可以多捐;反之,若本期取得的应税收入较少,则可先捐赠一部分,剩余捐赠额可安排在下期。

3. 用于捐赠的所得项目的纳税筹划

如果纳税人本期取得收入属于不同的应税项目,例如,工资薪金收入、稿酬收入、偶然收入、财产租赁收入等,那么,允许扣除多少就看纳税人如何对捐赠额进行划分。由于我国个人所得税实行的是综合与分类相结合的所得税制,因此,在计算捐赠扣除时,属于哪项所得捐赠的,就应从哪项应纳税所得额中扣除捐赠款项,然后按适用税率计算缴纳个人所得税。在纳税人取得两种以上不同应税项目收入,并从中取出一部分收入对外捐赠的情况下,无法分清楚是从哪项收入中取出的,更分不清哪项收入中取出的各是多少,

在计算捐赠扣除额时,纳税人应当对捐赠额进行适当的划分,即将捐赠额分散在各个应税所得项目之中,其目的是最大限度地享受税前扣除。

4.捐赠方向的纳税筹划

《个人所得税法》规定的允许税前扣除的捐赠必须是公益、救济性质的捐赠,按照其捐赠对象和捐赠渠道的不同,捐赠分为不能扣除、限额扣除和全额扣除。对非公益性捐赠,税法规定不允许在个人所得税税前扣除;对于一般的公益性、救济性捐赠,税法规定限额扣除率为30%;对于税法特别规定的捐赠对象才允许全额扣除。纳税人在对外捐赠时,通过对捐赠方向的筹划也可以减轻税负,把善事做好、做巧。

(二)境外已纳税额抵免筹划

我国税法规定,纳税义务人从中国境外取得的所得,准予其在应纳税额中扣除已在境外缴纳的个人所得税税额,但扣除额不得超过该纳税人境外所得依照我国《个人所得税法》规定计算的应纳税额。已在境外缴纳的个人所得税税款,是指纳税人从中国境外取得的所得,依照该所得来源国家或者地区的法律应当缴纳并且实际已经缴纳的税款。

依照税法规定计算的应纳税额,是指纳税人从中国境外取得的所得,区别不同国家或者地区和不同应税项目,依照税法规定的费用减除标准和适用税率计算的应纳税额;同一国家或地区内不同应税项目的应纳税额之和,为该国家或者地区的扣除限额。

纳税人在中国境外一个国家或者地区实际已经缴纳的个人所得税税额,低于该国家或者地区扣除限额的,应当在中国缴纳差额部分的税额;超过该国家或者地区扣除限额的,其超过部分不得在本纳税年度的应纳税额中扣除,但是,可以在以后纳税年度的该国家或者地区扣除限额的余额中补扣,补扣期限最长不得超过五年。

【案例6-19】 居民纳税人林先生,2019年从甲国取得两项应税收入。其中,在甲国因任职取得工资、薪金收入10 000美元,折合人民币69 000元,已纳所得税折合人民币690元。因向某公司投资,取得该国股息所得3 000美元(折合人民币20 700元,已纳所得税折合人民币4 830元)。其抵扣方法计算如下:

(1)工资、薪金所得:

$$全年应纳税额 = (69\,000 - 60\,000)元 \times 3\% = 270元$$

(2)股息所得:

$$应纳税额 = 20\,700元 \times 20\% = 4\,140元$$

因此,其抵扣限额为:270元 + 4 140元 = 4 410元。

由于林先生在该国实际已纳税款5 520元,超过了抵扣限额,因此不再补税,但超过限额的部分5 520元 - 4 410元 = 1 110元,可以在今后五年的期限内,从甲国扣除限额的余额中补扣。

如果2020年林先生在甲国只有工资收入,而且金额与2019年相同,那么,工资收入应纳税额270元,已纳税额70元,应补税额200元,因此,可用上年度的"超过扣除限额的部分"补扣,这样2020年就无须补缴税款,剩余910(1 110 - 200)元可以用同样的方法在2021年至2024年的四年内补扣。

这里,进行税收筹划应当思考的问题是如何才能让"超过扣除限额的部分"在五年内获得扣除,以充分削减在我国境外缴纳的超过抵扣限额的高税负?

下列几种情况可以解决这一问题:

(1)纳税人在以后年度必须继续从该国取得应税收入,而且来自该国的所有应税收入的已纳税额之和小于税法规定的扣除限额,可以获得抵扣。

(2)如果纳税人在某个国家只有一项收入来源,而且该项收入来源在该国已纳税额超过了按照我国税法计算的应纳税额,这种情况只会使"超过扣除限额的部分"越来越高,除非该国税制变化(降低税率),或者我国税制变化(提高税率),否则,永远不能扣除。

(3)以后年度来源于该国的各项应税收入中,又增加了其他应税收入项目,这些应税项目在该国的税负低于我国。

(4)以后年度来源于该国的应税收入中,减少了一些应税收入项目,这些应税项目在该国的税负高于我国,如【案例6-19】。

(三)工资、薪金福利化筹划

取得高薪是提高一个人消费水平的主要手段,但工资、薪金个人所得税的税率是累进的,当累进到一定程度,新增薪金带给纳税人的可支配现金将会逐步减少,所以,把纳税人现金性工资转为提供福利,照样可以提高其消费水平,还可以少缴个人所得税。因为税法规定,企业、事业单位、国家机关、社会团体根据国家有关规定提取的福利费是免缴个人所得税的。

1. 企业提供住所

企业提供住所即住房是企业免费或收取部分租金提供的。由于个人所得税是就个人的收入总额划分档次课税,对个人的支出只确定一个固定的扣除额,这样收入越高支付的税金越多,故企业将住房费直接支付给个人将会造成个人较多的税收负担。企业为个人租用房子采取企业支付房租还是个人支付房租,会造成个人的税收负担和收入水平的差异。因此,在受聘时,应与雇主协商,由雇主支付个人在工作期间的寓所租金,而薪金则在原有基础上作适当的调整。这样,雇主的负担不变,个人则可因此而降低个人所得税中工薪应负担的税收。

【案例6-20】　某公司会计师曾先生每月从公司获取工资、薪金所得10 000元,由于租住一套两居室,每月付房租2 000元,除去房租,曾先生可用的收入为8 000元。假设曾先生可以享受住房租金专项附加扣除1 000元/月,无其他扣除。这时曾先生应纳的个人所得税:

$$(10\,000 \times 12 - 60\,000 - 1\,000 \times 12)\text{元} \times 10\% - 2\,520\text{元} = 2\,280\text{元}$$

如果公司为曾先生提供免费住房,每月工资下调为8 000元,则曾先生应纳个人所得税:

$$(8\,000 \times 12 - 60\,000)\text{元} \times 3\% = 1\,080\text{元}$$

如此筹划后,曾先生可节省所得税1 200元,而公司也没有增加支出。

2. 企业提供假期旅游津贴

企业提供假期旅游津贴即由企业支付旅游费用,然后降低个人的薪金。职工根据国家规定都可以享受法定休假,在此期间一切费用照付。如果个人放弃取得这部分工资的权利,而要求企业提供休假旅游的费用,只要是财务制度所允许的,企业都会予以接受,这样,对企业来讲,并没多支出,而对个人来讲就是少收入高消费。

3. 企业提供员工福利设施

(1)企业提供免费膳食或者由企业直接支付搭伙管理费。

(2)使用企业提供的家具及住宅设备。企业向职工提供住宅时,由企业集体配备家具及住宅设备,然后收取低租金。

(3)使用由企业缔结合约提供给职工的公用设施,如水、电、煤气、电话等。

总之,缴纳工资、薪金所得税的个人,其节税的主要方法是在保证消费水平提高的前提下,降低所得额,达到减轻税负之目的。对于企业来讲,要在遵守税法的前提下,合理地选择职工收入支付方式,以帮助职工提高消费水平。一味地增加现金收入,从税收角度来考虑并不是完全可取的。

(四)利用个人所得税减免规定的筹划

1. 免征个人所得税项目

(1)省级人民政府、国务院部委和中国人民解放军军以上单位,以及外国组织、国际组织颁发的科学、教育、技术、文化、卫生、体育、环境保护等方面的奖金;

(2)国债和国家发行的金融债券利息;

(3)按照国家统一规定发给的补贴、津贴;

(4)福利费、抚恤金、救济金;

(5)保险赔款;

(6)军人的转业费、复员费、退役金;

(7)按照国家统一规定发给干部、职工的安家费、退职费、基本养老金或者退休费、离休费、离休生活补助费;

(8)依照有关法律规定应予免税的各国驻华使馆、领事馆的外交代表、领事官员和其他人员的所得;

(9)中国政府参加的国际公约、签订的协议中规定免税的所得;

(10)国务院规定的其他免税所得。

2. 减征个人所得税项目

有下列情形之一的,可以减征个人所得税,具体幅度和期限,由省、自治区、直辖市人民政府规定,并报同级人民代表大会常务委员会备案:

(1)残疾、孤老人员和烈属的所得;

(2)因自然灾害遭受重大损失的。

国务院可以规定其他减税情形,报全国人民代表大会常务委员会备案。

3.分清收入构成

区分需要缴纳个税和不需要缴纳个税的收入。比如差旅费补贴不需要缴纳个税,但要注意的是我国税法规定:凡是以现金形式发放通信补助、交通费补贴、餐补,视为工资薪金所得,计入计税基础,计算缴纳个人所得税。凡是根据经济业务发生实质,并取得合法发票实报实销的,属于企业正常经营费用,不需缴纳个人所得税。故留存有效发票,是个人税务筹划的一个实用小技巧。

4.了解扣减政策

在认清收入构成后,就要了解自己所能适用的个税扣减政策,包括中央政策和地方政策。

除了住房公积金外,保险也是实现个人税务筹划的重要手段。比如从2018年的7月1日起,就允许个人在规定范围内把购买符合规定的商业健康保险的支出,在当月或当年计算应纳税所得额时予以税前扣除。

(五)将单一的应税收入转化成不同形式的收入

利用现有政策、法律法规,通过出资、提供劳务甚至入股分红等形式,将单一的应税收入转化成不同形式、归入不同主体名下,来降低税收负担,是比较普遍的行为。这些手段没有采用法律明确禁止的方式,应该属于不违法的避税行为。但避税违背量能课税和公平负担原则,其合理性确实存在争议。

个人所得税法中,工资薪金、劳务报酬等综合所得适用最高45%的税率,经营所得(包括个人工作室)适用最高35%的税率,股息分红(包括投资回报等)则适用20%的税率,这些不同收入类型适用不同税率,为避税提供了空间。

合理避税和偷逃漏税的边界,是国际税收征管实践上的难题,其边界确定是各方博弈的结果。依据“实质大于形式”,税务机关在边界认定上存在一定裁量权。

任务小结

(1)捐赠扣除分为限额扣除和全额扣除,捐赠者应该有所选择。全额扣除是纳税人的首选目标,限额扣除要区别对待。

(2)对于单一所得,根据捐赠限额的多少,分次安排捐赠数额;对于多项所得,先用税率高的应税所得进行捐赠。

(3)对于境外已纳税额抵免筹划,进行筹划的关键是如何才能让“超过扣除限额的部分”在五年内获得扣除,以充分削减在我国境外缴纳的超过抵扣限额的高税负。

(4)把纳税人现金性工资转为提供福利,同样可以提高其消费水平,还可以少缴个人所得税。因为税法规定,企业、事业单位、国家机关、社会团体根据国家有关规定提取的福利费是免缴个人所得税的。

本章小结

个人所得税是对自然人取得的各项应税所得征收的一种税。2018 年 8 月 31 日,十三届全国人大常委会第五次会议表决通过了关于修改个人所得税法的决定。修订通过的新个税法于 2019 年 1 月 1 日起施行。本章全面阐述了修订的新个人所得税法规。依据新的个人所得税法规,个人所得税筹划主要包括:居民纳税人与非居民纳税人的转换、企业所得税纳税人与个人所得税纳税人的选择;综合所得、经营所得、利息、股息、红利所得、财产租赁所得、财产转让所得、偶然所得临界点的筹划;利用税收优惠政策的筹划。

【关键术语】

居民纳税人　非居民纳税人　计税依据　免征额　工资福利化

复习思考题

1. 居民个人取得的工资、薪金所得、劳务报酬所得、稿酬所得、特许权使用费所得是个人所得税的主要征税项目,其纳税筹划方法有哪些?

2. 对劳务报酬节税的主要思路是降低收入金额以及充分利用免征额,具体的操作方法是什么?

3. 对稿酬收入可以采取何种方法进行节税筹划?

4. 个体工商户个人所得税的缴纳方法是视同于企业的,如何通过增加成本、费用,进而减少应纳税所得额,减轻税收负担?

练习题

一、单项选择题

1. 薪酬设计指纳税人在税法及相关法律允许的范围内,通过对(　　　)的统筹策划,达到降低个人所得税和相关公司所得税税负的经济行为。

　　A. 战略管理和财务管理　　　　　　　　B. 人力资源管理和财务管理

　　C. 绩效管理和财务管理　　　　　　　　D. 激励管理和财务管理

2. 下列项目中,不构成工资薪金所得的项目是(　　　)。

　　A. 加班费　　　　B. 特殊工种补助　　　C. 独生子女补贴　　　D. 奖金

3. 某退休职工 2019 年 10 月取得的下列所得,不需缴纳个人所得税的是(　　　)。

　　A. 退休费 20 000 元　　　　　　　　　　B. 股票红利 900 元

C. 咨询费 800 元　　　　　　　　　　　D. 私营企业顾问费 1 000 元

二、多项选择题

1. 下列个人收入,按照"特许权使用费所得"项目缴纳个人所得税的有( )。

A. 作家的小说出版而取得的收入

B. 作家公开拍卖自己的文字作品手稿复印件的收入

C. 个人转让商标使用权取得的收入

D. 个人因从事彩票代销业务取得的收入

2. 下列应税项目中,按每一纳税年度的收入总额来确定应纳税所得额的是( )。

A. 财产转让所得　　　　　　　　　　　B. 承包承租经营所得

C. 个体工商户的生产经营所得　　　　　D. 财产租赁所得

3. 下列项目中,属于劳务报酬所得的是( )。

A. 个人艺术品展卖取得的报酬

B. 提供著作的版权而取得的报酬

C. 将国外的作品翻译出版取得的报酬

D. 专家学者受出版社委托进行审稿取得的报酬

4. 下列各项中,以取得的收入为应纳税所得额直接计征个人所得税的有( )。

A. 红利所得　　　　　　　　　　　　　B. 偶然所得

C. 股息所得　　　　　　　　　　　　　D. 特许权使用费所得

5. 根据个人所得税法律制度的规定,下列各项中,不属于工资、薪金所得项目的是( )。

A. 劳动分红

B. 托儿补助费

C. 独生子女补贴

D. 执行公务员工资制度未纳入基本工资总额的补贴、津贴差额和家属成员的副食补贴

6. 五级超额累进税率不适用于( )。

A. 个体生产经营所得　　　　　　　　　B. 工资、薪金所得

C. 劳务报酬所得　　　　　　　　　　　D. 财产租赁所得

7. 工资支出的节税途径有( )。

A. 提高职工生活水平,减少名义工资收入

B. 在限额内允许提取的职工福利费一定要全部提取

C. 将员工年终奖金变为员工红利

D. 每月均匀发放工资

8. 下列个人所得中,在计算个人所得税时,不得减除费用的是( )。

A. 劳务报酬所得　　　　　　　　　　　B. 偶然所得

C. 工资薪金所得　　　　　　　　　　　D. 利息、股息、红利所得

三、判断题

1. 对个人按市场价格出租居民住房适用个人所得税税率为 10%。 ( )

2.个人审稿取得的收入按稿酬所得计税。 （ ）

3.特许权使用费所得和劳务报酬所得都是采用定额和定率扣除费用的办法。

（ ）

4.属于同一事项连续取得收入的,以每天取得的收入为一次。 （ ）

5.对个人购买福利彩票、赈灾彩票和体育彩票,一次中奖收入在1万元以下（含1万元)的暂免征收个人所得税;超过1万元的,按差额征收个人所得税。 （ ）

6.个人独资企业和个人合伙企业投资者也为个人所得税的纳税义务人。 （ ）

7.自2008年10月9日起,对储蓄存款利息所得暂免征收个人所得税。 （ ）

8.个人将其所得通过中国境内非营利的社会团体、国家机关向教育、公益事业和遭受严重自然灾害地区、贫困地区的捐赠,捐赠额不超过应纳税所得额的30%的部分,可以从其应纳税所得额中扣除。 （ ）

9.个人购买国债和国家发行的金融债券所取得的利息,免征个人所得税;企业购买国债和国家发行的金融债券所取得的利息,也免征企业所得税。 （ ）

10.个人转让自用达5年以上,并且是唯一的家庭生活用房取得的所得,暂免征收个人所得税。 （ ）

11.个人所得税法对不同项目所得,规定了不同的税率形式,其中对工资、薪金所得、劳务报酬所得、稿酬所得、特许权使用费所得等综合所得和经营所得采取了超额累进税率,对其他所得项目则一律采取比例税率。 （ ）

四、案例分析题

1.曾教授是某高校教师,2019年1—12月每月工资薪金收入16 000元,无免税收入;每月缴纳三险一金2 500元,从1月份开始享受子女教育和赡养老人专项附加扣除共计3 000元,无其他扣除。全年工资薪金所得预扣预缴税额为4 080元。曾教授经常应邀给全国各地的企业讲授纳税筹划。2019年11月,广州的一家公司和深圳的另一家公司同时邀请曾教授前往讲课,讲课时间均为5天,但由于时间相互冲突,曾教授只能选择其一。广州的公司提出给曾教授支付讲课报酬为50 000元,交通、食宿费用自理;深圳的公司只支付给曾教授45 000元,但是负责支付曾教授的交通、食宿费用,总计5 000元。曾教授粗略计算一下,若去广州讲课,自己安排交通、食宿,很容易节省,总计大约4 500元,所以去广州讲课似乎比去深圳合适。请你帮曾教授计算一下,到底去哪家公司讲课更合适?

2.演员刘某与演出经纪公司签订一项合同,由该经纪公司安排刘某分别在3月5日、3月15日和3月25日参加三场不相关联的晚会演出,每场演出刘某可取得劳务费25 000元,共计75 000元。分别按以下情况计算刘某应纳个人所得税,并从中选择一种最佳的纳税方式:(1)合并为一次纳税;(2)分为三次纳税。

3.曾某和刘某于2020年2月分别因购买体育彩票而中奖,曾某获得奖金11 000元,刘某获得奖金10 000元,试问两者谁获益多?

4.刘明通过竞标获得安升街街道办集体企业的经营权(平时不领取工资),租期从2020年1月1日至2020年12月31日。租赁后,该企业主管部门不再为该企业提供管理方面的服务,其经营成果全部归刘明个人所有,刘明每年应缴纳租赁费 8 万元。2020 年在未扣除上缴的租赁费的情况下,获得利润 18 万元,符合小型微利企业的其他条件。刘明可通过怎样的方式减轻税负?

5. 刘某为国内知名纳税筹划专家,2019 年应邀到某上市公司进行纳税筹划培训。双方约定:2019 年 7 月和 8 月共培训 4 次,但每月至少培训一次,每次取得报酬 20 000 元,该报酬当月即可取得。请对其进行纳税筹划。

6. 北京的纳税筹划专家刘某受聘到深圳讲课,为期 7 天,深圳一方支付报酬 70 000元,但有关交通费、食宿费等由刘某自理,刘某共开支 10 000 元。另外,刘某是某高校教师,每月工资薪金收入 16 000 元,无免税收入;每月缴纳三险一金 2 500 元,每月享受子女教育和赡养老人专项附加扣除共计为 3 000 元,无其他扣除。全年工资薪金所得预扣预缴税额为 4 080 元。请对其进行纳税筹划。

7. 刘某为我国纳税筹划实操专家,现准备出版一本关于纳税筹划的著作,此著作由 5个部分组成,预计稿酬所得 15 000 元。请对其进行纳税筹划。

【延伸阅读】

公司这样发工资,风险很大

一、这样做是不行的

1. 故意不用银行发放工资

有些公司以现金方式发放工资,而不使用银行代发。随着支付管理制度的发展,国家大力推行非现金结算,全面推行银行代发工资模式,设想一下:公司有基本户,员工也不少,公司又不在偏远山区,用现金发放工资正常吗?

2. 补贴不申报个税

公司没有把发放的节日补贴、交通补贴、通信补贴、生日礼金合并生成工资进行个税申报。

3. 大量员工零申报

自从个税免征额由 3 500 元上调至 5 000 元后,很多企业就将员工工资零申报了,但一个公司大量零申报,正常吗?和地区行业一比较,明显偏低,等待企业的将是税务稽查。

4. 虚开发票抵扣

企业将员工工资分解成基本工资、年终奖、过节费、各类补贴等进行发放,再让员工每个月找发票来冲抵,以报销的形式达到工资避税的目的,这是绝对不可取的,如果长期大额处理的话,会造成企业费用异常,税务部门一定会关注和稽查。

二、看看案例,公布的被稽查案例

某公司 2011 年账列应付工资科目为 5 013 120.00 元,其中列支工作人员工资 2 779 470.00 元,销售及相关人员工资 114 500.00 元,外勤人员工资 1 591 500。检查发现,账列外勤人员发放的工资中有 1 211 400.00 元无签字记录、转账凭证或收据等有效发放依据。对于无有效发放依据的工资属多列工资 1 211 400.00 元,应补缴企业所得税302 850.00元。为偷逃个税虚列工资，被罚30万元！

三、给会计的12个提醒，一定要重视

（1）自己不要参与买票、卖票，也要提醒所在公司的老板不要触碰发票这根红线。

（2）赚钱的是老板，担风险的是法人和会计！自己单位员工只要离职了，尽快删除个税申报系统中的员工信息。避免出现两处以上有工资薪金所得，导致员工必须到税局大厅自行申报个税。如果你单位以前已经给这位同事缴纳过个税，那么他在你公司的人员信息中是删除不了的，要把他的信息修改为"非正常"。

（3）自己若由于各种原因离开所在公司，记住离职前先去税务局办理财务负责人、办税人员信息变更手续。

（4）多多关注财税最新政策。

（5）自己所在的单位假若不想继续经营下去了，记住一定办理正常注销手续。

（6）切记不要听之任之、不了了之，否则公司成了非正常户，股东进了黑名单，会计也容易受牵连。

（7）切记不要设置"两套账""多套账"。

（8）千万不要用个人卡收款付公司款项。

（9）凡当日单笔或累计交易超过5万元以上金融机构都要送交大额交易报告（以"合理怀疑"为基础开展工作），大额交易的个人卡已经被重点监控。私设小金库是很危险的。

（10）自己所在公司的会计凭证、账本等不要随意销毁。新的《会计档案管理办法》已经实施，会计凭证账本等的保存年限由原来的15年延长到30年，即便是公司经营不下去提前注销，也要由终止单位的业务主管部门或财产所有者代管或移交有关档案馆代管，保管至期满后按照相关规定销毁。

（11）自己所在的公司不要注册地址与实际地址分离。一旦相关部门核实地址，发现你已经人去楼空，就会被列入"地址异常"名录。

（12）要想有好的发展，一定要多学习，并且朝着业财融合的方向发展。

——摘自上海国家会计学院远程教育网，2019-07-31.

第七章 关税及其他税种的税收筹划

【学习目标】

本章主要阐述的是关税、房产税、契税、土地增值税、车船税、资源税、城镇土地使用税、印花税、城市维护建设税等税种的税收筹划。首先对关税和其他税种的法律依据进行了简述,接着明确列出筹划方法,并结合案例的讲解,使读者对关税和其他税种的税收筹划方法有清楚的认识,从而实现本章学习目的——从细微处切入,针对不同小税种从不同角度进行税收筹划,使纳税人的效益最大化。

【开篇案例】

中央电视台曾报道:万科至2012年年底,存在"应付未付土地增值税"44.35亿元。对此万科随即回应,否认欠税。众所周知,房地产开发企业的税负是很重的,土地增值税只是房地产开发企业所要缴纳的众多税种中的一种。正是因为房地产开发企业的税负较重,所以房地产开发企业都会设法进行税收筹划,合理合法地减轻自身的税收负担。

第一节 关税的税收筹划

一、关税的法律界定

关税是海关根据国家制定的有关法律,对进出关境或国境的货物和物品征收的一种流转税。

(一)关税的征税对象和纳税义务人

关税的征税对象是准许进出境的货物和物品。货物是指贸易性商品;物品是指入境旅客随身携带的行李物品、个人邮递物品、各种运输工具上的服务人员携带进口的自用物品、馈赠物品以及其他方式进境的个人物品。

关税的纳税义务人包括进口货物的收货人、出口货物的发货人、进出境物品的所有人。

(二)关税的税则、税率

进出口税则是一国政府根据国家关税政策和经济政策,通过一定的立法程序制定并公布实施的进出口货物和物品应税的关税税率表。

我国现行关税税率分为进口税率和出口税率两类。

1. 进口税率

我国加入 WTO 之后,为履行在加入 WTO 关税减让谈判中承诺的有关义务,享有WTO 成员应有的权利,自 2002 年 1 月 1 日起,我国进口税则设有最惠国税率、协定税率、特惠税率、普通税率等,对进口货物在一定期限内可以实行暂定税率。

最惠国税率适用原产于与我国共同适用最惠国待遇条款的 WTO 成员方或地区的进口货物,原产于与我国签订有相互给予最惠国待遇条款的双边贸易协定的国家或地区的进口货物,以及原产于我国境内的进口货物。

协定税率适用原产于我国参加的含有关税优惠条款的区域性贸易协定有关缔约方的进口货物。目前对原产于韩国、孟加拉国和斯里兰卡三个曼谷协定成员的 739 个税目进口商品实行协定税率(即曼谷协定税率)。

特惠税率适用原产于与我国签订有特殊优惠关税协定的国家或地区的进口货物。目前对原产于孟加拉国的 18 个税目进口商品实行特惠税率(即曼谷协定特惠税率)。

普通税率适用原产于上述国家或地区以外的其他国家或地区的进口货物。按照普通税率征税的进口货物,经国务院关税税则委员会特别批准,可以适用最惠国税率。适用最惠国税率、协定税率、特惠税率的国家或者地区名单,由国务院关税税则委员会决定,报国务院批准后执行。

2. 出口税率

我国出口税则为一栏税率,即出口税率。国家仅对少数资源性产品及易于竞相杀价、盲目进口、需要规范出口秩序的半制成品征收出口关税。

(三)关税的原产地规定

正确运用进口税则的各栏税率,必须确定进境货物的原产国。我国原产地规定基本上采用了"全部产地生产标准"和"实质性加工标准"两种国际上通用的原产地标准。

全部产地生产标准是指进口货物"完全在一个国家内生产或制造",生产或制造国即为该货物的原产国。实质性加工标准是适用于确定有两个或两个以上国家参与生产的产品的原产国的标准,经过几个国家加工、制造的进口货物,以最后一个对货物进行经济上可以视为实质性加工的国家作为有关货物的原产国。实质性加工是指产品加工后,在进出口税则中税则归类已经有了改变或者加工增值部分所占新产品总值的比例已超过30% 及以上的。例如,进口的棉布是一国用他国的棉纱纺织而成的,该棉布不能以棉纱的生产国为原产国,而应以将棉纱织成棉布的国家作为原产国,因为棉纱经加工后,改变了原税则归类,不属于同一税号。对机器、仪器、器材或车辆所用零件、部件、配件、备件及工具,如与主件同时进口且数量合理的,其原产地按主件的原产地确定,分别进口的则按各自的原产地确定。

由于我国的国际信誉不断提高,世界上许多国家愿意与我国在平等互利的基础上进行经济贸易往来,目前已有100多个国家和地区与我国签订关税互惠条款的贸易条约或协定。因此,我国海关对进口货物基本上使用优惠税率征税。

(四)应纳税额的计算

我国对进口商品基本上都以进口货物的完税价格实行从价税;对原油、啤酒等产品进口分别以质量、容量、面积计征从量税;对录像机、放像机、摄像机、数字照相机和摄录一体机实行复合税;对新闻纸实行滑准税。

1.从价税应纳税额的计算

应纳税额 = 应税进(出)口货物数量 × 单位完税价格 × 税率

2.从量税应纳税额的计算

应纳税额 = 应税进(出)口货物数量 × 单位货物税额

3.复合税应纳税额的计算

我国目前实行的复合税都是先从量计征,再从价计征。

应纳税额 = 应税进(出)口货物数量 × 单位货物税额 + 应税进(出)口货物数量 × 单位完税价格 × 税率

4.滑准税应纳税额的计算

应纳税额 = 应税进(出)口货物数量 × 单位完税价格 × 滑准税税率

滑准税是一种关税税率随进口商品价格由高到低而由低至高设置计征关税的方法,可以使进口商品价格越高,其进口关税税率越低,进口商品的价格越低,其进口关税税率越高。其主要特点是可保持滑准税商品的国内市场价格的相对稳定,尽可能减少国际市场价格波动的影响。

(五)关税完税价格

1.一般进口货物的完税价格

进口货物的完税价格包括货物的货价、货物运抵我国境内输入地点起卸前的运输及其相关费用、保险费。货物的货价以成交价格为基础。

下列费用应计入完税价格:由买方负担的除购货佣金以外的佣金和经纪费;由买方负担的与该货物视为一体的容器费用;由买方负担的包装材料和包装劳务费用;可以按照适当比例分摊的,由买方直接或间接免费提供,或以低于成本价方式销售给卖方的货物或服务的价值;与该货物有关并作为卖方向我国销售该货物的一项条件,应当由买方直接或间接支付的特许权使用费;卖方直接或间接从买方对该货物进口后转售、处置或使用所得中获得的收益。

下列费用,如能与该货物实付或者应付价格区分,不得计入完税价格:货物进口后的

217

基建、安装、维修和技术服务费用;货物运抵境内输入地点之后的运输费用;进口关税及其他国内税。

进口货物的价格不符合成交价格条件或者成交价格不能确定的,海关应当依次以相同货物成交价格方法、类似货物成交价格方法、倒扣价格方法、计算价格方法及其他合理方法确定的价格为基础,估定完税价格。如果进口货物的收货人提出要求,并提供相关资料,经海关同意,可以选择倒扣价格方法或计算价格方法的适用次序。

倒扣价格方法。它是指海关以进口货物、相同或者类似进口货物在境内的销售价格为基础,扣除境内发生的有关费用后,审查确定进口货物完税价格的估价方法。

计算价格方法。采用这种方法,可以按照下列各项总和计算价格:生产该货物所使用的料件成本和加工费用,向中华人民共和国境内销售同等级或者同种类货物通常的利润和一般费用,该货物运抵境内输入地点起卸前的运费及其相关费用、保险费。

2.出口货物的完税价格

出口货物的完税价格,由海关以该货物向境外销售的成交价格为基础审查确定,并应包括货物运至我国境内输出地点装载前的运输及其相关费用、保险费,但其中包含的出口关税税额,应当扣除。出口货物的成交价格中含有支付给境外佣金的,如单独列明,应当扣除。

(六)关税减免

关税减免是对某些纳税人和征税对象给予鼓励和照顾的一种特殊调节手段,是贯彻国家关税政策的一项重要措施。关税减免分为法定减免税、特定减免税和临时减免税。

1.法定减免税

法定减免税是税法中明确列出的减税或免税,纳税人无须提出申请,海关可按照规定直接予以执行。适用这类减免税优惠的货物、物品:关税税额在人民币50元以下的一票货物;无商业价值的广告品和货样;外国政府、国际组织无偿赠送的物资;在海关放行前损失的货物;进出境运输工具装载途中必需的燃料、物料和饮食用品;为境外厂商加工、装配成品和为制造外销产品而进口的原材料、辅料、零件、部件、配套件和包装物料等。

2.特定减免税

特定减免税也称政策性减免税。特定减免税货物一般有地区、企业和用途的限制,海关需要进行后续管理。这类货物、物品主要有科教用品;残疾人专用品;扶贫、慈善性捐赠物资;加工贸易产品(加工装配和补偿贸易、进料加工等);边境贸易进口物资;保税区进出口货物;出口加工区进出口货物;进口设备;特定行业或用途的减免税等。

3.临时减免税

这类政策一般对可减免的商品列有具体清单。如为支持我国海洋和陆上特定地区石油、天然气开采作业,对相关项目进口国内不能生产或性能不能满足要求的,免征进口关税和进口环节增值税等。

二、关税的筹划方法

(一)关税优惠政策的应用

关税优惠是纳税人进行税收筹划的重点。例如世界上几百个经济特区对关税的课征一般都实施大同小异的优惠待遇。又如我国对企业从事高新技术和生产出口产品实行鼓励政策,对于从事上述产品生产的企业所需的进口设备及配套技术、配件、备件及软件费等给予减免关税和进口环节增值税的优惠政策。这些都为企业开展税收筹划、调整经营战略提供了空间。

【案例7-1】 某年6月21日,国务院关税税则委员会发出公告:根据《中华人民共和国进出口关税条例》第六条的规定,决定自6月22日起,对原产于日本的汽车、手持和车载无线电话机、空气调节器加征税率为100%的特别关税,即在原关税的基础上,再加征100%的关税。在这种情况下,日本商用空调最大生产厂家——大金工业日前宣布,从该年10月开始,将把在中国销售的楼房用大型商用空调由出口改为在中国生产,以此来应对中国为报复日本对中国农产品实施限制进口而采取的对空调进口加征100%特别关税的措施。

毫无疑问,如果大金工业的战略得以顺利实施,将彻底避免承担关税和特别关税的税负。大金工业的这种行为,主要是应对特别关税而采取的投资决策,属于典型的关税筹划。主要思路是根据关税的性质和纳税环节,由原来在日本生产后再出口到中国,改为在中国直接生产、销售,从而彻底避免了缴纳关税。

(二)合理控制完税价格

在税率确定的情况下,完税价格的高低就决定了关税的轻重。完税价格的确定是关税弹性较大的一环,在同一税率下,完税价格如果高,以价计征的税负则重,如果低,税负则轻。在许多情况下,完税价格的高低还会影响关税的税率,因此关税筹划的另一个切入点就是合理控制完税价格。

1.选择运输、杂项费用相对小的货物进口或出口

在审定成交价格下,如何缩小进出口货物的申报价格而又能为海关审定认可为"正常成交价格"就成为筹划的关键所在。该成交价格的核心内容是货物本身的价格,即不包括运、保、杂费的货物价格。该价格除包括货物的生产、销售等成本费用外,还包括买方在成交价格之外另行向卖方支付的佣金。由此看来,利用控制完税价格进行税收筹划,就要选择同类产品中成交价格比较低的,运输、杂项费用相对小的货物进口或出口。按规定,有些费用必须计入完税价格,有些费用不能计入完税价格。税收筹划时,可以设法使计入完税价格的费用尽量少一些,或设法将计入完税价格的费用转化为不能计入完税价格的费用。

【案例7-2】 A企业欲从境外引进钢结构产品自动生产线,可选择从英国或美国进口。若从美国进口,境外成交价格(FOB)1 700万元。该生产线运抵我国输入地点起卸

前的运费和保险费 100 万元,另支付由买方负担的经纪费 10 万元,买方负担的包装材料和包装劳务费 50 万元,与生产线有关的境外开发设计费用 50 万元。若从英国进口,境外成交价格(FOB)1 600 万元。该生产线运抵我国输入地点起卸前的运费和保险费 120 万元,另支付由买方负担的经纪费 10 万元,买方负担的包装材料和包装劳务费 20 万元,与生产线有关的境外开发设计费用 100 万元。关税税率均为 30%,请对其进行纳税筹划。

筹划思路

关税纳税人进口货物时,应当选择同类货物中成交价格比较低或运输、保险费等相对低的货物,以降低完税价格,从而降低进口关税。

筹划过程

方案一:若从美国进口。

关税完税价格 = 1 700 万元 + 100 万元 + 10 万元 + 50 万元 + 50 万元 = 1 910 万元

应纳关税 = 1 910 万元 × 30% = 573 万元

应纳增值税 = (1 910 + 573) 万元 × 17% = 422.11 万元

方案二:若从英国进口。

关税完税价格 = 1 600 万元 + 120 万元 + 10 万元 + 30 万元 + 100 万元 = 1 860 万元

应纳关税 = 1 860 万元 × 30% = 558 万元

应纳增值税 = (1 860 + 558) 万元 × 17% = 411.06 万元

筹划结论

方案二比方案一少缴关税 15 (573-558) 万元,少缴增值税 11.05 (422.11-411.06) 万元,因此,应当选择方案二。

筹划点评

进口货物时,不能仅仅考虑关税税负,还应考虑货物质量、售后服务等多种因素,以便作出合理的进口方案。

2. 选择有利的方法估定完税价格

按审定成交价格法经海关审查未能确定的,海关主要按以下方法依次估定完税价格,其分别为相同货物成交价格法、类似货物成交价格法、国际市场价格法、国内市场价格倒扣法、由海关按其他合理方法估定的价格。

各国的税法对税务管理都比较严格,其中要求纳税人就有关具体纳税事项进行主动申报,否则将依法进行核定征收。例如我国《进出口关税条例》第十五条规定:进出口货物的收货人,或者他们的代理人,在向海关递交进出口货物的报关单证时,应当交验载明货物真实价格、运费、保险费和其他费用的发票(如有厂家发票应附着在内)、包装清单和其他有关单证。

而第十七条又指出:进出口货物的发货人和收货人或者他们的代理人,在递交进出口货物报关单时,未交验第十五条规定的各项单证的,应当按照海关估定的完税价格完税,事后补交单证的,税款不予调整。

认真研究上述两条规定可以发现,第十七条规定中的"未"就给纳税筹划者留下了进行筹划的机会。也就是说,进出口商可以将其所有的单证全部交给海关进行查验,也可以不交验第十五条所指的有关单证(当然这里不是指对有关账簿数字的隐瞒、涂改等),这时,海关将对进出口货物的完税价格进行估定。

当一家进口商进口某种商品时,如果其实际上应申报的完税价格高于同类产品的市场价格,那么它可以根据实际情况在法律许可的范围内少报或不报部分单证,以求海关估定较低的完税价格,从而减轻相关的关税负担。

当然,不能把完税价格的筹划方法片面地理解为降低申报价格。如果为了少缴关税而降低申报价格的话,就会构成偷税。

【案例 7-3】 日本甲企业刚刚开发了一种高新技术产品,尚未形成确定的市场价格,但我国乙企业预计其未来的市场价格将远远高于目前市场上的类似产品价格,将达到100 万元。最终,乙企业以 80 万元的价格与日本甲企业成交,而其类似产品的市场价格仅为 50 万元。假设关税税率为 30%,请对其进行纳税筹划。

税法依据

进口货物的价格不符合成交价格条件或者成交价格不能确定的,由海关估定。海关一般按以下次序对完税价格进行估定:相同货物成交价格估价法、类似货物成交价格估价法、倒扣价格估价法、计算价格估价法及其他合理估价法。

筹划思路

对于一般进口货物,国内、国外市场均有参考价格,其纳税筹划的空间不大,但对于稀缺商品,如高新技术、特种资源、新产品等,由于这些产品没有确定的市场价格,而其预期的市场价格一般要远远高于市场类似产品的价格,也就为进口完税价格的申报留下了较大的纳税筹划空间,企业可以用市场类似产品的价格来进行申报,从而通过降低完税价格来降低关税。

筹划过程

方案一:乙企业以 80 万元作为关税完税价格申报。

$$应纳关税 = 80 万元 \times 30\% = 24 万元$$

方案二:向当地海关进行申报进口时,乙企业少报或不报部分单证,海关认为其资料不全,于是立案调查。经过调查,海关当局发现:类似产品的市场价格为 50 万元。于是,海关工作人员认为 50 万元为合理的完税价格,于是便征税放行。

$$应纳关税 = 50 万元 \times 30\% = 15 万元$$

筹划结论

方案二比方案一少缴关税 9(24 - 15)万元,因此,应当选择方案二。

筹划点评

本方案属于典型的避税筹划方案,企业最好不要用,以规避未来被税务机关进行纳税调整或处罚的危险。

(三)关税税率的筹划

不同的货物或物品,适用的关税税率不同,应该尽量适用较低的税率,规避较高的税率。

【案例7-4】 中国汽车销售公司 Y 从德国汽车生产企业 X 进口 100 辆小轿车,每辆小轿车的完税价格为 20 万元,假定适用进口环节的关税税率为 60%,消费税税率为 5%,增值税税率为 17%。如果德国汽车生产企业 X 在中国设立自己的汽车组装兼销售公司 Z,并将原来进口整装汽车的方式改为进口散装汽车零部件。一辆汽车的全套零部件以 15 万元的价格卖给公司 Z,这样,散装零部件进口环节关税税率降为 30%。请对其进行纳税筹划。

税法依据

原材料、零部件与成品的关税税率相比,原材料和零部件的关税税率最低,半成品次之,产成品的税率最高。

筹划思路

企业在条件允许的情况下,可以考虑先进口原材料和零部件,然后进行加工生产成自己所需的产成品,从而降低关税税负。

筹划过程

方案一:中国汽车销售公司 Y 从德国汽车生产企业 X 进口 100 辆小轿车,则

应纳关税 = 20 万元 × 100 × 60% = 1 200 万元

应纳消费税 = [(20 × 100 + 1 200) ÷ (1 - 5%)] 万元 × 5% = 168.42 万元

应纳增值税 = (20 × 100 + 1 200 + 168.42) 万元 × 17% = 572.63 万元

应纳税额合计 = 1 200 万元 + 168.42 万元 + 572.63 万元 = 1 941.05 万元

方案二:德国汽车生产企业 X 在中国设立自己的汽车组装兼销售公司 Z,并将原来进口整装汽车的方式改为进口散装汽车零部件,则

$$应纳关税 = 15 万元 × 100 × 30\% = 450 万元$$

这种情况下,进口环节不需缴纳消费税。

$$应纳增值税 = (15 × 100 + 450) 万元 × 17\% = 331.5 万元$$

$$应纳税额合计 = 450 万元 + 331.5 万元 = 781.5 万元$$

筹划结论

进口环节方案二比方案一共少缴税 1 159.55(1941.05 - 781.5)万元,其中少缴关税 750(1 200 - 450)万元,因此,应当选择方案二。

筹划点评

虽然消费税和增值税的一部分在以后生产环节需要补交,但这样延缓了纳税时间,充分利用了资金的时间价值,而仅从关税的减少额而言,本案例中方案二使得该企业至少可少缴税 750 万元。

【案例7-5】 宝力汽车公司是一家全球性的跨国大公司,该公司生产的汽车在世界汽车市场上占有一席之地。2016 年 8 月,该公司决定打入中国市场。同月,公司召开董事会商议此事,并初步拟定两套方案。

方案一:在中国设立一家销售企业作为宝力汽车公司的子公司,通过国际间转让定价,压低汽车进口的价格,从而节省关税,使中国境内子公司利润增大,便于扩大规模,占领中国汽车市场。

方案二:在中国境内设立一家总装配公司子公司,通过国际间转让定价,压低汽车零部件的进口价格,节省关税,也可使中国境内子公司利润增大,以便于扩大规模,占领中国汽车市场。

经进一步讨论,公司决定采用方案二。

根据方案一,企业利用了转让定价法进行筹划,节约了关税。根据方案二,企业也可以得到方案一中转让定价的好处,但更重要的是,方案二利用了关税税率差异筹划方法,考虑到零部件的进口关税比成品汽车的税率要低很多,而低的关税税率也可以帮企业节约不少税款。另外,考虑到零部件生产国比较分散,更加易于进行转让定价筹划,所以方案二优于方案一。

(四)充分利用原产地标准

我国进口税则设有最惠国税率、协定税率、特惠税率、普通税率共四栏。同一种进口货物的原产国不同,适用的税率也将有很大区别。而关于原产地的确认,我国设定了全部产地标准和实质性加工标准。正确合理地运用原产地标准,选择合适的地点,就可达到税收筹划的效果。

目前许多跨国公司在全球不同国家设立了分支机构,这些机构在某种商品的生产过程中承担了一定的角色,可以说,成品是用在不同国家生产的零部件组装起来的,那么最后组装成最终产品的地点(即原产国)就非常重要,一般应选择在同进口国签订有优惠税率的国家或地区,避开进口国征收特别关税的国家和地区。比如,A 国与 B 国未签订飞机整机进口关税优惠协议,而 B 国与 C 国签订了有关互惠条约,这时 A 国可以把在不同地区生产的飞机零部件运到 C 国组装成整机,再向 B 国出口,那么这种飞机整机就不会被 B 国视为原产于 A 国,从而可以避开高额关税。

(五)利用保税制度的税收筹划

为了创造完善的投资、运营环境,国家通常在境内设立保税区,保税区是在海关监控管理下进行存放和加工保税货物的特定区域。保税区内复运出口的进口货物通常免征进口关税和进口环节税。

利用保税制度进行税收筹划,纳税人就要积极在保税区内投资设厂,开展为出口贸易服务的加工整理、保障、运输、仓储、商品展出和转口贸易,以获取豁免进出口关税的好处。另外,纳税人若能将进口货物向海关申请为保税货物,待该批货物向保税区外销售之时再补纳进口关税,这时纳税人可在批准日到补缴税款之间的时段内占有该笔税款的时间价值,达到筹划目的。也就是说,保税制度为纳税人提供了把进口货物应纳的税款滞后缴纳,从而相当于从海关获得一笔无息贷款的可能性。

另外,如果保税货物复运出口,其基本环节包含了进口和出口,税收筹划的入手处就是这两个环节。纳税人在进口和出口时都必须向海关报关,在纳税人填写的报关表中有单耗计量单位一栏,税收筹划的突破口就是这个栏目。所谓单耗计量单位,即生产一个单位成品耗费几个单位原料,通常有以下几种形式:一种是度量衡单位/度量衡单位,如米/米、吨/立方米等;一种是度量衡单位/自然单位,如吨/块、米/套等;还有一种是自然单位/自然单位,如件/套、匹/件等。度量衡单位容易测量,而自然单位要具体测量则很困难,所以纳税人可以利用第三种形式做出税收筹划。

(六)选择货物的进口方式进行税收筹划

境内纳税人进口货物除了采用一般方式报关进口外,还可以采用其他特殊方式进口货物,这时报关的完税价格也有区别:运往境外修理的货物,以海关审定的境外修理费和料件费,以及该货物复运进境的运输及其相关费用、保险费估定完税价格;运往境外加工的货物,以海关审定的境外加工费和料件费,以及该货物复运进境的运输及其相关费用、保险费估定完税价格;租赁方式进口货物,在租赁期间以海关审定的租金作为完税价格等。

不同的货物进口方式选择,就为纳税人提供了筹划空间。如纳税人要引进国外新设备扩大生产,就可以通过计算向国外购买该设备和租赁该设备的关税成本进行决策。

(七)选择货物的运输方式进行税收筹划

运输及其相关费用、保险费用的计算,在进出口货物的完税价格中占有很大一部分,对运输方式的选择形成关税的筹划空间。以一般陆运、空运、海运方式进口的货物,运费应核算到起卸地点,保险费应按照实际支付或结算比例计算。若用其他运输方式进口货物,运费和保险费的计算有所不同:邮运的进口货物,以邮费作为运输及其相关费用、保险费;以境外边境口岸价格条件成交的铁路或公路运输进口货物,海关按照货价的1%计算运输及其相关费用、保险费;作为进口货物的自驾进口的运输工具,海关在审定完税价格时,则可以不另行计入运费。

另外,纳税人也可以选择不同的外贸运输方式,进口货物有 CIF 价格(货价+运费+保险费)、FOB 价格(仅含货价)、CFR 价格(货价+运费);出口货物也有 FOB 价格、CIF 价格、CFR 价格以及 CIFC 价格(货价+运费+保险费+佣金)。不同的外贸方式计算完税价格的方式也不同,故而具有一定的税收筹划空间。

(八)反倾销税的税收筹划

在对外贸易中,我国廉价能源、原材料、劳动力竞争优势下的合理低成本、低出口价常常被认为是"倾销",国内企业因而不得不承受高额的反倾销税。可见,对如何避免不公平的反倾销税进行筹划十分必要。

可以采取的措施包括:提高产品附加值,取消片面的低价策略;组建出口企业商会,加强内部协调和管理,塑造我方整体战略集团形象;分散出口市场,尽量减少被控诉的可能;调整产品利润预测,改进企业会计财务核算,以符合国际规范和商业惯例;还要密切注意国际外汇市场的浮动状况;与外方投诉厂商私下进行谈判、妥协;全面搜集有关资料信息情报,有效地获取进口国市场的商情动态,查证控诉方并未受到损失,以便在应诉中占据有利、主动的地位;在出口地设厂,筹建跨国公司;借以便利的销售条件、优质的产品、高水平的服务和良好的运输条件去占有市场,提高单位产品的价格(效用),降低其替代率,从而增强外方消费市场对我方产品的依赖性,获取群众支持等。

（九）关税法律救济的筹划

在进出口贸易中,经常会产生关税纠纷,如对海关在原产地认定、税则归类、税率或汇率适用、完税价格确定、关税减征、免征、追征、补征和退还等征税行为是否合法或适当,是否侵害了自身合法权益,而对海关征收关税的行为表示异议。而在处理纠纷中,纳税人也不是完全被动的,他们有自己的权利分析产生税务纠纷的原因、纠纷会带来多大的损失、纠纷的解决途径、纠纷的胜算率等,从而采取主动,以便尽量减少损失,或者采取正当的法律行为维护自己的合法权益,这被称作关税法律救济的筹划。

第二节　财产税的税收筹划

财产税是对纳税人所拥有或支配的财产课征的一类税收。

一、房产税的税收筹划

房产税是以房屋为征税对象,以房屋的计税余值或租金收入为计税依据,向房屋产权所有人征收的一种财产税。

（一）房产税的法律依据

房产税的纳税义务人是房屋的产权所有人或经营管理单位、承典人、房产代管人或者使用人。征税对象是房产。征税范围为城市、县城、建制镇和工矿区,不包括农村。

房产税的计税依据分为从价计征和从租计征。从价计征是按房产的原值减除一定比例后的余值计征,其计算公式为

$$应纳税额 = 应税房产原值 \times (1 - 扣除比例) \times 1.2\%$$

房产原值是"固定资产"科目中记载的房屋原价;扣除比例是省、自治区、直辖市人民政府规定的10%~30%的减除比例;计征的适用税率为1.2%。

从租计征是按房产的租金收入计征,其计算公式为

$$应纳税额 = 租金收入 \times 12\%（或4\%）$$

自2008年3月1日起,对个人出租住房,减按4%的税率征收房产税。对企事业单位、社会团体以及其他组织按市场价格向个人出租用于居住的住房,减按4%的税率征收房产税。

房产税的税收优惠政策包括:

(1)国家机关、人民团体、军队自用的房产,免征房产税;

(2)由国家财政部门拨付事业经费的单位自用的房产免税;

(3)宗教寺庙、公园、名胜古迹自用的房产免税;

(4)个人所有非营业用的房产免税(上海、重庆等试点地区除外);

(5)经财政部批准免税的其他房产,如为鼓励利用地下人防设施,对作为营业用的地下人防设施暂不征收房产税。

(二)房产税的筹划方法

1. 利用税收优惠进行筹划

如税法规定,对企事业单位、社会团体以及其他组织按市场价格向个人出租用于居住的住房,房产税暂减按 4% 的税率征收。因此纳税人出租房时,可使用市场价格,向个人出租用于居住,享受税收优惠。又如,税法规定房产大修停用半年以上,经税务机关审核在大修期间可以免税,因此,纳税人理应及时加以利用。

【案例 7-6】 锡州大学拟将一栋学生宿舍楼改作招待所客房。该宿舍楼的原值为 300 万元,当地主管税务机关规定的房屋折旧率为 30%。改变用途后,该房产将成为应税房产。应纳税额:

$$3\ 000\ 000\ 元 \times (1 - 30\%) \times 1.2\% = 25\ 200\ 元$$

经筹划,决定将该大学校园内的一处人防设施改作招待所客房,学生宿舍保持原用途不变,因为根据财政部的有关规定,该人防设施可享受免征房产税的税收优惠。

2. 合理确定房产原值

房产原值的大小直接决定房产税的多少。房产原值指房屋的造价,包括与房屋不可分割的各种附属设备或一般不单独计算价值的配套设施。合理地减少房产原值是房产税筹划的关键。

其一,由于"纳税人或代缴人不能提供房产原值的,由评估机关进行评估,并由税务机关确认,或由税务机关根据同类房产确定",作为固定资产,由于取得的来源不同,其原值的构成也不一致。新建或重建的固定资产以历史成本作为原值,从其他途径取得的固定资产以重置成本作为原值。因此,纳税人是否将房产在固定资产中正确分类及合理计价,直接影响企业的折旧额,进而影响所得税,同时也影响房产税。

其二,附属设备分割筹划。在实际税收征管中对与房屋不可分割的各种附属设备的最终确认,还涉及具体的技术标准和相关的财务处理,目前尚没有明确、详细的税法规定,很多地方仍有进一步探讨的余地。有关国际会计准则规定,当一项固定资产的某些组成部分在使用效能上与该项资产相对独立,并且有不同的使用年限时,应将该组成部分单独确认为固定资产。将此项规定应用到对房产原值的确定中可以得知,作为房产的有关附属设备按照财务制度的规定有可能单独划为非房屋类的固定资产处理,因而也就可能不计入房产原值。比如某一超市的保鲜制冷设备虽然在物理上是建在超市之中,直观上是房屋不可分割的附属设备,但是因其特殊的功能,使其使用年限与房屋不同,具有相对的独立性,因此可以将其划分为机器设备类计提折旧,而不划为房屋类,那么也就不用纳房产税。

【案例 7-7】 A 公司位于某市市区,企业除厂房、办公用房外,还包括厂区围墙、烟囱、水塔、变电塔、游泳池、停车场等建筑物,总计工程造价 10 亿元,除厂房、办公用房外的建筑设施工程造价 2 亿元。假设当地政府规定的扣除比例为 30%,请对其进行纳税筹划。

筹划依据

房产是以房屋形态表现的财产。房屋则是指有屋面和围护结构(有墙或两边有柱),能够遮风避雨,可供人们在其中生产、工作、学习、娱乐、居住或储藏物资的场所。独立于房屋之外的建筑物,如围墙、烟囱、水塔、变电塔、油池油柜、酒窖菜窖、酒精池、糖蜜池、室外游泳池、玻璃暖房、砖瓦石灰窑及各种油气罐等,则不属于房产。与房屋不可分离的附属设施,属于房产。

筹划思路

如果将除厂房、办公用房以外的建筑物,如停车场、游泳池等都建成露天的,并且把这些独立建筑物的造价同厂房、办公用房的造价分开,在会计账簿中单独核算,则这部分建筑物的造价不计入房产原值,不缴纳房产税。

筹划分析

方案一:将所有建筑物都作为房产计入房产原值。

应纳房产税 = 100 000 万元 × (1 - 30%) × 1.2% = 840 万元

方案二:将游泳池、停车场等都建成露天的,并且把这些独立建筑物的造价同厂房、办公用房的造价分开,在会计账簿中单独核算。则这部分建筑物的造价不计入房产原值,不缴纳房产税。

应纳房产税 = (100 000 - 20 000) 万元 × (1 - 30%) × 1.2% = 672 万元

筹划结论

方案二比方案一 A 公司少缴房产税 168(840 - 672) 万元,因此,应当选择方案二。

筹划点评

将停车场、游泳池等都建成露天的,并且把这些独立建筑物的造价同厂房、办公用房的造价分开,可以降低房产税的计税依据,从而降低房产税税负,但将停车场、游泳池等建成露天的,有时未必适合企业的需要。

3. 房产修理、更新改造的筹划

房产的改扩建与修理、合资合股建房也是筹划的重要内容。进行更新改造或装饰装修而发生的相关费用,是否应计入房产原值非常关键。

我国会计准则规定:发生的修理支出达到固定资产原值 20% 以上;经过修理后有关固定资产经济使用寿命延长 2 年以上;经过修理后的固定资产被用于新的或不同的用途,应确认为固定资产更新改造支出,计入固定资产原值。不满足条件的大修理支出则计入待摊费用或预提费用,直接在税前扣除,不计入房产原值。发生改扩建房产行为的,应将房产改扩建支出减去改扩建过程中发生的变价收入计入房产原值。

4. 房产税投资联营的筹划

对投资联营的房产,由于投资方式不同房产税计征也不同,从而提供了筹划空间。对于以房产投资联营,投资者参与投资利润分红,共担风险的,被投资方要按房产余值作为计税依据计征房产税;对以房产投资,收取固定收入,不承担联营风险的,实际是以联营名义取得房产租金,应由投资方按租金收入计缴房产税。纳税人可以进行成本效益分析以决定选择偏好。

【案例7-8】 2016年百科房地产公司将开发的店面出租给某贸易公司,租期六年,年租金100万元(由贸易公司税前支付)。当年该房地产公司应缴纳各种税收为

$$应纳房产税 = 100 万元 \times 12\% = 12 万元$$

$$应纳增值税 = 100 万元 \times 5\% = 5 万元$$

注:《营业税改征增值税试点有关事项的规定》,一般纳税人出租其2016年4月30日前取得的不动产,可以选择适用简易计税方法,按照5%的征收率计算应纳税额。

$$应纳城市建设税和教育费附加 = 5 万元 \times 10\% = 0.5 万元$$

房地产公司所得税后净收益 $=(100-12-0.5)万元 \times (1-25\%) = 65.625 万元$

在此方案中,因为租金高,房地产公司缴纳的房产税、增值税都很高,还要缴纳城市建设税和教育费附加。而对于承租方即贸易公司,其税前支付的租金可以抵减所得税,也可以计算其税后净支出:

$$贸易公司税后净支出 = 100 万元 \times (1 - 25\%) = 75 万元$$

为减轻税负,该企业对上述经营行为重新进行筹划,变出租业务为投资业务。百科公司与贸易公司商定将房屋作价1 000万元,作为对贸易公司的投资入股,贸易公司每年对该企业进行利润分红,税后分配红利75万元[相当于税前利润100万元,即75万元÷(1-25%)]。这项筹划对于房地产公司和贸易公司都会产生减轻税负的影响。

对于房地产公司:房地产公司接受的贸易公司所分配的税后利润不用再缴纳企业所得税,按规定房地产公司以房屋投资入股获取的投资收益不用缴纳增值税,也不用缴纳房产税,则该业务的税后净所得为75万元,这比税收筹划前的方案增加了税后净所得9.375万元。

对于贸易公司:以支付租金的方式使用房产,每年支付租金100万元,这部分租金是准予税前扣除的,相当于减少税后净收益75万元。以接受投资的方式使用房产,贸易公司每年按房屋计税余值的1.2%缴纳房产税,即缴纳房产税额:

$$1 000 万元 \times (1-30\%) \times 1.2\% = 8.4 万元$$

8.4万元的房产税可以税前扣除,另外,贸易公司在税后支付红利75万元,两项支出合计使贸易公司减少税后净收益:

$$8.4 万元 \times (1-25\%) + 75 万元 = 81.3 万元$$

这比税收筹划前的方案多减少了税后净收益6.3万元。

对比两方案可以发现,改变房屋租赁业务为投资业务后,房地产公司规避了增值税、房产税负担,得到了较大的经济利益。虽然贸易公司减少了一部分税后净收益,但是远低于房地产公司增加的税后净收益。如果房地产公司让一部分利给贸易公司,这个矛盾是可以解决的。比如,贸易公司每年对百科房地产公司税后分配红利68.7万元,则接受投资方税后净支出总额仍为75万元,而投资方的税后收益为68.7万元,与房屋出租相比,税后收益增加68.7万元 - 65.625万元 = 3.075万元。

因此,变房屋出租业务为投资业务只要筹划得当,是可以使房屋的提供方和需求方双方受益的。

5. 分解租金收入的纳税筹划

房产出租的,房产税采用从租计征方式,以租金收入作为计税依据,按 12% 税率计征。在房屋的租赁经营环节,合理地界定、核算租金收入与其他相关费用,避免因对税基确认、计量不合理而增加房产税负担。

6. 选择经营方式进行税务筹划

我国的房产税对不同用途的应税房屋采用不同的计税依据和适用税率。对自用的应税房屋,以其原值减除 10% ~ 30% 折旧后的余值为计税依据,按年计征,适用税率为1.2%;对出租的应税房屋,以收取的租金为计税依据,适用税率为 12%。

由于应税房屋的计税余值是以房屋的历史成本——原值为基础计算的,而租金收入则是按现实交易价格计算的,二者的计算口径不同,加之适用税率不同,往往会出现同一房屋按不同方法计征房产税,而导致税负高低相差悬殊的现象。由于通货膨胀等因素的影响,一些房龄较长的旧房屋可能出现按余值计征房产税税负较低而按租金收入计征房产税税负较高的情况,而一些新房屋的情况则可能与之相反。这就为税务筹划主体通过合理选择经营方式进行房产税税务筹划提供了空间。

根据《财政部、国家税务总局关于营业税若干政策问题的通知》(财税〔2003〕16 号)的规定,双方签订承包、租赁合同,将企业或企业部分资产出包、租赁,出包、出租者向承包、承租者收取的承包费、租赁费按"服务业"税目征收营业税,"营改增"后则征收增值税。出包方收取的承包费凡同时符合以下三个条件的,属于企业内部分配行为不征收营业税:承包方以出包方名义对外经营,由出包方承担相关的法律责任;承包方的经营收支全部纳入出包方的财务会计核算;出包方与承包方的利益分配是以出包方的利润为基础。

如果企业以自己的名义领取营业执照和税务登记证,将房屋承租人招聘为经营人,将房屋出租行为变为自办工厂或商场再承包出去,收取承包收入,那么原有的房产就可以按从价计征方法征收房产税,这样可以避免较高的房产税,也合理避免了增值税及其附加税,从而可以减轻企业税收负担。

【案例 7-9】　江宁公司有房龄 40 年的旧礼堂一座,账面原值为 10 万元,已闲置不用。当地税务主管部门规定企业自用房产按原值减除 30% 折旧后的余值计税。该礼堂每年应缴纳的房产税税额为 100 000 元 × (1 - 30%) × 1.2% = 840 元。

为提高经济效益,江宁公司拟将该礼堂出租给 Z 公司做仓库,每年的租金为 24 000元。由于改变了礼堂的用途,该礼堂的计税方法随之改变。其每年应缴纳的房产税税额将变为 24 000 元 × 12% = 2 880 元。

应纳房产税额比原先增加 2 040 元。

经筹划,决定调整经营方案,将原拟订的出租礼堂改为利用该礼堂经营仓储业务。按照仓储业经营要求对礼堂进行改造,抽调两名管理人员并召回本企业的数名下岗职工从事仓储管理,利用该礼堂向包括 Z 公司在内的客户提供仓储服务。江宁公司仍按原方法缴纳房产税,这样就避免了因改变房屋用途而加重企业的房产税负担。此外,由于房屋租赁业务属于"服务业"税目,适用5%税率,税基为租金,仓储业"营改增"后适用6%的税率,按不含税营业额计算销项增值税额并可扣减进项增值税额,因而,将出租礼堂改为利用该礼堂经营仓储业务也不会增加企业的流转税负担。

二、契税的税收筹划

契税是在土地、房屋权属转移时对其承受人课征的一种动态财产税。由于这种税在签订土地、房屋权属转移合同等契约时征收,所以称为契税。

(一)契税的法律界定

契税以在我国境内转移土地、房屋权属的承受单位和个人为纳税人。契税的征税对象是在我国境内转移的土地、房屋权属。所谓土地、房屋权属,是指土地使用权、房屋所有权。

契税采用3%～5%的幅度比例税率,具体适用税率由省级人民政府在此幅度内根据本地区的实际情况确定,并报财政部和国家税务总局备案。国有土地使用权转让、土地使用权出售和房屋买卖时,以成交价格为计税依据。所谓成交价格,是指土地、房屋权属转移合同确定的价格。土地使用权交换、房屋交换时,以所交换的土地使用权、房屋价格的差价为计税依据。契税的计算公式:应纳税额 = 计税依据 × 税率。

契税的优惠政策:

(1)对国家机关、事业单位、社会团体、军事单位承受土地、房屋直接用于办公、教学、医疗、科研和军事设施的,免征契税。

(2)城镇职工按规定第一次购买公有住房,免税。自2016年2月22日起,个人购买家庭唯一住房,面积为90平方米及以下的,减按1%的税率征收契税;面积为90平方米以上的,减按1.5%的税率征收契税。个人购买家庭第二套改善性住房,面积为90平方米及以下的,减按1%的税率征收契税;面积为90平方米以上的,减按2%的税率征收契税。

(3)因不可抗力灭失住房而重新购买住房的,酌情减免。

(4)承受荒山、荒沟、荒丘、荒滩土地使用权,并用于农、林、牧、渔业生产的,免税。

(5)企业改制、事业单位改制、公司合并、公司分立、企业破产、资产划转、债权转股权等企业重组过程中发生的土地、房屋权属转移房屋行为,符合规定条件的,免征或减征契税。

(6)财政部规定的其他减征、免征契税的项目。

(二)契税的筹划方法

1.对企业合并、分立、改组的契税筹划

现阶段企业改组改制的情况很多,税法对此做出了特殊的规定,了解和充分利用这些规定进行筹划,可以节省不少税收。比如,在企业合并中,新设方或者存续方承受被解散方土地、房屋权属,如合并前各方为相同投资主体,则不征契税,其余征收契税;分立中,对派生方、新设方承受原企业土地、房屋权属的,不征契税;以增资扩股进行股权重组,对以土地、房屋权属作价入股或作为出资投入企业的要征收契税,而以股权转让进行重组,单位、个人承受企业股权,企业的土地、房屋权属不发生转移,则不征契税。

2.利用房屋交换进行筹划

契税暂行条例规定,土地使用权交换、房屋交换,以所交换土地使用权、房屋价格的差额为计税依据。可见,进行房屋交换所纳契税显然远远低于普通的房屋购置,所以纳税人可以将原来不属于交换的行为,通过合法的途径变为交换行为,减轻税负。

更进一步说,如果双方当事人进行交换的价格相等,由于价差为零,任何一方都不用缴纳契税,所以当纳税人交换土地使用权或房屋所有权的时候,如果能想办法保持双方的价格差额较小甚至没有,就可达到节税目的。

【案例7-10】 居民曾先生原拥有旧公寓房一套,价值1 500 000元。为改善居住条件,曾先生欲卖掉旧房,购买一套价值2 600 000元(面积为90平方米以上)的新公寓房。曾先生如果购买这套新房,应当按照房屋的成交价格计算缴纳契税,应纳税额为

$$2\ 600\ 000\ 元 \times 2\% = 52\ 000\ 元$$

经筹划,曾先生与房地产开发公司商定双方进行房产置换,曾先生向该房地产开发公司支付房屋差价款1 100 000元。由于对房屋交换行为以差价额为计税依据,则应纳契税税额变为

$$1\ 100\ 000\ 元 \times 2\% = 22\ 000\ 元$$

比卖掉旧房再购买新房的原方案少缴纳契税30 000元。

【案例7-11】(房屋不等价交换的纳税筹划) J公司以价值1 000万元的办公楼与S公司价值1 200万元的厂房进行交换。J公司向S公司支付差价200万元。假设S公司打算出资200万元对换入的办公楼进行装修,并且J公司获悉S公司未来的装修打算,且本地契税适用税率为5%。请对其进行纳税筹划。

筹划分析

当双方交换不等价的房屋时,如果能通过一定的手段尽量降低双方交换房屋的差价,这时以差价为计税依据计算出来的应纳契税就会降低。

方案一:J、S公司进行产权交换,且J公司向S公司支付差价200万元。

$$J公司应纳契税 = 200\ 万元 \times 5\% = 10\ 万元$$

方案二:J公司在与S公司交换之前,由J公司先对自己的办公楼按S公司的要求进行装修,装修费用为200万元。此时办公楼的价值变为1 200万元,双方交换属于等价交换,因此不必缴纳契税。

筹划结论

方案二比方案一J公司少缴契税10万元,因此,应当选择方案二。

筹划点评

J公司先对办公楼按S公司的要求进行装修,未必能得到S公司的同意,从而限制了此种筹划方案的实施。

【案例7-12】(减少涉税环节的纳税筹划) A、B、C为三方当事人,A和C均拥有一

套价值 100 万元的房屋,B 欲购买 A 的房屋,A 打算购买 C 的房屋后出售其原有房屋。假设 A、B、C 三方都知道各自的购房或售房供求信息,且契税适用税率为 2%。请对其进行纳税筹划。

筹划分析

由于每发生一次土地、房屋权属转移,权属承受方就要发生一次契税的纳税行为,因此,若是可能,通过减少权属转移环节,可达到降低契税税负的目的。

方案一:B 购买 A 的房屋,A 购买 C 的房屋后出售其原有房屋。

B 购买 A 的房屋时,B 应纳契税 = 100 万元 × 2% = 2 万元。

A 购买 C 的房屋时,A 应纳契税 = 100 万元 × 2% = 2 万元。

方案二:先由 A 和 C 交换房屋后,再由 C 将房屋出售给 B。

A 和 C 交换房屋所有权为等价交换,没有价格差别,不用缴纳契税,C 将房屋出售给 B 时,B 应纳契税 = 100 万元 × 2% = 2 万元。

筹划结论

方案二比方案一总体少缴契税 2(4 - 2) 万元,因此,应当选择方案二。

筹划点评

现实中,A、B、C 为三方当事人的上述行为出现的可能性较小,但这种筹划方案至少给出了一种思路。

3. 充分利用税收优惠进行筹划

利用以下规定进行税收筹划:自 2016 年 2 月 22 日起,个人购买家庭唯一住房,面积为 90 平方米及以下的,减按 1% 的税率征收契税;面积为 90 平方米以上的,减按 1.5% 的税率征收契税。个人购买家庭第二套改善性住房,面积为 90 平方米及以下的,减按 1% 的税率征收契税;面积为 90 平方米以上的,减按 2% 的税率征收契税。

【案例 7-13】 江南戏剧研究所是全民所有制事业单位,原计划购买隔壁一栋两层居民住宅楼作为道具厂生产经营用房。买卖双方商定的价款为 300 万元,契税税率为 3%,应纳契税税额为 300 万元 × 3% = 9 万元。

经筹划,决定将拟购买的楼房作为行政处室办公用房,而将该单位原有的一排作为办公用房的平房改作道具厂生产经营用房。由于购入楼房的用途为事业单位办公用房,可享受免缴契税的优惠,而改变用途的平房属于其原有房产,不需补纳契税。通过筹划可节省 9 万元的契税。

【案例 7-14】(利用隐性赠与进行纳税筹划) 曾先生向其表弟赠送一套住房,该套住房价值 100 万元。假设契税的适用税率是 2%。请对其进行纳税筹划。

筹划分析

契税的征税对象是境内转移土地、房屋权属,具体包括土地使用权的出让、转让及房屋的买卖、赠与、交换。在赠与房屋的行为中,可通过隐性赠与等方式,如不办理产权转移手续,来达到避免缴纳契税的目的。

方案一:曾先生与其表弟办理产权转移手续。

曾先生的表弟应纳契税 = 100 万元 × 2% = 2 万元

方案二:曾先生与其表弟不办理产权转移手续。

曾先生的表弟不必缴纳契税。

筹划结论

方案二比方案一少缴契税 2 万元,因此,应当选择方案二。

筹划点评

由于方案二双方未办理产权转移手续,因此,此套住房在法律上仍属于曾先生。

三、土地增值税的税收筹划

土地增值税是对有偿转让国有土地使用权及地上建筑物和其他附着物产权并取得增值性收入的单位和个人所征收的一种税。就其课税对象而言,它属于财产增值税;而就其课征环节来看,它又具有动态财产税的性质。

(一)土地增值税的法律依据

土地增值税的纳税人为转让国有土地使用权、地上的建筑及其附着物(以下简称"转让房地产")并取得收入的单位和个人。土地增值税的计税依据是转让房地产所取得的增值额。转让房地产的增值额,是转让房地产的收入减除税法规定的扣除项目金额后的余额。

计算增值额的扣除项目包括:取得土地使用权所支付的金额;开发土地的成本、费用;新建房及配套设施的成本、费用,或者旧房及建筑物的评估价格;与转让房地产有关的税金;财政部规定的其他扣除项目。

1. 土地增值税税率

土地增值税实行四级超率累进税率(表 7-1)。

表 7-1　土地增值税税率表

级数	增值额与扣除项目金额的比率	税率/%	速算扣除数/%
1	低于 50%	30	0
2	超过 50% 低于 100%	40	5
3	超过 100% 低于 200%	50	15
4	超过 200% 以上	60	35

表中每级增值额未超过扣除项目金额的比例,均包括本比例数。

土地增值税的计算公式:

$$应纳税额 = \sum （每级距的土地增值额 × 适用税率）$$

2. 速算扣除法

在实际工作中,分步计算比较烦琐,一般可以采用速算扣除法计算,即按增值额乘以

适用的税率减去扣除项目金额乘以速算扣除系数的简便方法计算土地增值税,具体方法如下:

（1）增值额未超过扣除项目金额50%时,计算公式为

$$土地增值税税额 = 增值额 \times 30\%$$

（2）增值额超过扣除项目金额50%,未超过100%时,计算公式为

$$土地增值税税额 = 增值额 \times 40\% - 扣除项目金额 \times 5\%$$

（3）增值额超过扣除项目金额100%,未超过200%时,计算公式为

$$土地增值税税额 = 增值额 \times 50\% - 扣除项目金额 \times 15\%$$

（4）增值额超过扣除项目金额200%时,计算公式为

$$土地增值税税额 = 增值额 \times 60\% - 扣除项目金额 \times 35\%$$

3. 税收优惠政策

（1）纳税人建造普通标准住宅出售,增值额未超过扣除项目金额20%的,免征土地增值税。普通标准住宅应同时满足以下条件:住宅小区建筑容积率在1.0以上;单套建筑面积在120平方米以下;实际成交价格低于同级别土地上住房平均交易价格1.2倍以下。增值额超过扣除项目金额20%的,应就其全部增值额按规定计税。

（2）对以房地产进行投资、联营的,投资、联营的一方以土地（房地产）作价入股进行投资或作为联营条件,将房地产转让到所投资、联营的企业中时,暂免征收土地增值税。对投资、联营企业将上述房地产再转让的,应征收土地增值税。

投资、联营的企业属于从事房地产开发的,或者房地产开发企业以其建造的商品房进行投资和联营的,应当征收土地增值税。

（3）在企业兼并中,对被兼并企业将房地产转让到兼并企业中的,暂免征收土地增值税。

（二）土地增值税的筹划方法

1. 选择有利的房地产转移方式

征收土地增值税必须满足三个判定标准:仅对转让国有土地使用权及其地上建筑物和附着物的行为征税;仅对产权发生转让的行为征税;仅对转让房地产并取得收入的行为征税。

房地产所有人可以通过避免符合以上三个判定标准来避免成为土地增值税的征税对象。比如,所有人通过境内非营利的社会团体、国家机关将房屋产权、土地使用权赠与教育、民政和其他社会福利、公益事业;将房产、土地使用权租赁给承租人使用,承租人向出租人支付租金;将房地产作价入股进行投资或作为联营条件等,均可免征土地增值税。

【案例7-15】 百科房地产开发公司建成一栋楼房,拟将一、二层销售给江宁商贸公司作为商场营业用房。双方初步商定的交易价格为1 800万元,按税法规定计算的扣除项目金为1 300万元。

土地增值额为 1 800万元 - 1 300万元 = 500万元。

土地增值率为 $\dfrac{500\ \text{万元}}{1\ 300\ \text{万元}} \times 100\% = 38.5\%$。

适用税率为30%。应纳土地增值税额为500万元 × 30% = 150万元。

经过税务筹划,房地产开发公司决定改变经营方案,并与商贸公司重新商定:房地产开发公司按照原定的价格1 800万元作价,以该楼房第一、二层投资入股,与商贸公司组建联营商场。这样,该楼房第一、二层的产权虽然转让到联营商场的名下,但却无须缴纳土地增值税。

2. 控制增值额

转让房地产所取得的增值额是土地增值税的计税依据,故土地增值税筹划的关键是降低转让房地产的增值额。转让房地产的增值额,是转让房地产的收入减除税法规定的扣除项目金额后的余额。因此控制增值额的筹划思路主要是降低收入,增大扣除项目金额。

(1)分解收入,降低增值额。销售包含装修和相关设备的房屋时,房地产公司专门组建装修公司,签订两份合同。一份由开发公司与客户签订毛坯房销售合同,同时由装修公司与同一客户另签一份装修合同。这样,就可以将商品房原来的高售价分解,房地产企业仅就毛坯房销售合同缴纳土地增值税,从而达到节税的目的。

(2)利息支出巧安排。依据规定,进行房地产开发时,能够按转让房地产项目计算分摊利息支出,并能提供金融机构贷款证明的,其最多允许扣除的房地产开发费用 = 利息 + (取得土地使用权所支付的金额 + 房地产开发成本) × 5%;纳税人不能按转让房地产项目计算分摊利息支出或不能提供金融机构贷款证明的,其最多允许扣除的房地产开发费用 = (取得土地使用权所支付的金额 + 房地产开发成本) × 10%。两种不同的计算方法,计算得出的房地产开发费用也不同,选择房地产开发费用较大的方法,降低增值额,使土地增值税税负降低。一般而言,如果企业进行房地产开发主要依靠负债筹资,利息支出较高,可考虑分摊利息并提供金融机构证明,据实扣除并加扣其他开发费用。如果企业进行房地产开发主要依靠权益资本筹资,利息支出较少,则可考虑不计算应分摊的利息,这样可以多扣除房地产开发费用。而一般房企主要依靠负债筹资,例如万科进行房地产开发时就主要依靠负债筹资,利息支出较高。截至2014年年底,万科有息负债合计689.8亿元,占总资产的比例为13.57%。公司有息负债中,银行借款占比为39.94%,应付债券占比为16.83%,其他借款占比为43.23%。公司资本化的利息支出合计52.9亿元,没有资本化的利息支出15.5亿元。因此,万科采用了分摊利息并提供金融机构证明,据实扣除并加扣其他开发费用。

利息支出还可以在缴纳企业所得税时,作为税前费用列支,因此税前扣除的费用比发行股票时增大,由此可以少缴纳一些企业所得税。因此,当企业债务筹资比重增大时,利息节税效果更明显。

【案例7-16】 百科房地产公司2016年5月开发一处房地产,为取得土地使用权支付的金额为1 200万元,房地产开发成本为1 500万元,财务费用中按转让房地产项目计算分摊的利息支出为 250 万元,不超过商业银行同类同期贷款利率。假设该项目所在省政府规定计征土地增值税时,房地产开发费用扣除比例按国家规定允许的最高比例执行。请对其进行纳税筹划。

筹划分析

通过比较前述两种计算方法可知,选择使得房地产开发费用较大的方法,可以降低增值额,进而降低土地增值税税负。

方案一:不按转让房地产项目计算分摊利息支出或不提供金融机构贷款证明。

允许扣除的房地产开发费用=(取得土地使用权所支付的金额+房地产开发成本)×10%

$$= (1\ 200 + 1\ 500)\ 万元 × 10\% = 270\ 万元$$

方案二:按转让房地产项目计算分摊利息支出,并提供金融机构贷款证明。

允许扣除的房地产开发费用= 利息 +(取得土地使用权所支付的金额 + 房地产开发成本)× 5%

$$= 250\ 万元 + (1\ 200 + 1\ 500)\ 万元 × 5\% = 385\ 万元$$

筹划结论

方案二比方案一甲公司多扣除房地产开发费用 115 (385-270) 万元,因此,应当选择方案二。

筹划点评

如果企业进行房地产开发主要依靠负债筹资,利息支出较高,可考虑分摊利息并提供金融机构证明,据实扣除并加扣其他开发费用。如果企业进行房地产开发主要依靠权益资本筹资,利息支出较少,则可考虑不计算应分摊的利息,这样可以多扣除房地产开发费用。

(3)期间费用要迁移。房地产开发费用即期间费用(管理费用、财务费用、经营费用)不以实际发生数扣除,而是根据利息是否按转让房地产项目计算分摊作为一定条件,按房地产项目直接成本的一定比例扣除。纳税人可以通过事前筹划,把实际发生的期间费用转移到房地产开发项目直接成本中去,例如属于公司总部人员的工资、福利费、办公费、差旅费、业务招待费等都属于期间费用的开支范围,由于它的实际发生数不能增加土地增值税的扣除金额,因此,可以把总部的一些人员安排或兼职于每一个具体房地产项目中。那么这些人的有关费用,就可以按开发间接费用,分摊一部分到房地产开发成本中。期间费用少了又不影响房地产开发费用的扣除,而房地产的开发成本却增大了。也就是说,房地产开发公司在不增加任何开支的情况下,通过费用迁移法,就可以增大土地增值税允许扣除项目的金额,从而达到节税的目的。万科就是这么做的。比如,邢鹏自 2002 年 5 月加入万科,2011 年离开,在万科效力近 10 年,算得上万科老将。邢鹏就任重庆公司总经理期间,先后领导开发了万科·渝园、万科·悦峰、万科·悦府、万科城等项目。

(4)分开与合并核算方式可选择。依据规定,纳税人建造普通标准住宅出售,增值额未超过扣除项目金额的 20% 时,免缴土地增值税;增值额超过扣除项目金额的 20% 时,应就其全部增值额按规定缴纳土地增值税。对纳税人既建造普通标准住宅,又建造其他房地产开发项目的,应分别核算增值额。不分别核算增值额或不能准确核算增值额的,其建造的普通标准住宅不能适用这一免税规定。如果将普通标准住宅和豪华住宅进行合并核算,就可能降低豪华住宅的适用税率,从而降低该部分房地产的税负,但同时又有可能会提高普通标准住宅的适用税率,从而增加这部分房地产的税负。企业应当通过具体测算分开核算与合并核算的各自应纳土地增值税税额,从而选择低税负的核算方法,以达到节税的目的。

【案例 7-17】 百科房地产开发公司 2016 年商品房销售收入为 20 000 万元,其中普通住宅销售额为 12 000 万元,豪华住宅销售额为 8 000 万元。税法规定的可扣除项目金额共为 15 000 万元,其中普通住宅可扣除项目金额为 10 000 万元,豪华住宅可扣除项目金额为 5 000 万元。请对其进行纳税筹划。

筹划分析

方案一:不分开核算增值额。

增值率 = (20 000 – 15 000) 万元 ÷ 15 000 万元 = 33.3%, 适用 30% 的税率。

应纳土地增值税 = (20 000 – 15 000) 万元 × 30% = 1 500 万元

方案二:分开核算增值额。

普通住宅增值率 = (12 000 – 10 000) 万元 ÷ 10 000 万元 = 20%, 免交土地增值税。

豪华住宅增值率 = (8 000 – 5 000) 万元 ÷ 5 000 万元 = 60%, 适用 40% 的税率。

应纳土地增值税 = (8 000 – 5 000) 万元 × 40% – 5 000 万元 × 5% = 950 万元

普通住宅和豪华住宅应纳土地增值税合计 = 950 万元

筹划结论

方案二比方案一百科公司少缴土地增值税 550(1 500 – 950) 万元,因此,应当选择方案二。

筹划点评

分别核算会增加一部分核算支出,但相对于省下的税来说,是非常值得的。

(5)打造上下游公司,加大开发成本。按现在税法规定,只有开发商需要缴纳土地增值税,而上下游的公司主要是缴增值税,不需要缴纳土地增值税。这样,利用土地增值税和增值税的税差就可以降低税负。故打造上下游企业是减轻土地增值税的有效手段。很多房地产企业都拥有包括装修公司、设计公司、园林绿化公司、建筑公司、工程管理咨询公司、供材贸易公司等,将价值链向上下游延伸,然后将利润转移到外围公司去。这样可以增加扣除项目金额,从而降低增值率,减少土地增值税。以富力集团为例,现在富力集团旗下就设有住宅建筑设计院、工程监理公司、物业公司、担保公司、创业投资公司、园林绿化公司、市政公司、广告公司、门窗制造公司、会所公司等众多下属公司。万科公司是专业化房地产公司,主营业务包括房地产开发和物业服务,不过随着纳税筹划意识的增强,现在万科内部也在启动设计公司、装修公司和贸易公司等来进行土地增值税的筹划。

3. 在合法的前提下延迟土地增值税清算时点

根据《土地增值税暂行条例实施细则》的规定,由于房地产开发工期较长,一般都超过一年,在项目竣工结算前由于涉及的成本确定或其他原因,而无法据以计算土地增值税的,可以实行预征。为了均衡税款入库,避免税收流失,加强对房地产企业土地增值税管理,目前对房地产开发企业土地增值税普遍实行销售时预征、项目终了进行清算,多退少补的制度。预征一般按照销售收入的一定比例征收。

依据《国家税务总局关于房地产开发企业土地增值税清算管理有关问题的通知》(国税发〔2006〕187 号)的规定,目前土地增值税清算的条件分两类:一是应清算即必须清算的情形,包括:房地产开发项目全部竣工、完成销售的;整体转让未竣工决算房地产开发项目的;直接转让土地使用权的。二是税务机关可要求清算的情形,包括:已竣工验收的项目转让面积超过 85%,或虽未超过 85% 但剩余面积已出租或自用的;取得预售许可证满三年仍未销售完毕的;纳税人注销登记的。在项目达到清算条件后进行土地增值税清算,得出房地产项目实际应缴的税款,与预征的税款比较后,多退少补。

纳税人进行土地增值税清算的义务在达到应清算条件后才发生。在未达到应清算条件前,即使达到税务机关可要求清算条件的,纳税人不主动进行清算申报也不违反规定。对于达到可清算条件的项目,依据《土地增值税清算管理规程》的要求,税务机关可以要求纳税人进行清算,也可根据项目情况和本单位清算工作安排,确定暂不通知清算,待条件成熟后再要求纳税人进行清算。

也就是说,可以清算,也可以不清算。而这里面的时间把握,税务机关与房地产企业之间的关系,就可以起到很大的作用。房地产公司可适当与主管地税局沟通,尽可能延迟土地增值税清算时点。

对于销售前景看好的项目,应主动争取以预征代清算。因为预缴比例都比较低,实际预缴的土地增值税远远低于应缴纳的数额,还可以获得资金的时间价值。万科 2014 年实缴土地增值税 4 772 784 659.08 元,土地增值税清算准备金 4 390 221 395.21 元。根据会计准则的相关规定,这部分土地增值税清算准备金构成了公司的经营成本,即上市房地产公司向股民公布的利润已经减掉了这部分土地增值税清算准备金。这样做可以获得资金的时间价值。按照一年期银行定期存款利率 1.92% 测算,这笔土地增值税清算准备金一年可获银行存款利息高达 8 429 万元。

土地增值税要等房地产开发项目全部竣工、完成销售,才进行清算。房地产开发企业可以进行项目滚动开发,每个项目开发周期都要好几年。只要税务机关不下发清缴通知,开发商也不办理竣工验收手续,或者故意不把房子卖完,就可以一直合理、合法地不去进行土地增值税清算,也就构不成拖欠税款。

房地产开发企业还可以采取先出租后出售的方式销售房地产,出租的收入相当于获得资金的利息收入,然后再对出租者出售房屋,这样会推迟收入的确认,延迟土地增值税清算时点,还能推迟增值税和企业所得税的缴纳时间。同时对经济实力较弱的购房者,无疑是绝佳的购房渠道,当然首先要求购房者缴纳定金,现在万科已在北京等地推行这种销售方式。

4.利用税收优惠政策进行筹划

房地产所有人可以利用土地增值税的税收优惠进行筹划。如建造一般民用住宅时，将增值率控制在20%之内。

【案例7-18】　百科房地产开发公司开发的一批商品房,计划销售总额为5 000万元,按税法规定计算的可扣除项目金额为4 000万元。请对其进行纳税筹划。

筹划分析

纳税人建造住宅出售的,应考虑增值额增加带来的效益和放弃起征点的优惠而增加的税负间的关系,避免增值率稍高于起征点而多纳税款的出现。也就是说,在普通住宅增值率略高于20%时,可通过适当减少销售收入或加大扣除项目金额的方式使增值率控制在20%之内。

方案一:销售总额5 000万元,可扣除项目金额为4 000万元。

$$增值额 = 5 000万元 - 4 000万元 = 1 000万元$$

$$增值率 = 1 000万元 \div 4 000万元 = 25\%$$

由于增值率为25%,超过20%,所以不能享受免征土地增值税的优惠政策。

经查表,适用30%的税率,则

$$应纳土地增值税 = 1 000万元 \times 30\% = 300万元$$

方案二:销售总额降为4 800万元,且使得可扣除项目金额仍为4 000万元。

$$增值额 = 4 800万元 - 4 000万元 = 800万元$$

$$增值率 = 800万元 \div 4 000万元 = 20\%$$

此时,免缴土地增值税。

筹划结论

方案二比方案一百科公司少缴土地增值税300万元,因此,应当选择方案二。

筹划点评

一方面,虽然销售收入减少了200(5 000-4 800)万元,但由于少缴了土地增值税300万元,因此,总体上仍然减少支出100(300-200)万元;另一方面,通过降低销售价格,会扩大销售,薄利多销,实在是一举两得。

四、车船税的税收筹划

车船税是以我国境内的车辆和船舶为征税对象,对应税车船的所有人或管理人征收的一种静态财产税。

(一)车船税的法律依据

车船税的纳税人是在中华人民共和国境内,拥有车船的单位和个人。车船税的征税范围是指在中华人民共和国境内属于《中华人民共和国车船税法》(以下简称《车船税法》)所附《车船税税目税额表》规定的车辆、船舶。车船税实行定额税率,即对征税的车船规定单位固定税额(表7-2)。

表 7-2　车船税税目税额表

税目		计税单位	年基准税额	备注
乘用车〔按发动机汽缸容量(排气量)分档〕	1.0 升(含)以下的	每辆	60 ~ 360 元	核定载客人数 9 人(含)以下
	1.0 升以上至 1.6 升(含)的		300 ~ 540 元	
	1.6 升以上至 2.0 升(含)的		360 ~ 660 元	
	2.0 升以上至 2.5 升(含)的		660 ~ 1 200 元	
	2.5 升以上至 3.0 升(含)的		1 200 ~ 2 400 元	
	3.0 升以上至 4.0 升(含)的		2 400 ~ 3 600 元	
	4.0 升以上的		3 600 ~ 5 400 元	
商用车	客车	每辆	480 ~ 1 440 元	核定载客人数 9 人以上,包括电车
	货车	整备质量每吨	16 ~ 120 元	包括半挂牵引车、三轮汽车和低速载货汽车等
挂车		整备质量每吨	按照货车税额的 50% 计算	
其他车辆	专用作业车	整备质量每吨	16 ~ 120 元	不包括拖拉机
	轮式专用机械车		16 ~ 120 元	
摩托车		每辆	36 ~ 180 元	
船舶	机动船舶	净吨位每吨	3 ~ 6 元	拖船、非机动驳船分别按照机动船舶税额的 50% 计算
	游艇	艇身长度每米	600 ~ 2 000 元	

(二)车船税的筹划方法

1. 利用临界点进行筹划

由于对三轮汽车、低速货车、载货汽车,以"自重吨位"为单位、对船舶以"净吨位"为单位分别规定税率,从而就产生了单位税额的临界点,造成吨位数相差 1 吨,税额却有较大变化,这时税收筹划就很有必要。

【案例 7-19】 J 公司欲购买一条船,现有两种船只可供选择:一种是净吨位为 2 100

吨,另一种是净吨位为2 000吨。请对其进行纳税筹划。

税法依据

机动船舶具体适用税额:净吨位不超过200吨的,每吨3元;净吨位超过200吨但不超过2 000吨的,每吨4元;净吨位超过2 000吨但不超过10 000吨的,每吨5元;净吨位超过10 000吨的,每吨6元。

筹划思路

应交车船使用税的税率实质上是一种全额累进的定额税率,即船舶的单位税额达到哪一个等级,即全部按相应的单位税额征税,而净吨位等级越大,适用的单位税额也越大。对于这种形式的税率,纳税人应当充分利用临界点,避免在稍高于各级的临界点处购买船舶,否则会出现税额大幅增长的现象。

筹划过程

方案一:购买净吨位为2 010吨的船,适用税额为5元/吨。

$$应纳车船税 = 2\ 010\ 吨 \times 5\ 元/吨 = 10\ 050\ 元$$

方案二:购买净吨位为2 000吨的船,适用税额为4元/吨。

$$应纳车船税 = 2\ 000\ 吨 \times 4\ 元/吨 = 8\ 000\ 元$$

筹划结论

方案二比方案一J公司少缴车船税2 050(10 050 - 8 000)元,因此,应当选择方案二。

筹划点评

本案例下,虽然净吨位只相差10吨,但每年产生了2 050元的纳税差异。在船只的净吨位少10吨的情况下,若不影响公司的经营,选择购买净吨位为2 000吨的船是大有益处的。企业应当考虑变化后某种吨位的船只所带来的收益变化和因吨位发生变化所引起的税负变化之间的关系,然后选择最佳吨位的船只。

2. 利用特殊规定进行筹划

税法规定:挂车按照货车税额的50%计税;拖船和非机动驳船按船舶税额的50%计征车船税等。纳税人可以利用这些特殊规定进行筹划。例如,在购买运输工具时,是买挂车加挂在旧车上还是买车进行选择。

【**案例7-20**】　J公司2016年需要购置载货汽车,所购载货汽车的自重吨位之和达到520吨即可。汽车市场上有这样两种载货汽车可供选择:自重5.2吨的载货汽车和自重8吨的载货汽车。该地区载货汽车的车船税税率为自重每吨100元。请对其进行纳税筹划。

税法依据

车辆自重尾数在0.5吨以下(含0.5吨)的,按照0.5吨计税;超过0.5吨的,按照1吨计税。船舶净吨位尾数在0.5吨以下(含0.5吨)的不予计税,超过0.5吨的按照1吨计税。

筹划思路

企业购买车辆时,应尽量使自重尾数等于或接近0.5或0,以避免增加税基;购买船舶时,应尽量使净吨位尾数正好小于或等于 0.5,以降低税基。

筹划过程

方案一:购买 100 辆自重 5.2 吨的载货汽车。

应纳车船税 = 100 辆 × 5.5 吨／辆 × 100 元／吨 = 55 000 元

方案二:购买 65 辆自重 8 吨的载货汽车。

应纳车船税 = 65 辆 × 8 吨／辆 × 100 元／吨 = 52 000 元

方案二比方案一 J 公司少缴车船税 3 000 元,因此,应当选择方案二。

筹划点评

本案例选择方案二,一方面节省了车船税;另一方面若每辆车需配备一名司机,可减少司机 35 人,实在是一举两得。当然,若企业需要较多车辆分散运输就该另当别论。

第三节　资源占用税的税收筹划

资源占用税是对开发利用国有自然资源的单位和个人课征的一类税收。

一、资源税的税收筹划

资源税是对在我国从事应税矿产品开采和生产盐的单位和个人课征的一种税,属于对资源占用课税的范畴。通过课征资源税不但可以体现国有资源有偿占用原则,有利于政府加强对自然资源的保护和管理,促进资源的有效开发和合理利用,而且能够调节资源"级差收入",为企业之间公平竞争创造条件。

(一)资源税的法律依据

资源税的纳税人是指在中华人民共和国领域及管辖海域开采应税矿产品或者生产盐的单位和个人。其征税范围只包括矿产品资源(原油、天然气、煤炭、其他非金属矿原矿、黑色矿原矿、有色金属矿原矿)和盐资源。

资源税采取从价定率和从量定额两种计征方法,实施级差调节的原则。实行从价定率征收的,根据应税产品的销售额和规定的适用税率计算应纳税额,具体计算公式为

应纳税额 = 销售额 × 适用税率

实行从量定额征收的,根据应税产品的课税数量和规定的单位税额计算应纳税额,具体计算公式为

应纳税额 = 课税数量 × 单位税额

(二)资源税的筹划方法

1. 利用"折算比"进行筹划

根据资源税暂行条例,纳税人不能准确提供应税产品销售数量或移送使用数量的,以应税产品的产量或主管税务机关确定的折算比换算成的数量为课税数量。税务机关确定折算比一般是按照同行业的平均水平确定的。可以通过折算比换算成的数量为课

税数量的资源主要有以下几种:①煤炭。对于连续加工前无法正确计算原煤移送使用量的,可按加工产品的综合回收率,将加工产品实际销量和自用量折算成原煤数量作为课税数量。②金属和非金属矿产品原矿。无法准确掌握纳税人移送使用原矿数量的,可将其精矿按选矿比折算成原矿数量作为课税数量。这就给税收筹划提供了一定的空间。

纳税人如果确知自身煤炭回收率或选矿比低于同行业平均综合回收率或平均选矿比,则可不提供应税资源销售数量或自用数量,在这种情况下,税务机关就会根据同行业的平均综合回收率或平均选矿比来折算,计算出来的应税产品的数量则会少于实际使用数量,达到节税目的。反之,如果纳税企业的加工技术或选矿技术比较先进,本企业煤炭的加工生产综合回收率或金属矿选矿比相对同行业更高,则应该准确核算回收率或选矿比,向税务机关提供准确的应税产品销售数量或移送数量。

【案例 7-21】　P 煤矿于 2016 年 12 月使用自己生产的原煤加工洗煤 30 000 吨,税务机关按照同行业平均水平确定的综合回收率为 40%,原煤适用单位税额为 2 元/吨。假设 P 煤矿的实际综合回收率为 30%。请对其进行纳税筹划。

筹划分析

方案一:P 煤矿提供原煤的移送数量,即按实际综合回收率 30% 计算。

应纳资源税 = (30 000 吨 ÷ 30%) × 2 元/吨 = 200 000 元

方案二:P 煤矿不提供原煤的移送数量,则按税务机关确定的综合回收率 40% 计算。

应纳资源税 = (30 000 吨 ÷ 40%) × 2 元/吨 = 150 000 元

方案二比方案一少纳税 50 000(200 000 - 150 000)元,因此,应当选择方案二。

本方案属于避税筹划,尽量不要使用,以降低纳税筹划风险。

2. 准确核算筹划法

根据资源税暂行条例,纳税人的减免税项目应当单独核算课税数量或销售额;未单独核算或者不能准确提供减免税产品课税数量或销售额的,不予减税或者免税;纳税人开采或生产不同税目应税产品的,应当分别核算不同税目应税产品的课税数量或销售额,否则从高适用税率。因此,纳税人可以通过准确核算各税目的课税数量或销售额,分清免税产品与征税产品,分清不同税率产品,从而充分享受税收优惠,节约资源税。

【案例 7-22】　P 矿业开采企业 2016 年 1 月共开采销售原油 100 万元,开采销售天然气 50 万元。原油适用税率为其销售额的 8%,天然气适用税率为其销售额的 5%。请对其进行纳税筹划。

筹划分析

方案一:P 企业未将原油、天然气分别核算。

应纳资源税 = (100 + 50)万元 × 8% = 12 万元

方案二:P 企业将原油、天然气分别核算。

应纳资源税 = 100 万元 × 8% + 50 万元 × 5% = 10.5 万元

方案二 P 矿业开采企业少缴资源税 1.5(12 - 10.5)万元,因此,应当选择分别核算。

筹划点评

分别核算会增加一部分核算支出,但相对于省下的税来说,一般情况下是值得的。

3.利用税收优惠筹划

资源税有一些税收优惠政策,如对地面抽采煤层气暂不征收资源税。煤层气是指赋存于煤层及其围岩中与煤炭资源伴生的非常规天然气,也称煤矿瓦斯。纳税人可以直接利用这些税收优惠政策进行筹划。

【案例7-23】 华北某矿产开采企业2016年12月开采销售原油10 000吨,每吨销售价格3 900元,生产销售原煤5 000吨,开采天然气10万立方米(其中,5万立方米开采原油时伴生,5万立方米开采煤炭时伴生,该企业未分开核算),天然气销售价格3元/立方米。其适用单位税额或税率为原油8%,原煤11.5元/吨,天然气8%。那么该企业2016年12月应缴纳的资源税为 3 900元/吨×10 000吨×8% + 5 000吨×11.5元/吨 + 100 000立方米×3元/立方米×8% = 3 201 500元。

根据税法,煤炭开采时生产的天然气免税,那么如果该企业将采煤时伴生的天然气分开核算,则可以享受免税,节省资源税50 000立方米×3元/立方米×8% = 12 000元。

二、城镇土地使用税的税收筹划

城镇土地使用税是对在城市、县城、建制镇和工矿区范围内使用土地的单位和个人征收的一种税。城镇土地使用税于1988年11月1日开征,是由原城市房地产税演变而来的,属于对资源占用课税的范畴。

(一)城镇土地使用税的法律依据

城镇土地使用税的征收范围限于城市、县城、建制镇和工矿区。在上述区域内拥有土地使用权的单位和个人为城镇土地使用税的纳税人。城镇土地使用税以纳税人实际占用的土地面积为计税依据,以每平方米土地为计税单位,按照定额税率计算征收(表7-3)。城镇土地使用税的计算公式:应纳税额 = 计税土地面积 × 适用单位税额。

表7-3 城镇土地使用税税率表

级别	人口/人	每平方米税额/元
大城市	50万以上	1.5～30
中等城市	20万～50万	1.2～24
小城市	20万以下	0.9～18
县城、建制镇、工矿区		0.6～12

《城镇土地使用税暂行条例》规定对下列土地实行免税:

(1)国家机关、人民团体、军队自用的土地。

(2)由国家财政部门拨付事业经费的单位自用的土地。企业办的学校、医院、托儿所、幼儿园用地,凡能与企业其他用地明确区分的,可比照由国家财政部门拨付事业经费的单位自用的土地,免征土地使用税。

(3)宗教寺庙、公园、名胜古迹自用的土地。这些单位的生产、经营、建房出租用地和其他用地不属于免税范围。

（4）市政街道、广场、绿化地带等公共用地。非社会性的公共用地不能免税，如企业内的广场、道路、绿化等占用的土地。

（5）直接用于农、林、牧、渔业的生产用地。农副产品加工场地和生活、办公用地不能免税。

（6）经批准开山填海整治的土地和改造的废弃土地，从使用月份起免缴土地使用税5年至10年。

（7）由财政部另行规定免税的能源、交通、水利设施用地和其他用地。

（二）城镇土地使用税的筹划方法

1. 利用税收优惠政策进行筹划

与其他税种一样，土地使用税也有一些税收优惠政策。比如，经批准开山填海整治的土地和改造的废弃土地，从使用月份起免缴土地使用税5年至10年。纳税人可以充分利用城市、县城、建制镇和工矿区的废弃土地或进行开山填海利用土地，以获得免税机会。

2. 利用土地级差进行筹划

凡在城市、县城、建制镇、工矿区范围内使用土地的单位和个人，为城镇土地使用税的纳税义务人。城镇土地使用税采取的是有幅度的差别定额税率，税额最低（0.6元）与最高（30元）相差50倍。企业在选址时，可以结合自身情况，从以下几方面进行考虑：一是将公司设置在城市、县城、建制镇、工矿区以外的农村。二是由于税法允许经济落后地区土地使用税的适用税额标准可以适当降低，但降低的幅度不能超过《城镇土地使用税暂行条例》规定最低税额的30%。经济发达地区土地使用税的适用税额标准可以适当提高，但须报财政部批准，因此可将企业设立在经济落后地区。三是在同一省份内的大中小城市以及县城和工矿区之中选择税率低的地区设立企业。四是在同一城市、县城和工矿区之内的不同等级的土地之中选择税率低的土地设立企业。

【案例7-24】　J复合材料集团公司想要扩大生产基地，由于总部在北京，所以董事会初步决定的方案是将生产基地建在北京郊区，面积10 000平方米，选用的土地为四级土地，每平方米土地每年需缴纳土地使用税9元，因此每年需缴纳城镇土地使用税9万元。

经过多方考虑，公司最终决定将生产基地建在江苏省沿海城市，不但能享受其他税种如所得税的优惠和方便出口贸易，单是每年的土地使用税也可节约不少，由于该地区土地使用税每平方米仅1.8元，所以每年只需缴纳城镇土地使用税18 000元，节约72 000元。

筹划点评

将企业设在县城，在有些情况下，有可能影响企业的生产经营业绩。企业不能只考虑城镇土地使用税的因素来选址。

3. 准确核算用地进行筹划

如果纳税人能准确核算用地，就可以充分享受城镇土地使用税设定的优惠条款。例如,企业办的学校、医院、托儿所、幼儿园,其用地能与企业其他用地明确区分的,可以比照由国家财政部门拨付事业经费的单位自用的土地,免征土地使用税;将农、林、牧、渔的生产用地与农副产品加工场地和生活办公用地相分离,就可享受生产用地的免税条款;对企业厂区(包括生产、办公及生活区)以内的绿化用地,应照章征收土地使用税;厂区以外的公共绿化用地和向社会开放的公园用地,暂免征收土地使用税。纳税人应该明确区分免税用地与不免税用地,以享受免征城镇土地使用税的优惠。

【案例7-25】 W市J企业2016年全年实际占地共计100 000平方米。其中,厂房占地80 000平方米,办公楼占地8 000平方米,医务室占地2 000平方米,幼儿园占地3 000平方米,厂区内道路及绿化占地7 000平方米。当地城镇土地使用税税额4元/平方米,请对其进行纳税筹划。

筹划分析

方案一:各种用地未作明确区分,未分别核算各自面积。

应纳城镇土地使用税 = 100 000平方米 × 4元/平方米 = 400 000元

方案二:各种用地进行了明确区分,分别核算各自面积。这样,医务室、幼儿园占地不必缴纳城镇土地使用税。

应纳城镇土地使用税 = (100 000 − 2 000 − 3 000)平方米 × 4元/平方米

= 380 000元

方案二比方案一J企业一年少缴城镇土地使用税 20 000(400 000 − 380 000)元,因此,应当选择方案二。

筹划点评

分别核算会增加一部分核算支出,但相对于省下的城镇土地使用税来说,一般情况下是值得的。

第四节　行为税的税收筹划

行为税也称为特定行为课税,是以税法规定的某种特定经济行为为课征对象的一类税收。

一、印花税的税收筹划

印花税是对经济活动和经济交往中书立、领受、使用的应税经济凭证所征收的一种税。因纳税人主要是通过在应税凭证上粘贴印花税票来完成纳税义务,所以被称为印花税。

(一)印花税的法律依据

凡在我国境内书立、领受、使用属于征税范围内所列凭证的单位和个人,都是印花税的纳税人。印花税有13个税目:购销合同、加工承揽合同、建设工程勘察设计合同、建筑安装工程承包合同、财产租赁合同、货物运输合同、仓储保管合同、借款合同、财产保险合同、技术合同、产权转移书据、营业账簿、权利许可证照等。

印花税的税率有比例税率和定额税率两种形式。印花税的比例税率分为 4 个档次，分别是 0.05‰、0.3‰、0.5‰、1‰。适用 0.05‰税率的为借款合同；适用 0.3‰税率的为购销合同、建筑安装工程承包合同、技术合同；适用 0.5‰税率的为加工承揽合同、建筑工程勘察设计合同、货物运输合同、产权转移书据、营业账簿税目中记载资金的账簿；适用 1‰税率的为财产租赁合同、仓储保管合同、财产保险合同。权利、许可证照和营业账簿税目中的其他账簿适用定额税率，均为按件贴花，税额为 5 元。

印花税的计税依据为各种应税凭证上所记载的计税金额。

印花税的税收优惠：

(1)对已缴纳印花税凭证的副本或者抄本免税。

(2)对财产所有人将财产赠给政府、社会福利单位、学校所立的书据免税。

(3)对国家指定的收购部门与村民委员会、农民个人书立的农副产品收购合同免税。

(4)对无息、贴息贷款合同免税。

(5)对外国政府或者国际金融组织向我国政府及国家金融机构提供优惠贷款所书立的合同免税。

(6)对房地产管理部门与个人签订的用于生活居住的租赁合同免税。

(7)对农牧业保险合同免税。

(8)对军事物资运输凭证、抢险救灾物资运输凭证、新建铁路的工程临管线运输凭证等特殊货运凭证免税。

(二)印花税的筹划方法

1.分开记载经济事项的筹划

一个合同如果涉及若干项经济业务，应当分别核算各项业务的金额，因为业务类型不同，适用印花税税率也不同，而税法明确规定同一凭证载有两个或两个以上经济事项而适用不同税目税率，如分别记载金额的，应分别计算应纳税额，相加后按合计税额贴花；如未分别记载金额的，从高适用税率。另外，征税项目和不征税项目也要分开，否则要合并征收印花税。

【案例 7-26】 J 铝合金门窗生产企业受 N 建筑安装公司委托，负责加工一批铝合金门窗，加工所需原材料由 J 铝合金门窗生产企业提供，J 铝合金门窗生产企业共收取加工费及原材料费 300 万元，其中 J 铝合金门窗生产企业提供的原材料价值为 200 万元，收取的加工费为 100 万元。请对其进行纳税筹划。

筹划依据

对于由受托方提供原材料的加工、定做合同，凡在合同中分别记载加工费金额和原材料金额的，应分别按"加工承揽合同""购销合同"计税，即加工费金额按加工承揽合同适用 0.5‰税率计税，原材料金额按购销合同适用 0.3‰税率计税，两项税额相加数，即为合同应贴印花；若合同中未分别记载，则从高适用税率，即全部金额依照加工承揽合同适用 0.5‰税率计税贴花。

筹划思路

在合同中将受托方所提供的加工费金额与原材料金额分开记载,便能够达到节税的目的。

方案一:合同记载 J 铝合金门窗生产企业共收取加工费及原材料费 300 万元。

J 铝合金门窗生产企业应贴花 = 3 000 000 元 × 0.5‰ = 1 500 元

方案二:合同记载 J 铝合金门窗生产企业收取原材料价款为 200 万元,收取的加工费为 100 万元。

J 铝合金门窗生产企业应贴花 = 2 000 000 元 × 0.3‰ + 1 000 000 元 × 0.5‰ = 1 100 元

方案二比方案一 J 铝合金门窗生产企业少贴花 400(1 500 − 1 100) 元,因此,应当选择方案二。

筹划点评

在合同中将受托方所提供的加工费金额与原材料金额分开记载,使得加工费金额按加工承揽合同适用 0.5‰税率计税,原材料金额按购销合同适用 0.3‰税率计税,从而达到节税的目的。

【案例 7-27】 冬夏航空公司承接"六六"电影摄制组的人员与服装、道具、摄影器材等货物的包机运输业务,双方商定的运费金额为 36 万元,并起草了运输合同。由于该合同对客、货运输费用金额未分别记载,按照税法规定,应就合同总金额依 0.5‰缴纳印花税。应纳税额为 360 000 元 × 0.5‰ = 180 元。

经双方研究决定,对合同草案进行修订,在运费总金额不变的情况下,将货运费用按照最低价格标准确定为 6 万元,其余 30 万元确定为客运费用,并正式签订了合同。这样,应纳印花税税额变为 60 000 元 × 0.5‰ = 30 元。

双方各比按原定方案签订合同少缴纳印花税 150 元。

此处筹划的依据:税法规定,既有货物运输又有客运的包机运输合同,分别记载金额的,只对货物运输部分征收印花税。如果客、货运输不能分开计算的,应按全额计算缴纳印花税。

2. 利用"无金额"合同和"保守金额"合同进行筹划

印花税暂行条例规定,签订无法确定计税金额的合同,可在签订时先按定额 5 元贴花,以后结算时再按实际金额计税,补贴印花。该项规定为印花税的筹划提供了可能性。

纳税人在签订金额较大的合同时,可有意识地使合同中所载金额不能明确,从而在签订时先按定额 5 元贴花,以达到延期纳税、充分利用资金时间价值的目的。

已贴花的凭证,修改后所载金额增加的,其增加部分应当补贴印花税票;减少部分不退印花税。在合同设计时,双方当事人就应充分地考虑以后经济交往中可能会遇到的种种情况,根据这些可能的情况,确定比较保守的金额,防止所载金额大于实际结算金额,有效规避额外税负。

【案例 7-28】 J 公司将一间 5 000 平方米的厂房出租给 D 商场作仓库。双方议定的

租金标准为每平方米0.5元/天,租期为1年,每月10日前缴清当月租金。如果租赁合同中载明租期,全年应纳印花税税额为

$$5\,000 \times 0.5\text{元}/\text{天} \times 365\text{天} \times 1‰ = 912.5\text{元}$$

公司应在签订合同时一次缴足税款。

如果在合同中只规定每平方米厂房的日租金标准,不载明租期,则可以在签订合同时先按定额税率粘贴5元的印花税票,待以后每月结算租金时,再按实际结算金额计算补缴印花税。

【案例7-29】　甲和乙在订立合同之初认为履行合同金额为2 000万,且在合同中记载了履行金额2 000万元,而实际最终结算时发现只履行1 000万元。适用印花税税率为1‰。请对其进行纳税筹划。

筹划分析

方案一:将合同金额确定为2 000万元。

甲和乙共需缴纳印花税 = 2 000万元 × 1‰ × 2 = 4万元

方案二:将合同金额确定为1 000万元,实际履行过程中若增加了履行金额则补贴印花税票。

甲和乙共需缴纳印花税 = 1 000万元 × 1‰ × 2 = 2万元

方案二比方案一甲和乙共少贴花2(4 - 2)万元,因此,应当选择方案二。

筹划点评

将合同金额保守记载,可降低印花税计税依据,从而降低印花税税负。但过低记载合同金额,有可能会导致未来最终结算金额升高后出现不必要的经济纠纷。

3. 利用不同借款方式进行筹划

印花税暂行条例规定,银行及其他金融机构与借款人(不包括同业拆借)所签订的合同,以及只填开借据并且作为合同使用而取得银行借款的借据,应按照"借款合同"税目,按借款金额0.05‰的税率贴花,而企业之间的借款合同不属于印花税的征税范围,不用贴花。因此,如果两者的借款利率是相同的,则向企业借款更能节税。

【案例7-30】　甲公司欲借款20 000万元,现有两处借款方可供选择:一是从乙银行借款,二是从关系较好的丙公司借款,假设借款年利率都为5%,其他借款条件都一样。请对其进行纳税筹划。

筹划分析

方案一:从乙银行借款。

甲公司应纳印花税 = 20 000万元 × 0.05‰ = 1万元

方案二:从丙公司借款。

甲公司不需贴花。方案二比方案一甲公司少贴花1万元,因此,应当选择方案二。

筹划点评

由于从企业借款的利率一般大于从银行借款的利率,因此不能单纯只考虑印花税税负因素。

4. 减少合同参与人数的纳税筹划

对于同一凭证,如果由两方或两方以上当事人签订并各执一份的,各方均为纳税人,应当由各方就所持凭证的各自金额贴花。所谓当事人,是指对凭证有直接权利义务关系的单位和个人,不包括担保人、证人、鉴定人。因此,应当在不影响合同效力的前提下,尽量减少书立使用各种凭证的参与人数,使更少的人缴纳印花税,从而达到少缴税款的目的。

【案例7-31】 A、B、C、D 4人签订合同,B、C、D 3人基本利益一致,合同总金额为1 000万元,适用印花税税率为0.5‰。请对其进行纳税筹划。

筹划分析

方案一:A、B、C、D 4人签订合同。

$$各方共需贴花 = 1 000 万元 \times 0.5‰ \times 4 = 2 万元$$

方案二:由于B、C、D 3人基本利益一致,可以任意选派B作为代表,让其和A签订合同。

$$各方共需贴花 = 1 000 万元 \times 0.5‰ \times 2 = 1 万元$$

方案二比方案一各方共少贴花1(2-1)万元,因此,应当选择方案二。

筹划点评

本案例的前提是B、C、D 3人基本利益一致,以至于减少合同签订的参与人数后不影响合同的效力和各方利益。但B、C、D 3人基本利益不一致的情况,或是作为代表的B方以后若出现违约情况,则不适合这种筹划思路。

5. 利用分期租赁进行筹划

应纳税凭证应当于书立或者领受时贴花。也就是说,经济当事人在书立合同之时,其纳税义务便已发生,应当按照规定贴花。如企业在签订设备租赁合同时,租赁的设备并不具有稀缺性,随时可以在市场上租赁到,企业在与出租方签订租赁合同时,可以分期签订,既能规避设备在短期内被淘汰的风险,又能使得印花税分期缴纳,充分利用了资金的时间价值。

【案例7-32】 甲公司从乙公司租赁生产用设备一台,双方于2016年1月1日签订了租赁合同,合同规定,该设备租期10年,每年租金100万元,10年共1 000万元。请对其进行纳税筹划。

筹划分析

方案一:双方于2016年1月1日签订了租期为10年的租赁合同。

2016年1月1日,双方分别缴纳印花税 = 1 000万元 × 1‰ = 1万元。

方案二:双方于2016年1月1日签订了租期为1年的租赁合同,以后连续9年的1月1日都签订租期为1年的租赁合同。

2016年1月1日,双方分别缴纳印花税 = 100万元 × 1‰ = 0.1万元。以后连续9年的1月1日,双方分别缴纳印花税 = 100万元 × 1‰ = 0.1万元。

方案二比方案一甲公司和乙公司在签订合同第一年分别少贴花0.9(1 - 0.1)万元,

因此,应当选择方案二。

筹划点评

通过分次签订合同,使得双方分 10 年缴纳印花税,虽然缴纳印花税总额是不变的,但延缓了纳税时间,利用了资金的时间价值。

二、城市维护建设税的税收筹划

城市维护建设税是对缴纳增值税、消费税的纳税人,以其实际缴纳的增值税、消费税税额为计税依据征收的一种附加税。城市维护建设税属于特定目的税。

(一)城市维护建设税的法律依据

1.城市维护建设税税率

城市维护建设税的征税范围比较广,具体包括城市市区、县城、建制镇,以及税法规定征收增值税、消费税的其他地区。城市维护建设税的纳税人是指在征税范围内从事工商经营,并缴纳增值税、消费税的单位和个人。城市维护建设税实行地区差别比例税率。按照纳税人所在地的不同,税率分别规定为 7%、5%、1% 三个档次。具体适用范围如下:

(1)纳税人所在地为市区的,税率为 7%。

(2)纳税人所在地为县城、镇的,税率为 5%。

(3)纳税人所在地不在市区、县城或者镇的,税率为 1%。

城市维护建设税的计税依据是纳税人实际缴纳的增值税、消费税税额,纳税人违反增值税、消费税税法而加收的滞纳金和罚款,不是城市维护建设税的计税依据,但纳税人在被查补增值税、消费税和处以罚款时,应同时对其偷逃的城市维护建设税进行补税、缴纳滞纳金和罚款。

2.税收优惠政策

城市维护建设税原则上不单独减免,因为它是以增值税、消费税税额为计税依据的,并与增值税、消费税同时征收,当主税发生减免时,相应也减免了城市维护建设税。城市维护建设税的税收优惠规定如下:

(1)海关对进口产品代征的增值税、消费税,不征收城市维护建设税。

(2)对因减免税而需进行增值税、消费税退库的,城市维护建设税也可同时退库。

(3)对增值税、消费税实行先征后返、先征后退、即征即退办法的,除另有规定外,对随增值税、消费税附征的城市维护建设税,一律不退(返)还。

(4)为支持国家重大水利工程建设,对国家重大水利工程建设基金免征城市维护建设税。

(5)对出口产品退还增值税、消费税的,不退还已缴纳的城市维护建设税。

(二)城市维护建设税的筹划方法

1.利用委托加工进行筹划

城市维护建设税暂行条例规定,由受托方代征代扣增值税、消费税的单位和个人,由受托方按其所在地适用的税率代收代缴城市维护建设税(以下简称"城建税")。因此,纳税人在进行委托加工时,可以选择城建税税率比自己低的地区的受托单位来进行委托。

【案例7-33】 A公司2016年拟委托加工一批化妆品,由受托加工单位代收代缴消费税500万元。现有两个受托单位可以选择:一是设在市区的B公司,二是设在县城的C公司。请对其进行纳税筹划。

筹划分析

方案一:选择设在市区的B公司作为受托方。

$$应纳城建税 = 500 万元 \times 7\% = 35 万元$$

方案二:选择设在县城的C公司作为受托方。

$$应纳城建税 = 500 万元 \times 5\% = 25 万元$$

方案二比方案一A公司少缴城建税10(35 - 25)万元,因此,应当选择方案二。

2. 降低计税依据的筹划

城市维护建设税的计税依据是纳税人实际缴纳的增值税、消费税税额之和。企业可以通过合理合法的手段降低应纳增值税、消费税等税额,从而可以减少城建税的计税依据,进而可以降低企业税负。

【案例7-34】 J公司为增值税一般纳税人,2016年该企业实际缴纳增值税100万元,当地适用的城建税税率为7%。请对其进行纳税筹划。

方案一:实际缴纳增值税100万元。

$$J公司应纳城建税 = 100 万元 \times 7\% = 7 万元$$

方案二:通过合理的手段将实际缴纳增值税减少至90万元。

$$J公司应纳城建税 = 90 万元 \times 7\% = 6.3 万元$$

方案二比方案一J公司少缴城建税0.7(7-6.3)万元,因此,应当选择方案二。

筹划点评

做好增值税、消费税纳税筹划,自然会节省城建税税负,因此,做好增值税、消费税的纳税筹划十分重要。

3. 利用货物进口进行筹划

由于海关对进口产品代征的增值税、消费税,不征收城建税,所以纳税人在购买货物时,可以权衡各项成本,考虑通过进口方式取得货物。

4. 企业选址的纳税筹划

城市维护建设税暂行条例规定,纳税人所在地在市区的,城建税税率为7%;在县城、镇的,税率为5%;不在市区、县城或镇的税率为1%。

由于不同的地区,城建税税率也不同,因此企业可以根据自身的情况,在不影响经济效益的前提下,选择城建税税率低的地区设立企业,比如广大的农村地区,这样不仅可以少缴城建税,还能降低房产税与城镇土地使用税的税负。

【案例7-35】 J公司在设立选址时有两个地方可以选择:一是设在市区;二是设在县

城。假设无论选择哪种方案,都不会影响其经济效益,且当期流转税合计为100万元。请对其进行纳税筹划。

筹划分析

方案一:设在市区。

$$应纳城建税 = 100 万元 \times 7\% = 7 万元$$

方案二:设在县城。

$$应纳城建税 = 100 万元 \times 5\% = 5 万元$$

方案二比方案一J公司少缴城建税2(7-5)万元,因此,应当选择方案二。

筹划点评

将企业设在县城,在有些情况下,有可能影响企业的生产经营业绩。企业不能只是单纯地考虑城建税税负因素来进行选址。

本章小结

本章主要阐述的是关税和其他地方税种的税收筹划。本章先对关税和其他税种的法律依据进行简述,以便了解各种税的具体规定,接着明确列出筹划方法,并结合案例的讲解,使读者对关税和其他税种的税收筹划产生感性认识,从而实现本章学习目的——从细微处切入,针对不同小税种从不同角度进行税收筹划,使纳税人的效益最大化。

【关键术语】

关税 完税价格 土地增值税 房产税 车船税 契税

城镇土地使用税 资源税 印花税 城市维护建设税

复习思考题

1.简述进口货物完税价格的纳税筹划思路。

2.如何利用降低计税依据对房产税进行纳税筹划?

3.如何利用临界点对车船税进行纳税筹划?

4.如何利用税收优惠政策对土地增值税进行纳税筹划?

5.房屋不等价交换时如何对契税进行纳税筹划?

6.如何利用"折算比"对资源税进行纳税筹划?

7.如何利用选址对城镇土地使用税进行纳税筹划?

8.如何利用模糊金额法对印花税进行纳税筹划?

9.城市维护建设税如何利用选址进行纳税筹划?

练习题

一、单项选择题

1.下列各项中,对关税纳税义务人说法正确的是( )。

A.小曾从境外邮寄化妆品给小吴,并委托小吴交给小陈,小陈为关税纳税义务人

B.小曾委托大力从境外购买一台数码相机,并由大力带回境内给小曾,小曾为关税纳税义务人

C.J公司以邮寄方式向美国S公司出口一批货物,J公司为关税纳税义务人

D.小曾给日本的好友老孙邮寄了一份礼品,老孙为关税纳税人

2.J公司销售一幢已使用过的厂房,取得收入200万元,厂房原价150万元,已提折旧80万元。经房地产评估机构评估,该厂房重置成本价为300万元,成新度折扣率为六成,销售时缴纳相关税费8万元,该公司销售厂房应缴纳土地增值税( )万元。

A.10 B.5 C.3.6 D.6.8

3.J是一家船舶公司,该公司拥有3艘净吨位都是2 500吨的自用机动船,已知机动船净吨位2 001~10 000吨税额为5元/吨。该公司当年应缴纳车船税( )元。

A.25 000 B.3 500 C.4 000 D.37 500

4.根据《房产税暂行条例》的规定,不征收房产税的地区是( )。

A.县城 B.农村 C.建制镇 D.城市

5.J企业一幢房产原值600 000元,已知房产税税率为1.2%,当地规定的房产税扣除比例为20%,该房产年度应缴纳的房产税税额为( )元。

A.9 360 B.7 200 C.5 040 D.5 760

6.2016年10月,J公司与S公司签订了一份合同,由J公司向S公司提供货物并运输到S公司指定的地点,合同标的金额为400万元,其中包括货款和货物运输费用。货物买卖合同适用的印花税税率为0.3‰,货物运输合同适用的印花税税率为0.5‰。根据印花税法律制度的规定,J公司应纳印花税税额是( )万元。

A.0.2 B.0.12 C.0.09 D.0.06

7.J有面积为120平方米的住宅一套,价值70万元;S有面积为100平方米的住宅一套,价值50万元。两人进行房屋交换,差价部分S以现金补偿J。已知契税适用税率为3%,则S应缴纳的契税税额为( )万元。

A.1.5 B.2.1 C.0.6 D.0.72

8.J公司本期以自产液体盐50 000吨和外购液体盐8 000吨(每吨已缴纳资源税5元)加工固体盐12 000吨对外销售,取得销售收入600万元。已知固体盐税额为每吨30元,J公司本期应缴纳( )资源税。

A.36万元 B.61万元 C.25万元 D.32万元

9.百科房地产公司转让商品房收入5 000万元,计算土地增值额准允扣除项目金

额 4 000 万元,则适用税率为( )。

　　A.30% 　　　　　　B.40% 　　　　　　C.50% 　　　　　　D.60%

　　10. J 公司一辆载货汽车自重吨位为 12.2 吨,该地区载货汽车每吨税额为 80 元,则 J 公司这辆载货汽车每年应纳车船税为( )元。

　　A.960 　　　　　　B.1 000 　　　　　　C. 1 040 　　　　　　D. 976

　　11. 对国有控股公司以部分资产投资组建新公司,且该国有控股公司占新公司股份( )以上的,对新公司承受该国有控股公司土地、房屋权属免征契税。

　　A.50% 　　　　　　B.70% 　　　　　　C.85% 　　　　　　D.95%

　　12. 土地增值税的税率形式是( )。

　　A. 全额累进税率 　　B. 超额累进税率 　　C. 超倍累进税率 　　D. 超率累进税率

二、多项选择题

　　1. 下列各项目,按照 5 元定额缴纳贴花的有( )。

　　A. 工商营业执照 　　　　　　　　　　B. 商标注册证

　　C. 营业许可证 　　　　　　　　　　　D. 土地使用证

　　2. 从租计征房产税的纳税人,适用的税率为( )。

　　A.4% 　　　　　　B.12% 　　　　　　C.1. 2% 　　　　　　D.3%

　　3. 根据关税法律制度的规定,下列各项中,应计入进口货物关税完税价格的有( )。

　　A. 由买方负担的购货佣金

　　B. 由买方负担的经纪费

　　C. 进口货物运抵境内输入地点起卸之后的运输及其相关费用、保险费

　　D. 由买方负担的与该货物视为一体的容器费用

　　4. 某铜矿 2016 年 10 月销售铜精矿 5 000 吨(选矿比为 20%),每吨不含税售价 1 800 元,当地铜矿石资源税每吨 1.2 元,应纳资源税和增值税税额为( )。

　　A. 资源税 0.6 万元 　　　　　　　　B. 资源税 3 万元

　　C. 增值税 117 万元 　　　　　　　　D. 增值税 153 万元

　　5. 根据资源税法律制度的规定,下列各项中属于资源税征税范围的是( )。

　　A. 天然气 　　　　B. 地下水 　　　　C. 原油 　　　　D. 液体盐

　　6. 下列各项中,规定了比例税率和定额税率两种税率形式的税种有( )。

　　A. 印花税 　　　　B. 消费税 　　　　C. 房产税 　　　　D. 增值税

　　7. 以下可以作为房产税征税对象的有( )。

　　A. 工业企业的厂房 　　　　　　　　B. 商业企业的仓库

　　C. 工业企业的厂区围墙 　　　　　　D. 露天游泳池

三、判断题

　　1. 纳税人新征用的耕地,自批准征用之月起满一年时,缴纳城镇土地使用税。 ( )

　　2. 纳税人违反增值税、消费税有关规定而加收滞纳金和罚款,应当征收城市维护建

设税。 （　　）

3. 车船税的纳税义务发生时间，为车船管理部门核发的车船登记证书或者行驶证中记载日期的次月。 （　　）

4. 契税的纳税人是在我国境内转让土地、房屋权属的单位和个人。 （　　）

5. 载有两个或两个以上应适用不同税率经济事项的同一凭证，如分别记载金额的，应分别计算应纳税额，相加后按合计税额贴花；如未分别记载金额的，按税率高的计算贴花。 （　　）

6. 受托方代扣代缴增值税、消费税的纳税人，按受托方所在地适用税率计算代扣代缴的城建税。 （　　）

7. 代扣代缴、代收代缴增值税、消费税的单位和个人，同时也是城建税的代扣代缴、代收代缴义务人，其城建税的纳税地点在代扣代收地。 （　　）

8. 纳税人开采或生产应税产品自用的，以生产数量为资源税的课税数量。 （　　）

9. 纳税人建造普通标准住宅出售，增值额未超过扣除项目金额20%的，免征土地增值税；如果超过20%的，应就其全部增值额按规定计税。 （　　）

10. 城镇土地使用税的征税范围是城市、县城、建制镇和工矿区内属于国家所有和集体所有的土地。 （　　）

11. 企业办的学校、医院、托儿所、幼儿园，其用地能与企业其他用地明确区分的，免征城镇土地使用税。 （　　）

12. 对于车船税来说，车辆自重尾数在0.5吨以下（含0.5吨）的，忽略不计；超过0.5吨的，按照1吨计算。 （　　）

13. 城建税的征税范围不包括农村。 （　　）

14. 纳税人新征用的耕地，自批准使用之日起满一年时开始缴纳土地使用税。
（　　）

四、案例分析题

1. 雷华技术研究院经批准投资3亿元建立一个新能源实验室，其中的核心设备只有西欧某国才能制造。这是一种高新技术产品，由于这种新产品刚刚面市，其确切的市场价格尚未形成，雷华技术研究院已确认其未来的市场价格将远远高于目前市场上的类似产品的价格。因而，开发商预计此种产品进口到中国国内市场上的售价将达到2 000万美元，经过多次友好协商，雷华技术研究院以1 800万美元的价格作为该国技术援助项目购得该设备，而其类似产品的市场价格仅为1 000万美元，关税税率为25%，外汇汇率为1：6.25。请对其进行筹划。

2. 某钢铁企业，需要进口100万吨铁矿石，可供选择的进货渠道中有两家：一家是澳大利亚；另一家是加拿大。澳大利亚的铁矿石品位较高，价格为20美元/吨，运杂费60万美元。加拿大的铁矿石品位较低，价格为19美元/吨，但运杂费高达240万美元，暂不考虑其他条件，到底应该选择哪一个国家进口铁矿石呢？

3. A公司新建成办公楼一幢，并配有楼前广场和音乐喷泉，总造价为1 000万元，当地主管税务机关规定用于计征房产税的房屋折旧率为30%。请对其进行筹划。

4. J大学拟将一层楼房出租给S公司，双方原商定的年租金为65 000元，其中包括水电费12 000元。请对其进行筹划。

5. S公司拥有一写字楼，配套设施齐全，对外出租。当年的全年租金共为3 000万元，其中含代收的物业管理费300万元，水电费500万元。请对其进行纳税筹划。

6. A和C各拥有一套价值200万元的房屋，B意欲购买A某的房屋，而A想购买C的房屋后再出售自己的房屋，假设税率为2%。请对其进行纳税筹划。

7. 居民曾某为J公司职员，拥有一套价值2 000 000元的公寓房，因其坐落地点距公司较远，上下班深感不便，计划卖掉该公寓房，以变价款在其公司附近重新购买一套类似规格标准的住房。契税适用税率为1.5%。请对其进行纳税筹划。

8. 百科房地产开发公司有可供销售的10 000平方米同档次的商品房甲、乙两栋楼。销售方案为：甲房每平方米售价是1 000元(不含装修费70元)，转让收入是1 000万元，它的扣除项目金额为835万元，增值额是165万元。乙房每平方米售价是1 070元(含装修费70元)，转让收入是1 070万元，它的扣除项目金额是838万元，增值额是232万元。请对百科房地产开发公司的销售方案进行评价。

9. 我国北方某盐厂生产的海盐适用的单位税额为每吨25元。该厂以自产的原盐连续加工生产加碘精盐，实际投入产出率为1∶0.95。当地主管税务机关确定的精盐与原盐的折算比例为1∶1.03，该盐厂预计纳税年度全年精盐的销售量为50万吨。请对其进行纳税筹划。

10. J公司欲投资建厂，需占用土地10万平方米。现有两种方案可供选择：一是在某中等城市的城区，当地土地使用税为20元/平方米；二是在某小城市的城区，当地土地使用税为8元/平方米。假设该厂不论建在哪里都不会影响企业生产经营。请对其进行纳税筹划。

11. 某物流公司与某食品公司商定，长期为其提供仓储、运输服务，并按年度签订合同。2016年度拟订的合同总金额为60万元。税法规定，仓储保管合同适用的印花税税率为1‰；货物运输合同适用的印花税税率为0.5‰。合同签订方案有两种：一是合同总金额为60万元，不分别记载两类不同业务的金额；二是在合同中分别记载两类业务的金额，仓储保管费用金额为25万元，运输费用金额为35万元。从印花税筹划的角度应该选择哪个方案？

12. 某石油专用管材制造公司受托为某油田加工定制一批石油套管。双方商定，合同总金额为280万元。其中，由受托方提供部分原材料，价值235万元；加工费为45万元。请对其进行纳税筹划。

13. A公司2016年拟委托加工一批总价值400万元的化妆品，由受托加工单位代扣代缴消费税200万元。现有三个受托单位可以选择：一是设在市区的B公司，二是设在县城的C公司，三是设在某乡的乡镇企业。请对其进行纳税筹划。

14. J煤矿公司2016年11月与铁路部门签订运输合同，记载运输费及保管费共计

500 万元,由于该合同中涉及货物运输合同和仓储保管合同两个税目,而且二者税率不同,前者为 0.5‰,后者为 1‰,根据规定,未分别记载金额的,按税率高的计税贴花,即按 1‰税率计算应贴印花,其应纳税额 = 5 000 000 元×1‰ = 5 000 元。若分开记载,则运输费 300 万元,保管费 200 万元。请对其进行纳税筹划。

15. J 外贸进出口公司主要从事销售某进口洗衣机,年销售量为 10 000 台,每台国内的销售价格为 8 000 元,进口关税完税价格为 5 000 元,假定适用进口环节的关税税率为 25%,增值税税率 17%。现在该公司管理层提出一改革方案:在取得该品牌洗衣机厂商的同意和技术协作的前提下,先进口该品牌洗衣机的电路板和发动机,电路板和发动机的进口关税完税价格为整机关税完税价格的 60%,假定适用进口环节的关税税率为 20%。然后,委托国内技术先进的企业加工其他配件,并完成整机组装,所发生的加工费为整机关税完税价格的 50%,进口电路板和发动机及加工劳务的增值税税率为 17%。请从纳税筹划的角度分析该管理层议案是否可行。

16. J 矿产公司 2016 年 10 月开采销售煤炭 10 000 吨,其中开采销售焦煤 4 000 吨,开采销售其他煤炭 6 000 吨。当地规定,焦煤单位税额为每吨 10 元,其他煤炭单位税额为每吨 3 元。请对其进行纳税筹划。

17. 百科房地产公司欲开发一片花园式小区,除住宅、商店、幼儿园外,还包括围墙、水塔、停车场、露天凉亭、游泳池等建筑物,总计造价为 12 亿元。问:若将这些附属设施全部计入房产原值,公司应缴纳多少房产税?如果除住宅、商店、幼儿园外的建筑物的造价为 1 亿元左右,假设当地的房产原值扣除比例为 30%,问公司如何进行纳税筹划?

18. 百科房地产开发公司专门从事普通住宅商品房开发。2016 年 3 月 2 日,该公司出售普通住宅一幢,总面积 91 000 平方米。该房屋支付土地出让金 2 000 万元,房地产开发成本 8 800 万元,利息支出为 1 000 万元,其中 40 万元为银行罚息(不能按收入项目准确分摊)。假设城建税税率为 7%,印花税税率为 0.5‰,教育费附加征收率为 3%。当地省级人民政府规定允许扣除的其他房地产开发费用的扣除比例为 10%。企业营销部门在制订售房方案时,拟订了两个方案。方案一,销售价格为平均售价 2 000 元/平方米;方案二,销售价格为平均售价 1 978 元/平方米。要求:(1)分别计算各方案中该公司应纳土地增值税;(2)比较分析哪个方案对房地产公司更为有利,并计算两个方案实现的所得税税前利润差额。

19. J 商业零售公司现有 5 栋闲置库房,房产原值总共为 2 000 万元,企业经研究提出以下两种利用方案:一是出租方案,将闲置库房出租收取租赁费,年租金收入为 200 万元;二是仓储方案,配备保管人员将库房改为仓库,为客户提供仓储服务,收取仓储费,年仓储收入也为 200 万元,但需每年支付给保管人员 2 万元。当地的房产原值的扣除比例为 30%。企业选择哪种方案更节税?

20. 有甲、乙、丙三位经济当事人,甲和丙均拥有一套价值 60 万元的房屋,乙想购买甲的房屋,甲也想购买丙的房屋后出售自己的房屋。假设当地契税税率为 3%。请对其进行纳税筹划。

【延伸阅读】

材料一 太厉害了！合同签订稍加注意，竟然节税22万元！

案例一 甲物业公司将一幢老的商业门头房对外出租，签订房屋租赁合同，一年租金1 200万元(含物业费200万元)，每年一次性收取。

(1)应纳增值税=1 200万元×5%=60万元

(2)应纳房产税=1 200万元×12%=144万元

(3)不考虑附加税费、印花税等。

合计税费：204万元。

案例二 甲物业公司将一幢老的商业门头房对外出租，年收入1 200万元，合同签订时根据实际情况将房租和物业费分别签订。签订房屋租赁合同，一年租金1 000万元。签订物业管理合同，一年物业费200万元。

(1)房租应纳增值税=1 000万元×5%=50万元

物业费应纳增值税=200万元×6%=12万元

(2)应纳房产税=1 000万元×12%=120万元

(3)不考虑附加税费、印花税等。

合计税费：182万元。

总结：上述合同在分别如实签订的情况下，节税22万元。

企业出租房屋时，会附带房屋内部或外部的一些附属设施及配套服务费，如机器设备、办公用具、附属用品、物业管理服务等。税法对这些设施并不征收房产税。如果把这些设施与房屋不加区别地同时写在一张租赁合同里，那这些设施也要缴纳房产税，企业在无形中增加了税负担。

因此，企业应根据出租的实际情况如实加以区分，把合同分别签订，项目分别开具开票，会计上分别核算收入，就会把企业税负大大降低。

——摘自上海国家会计学院远程教育网，2019-10-26.

材料二 房屋租赁合同的印花税，必须注意8个事项！

(1)不仅仅是房屋租赁合同，包括机械设备、车辆等的租赁合同，租赁合同的印花税都是按照千分之一缴纳。

(2)房屋租赁合同一经签订，印花税即要缴纳，比如签订了20年的房租合同，每年租金500万元，合同总金额1亿元，则应一次性缴纳印花税10万元。

(3)印花税一旦缴纳不得因为合同中止而退税，因此印花税属于一次性的，不存在反悔的情况。

(4)物业管理费不需要缴纳印花税，因此签订房租合同的时候，一定要区分开来，比如：房租500万元，物业费100万元，合计600万元，这样就只是针对500万元的房租合同缴纳千分之一的印花税。

(5)对于个人出租房屋是否缴纳印花税问题，需要区分住房还是商铺？个人出租住房免征印花税，个人出租商铺写字楼等，是要征印花税的。

（6）对于签订的房屋租赁合同没有约定租赁期限，只是规定了日租金是多少的，这类合同不需要按照千分之一缴纳印花税，可在签订时先按定额 5 元贴花，以后结算时再按实际金额计税，补贴印花。

（7）合同印花税属于双向税、行为税，一经签订，双方都要缴纳印花税。

（8）增值税小规模纳税人印花税有减半征收的优惠，一般纳税人不存在减半优惠。

——摘自上海国家会计学院远程教育网，2019-10-21.

第八章　跨国税收筹划

【学习目标】

跨国税收筹划涉及的范围与内容更加广泛，因此筹划空间也就更大。通过本章的学习，掌握跨国税收筹划的一般概念，了解跨国税收筹划产生的条件，以及跨国税收筹划的一般方法。

【开篇案例】

星巴克自1998年在英国开业以来，它在英国的销售收入超过了30亿英镑，2011年的营业额就达到了4亿英镑，但2009—2011年星巴克却未曾向英国政府缴纳任何税收，在英国的14年里一共也只缴纳了860万英镑的税款。

2009—2011年的三年里，英国的星巴克在财务报告中一直是亏损的，无须缴纳所得税。但它的市场分析师又对外声称：星巴克在英国的业务是"可盈利的"。英国星巴克尽管连续十几年账面一直是亏损状态，与此同时，星巴克却告诉投资者们：销售额在持续增长。星巴克是一个跨国集团，旗下众多的子公司和分公司遍布世界各地。众多的子公司和分公司之间的巧妙资金运作主要包括以下三个方面。

（1）向总部支付昂贵的知识产权费。星巴克美国总部规定，所有海外经营的星巴克公司每年要向"星巴克"品牌支付年销售额的6%的知识产权费，这个比例相对较高，这笔支出直接降低了星巴克英国公司的应纳税所得额。同时，这笔知识产权费又转移到税率很低的国家，转变为该国星巴克公司的应纳税所得额，只需缴纳较低的税费。

（2）昂贵的咖啡豆采购。星巴克英国公司所用的咖啡豆都是由星巴克瑞士公司提供的，在咖啡豆运抵英国前，又需经过星巴克荷兰烘焙公司烘焙。因此，星巴克英国公司需要给瑞士和荷兰两家公司支付高昂的费用，这又降低了星巴克英国公司的应纳税所得额。

（3）集团公司间的借款安排。英国星巴克2011年的财务报告显示其所有的经费几乎都是向关联企业借来的，并为此支付了200万英镑的利息。星巴克英国公司利用关联公司间的借贷，将利润转移到低税率国家避税。

这种关联公司间的资金借贷,给借贷双方均带来了税收利益。一方面,借款人可以设定高额利息来降低自己的应纳税所得额;另一方面,债权人可以是一个设立在不用征利息税的国家或地区的公司。

——摘自:姜鲁榕.咖啡连锁企业星巴克被指在英避税.中国税务报,2012-11-14,经整理。

随着经济国际化的不断深入,开放经济以及国际贸易、国际资本和劳动力流动深刻地影响着各国的税收政策及其效应。越来越多的经济学家和企业家开始对跨国税收问题进行研究,其中包括跨国纳税人的课税问题、各国间的税收分配、共同市场的财政协调、避税与反避税、跨国税收筹划等。本章将着重对跨国税收筹划的一般概念及其产生的条件,以及跨国税收筹划的一般方法进行分析。

第一节 跨国税收筹划产生的条件

一、跨国税收筹划的概念

跨国税收筹划是指跨国纳税人利用世界各国税收制度的差异或漏洞,通过对纳税人自身生产经营活动的安排以及对纳税身份或纳税地点的选择,达到减轻税负或延期纳税目的的理财行为。其主要特点是跨国纳税人自身及其收入、货物和财产在各国之间迁移,尽可能使纳税人税收负担最小化。相对国内税收筹划而言,跨国税收筹划涉及的内容更加丰富,不仅需要充分了解相关国家的税收管辖权和税制,而且要充分考虑双边或多边税收协定对纳税人税负的影响。

跨国税收筹划的主体是跨国纳税人。一些原本不从事跨国业务的纳税人也借助跨国经营,利用跨国税收筹划降低税收负担。

跨国税收筹划的目的是谋求世界范围内集团整体税收负担的最小化,为此不惜牺牲局部利益。跨国税收筹划的手段具有多样性,通过对纳税人自身生产经营活动的安排以及对纳税身份或纳税地点的选择,达到减轻税负或延期纳税的目的。跨国税收筹划包括节税和避税两方面内容,其中避税手段更为复杂和多样,对纳税人税负的影响也更加明显。

跨国税收筹划的范围涉及两个或两个以上国家或地区的税收管辖权、税收法律法规和相关的税收协定。

跨国税收筹划是在尊重税法的前提下,利用各国税制的差异或漏洞,减轻自身税负,不属于违法行为;跨国偷逃税是利用各国税收管理合作的疏漏与困难,利用不正当的手段偷逃税款,是违法的行为,受到各国政府的谴责与惩处。

二、跨国税收筹划产生的条件

1. 各国税制结构的差异

税制结构是指在复合税制条件下,各税种的税收收入在全部税收收入中的比例。发达国家与发展中国家的税制结构有明显不同。发达国家大多以直接税为主,如美国、英国、法国、加拿大、澳大利亚、日本等国的公司所得税收入和个人所得税收入,占全部税收收入的比重都在50%左右。

还有一部分经济发达国家实行直接税与间接税并重的税制结构,如德国、挪威、奥地利等国家,直接税与间接税在税收总收入中占比大体相当。而发展中国家的税制结构一般都是以间接税为主,间接税占比一般为60%~90%。这主要是因为发展中国家经济落后,大部分纳税人的收入所得、财产所得都不充裕,同时税收征管水平也比较低,政府为了满足财政的需要,只能较多地依靠间接税,让间接税承担着较重的组织收入和调节经济的任务。

2. 税收收入占财政收入和国内生产总值(GDP)比重的差异

发达国家的税收收入,在保证财政资金方面起着越来越重要的作用。一般情况下,发达国家的税收收入大约占财政收入的90%,例如,美国占98%,英国占96%,德国占95%,日本占91%。此外,发达国家的税收收入占 GDP 的比重也较大,一般都达到30%以上,有的甚至高达50%,比如瑞典2005年税收收入占 GDP 的比重是51.3%。而广大的发展中国家税收收入占国内生产总值的比重则较低,一般在10%~20%。

3. 税率的差异

综观世界各国的税制,即便是同一种税,税率也不尽相同,以公司所得税为例,税率形式有三种:单一比例税率,分类比例税率和累进税率。采用单一比例税率的国家较多,但税率差异很大,高的达到50%,低的不到25%。税率上的差异,在客观上为纳税人进行税收筹划创造了条件。具体表现在以下两方面。

一是税率高低的差异。高税率国家的纳税人就会设法将其所得转移到低税率国家,获取低税负的好处,避免了高税负的压力。

二是税率形式的差异。当一个国家采用比例税率,而另一个国家采用累进税率时,即便是后者的最高税率要比前者高,也有可能实际税负比前者轻。所以不同形式的税率,为纳税人选择避税场所提供了条件。

可见,各国税率的差异,是避税形成的外因之一。如果同一税种,各国的税率都一样,则避税的可能性会减少很多,但这几乎不可能。

4. 税基的差异

税基的差异主要体现在所得税的税基上。所得税的税基是应税所得,但在计算应税所得时,各国税法对各种扣除项目的规定有很大的差异。因此,纳税人的某项所得在一国扣除较少或没有扣除,税基较大,而在另一国扣除较多,税基较小。在税率相差不大时,税基大小直接决定税负高低。例如对亏损的抵补,有的国家是无限期的,而大多数国家是有限期的,但抵补年限不同。于是就为纳税人进行税收筹划提供了机会。

5.各国税收管辖权和纳税义务界定标准的差异

跨国纳税人会涉及两个或两个以上国家或地区的税收征纳关系,而各国或地区的税收管辖权不尽相同,这就决定了跨国纳税人在不同国家或地区的纳税义务。按照属人原则和属地原则,税收管辖权分为公民税收管辖权、地域税收管辖权(或收入来源地税收管辖权)和居民税收管辖权三种类型。

几乎所有国家都实行收入来源地税收管辖权,对来源于本国境内的收入或发生在本国境内的经营活动征税;多数国家在实行地域税收管辖权的同时,还实行居民管辖权,对本国经济组织、居民企业和居民个人来源于境内和境外的收入都要征税;有些国家则是同时实行收入来源地管辖权和公民管辖权,对本国公民来自境内外的收入征税;有的国家只实行地域税收管辖权;还有个别国家则实行上述三种税收管辖权(表8-1)。

表8-1　部分代表性国家或地区适用税收管辖权

适用税收管辖权	征税范围	代表性国家或地区
地域管辖权	本国居民、外国居民的境内所得	中国香港、哥斯达黎加、乌拉圭、阿根廷、肯尼亚、赞比亚、巴拿马等
地域、居民管辖权	本国居民的境内外所得,外国居民的境内所得	中国、日本、新加坡、韩国、加拿大、澳大利亚、阿富汗、印度尼西亚、希腊、意大利、比利时、奥地利、秘鲁、丹麦、英国、瑞典等
地域、居民、公民管辖权	本国居民、公民的境内外所得,外国居民、公民的境内所得	美国

此外,各国对纳税义务的确定标准也是有差异的,除公民的认定是以拥有某国国籍来判定外,对收入来源地和居民的判断标准,各国都有自己的规定。不同的判断标准,往往成为跨国纳税人选择有利的纳税制度和法律法规来避免跨国纳税义务的重要外部条件。

6.避免国际双重征税方法的差异

因为各国实行不同的税收管辖权,国际双重征税就不可避免。国际双重征税分为两种:法律性国际双重征税和经济性国际双重征税。

法律性国际双重征税也称作狭义的国际双重征税,是指两个或两个以上国家向同一纳税人的同一收入所进行的重复征税。它主要是因为不同国家税收管辖权的重叠和征税原则的冲突而导致的。不同税收管辖权的重叠包括地域管辖权和居民管辖权的重叠、地域管辖权和公民管辖权的重叠以及居民管辖权与公民管辖权的重叠,而同种税收管辖权的重叠是指不同国家对同一种税收管辖权的界定标准不同,如对居民的判定标准和所得来源地的判定标准都有很大差异,造成了国际重复征税。

【案例8-1】 Z先生习惯性居住地是甲国,但某个纳税年度他在乙国居住了200天。甲国根据本国税法,因Z先生在本国有习惯性住所,判定其为甲国居民;而乙国采用住所和居住时间双重标准,虽然Z先生习惯性居住地不是乙国,但居住时间超过了乙国所规定的183天的标准,同样也将他认定为本国居民,Z先生就具有了双重居民身份,对甲、乙两国都有纳税义务,产生了国际双重征税。

【案例8-2】 甲国某公司派L先生到乙国从事技术指导工作,L先生在乙国的工资是他的甲国雇主支付的。甲国是以所得支付地作为收入来源地,而乙国则是以劳务提供地作为收入来源地。如此甲、乙两国都可以行使地域管辖权,对L先生的工资所得征税,这就导致了地域管辖权的重叠,引发了国际双重征税。

经济性国际双重征税也被称为广义的国际双重征税,它是指两个或两个以上国家对不同纳税人的同一税源所得所进行的重复征税。经济性双重征税主要包括以下两种情况:

(1)两个或两个以上国家对公司利润和股东的股息分别征税,造成对同一税源、不同课税对象的重复征税。当公司和股东是两个不同国家的纳税人时,公司的居住国对该公司的利润征收公司所得税,而股东的居住国要对股息征收个人所得税。利润和股息虽为不同的课税对象,但它们属于同一税源,这部分股息被重复征税了。

(2)各国采用的费用扣除方法、利润的计算方法不同,或者对"公允价格"的确认标准不同,而导致的国际重复征税。例如,某国在处理一笔境内子公司与境外母公司的关联交易时,调低了子公司的购进价格,而母公司的居住国在征税时并没有调低母公司的收入,这样对所调整的这部分价格就产生了重复征税。

国际税收协定规定:已经由非居住国优先征收的税款,居住国应该实行避免双重征税。目前,世界各国采用的避免国际双重征税的方法包括免税法、扣除法、抵免法。

(1)免税法。免税法也称豁免法,是指居住国政府对本国居民来源于或存在于来源国的所得或财产,在一定条件下,单方面放弃行使居民税收管辖权。它是以承认来源国地域税收管辖权的独占性为前提的。免税法又分为全额免税法和累进免税法。

①全额免税法是指居住国政府在计算其居民应纳税额时,完全不考虑来源于国外的所得。其计算公式为

$$应纳税额 = 居住国国内所得 \times 居住国适用税率$$

②累进免税法是指居住国政府在计算其居民应纳税额时,对国外所得虽然免税,但要综合考虑在本国适用的累进税率,要按国内外所得总额适用的累进税率计税。其计算公式为

$$应纳税额 = 国内外所得总额 \times 居住国适用税率 \times \frac{国内所得}{国内外所得总额}$$

【案例8-3】 Z跨国公司居住国是荷兰,某个纳税年度所得为260 000欧元。它设在英国的子公司同年所得为130 000欧元,并已按当地政府规定的25%的税率缴纳了公司所得税32 500欧元。如果当年荷兰的公司所得税税率为年所得不超过300 000欧元税

率为30%，300 000 欧元至350 000 欧元税率为40%，350 000 欧元以上税率为50%，那么 Z 公司向居住国荷兰缴纳的应纳税额分别为：

在全额免税法下：

$$应纳税额 = 260\ 000\ 欧元 \times 30\% = 78\ 000\ 欧元$$

在累进免税法下：

$$应纳税额 = (300\ 000 \times 30\% + 50\ 000 \times 40\% + 40\ 000 \times 50\%)\ 欧元 \times [260\ 000 \div$$
$$(260\ 000 + 130\ 000)]\ 欧元$$
$$= 86\ 666.67\ 欧元$$

实行免税法时，当居住国的税率高于来源国时，实际免税额会大于在国外的已纳税款，使居住国少征了部分税款，因此，采用免税法的国家不多，只有荷兰、法国和拉丁美洲的一些国家，而且往往会附加一些限制性的条款。

（2）扣除法。扣除法是指居住国允许本国居民将已在境外缴纳的所得税或一般财产税税额，从应税所得总额中扣除。其计算公式为

$$应纳税额 = (国内外所得总额 - 在国外已纳所得税额) \times 居住国适用税率$$

【案例8-4】 承接【案例8-3】，假设荷兰采用扣除法避免国际双重征税，则 Z 公司全球范围内应税所得和应纳税额为

$$应税所得 = 260\ 000\ 欧元 + 130\ 000\ 欧元 - 32\ 500\ 欧元 = 357\ 500\ 欧元$$

$$应纳税额 = 300\ 000\ 欧元 \times 30\% + (357\ 500 - 300\ 000)\ 欧元 \times 40\%$$
$$= 90\ 000\ 欧元 + 23\ 000\ 欧元 = 113\ 000\ 欧元$$

采用扣除法只是部分承认地域税收管辖权的优先地位，一定程度上免除了国际双重征税，但重复征税问题并没有完全消除，目前采用扣除法的国家主要有泰国、葡萄牙、秘鲁和挪威等国。

（3）抵免法。它是指根据居住国税法，允许本国居民用已缴给非居住国的所得税或财产税税款，来抵免一部分应缴纳给居住国的税款。按照纳税人与收入来源国征纳关系的不同，抵免法分为直接抵免和间接抵免两种。

①直接抵免。它适用于同一个经济实体的跨国纳税人，比如对居住国总公司的国外分公司在收入来源国缴纳的税款进行抵免。"直接"是指对纳税人在来源国直接缴纳的税款进行抵免，非直接缴纳的税款则不予抵免。直接抵免分为全额抵免与限额抵免。

全额抵免是指一国对其居民纳税人的境内外所得计税时，允许将其在境外缴纳的税款全部从应纳税额中扣除，即使在境外缴纳的税款大于应向居住国缴纳的税款也予以扣除。目前，只有少数国家之间的国际税收协定中采用了全额抵免方法，单边采用它的国家很少。

限额抵免是指一国对其居民纳税人的境内外所得计税时，允许将其在境外缴纳的税款从应纳税额中扣除，但扣除额不得超过其境外所得按本国税法计算的应纳税额。

【案例8-5】 Z 跨国公司来源于境内外的所得总额为500万美元，其中，来源于居住国的所得为400万美元，来源于境外的所得为100万美元。居住国的公司所得税税率为

20%,收入来源国的公司所得税税率为30%。分别按全额抵免和限额抵免方法计算Z跨国公司在居住国的应纳税额。

$$向收入来源国缴纳的税款 = 100 万美元 \times 30\% = 30 万美元$$

按全额抵免法,境外缴纳的税款可以从应纳税额中扣除:

$$向居住国缴纳的税款 = 500 万美元 \times 20\% - 30 万美元 = 70 万美元$$

按限额抵免法计算,首先应计算抵免限额:

$$抵免限额 = 100 万美元 \times 20\% = 20 万美元$$

$$向居住国的应纳税款 = 500 万美元 \times 20\% - 20 万美元 = 80 万美元$$

②间接抵免。它是适用于非同一经济实体的纳税人的抵免方法。所谓"间接",是指对纳税人在来源国间接缴纳的税款的抵免,实际上是专用于跨国母子公司之间的税收抵免。母、子公司是两个独立的经济实体,子公司在境外缴纳的税款不能全额在母公司抵免,能够抵免的只有子公司分配给母公司的股息所承担的税额。间接抵免分为一层间接抵免与多层间接抵免。

一层间接抵免法的计算步骤如下:

$$应并入母公司的子公司所得额 = \frac{母公司收到子公司的股息额}{1 - 子公司所得税税率}$$

$$应由母公司承担的子公司所得税额 = \frac{子公司已缴所得税税额 \times 母公司收到的股息额}{子公司的税后所得}$$

$$抵免限额 = 应并入母公司的子公司所得额 \times 母公司所在国税率$$

"应由母公司承担的子公司所得税额"与"抵免限额"两个数据进行比较,较小者即为允许抵免的税额。

$$母公司应向居住国缴纳的税款 = (母公司所得额 + 应并入母公司的子公司所得额) \times 适用税率 - 允许抵免的税额$$

多层间接抵免主要用于母公司通过子公司从国外孙公司分得的股息所承担的境外税款,其基本原理与一层间接抵免法相似,只是计算更复杂一些。

【案例8-6】 L跨国公司母公司设在甲国,在乙国设有一子公司。母公司所得为3亿元。子公司所得为1.5亿元。甲、乙两国公司所得税税率分别为35%和30%。子公司在乙国缴纳所得税0.45亿元,分配给母公司的股息为0.15亿元。计算母公司应纳税款。

$$应并入母公司的子公司所得额 = 1\,500 万元 \div (1 - 30\%) = 2\,142.86 万元$$

$$应由母公司承担的子公司所得税额 = 4\,500 万元 \times 1\,500 万元 \div (15\,000 - 4\,500) 万元 = 642.86 万元$$

$$抵免限额 = 2\,142.86 万元 \times 35\% = 750 万元$$

二者相比,"应由母公司承担的子公司所得税额"更小,所以允许抵免的税额为642.86万元。

$$母公司应纳税额 = (30\,000 + 2\,142.86) 万元 \times 35\% - 642.86 万元 = 10\,607.14 万元$$

此外还有税收饶让。税收饶让是抵免法的一种特殊形式,它是指一国对其居民在境外享受的税收减免额,视同已缴纳的税款,允许在不超过抵免限额的额度内从应纳税额中扣除。税收饶让对资本输入国,尤其是广大的发展中国家,十分重要,它可使跨国投资者真正得到好处,更有利于吸引外资。

各个国家采用的避免双重征税方法的差异,同样是跨国税收筹划产生的外部条件之一。各国为避免双重征税,有的采用免税法,有的采用抵免法,有的还规定了税收饶让。在适用税收饶让和免税法的前提下,就为纳税人进行税收筹划提供了机会。某些避税港就是这样做的。

第二节　跨国公司组织形式的税收筹划

1983 年,联合国跨国公司中心发布的《世界发展中的跨国公司》中对跨国公司作了这样的界定:跨国公司是这样一种企业:①具有设在两个或两个以上国家(或地区)的实体,无论这些实体的法律形式和领域怎样;②在同一决策体系中进行经营,可通过一个或几个决策中心采取统一的策略;③各实体通过股权或者其他方式,使得其中一个或几个实体对别的实体施加重大影响,例如同其他实体共享知识资源和共担责任。

在当今世界经济中,跨国公司的作用越来越重要。跨国公司也是跨国税收筹划的主要实施者,税收筹划成为跨国公司财务管理的重要内容。2000 年,全球跨国公司已达6.3 万家,国外子公司和分公司近 70 万家。全球 500 强跨国公司的产值已达世界总产值的 45%,跨国公司之间以及跨国公司的关联贸易超过世界贸易总额的 60%,投资总额达到全球累计直接投资的 90%。同时,跨国公司也通过对组织形式、经营活动等方面的安排,减轻了公司的税收负担,以实现全球所得最大化的总目标。

一、利用常设机构的税收筹划

1. 常设机构的概念

欧洲国家习惯采用"常设机构"来确定是否对非居民(公民)的所得课税,也就是对达到常设机构条件的经营组织征税,否则不征税。在《联合国范本》和《经合组织范本》中是这样定义常设机构的,"企业进行全部或部分营业的固定场所。"

该定义包含对一国地域的有形依附联系,两个范本都指出常设机构包括办事处、工厂、管理场所、分支机构、作业场所等。但有些情况下,很难找到上述有形联系。于是,两个范本增加了第二个判断要素:非居民在某国利用代理人从事活动,且该代理人不管是否具有独立地位,都有权代表该非居民签订合同、接受订单。这便可以认定该非居民在该国设有常设机构。这条判定标准可以看作是对常设机构定义的补充。

2. 利用常设机构的税收筹划

(1)避免成为常设机构。

大部分实行地域管辖权的国家,在判定非居民的所得是否来源于本国境内从而决定是否对其所得课税时,是以其是否在本国境内设有常设机构为标准。因而,进行国际避税的一个重要方法就是避免成为常设机构。具体策略如下：

①尽可能成为非常设机构。比如对于安装工程和建筑工程项目，很多税收协定是按照持续时间6个月以上和12个月以上来确定其已经构成常设机构。跨国纳税人应该设法缩短工程周期，尽量在达到规定期限前完工撤出，避免成为常设机构，可免予向非居住国缴纳所得税。

②尽量避免列入常设机构的经营形式。根据《联合国范本》和《经合组织范本》对常设机构作的描述，常设机构应为进行营业活动的固定场所或者代理人。因此，应用反证法推理：如果其活动不属于营业活动，就不构成常设机构，从而可以规避纳税。某些税收协定也为纳税人提供了可以利用的条件。比如，在我国与泰国、新加坡、比利时、丹麦、美国、加拿大等国签订的《关于对所得税避免双重征税和防止偷漏税的协定》中规定，对下列几种情形不视作常设机构：

第一，以专为储存、陈列或交付本企业货物或商品为目的而使用的设施；

第二，以专为储存、陈列或交付为目的而保存本企业货物或商品的仓库；

第三，以专为另一企业加工为目的而保存本企业货物或商品的仓库；

第四，以专为本企业采购货物或商品或搜集情报为目的所设置的固定营业场所；

第五，以专为本企业进行其他准备性或辅助性活动为目的所设置的固定营业场所；

第六，专为第一和第五所述活动的结合所设的固定营业场所，前提是因为这种结合使该固定营业场所的全部活动具有准备性或辅助性。

【案例8-7】　1973年西班牙利尔德纺织有限公司在荷兰鹿特丹建立了一个机构，其目的是为该公司搜集北欧国家纺织服装信息。根据西班牙政府和荷兰政府签订的双边税收协定，这种专门用于搜集信息、情报的办事机构不属于常设机构，因而不承担纳税义务。然而，该公司仅1973年一年根据荷兰纺织服装市场提供的信息，使利尔德公司成交了两笔生意，价值2 120万元的适销产品很快运达荷兰鹿特丹市。在这个过程中，尽管利尔德公司驻鹿特丹的办事机构承担所有有关供货合同和确定订货数量的谈判和协商，但该办事机构最终没有在合同和订单上代表利尔德公司签字，荷兰税务部门也毫无办法，只能眼睁睁地任其避税。[①]

(2)利用常设机构进行税收筹划。

如果不能避免成为常设机构，就应合理安排总机构与常设机构、常设机构与常设机构之间的贸易，这些也是国际税收筹划常用的方式。因为毕竟与设立子公司或分公司相比，设立常设机构更具优势。

①利用常设机构转移货物和劳务。因为各国税制的差异，属于常设机构的同一经营活动在有些国家或地区可以免税，可在有的国家或地区（特别是非缔约国）不免税。企业可以选择在有免税规定的国家建立常设机构，并将货物或劳务转移到常设机构，利用常设机构构筑的平台进行经营，以达到规避纳税的目的。

②利用常设机构转移管理费用。跨国公司的总机构通常要向境外常设机构提供各

---

① 张中秀.避税与反避税全书[M].北京:企业管理出版社,1995.

种管理服务,并收取管理费用。在实际操作中,管理费用多少有很大的弹性。常设机构支付合理的管理费用是允许税前扣除的,纳税人可以据此进行税收筹划。比如,为了让设在高税国的盈利常设机构多缴利润少纳税,总机构可以让该常设机构多缴管理费用,或将与该常设机构并无实际联系的费用设法摊入该常设机构。

③利用常设机构转移利润。总机构与常设机构之间的利润分配形式有两种。第一种形式:将常设机构视为独立的经济实体、独立法人,需要独立核算成本、利润。第二种形式:将总机构及其境外常设机构视为同一法人实体,需要合并计算成本、利润。第一种形式中,常设机构作为独立的法人实体,其收入、成本难以转移,因而避税空间小。最常见的避税方法是利用第二种形式分配利润,纳税人可以选择有利的分配标准以降低整体税负。

二、建立驻外国的分公司或子公司

在世界各国,分公司和子公司的税收待遇是不同的,设立分公司的优点往往是设立子公司的缺点,而分公司的缺点又是子公司的优点。跨国纳税人为了减轻税负,必须权衡设立在国外的机构是采用分公司还是子公司的形式。

1. 设立分公司的优点

(1)注册简单,不用缴纳资本注册税和印花税。

(2)将利润并入总公司无须纳税,避免对股息、利息和特许权使用费征收预提税。

(3)费用和亏损可以冲抵总公司的利润。

(4)可以运用避免国际重复征税中最有利的形式——免税法。

2. 设立分公司的缺点

(1)没有独立法人地位,不能享受当地政府提供的税收优惠。

(2)取得的利润,需由总机构在同一纳税年度就这部分境外所得向其居住国纳税,不能获得延期纳税的好处。

(3)总机构需承担国外分支机构(分公司)的所有义务。

(4)跨国集团进行转让定价的难度增加。税务机关往往认为分公司与总公司属于同一经济实体,分公司与总公司之间的交易价格不属于正常的市场价格,税务机关有权对不正常的市场价进行调整。

(5)分公司转变为子公司时,会产生相应的资本利得税。子公司与分公司相比,主要特征是其资产及经营业务独立于母公司。作为外国的居民公司,子公司应缴纳当地的所有税。子公司如果不将所得汇回母公司,母公司也就不用就这部分境外所得向居住国纳税,成功避免了境外分公司面临的双重征税问题。

由于母子公司之间在资本及经营业务上存在着密切的联系,子公司不可避免地要将股息、利息或特许权使用费汇给母公司,所以子公司常常要面临双重征税的问题。为了避免这种双重征税,居住国一般会采用间接抵免法来抵免母子公司之间股息收益的已缴税额。

　　总之,子公司与分公司的税收待遇有差异,跨国公司应根据自身不同的发展阶段,做出合理的选择。

　　一般来讲,在国外设立分部的初期都会出现亏损,此时应该选择分公司的形式。因为分公司的亏损可以冲抵总公司的利润,减少整个集团应缴纳的所得税,而子公司的亏损则不能冲抵总公司的利润,母公司也不能因此得到任何好处。

　　境外分公司盈利后,再将分公司转变为子公司。此时,原有的税收优势已不复存在,转变为子公司更为有利。一是子公司作为独立的法人,在实施转让定价方面更有利;二是它可以保留利润不分配给母公司,从而享受延期纳税的好处。当然,在转变公司形式时,还应该考虑资本利得税的影响。如果预期经营前景好,这种转换成本还是值得的。另外,无论是设立分公司还是设立子公司,都要考虑所得来源国与居住国税率的差异。如果所得来源国税率更高,跨国公司整体税负会上升。

　　【案例8-8】　美国的 Z 总公司的应税所得为 1 000 000 美元,其中 100 000 美元为国外分公司的应税所得,已在境外缴纳了所得税 10 000 美元(税率为10%)。

　　Z 总公司在美国应纳税额的计算如下:

应税所得	1 000 000 美元
所得税(30%)	300 000 美元
外国税收可抵免额	10 000 美元
在美国的应纳税额	290 000 美元

　　实际税率 = 应纳税总额 ÷ 应纳税所得额 × 100% = 300 000 美元 ÷ 1 000 000 美元 × 100% = 30%

　　如果分公司所在国的税率高于美国为40%,则 100 000 美元国外分公司的应税所得,在境外缴纳的所得税应为 40 000 美元。

　　Z 总公司在美国应纳税额的计算如下:

应税所得	1 000 000 美元
所得税(30%)	300 000 美元
外国税收可抵免额	30 000 美元

　　(抵免限额为 30 000 美元,超过限额的 10 000 美元不能抵免)

在美国的应纳税额	270 000 美元

　　实际税率 = 应纳税总额 ÷ 应纳税所得额 × 100% = 310 000 美元 ÷ 1 000 000 美元 × 100% = 31%

　　以上计算可以显示,企业盈利时,分公司的形式并不能减轻税负,尤其是在分公司所在国的税率高于母公司所在国时,实际税率反而会上升。如果设立的是境外子公司,仍用上述案情,情况又会怎样呢? 详见表8-2、表8-3。

表8-2　第一种情况金额　　　　　　　　　　　　　　　　　　　　　　单位:美元

项目	美国母公司	境外子公司	跨国集团
应纳税所得额	900 000	100 000	1 000 000

续表

项目	美国母公司	境外子公司	跨国集团
应纳税额	270 000	10 000	280 000
实际税率			28%

表 8-3　第二种情况金额

单位:美元

项目	美国母公司	境外子公司	跨国集团
应纳税所得额	900 000	100 000	1 000 000
应纳税额	270 000	40 000	310 000
实际税率			31%

采用境外子公司的经营形式时,公司如果盈利,且境外税率低于母公司所在国,集团整体实际税率会下降,但若境外税率高于母公司所在国,实际税率则会上升。但这并不说明,此时跨国公司就应放弃在高税国设立子公司或分公司,毕竟企业投资决策的依据不仅仅是税收因素,跨国公司还有可能是出于非税收、非财务方面的因素进行投资,这也是企业逆向避税的原因。

第三节　在避税地设立基地公司

避税地(tax haven),也称国际避税地、避税港、税收避难所等,是指对收入和财产免税或者低税的国家或地区。目前,世界上已出现了各种各样的避税地,提供的税收优惠也是千差万别。避税地可能是一个国家,也可能是一个国家的某个地区,比如是一个群岛、岛屿、沿海地区、城市或港口等。因为人们对国际避税地的内涵和外延还有不同的理解,所以目前避税地的数量、分类和范围还没有定论。总之,国际避税地是指外国人可以取得所得或财产,而无须承担高税负,甚至还可以享受免税的地方。国际避税地其实是一种税收模式,因为它可以为投资者获得更多的税收利益,所以对外商极具吸引力,因而,国际避税地在招商引资方面发挥了重要的作用。但同时它也可能成为跨国投资者的避税工具,或者也可能由于资本输出国采取反避税措施,使得避税地提供的税收优惠大打折扣。

一、避税地的分类

根据所提供的税收优惠程度不同,避税地主要分为三类:

1.纯避税地

这类避税地,政府不征收直接税,即不征收公司所得税、资本利得税、个人所得税,也不征收财产税、遗产税和赠与税。比如开曼群岛、巴哈马、百慕大、瑙鲁和索马里等属于这种避税地。

毗邻美国的开曼群岛,位于加勒比海西北部,人口只有 2 万多,土地面积 259 平方千米,金融业和旅游业是开曼群岛的两大经济支柱。金融收入约占政府收入的 40%,占外汇收入的 75%,占国内生产总值的 70%。开曼群岛只征收工商登记税、旅游者税、进口税、印花税等几个简单的税种。30 多年来没有开征公司所得税、资本利得税、个人所得税、不动产税、遗产税等直接税。各国货币在开曼群岛可以自由流通和进出,外国人的资产受法律保护,交通发达,现已成为西半球最大的离岸融资中心。20 世纪 90 年代初,世界上最大的 25 家银行几乎都在开曼群岛设立了子公司或分公司。

巴哈马是一个岛国,位于拉丁美洲,西印度群岛最北部,加勒比海东岸,距离美国佛罗里达州只有 50 英里(1 英里 = 1.609 344 千米)。巴哈马群岛拥有先进的通信服务,金融业是仅次于旅游业的第二大产业,是世界最大的海外金融中心之一,以银行保密制度和免税政策著称于世。先进的金融系统和宽松的立法环境,吸引了来自世界各国的众多企业在这里落户。在巴哈马共和国,48 小时内就可以注册登记完成一个公司,公司在何处经营不受任何限制。不过在此注册的公司、机构或办事处必须保存档案、成员和董事登记簿的复印件及公司标志印模。在这里的注册内容和收益不需要公开,其财务报表不需要归档,外汇不受管制,也没有双边税收协定,投资者在这里如鱼得水。巴哈马作为一个国际避税地,其主要吸引力是它不征收公司所得税、资本利得税、个人所得税,也不征收遗产税或继承税,不征收利息、股息和特许权使用费预提税,也不征收工资税,甚至也不征收营业税。只对本国居民拥有的财产的增值额征收少量财产税。政府收入主要靠关税、印花税、娱乐和赌博税、注册费、执照费、不动产税等,但这些税费征收率也不高。

百慕大面积只有 53 平方千米,人口只有 6 万人,自然资源贫乏,第一大产业是旅游业,一年接待外国游客近百万人。第二产业是金融业,国际受控的保险公司有 1 400 多家,年保险收入达 40 多亿美元。百慕大地区是一个典型的避税港,不征收个人所得税和公司所得税,也不征收普通销售税。只是对遗产征收 2% ~ 5% 的印花税;对薪金征收 4% 的医疗税、5% 的就业税和一定的社会保障税;对进口货物征收 20% 的关税。另外百慕大地区还针对旅游业十分兴旺的特点,征收了税负较轻的空海运乘客税、饭店使用税。百慕大因为没有所得税和没有外汇管制而受青睐。这里证券交易系统发达,政治环境稳定,海空交通便利,司法完备,专业人才结构完善,保险业高度发达,因此成为英国人和美国人常去的避税港。百慕大地区的企业每年的政府费用只有 1 680 美元,还可以享受以下优惠:不缴纳资本利得税;公司办公地点不受限制;不需要申报年收益和年度会计资料,没有外汇管制,也没有双边税收协定,不要求公开公司账簿,只需公开董事、主管人员及股东名单,这对股东情况不需保密的企业极具吸引力。

2. 普通的避税地

这种避税地只征收税负较轻的所得税和财产税,有些国家或地区甚至对来源于境外的所得免税。这类避税地又分两种:一种是只行使地域税收管辖权的国家或地区,只对来源于境内的所得或财产征税,而且税负较轻,来源于境外的所得不征税,如哥斯达黎加、利比里亚等。另一种是对境内外所得或财产都征税,但税负较轻,对外国投资者给予特殊优惠的国家或地区,如巴林、以色列、牙买加、瑞士、塞浦路斯、海峡群岛等。

瑞士国土面积 41 284 平方千米,位于欧洲中部,是高度发达的工业国。瑞士是永久中立国,奉行积极的中立政策。瑞士虽然开征了个人所得税和公司所得税,但税率明显较低。如瑞士联邦公司所得税(累进税率)最高税率只有 8.5%,地方公司所得税税率为 4.5%。此外,瑞士还拥有广泛的税收协定,相对于第一类纯避税地,瑞士在国际税收筹划中更受欢迎。

塞浦路斯是地中海东部的一个岛国,是地中海第三大岛,海岸线长 537 千米,处于亚、非、欧三洲海上交通的要冲。塞浦路斯对于在其境内注册成立、非居民投资且只与境外企业开展业务的公司,只征收相当于正常税率 10% 的所得税,不另征股息预提税,资本利得一般也不征税。外国公司设立在塞浦路斯的分公司不征任何所得税。当然,这些公司也不能享受塞浦路斯与其他国家签订的双边税收协定所提供的任何税收优惠。

海峡群岛是位于英吉利海峡的群岛,这些岛屿分为根西和泽西两个行政区。根西岛和泽西岛并非纯避税港,对居民纳税人来源于境内外的所得需征收 20% 的所得税,但跨国公司可在那里设立基本免税的非居民持股公司。具体做法是,公司的注册登记地是海峡群岛,控制管理中心不在海峡群岛,这样就无须缴纳 20% 的公司所得税,每年只需缴纳 500 英镑的执照税。泽西岛对信托业的税收也很优惠,境内的受托人如果取得信托财产的境外所得,但受益人不是泽西岛的居民,则这个信托企业就不必缴纳所得税。

3. 局部的避税地

属于这一类型的避税地有荷兰、卢森堡、加拿大、英国、爱尔兰、希腊、菲律宾等。这些国家税制完善,税率也不低,之所以被称为避税地,是因为它们对某些特定行业或特定经营形式提供了特大的税收优惠。比如,荷兰对不动产投资公司、卢森堡对控股公司、英国对国际金融业、希腊对海运业和制造业提供了极大的税收优惠,从而使得这些国家成了特定经营形式的著名国际避税地。

荷兰已同日本、韩国、印度、新加坡、马来西亚、泰国、俄罗斯、澳大利亚、英国、德国、法国、奥地利、西班牙、匈牙利、希腊、瑞士、卢森堡、丹麦、芬兰、新西兰、美国、南非等四五十个国家缔结了税收协定,对协定国实行低税率的预提税。股息适用的预提税税率,普通的是 25%,而对协定国降至 5%、7.5% 或 10%、15%;利息、特许权使用费则不征税。此外,还对美国、英国、爱尔兰、意大利、挪威、丹麦、芬兰、瑞典的股息预提税实行零税率。对于汇出境外的经营利润,比照股息享受低税或免税优惠。荷兰税法还规定,居民公司取得的股息、资本利得按 35% 的税率征收公司所得税,但对符合一定条件的公司,其外资部分取得的股息、资本利得免征公司所得税。

位于欧洲西部的卢森堡经济发达,作为国际避税港有其独特之处,因为卢森堡的税收制度十分健全,对商品流通、公司所得、资本交易、净财富和遗产均征税,税种很完备,税率也较高,与其他西欧国家并无区别。比如,卢森堡国对公司的全球所得征收公司所得税,实行税率为 20% ~40% 的三级累进税率,此外,还加征 2% 的附加税;个人所得实行 18% ~57% 的 21 级超额累进税率。可从 1929 年起,卢森堡对控股公司实行了一种特别的税收优惠,几乎免去了一切所得税,包括预提税、资本利得税和个人所得税。只对符合条件的新增资本征收 1% 的资本税,对公司的股份资本征收 0.2% 的财产税。这为控股公司的繁衍提供了温床,也使卢森堡成了举世闻名的控股公司的国际避税港。

【**案例 8-9**】("避税天堂"瑞士的银行保密制度)　国土面积只有 4 万多平方千米的瑞士坐拥大大小小银行 5 000 多家,其中每 1 400 多人就有一家银行办事机构。瑞士在国外还开设 400 多个分行,而国外银行在瑞士的机构也有 200 多家,可以说没有银行就没有瑞士。不过在这儿存钱待遇不同于其他银行,储户不但得不到利息反而要向银行缴纳管理费,即便如此全球仍有 1/3 的私人财产存在这里,因为它有极其严格的银行保密制度。

正因为它的隐秘性、缺乏透明度,各国政要、商业巨子、演艺明星都很踏实地把钱放在瑞士银行,而它也因涉嫌帮助客户逃税饱受外界诟病,有个雅致的名字"避税天堂"。

然而从 2009 年美国政府掀起查税风暴后,瑞士银行开始向美国开口了,双方签署了一份可以绕过瑞士银行保密规定的查税协议,并先后向美国查证部门提供了近 5 000 份客户资料,协助美国政府海外追金。"避税天堂"或将不再是富人资产的保险库。①

二、通过基地公司进行跨国税收筹划

1. 基地公司的概念

国际避税地为跨国税收筹划提供了"基地",对本国法人来源于国外的收入只征收少量的所得税或财产税,甚至免税的国家或地区常被称为"基地国",出于在第三国进行经营的目的而在基地国组建的法人企业被称为"基地公司"。

2. 基地公司的分类

(1)按基地公司开展业务的空间范围不同,基地公司可分为:

①非联合型基地公司(uncombined)。这类公司所有业务只能在第三国进行,它具有离岸公司的特点,所以也被称为离岸基地公司。

②联合型基地公司(combined)。这类公司的业务不仅可以在第三国进行,而且可以在基地公司所在国进行。

(2)按基地公司与母公司居住国关系的不同,基地公司分为:

①典型基地公司(normal)。这类公司是指作为中介环节,为了在第三国进行经营而设立的基地公司。

②非典型基地公司(abnormal)。当母公司居住国只对外资企业给予税收优惠时,跨国企业就在基地国设立基地公司,然后向母公司居住国进行投资,这便可以得到税收优

---

① 苏铃.瑞士银行向美国提供客户信息"避税天堂"或将不再.中国广播网,2012-12-05.

惠。这种对母公司居住国而不是对第三国进行投资的基地公司就是非典型基地公司。

3.基地公司的主要特征

基地公司的主要特征是受控的独立法人地位。拥有受控的独立法人地位,才能摆脱母公司居住国居民管辖权的束缚,并可以利用转移方式,使其利润仍归属于母公司。如果基地公司是不具独立法人地位的分公司,则其利润仍处于总公司所在国居民管辖权的控制之中,无法规避较重的税负。

4.基地公司的具体形式

基地公司的形式多种多样,具体包括专利公司、贸易公司、服务公司、保险公司、国际运输公司、控股公司、金融公司、投资公司等。其中控股公司、投资公司、金融公司与国际金融业务联系密切,将在下一节加以介绍。这里主要介绍另外几种基地公司。

(1)专利公司。它是指跨国公司中专门从事知识产权转让与取得等活动的公司。利用基地国的专利公司能有效地减少因知识产权转让而产生的税收。

专利公司的职能主要包括购买和出售专利、许可证、版权、商标和其他知识产权的使用权,在基地国设立专利公司的主要目的是减免特许权使用费的预提所得税。各国预提所得税税率各不相同,幅度在 0 ~ 30% ,并且各国列入征税范围的特许权种类也不尽相同。这些因素都是选择设立专利公司基地国时应该考虑的首要问题。

因为知识产权的非物质性,特许权使用费的定价难以明确,所以不少国家并不认可专利公司以及支付给它的特许权使用费。比如德国税法明确规定:在计算应税所得时不允许从总收入中扣减支付给专利基地公司的特许权使用费。按照德国的税法,基地公司必须是德国母公司持股超过 50% 的公司,并对基地国的所得税税率有一定的要求。

(2)贸易公司。它是指从事货物和劳务交易的基地公司。跨国纳税人往往利用贸易基地公司进行虚假经营,主要作用是为购买、销售等交易活动开具发票,目的是将高税负国的公司利润转移到低税负的贸易基地公司,以便减免所得税。其典型模式是贸易基地公司从关联企业或第三方低价或平价购进货物,然后高价卖出,以此将利润汇集在贸易基地公司名下。

通过设立贸易基地公司,跨国集团将利润转移到国际避税地。出于保密考虑,纳税人往往会选择没有税收协定的避税港建立贸易公司,如巴哈马、巴拿马、百慕大等,以便绕开税收情报交换。大多数中国企业倾向于将香港作为设立贸易公司的首选地。因为香港实行收入来源地管辖权,可使企业的许多收益避免缴纳所得税。

【案例 8-10】 Z 国母公司新佳丽公司在避税地 L 国设有子公司新迪公司,L 国公司所得税率为 10% ,Z 国公司所得税率为 40%。现新佳丽公司打算销售一批货物给 J 国某公司,这批货物成本及费用为 65 万美元,双方议定离岸价为 106 万美元。

如果不通过新迪公司中转,则新佳丽公司应纳所得税为:

$$（106 - 65）万美元 \times 40\% = 16.4 万美元$$

为减轻税负,新佳丽公司将这批货物压低价格按 78 万美元先销售给 L 国的新迪公司,再由新迪公司以 106 万美元的价格销售给 J 国的公司,41 万美元的利润由新佳丽公司和新迪公司分享。

通过基地公司中转后，应纳所得税状况如下：

新佳丽公司应纳所得税 = (78 - 65) 万美元 × 40% = 5.2 万美元

新迪公司应纳所得税 = (106 - 78) 万美元 × 10% = 2.8 万美元

母子公司总税负 = 5.2 万美元 + 2.8 万美元 = 8 万美元

母子公司减轻税负 = 16.4 万美元 - 8 万美元 = 8.4 万美元

筹划点评

母公司将货物低价销售给基地公司，然后基地公司高价卖出，通过贸易基地公司中转后，大部分利润就转移到避税地，并体现在新迪公司账上，新迪公司按较低税率纳税，从而减轻了总体税负。本例是以设立在低税国的基地公司为买方，则采取低价卖出的方法；如果是以设在高税国的母公司为买方，基地公司是卖方，则要采用高价卖出的手段，这样同样可以将大部分利润转移到避税地，从而减轻税负。

(3) 服务公司。服务公司的主要业务包括：①跨国公司内部的企业管理；②工艺技术、科学研究、建筑、管理和金融领域的咨询服务；③税收和法律问题的咨询服务；④营销和广告。因为服务是非物质性的，价格较难确定，所以对服务贸易的管理比商品贸易更为困难，但正是因此才使国际税收筹划成为可能。

跨国公司通过向服务基地公司支付劳务费等手段，可将利润从高税负国转移到服务基地公司，从而避开了较高的公司所得税，对于高级管理人员，服务基地公司可以帮他们逃避高税负国的个人所得税。比如，瑞典爱立信公司就曾在选拔高层管理人员时被税收问题所困扰，瑞典税法规定，个人所得超过2.8万美元，边际税率为60%，而在美国，个人所得达到26万美元，边际税率是40%，此时如果成立服务基地公司税收问题便可以得到解决。如果将服务公司设于避税地或是个人所得税有诸多优惠政策的国家，那么，该企业在吸引人才方面将更有优势。

(4) 保险公司。这种保险公司是指专门从事保险业务的基地公司，也称受控保险公司，以区别于独立保险公司。它是以再保险的方式达到跨国税收筹划的目标，通常是由几家从事同一行业的跨国企业共同出资组建。

跨国企业一般是选择在避税地设立受控保险公司，母公司从独立保险公司购买保险，接着受控保险公司与独立保险公司签订再保险合同，最后独立保险公司按照受控保险公司承担责任的比例将母公司的保险费分配给受控保险公司。结果，一方面母公司的保险费可以从所得额中扣除，减少应税所得；另一方面受控保险公司在基地国获取保险收入，而无须承担沉重的所得税。荷兰的飞利浦公司就是以这种方式将集团的一部分利润转移到牙买加的金斯敦受控保险公司，规避了荷兰的高额税收。据统计，20世纪80年代中期，飞利浦公司每年因此而少缴800万荷兰盾的税款。

(5) 国际运输公司。目前，国际税收协定涉及三种国际运输业务：海运、空运和汽车运输，而国际法关于交通工具管辖权的归属问题，只涉及海运和空运两种国际运输业务。这说明国际海运和空运大有文章可做，应该是国际税收筹划的重点。

国际运输业务涉及的税种既有直接税，也有间接税。国际运输业务通常是由船舶或飞机拥有者的居住国征税,也可以按地域原则由所得来源国征税。比如,我国税法规定,外国海运或航空公司从中国港口或机场起运货物和旅客到达目的地所取得的收入,应按综合计征的办法计算缴纳流转税和所得税。综合税率为4.25%,计算公式如下:

$$应缴流转税、企业所得税合计 = 运输收入总额 × 4.25\%$$

与我国有税收协定的国家,可以互免海运、空运企业的所得税。而在允许离岸海运公司登记注册的国际避税地,不仅税负很轻,并且船舶登记手续也非常便利,可以为海运公司的船舶提供"方便"。巴拿马是全世界拥有注册船舶数量和总吨位最多的国家,它除了收取一定注册费之外,对悬挂本国国旗的船舶均不征税,是设立国际离岸海运公司的首选地。

出于安全问题和企业声誉的考虑,航空公司一般不会在国外注册。不过飞机的地面技术服务,如机身喷漆和维修等,则可放在有税收优惠的国家,比如许多航空公司就把外国的服务基地安排在低税区的爱尔兰香农机场。

基地公司中还有一类被称为"信箱公司"或"文件公司"的基地公司。所谓信箱公司或文件公司,是指只在所在国完成注册登记手续,具备法律要求的组织形式的公司,是基地公司的主要形式之一。这类公司通常只存在于信函文件中,只有一只信箱和一个常务董事,公司的所有业务都是在别国进行的。信箱公司是外国基地公司最重要的形式,也是典型的避税港公司,虚构的避税地营业大多是通过信箱公司完成的。信箱公司一般设在国际避税港,但是也有例外,有的跨国投资者为了得到某些税收协定中的好处,而在高税负的国家或地区设立信箱公司。

第四节　跨国公司经营活动的税收筹划

对跨国公司经营活动进行适当的安排也是国际税收筹划的重要方面。跨国公司可以利用转移居所、转移定价等手段降低整体税负,实现全球所得最大化的目标。

一、利用居所转移的方式进行国际税收筹划

居所转移有广义和狭义之分。狭义的居所转移是指纳税人从高税国转移到低税国或避税地,然后以低税国或避税地居民身份纳税,达到减轻税收负担的目的。跨国纳税人单纯为了逃避纳税,不断从一个国家迁到另一个国家,这种现象也称税收流亡。居所转移的形式有三种情况:

一是彻底改变居所。将公司的居所彻底转移至低税或无税国,成本是非常高的。一方面是高昂的搬迁、运输成本抵消了部分税收筹划带来的收益,另一方面有的设备无法搬走,只能在当地变卖,因此可能会产生大量的资本利得税,所以跨国企业必须充分考虑损益才能决定是否彻底改变居所。

二是假转移。假转移是指跨国纳税人为了避税而从高税国短期迁移至低税国或避税地,从而避免成为高税国居民的一种居所转移方式。对这种以避税为主要目的的短期

迁移,许多国家都制订了一些限制措施。

三是部分转移。部分转移是指纳税人并没有全部转移,而是仍然与原居住国保持某种社会、经济联系的一种居所转移方式。比如在原居住国仍然保留住所、银行账户,并参与原居住国内的某些社会经济活动等。对此,可被认定为双重居民身份,还需向原居住国履行纳税义务。

广义居所转移含有"居所避免"的意思。"居所避免"是指纳税人通过转移其居民身份而免于成为原居住国的纳税人。具体操作方法如下:自然人居民将居所或法人居民将管理机构,从行使居民管辖权的国家转移至行使来源地管辖权的国家,变为转入国的居民,只需就来源于转入国境内的收入或存在于转入国境内的财产纳税,无须再向转出国承担无限纳税义务。由于各国实行的税收管辖权不同,另外实行居民税收管辖权的国家,大多以纳税人在本国是否有永久性或习惯性住所,作为判定其是否为本国居民的标准,这就为纳税人利用"居所避免"实施国际避税提供了机会。

各国确认法人居民的标准主要有:总机构标准、登记注册标准、主要经营活动标准、管理中心标准、资本控制标准(如果控制公司选举权的股东是某国公民,则判定其为该国的居民公司)。

利用居所变化进行税收筹划的关键是实现公司居所的"虚无化",也就是清除使该公司被认定为居民公司的所有特征。

【案例 8-11】 "税务倒置"对美国公司而言是一个颇有争议性的"战术"。它可以让一个在美国开展大部分业务的母公司,通过合并或收购低税收国家的海外子公司,然后通过迁移注册地的方式颠倒母子公司的法律关系,达到合法规避联邦税收的目的。在多数情况下,这些企业并不改变它们的运营方式,也不更换公司高管。

由于美国联邦企业税率一直高居 35%,美国是全球公司税负最高的国家之一,而"避税天堂"国家的税率则要低得多,因此税负降低对计划进行倒置重组的公司来说诱惑力颇大。美国国会研究服务的数据显示,过去 10 年来,已经有 47 家美国企业将它们的纳税申报地址迁移至海外。美国财政部曾经敦促美国国会采取行动,限制税务倒置。与此同时,它还曾探索如何阻止美国公司为了合理避税而大举迁往海外。美国前总统奥巴马曾公开支持一项法案,旨在索回通过此前交易而逃避的税款。后来该法案在国会陷入僵局,而许多大型企业则要求改革美国的税收制度。

随着艾伯维药品公司和美敦力医疗器械公司等医疗保健公司为了减少税负而抢先行动之后,作为美国最大连锁药店企业的沃尔格林(Walgreens)不得不承受避免税负倒置(tax inversion)的政治压力。沃尔格林在全美 50 个州、华盛顿特区及波多黎各共经营着大约 7 000 家零售商店,向顾客提供药品及其他的医疗保健服务。该公司日前宣布,继2012 年以 67 亿美元(现金加股票的形式)收购英国保健及美容产品连锁店联合博姿(Alliance Boots)的 45% 股权之后,将以 153 亿美元的价格收购联合博姿剩余的 55% 股权,同时承诺将总部继续保留在美国芝加哥地区。此前,沃尔格林曾考虑在完成并购之后,将公司总部迁往联合博姿的所在国瑞士,以节省数十亿美元的潜在美国税务负担。但是,该公司在考虑再三之后决定放弃这一策略。沃尔格林公司首席执行官沃森(Greg

Wasson)在声明中说,经过了广泛审查后,该公司的董事会认为:"尝试将公司注册地迁出美国,对股东的长远利益并非最佳方案。我们考虑了所有因素,包括我们未能提供一个能让公司和董事会有信心的公司结构,让这起交易能够承受来自国税局(IRS)的大量审查和监督。"该公司声明中说,作为一个标志性的美国消费者零售公司,沃尔格林的主要收入均来自政府资助的报销程序,需要考虑公众的反应。①

【案例 8-12】 设在英国的法国公司——司弗尔钢铁股份有限公司,为了避税,采取了以下方式避免成为英国法人居民。①不在英国举行董事会或股东大会,所有与公司有关的会议、报告、材料等均不在英国进行,档案也不存放于英国。②所有的公司管理经理均不用英国居民。③该公司的英国股东没有管理权,英国股东的股份与控制公司管理权力的股份分开,英国股东只享有获取股息、红利的权利。④为应付紧急情况或附带交易的需要,公司在英国设立了一个独立的服务性公司,并按核定的利润率缴纳公司税,以避免英国政府的不满。⑤公司所有的经营管理的指令、指示,都不以英国电报、电讯的方式发布。通过这种安排,该公司 1973—1985 年,在英国成功地规避了 8 137 万美元税款。

二、利用转让定价方式进行跨国税收筹划

1. 关联企业与转让定价

关联企业是指资本股权、财务及税收相互关联达到一定程度,需要在国际税收上加以规范的企业。

关联企业之间进行交易时,双方会根据意愿确定转让价格。转让价格可能会高于或者低于市场价格。当买方处于低税区而卖方处于高税区的情况下,转让价格应该低于市场价格,当买方处于高税区而卖方处于低税区的情况下,转让价格应该高于市场价格,以便将公司利润转移到低税区。高税区关联企业减少的税负应该大于低税区关联企业增加的税负,从而使跨国集团整体税负下降。

2. 转让定价的原因

税收因素是转让定价的一个重要原因。概括起来,转让定价有以下几个主要原因:

(1)躲避高额税收。利用转让定价不但可以降低企业所得税,而且当关联企业之间支付利息、股息、特许权使用费时,如果降低支付标准,则可减轻预提税。此外,转让定价对关税也有影响。关联企业之间进行交易时,如果向设在高关税国的关联企业压低售价,则可降低关联的购买方的进口额,从而节省进口环节关税。如欧洲自贸区规定,假如某种商品的价值超过一半是在贸易区内成员国中增值,那么该商品在自由贸易区内运销时可免征关税。据此,不属于该贸易区成员国的关联企业在和贸易区内关联企业交易时,压低零部件的价格则可提高在贸易区内成员国中增值比例,满足免税的要求,可节省大量的关税。当然,企业不能只考虑节省某个税种的税负,而应该作全面综合考虑,进行

---

① 苏蕙.美国最大连锁药店承诺不外逃[N].中华工商时报,2014-08-11(4).

综合测算后再决定是否转让定价。

（2）逃避外汇管制。在一些发展中国家，普遍存在外汇管制。为了逃避所在国的外汇管制，跨国关联企业可以利用转让定价，增加成本费用，尽量减少境内企业的利润，从而将资金转移出境。

（3）控制市场，树立企业形象。关联企业为了控制和垄断市场，可以低价供货，使买方关联企业能够倾销产品，打败竞争对手，占领市场，同时还树立起了具有雄厚资本和不凡实力的企业形象。

（4）消除外汇风险和政治风险。如果跨国企业预测某关联企业居住国货币将会贬值时，可以利用转让定价提前将子公司的利润转移出来，避免或减少货币贬值的损失。在政局不稳定的国家，也可以通过转让定价方式将关联企业的资产和利润转移出来，以躲避政治风险。

（5）谋求过分的合资利益。以合资方式设立子公司的跨国企业，必然会碰到与当地合资者分配利润的问题。跨国企业如果具有资本上的优势，能够控制合资企业的进货来源和产品出口渠道，则可以通过抬高原材料购买价、压低成品售价的方法，从合资企业获取超过其股权比例的利益。

3. 转让定价的基本运作形式

转让定价的基本运作形式主要有以下几种：

（1）货物购销的转让定价。货物购销的转让定价是转让定价最主要的运作形式。关联企业之间货物购销主要涉及的是有形动产转让，包括：原材料、燃料、低值易耗品、零部件、半成品和产成品等的购销。购销价格的高低对买卖双方的利润水平有很大的影响，从而使双方的税负一增一减，但增量与减量并不相等，一般是增量小于减量，二者相抵后，集团整体税负是下降的。比如，中国台湾某服装公司，利用巴哈马群岛的贸易基地公司，将服装销往加拿大。该公司利用转让定价原理，低价将服装卖给巴哈马群岛的贸易基地公司，然后贸易基地公司高价将服装销往加拿大，将利润人为地转移到贸易基地公司的账上，而中国台湾和加拿大却对它征收不到任何税收，使得集团整体税负下降。

【案例8-13】 跨国集团吉安公司主要生产安琪牌自行车，该产品的生产有三道工序，第一道工序完成后，单位生产成本为210元，第二道工序完成后，单位生产成本为460元，第三道工序结束后，完工产品单位成本为510元。该品牌自行车产品平均售价每辆820元，2019年销售该产品29万辆。吉安公司适用所得税税率为25%，其他有关数据如下：产品销售收入23 780万元；产品销售成本14 790万元；产品销售税金及附加234万元；管理费用、财务费用、销售费用合计2 442万元；利润总额6 314万元；应纳所得税额1 578.5万元。

公司对产品生产流程进行分析后发现，第三道工序成本增加很少，只有50元，而这道工序是最后一道工序。于是财务人员便设想：如果在低税负国家或地区设立一个全资子公司安新公司，其适用的企业所得税税率为10%。吉安公司完成第二道工序后，将产品成本在460元的基础上加20%，以552元的价格销售给安新公司，由安新公司完成第三道工序。假如吉安公司的产品销售税金及附加、管理费用、财务费用、销售费用中的10%转移给安新公司,安新公司另外还增加了110万元的管理成本,则

吉安公司:

销售收入 = 29 万辆 × 552 元 / 辆 = 16 008 万元

销售成本 = 29 万辆 × 460 元 / 辆 = 13 340 万元

销售税金及附加 = 234 万元 × 90% = 210.6 万元

三项费用合计 = 2 442 万元 × 90% = 2 197.8 万元

则利润总额为259.6万元,应纳所得税额为64.9万元。

安新公司:

销售收入 = 29 万辆 × 810 元 / 辆 = 23 490 万元

销售成本 = 29 万辆 × (552 + 50) 元 / 辆 = 17 458 万元

销售税金及附加 = 234 万元 × 10% = 23.4 万元

三项费用合计 = 2 442 万元 × 10% + 110 万元 = 354.2 万元

则利润总额为5 654.4万元,应纳所得税额为565.44万元。

因为安新公司是吉安公司的全资子公司,所以安新公司保留盈余不分配,吉安公司也就不用按税率之差补缴所得税。吉安公司通过在低税负国家或地区组建子公司,节省所得税额为948.16(1 578.5 - 64.9 - 565.44)万元。

(2)资金借贷的转让定价。根据税法,贷款利息允许在所得税前扣除,而股息只能在税后列支,故跨国投资者多采用举债的方式来改善资本结构,并在关联企业相互借贷时,虚增或虚减利息费用,从而达到人为调节利润的目的。

(3)提供劳务的转让定价。关联企业之间互相提供的劳务范围十分广泛,包括设计、维修、科研、咨询、广告等劳务活动,甚至于总机构提供的管理活动也可看成是广义的劳务。既然提供了劳务,就应该得到报酬,劳务报酬的高低直接影响企业的税前利润。

(4)使用和转让无形资产的转让定价。关联企业之间互相提供商标、专利、版权、专有技术等无形资产,其定价范围较大,为国际税收筹划提供了相对较大的空间。使用无形资产支付的特许权使用费直接影响成本费用的高低,转让无形资产价格的高低直接决定了应税收入的多少,进而影响应税所得。

(5)固定资产购置、租赁和投资的转让定价。跨国集团通过转让定价控制着集团内部关联企业之间的固定资产购置额与租赁费用。固定资产购置额高低决定了折旧额的大小,以固定资产作价投资时,还影响企业的股权份额;设备租赁方面,由于各个国家对国际租赁业务应该由哪一方计提折旧、由哪一方承担风险等问题的规定不同,也为国际税收筹划提供了广阔的空间。

跨国集团内部的关联企业之间利用租赁业务进行税务筹划的方式主要有以下几种:①通过自定租金进行筹划。比如高税国的母公司贷款购买设备,以最低租金将设备租给低税国的子公司,低税国的子公司再以高价将设备租给另一个高税国的子公司,这样便可成功地将利润转移给该低税国的子公司;②通过售后回租进行筹划。将投产不久的设备出售再回租,由于购进设备投产后,便可提取折旧,因此买卖双方可以对同一设备都享

受首年折旧抵税,承租方每年还可以享受设备租金税前扣除;③利用各国折旧政策的不同进行筹划。比如英联邦国家是按机器设备的法定所有权计提折旧,可有的国家,比如美国是按机器设备的经济所有权计提折旧,处于两个折旧政策不同的国家的关联企业,就可以通过设备租赁业务,对同一设备重复计提折旧。

【案例8-14】 Z跨国集团西欧子公司有一套新的生产流水线,价值为1 200万元。现有两个方案:方案一是西欧子公司将这套流水线以2 200万元的价格卖给集团内的东欧子公司,若该套流水线每年可带来600万元的利润;方案二是西欧子公司将流水线租赁给东欧子公司,年租金为260万元。假如西欧子公司和东欧子公司的所得税税率分别为30%和20%。若不考虑其他因素,两种方案对跨国集团的税负影响有何不同呢?

方案一:西欧子公司将流水线卖给集团内的东欧子公司,则跨国集团整体应纳税额为

$$(2\ 200 - 1\ 200)\ 万元 \times 30\% + 600\ 万元 \times 20\% = 420\ 万元$$

方案二:西欧子公司将流水线租赁给东欧子公司,则跨国集团整体应纳税额为

$$260\ 万元 \times 30\% + (600 - 260)\ 万元 \times 20\% = 146\ 万元$$

因此,租赁可使集团整体税负减轻274万元。

转让定价的上述五种基本形式,在我国的外资企业中表现为"高进低出":一是进口材料价格高于国际市场价格;二是作为投资的进口设备价格明显高于国际市场价格;三是关联企业之间互相提供服务或劳务,往往是境外公司收费高,境内公司收费低或者不收费;四是购买的专利技术等无形资产价格显著高于国际市场价格;五是外销产品时价格低于国际市场价格。

4. 转让定价筹划应注意的问题

(1)跨国公司利用转让定价筹划时,不仅要考虑有关国家的企业所得税税率,还要考虑进口国的关税税率。如果进口国的关税税率较高,那么较高的转让价格就不一定有利。

(2)母公司的居住国是否对母公司的境外利润实行延期课税。跨国公司的母公司一般都是在税率较高的发达国家,而子公司则是在避税地,母公司为了避税会将利润尽可能多地转移到子公司。跨国公司能否成功避税,关键取决于母公司的居住国是否对母公司的境外利润实行延期课税。所谓延期课税,是指实行居民税收管辖权的国家,对境外子公司取得的所得,在没有以股息等形式汇回母公司之前,不对这部分境外所得征税,等到该项所得汇回母公司才征税。这便为纳税人合法避税创造了条件。母公司可以一直不分配该项所得,无期限地将它留在子公司账上作资本积累,当然也可挪作他用,这部分所得便可长期规避纳税,达到避税的目的。

(3)跨国公司利用转让定价筹划时,还可能会面临一些来自集团内部的限制。首先是成本问题。跨国公司需要一定的人力、物力对转让定价进行管理,并需要根据形势变动进行及时调整,这样必然会导致管理成本上升,而且公司规模越大,关联企业越多时,成本上升越多。其次,跨国公司内部各关联方都有各自的利益,有时也很难协调,尤其是

分布在不同国家的子公司,它们有各自的公司管理层和股东,通过转让价格减少子公司利润,必然会损害该子公司管理层和股东的利益,并引起母子公司之间、子公司之间的矛盾,最终影响公司在当地的发展。最后,转让价格会使子公司的经营情况与盈利水平不匹配,不利于激励机制发挥作用,同时也无法准确考察各个利润中心的经营业绩。

（4）各国政府对转让定价的限制与调整。跨国集团转让定价会与相关国家的税收利益发生冲突。如果转让价格严重背离市场价格,则可能引起一国对其应税所得加以调整。

应税所得的调整是指一国税务机关对关联企业的应税所得进行的调整。由于关联企业转让定价往往偏离正常市场价格,水分较多,为了正确计算和征收应纳税款,税务机关需要调整关联企业的应税所得。调整的依据是独立企业之间的正常交易价格,即独立核算原则,或正常交易原则。

由于跨国公司的转让定价涉及多个国家的税收利益,在总体利润既定的条件下,如果利润转出方所在国的税务机关调增了应税所得,而利润转入方所在国税务机关不调减应税所得,这就可能在解决了避税问题后,又出现国际重复征税问题,所以转出国调增应税所得的同时,转入国应该调减应税所得。双方应该在协商的基础上,各自征收适当的税收,避免重复征税。但这么做会使得转入国的税收收入减少,在具体实施过程中难度较大。

各个国家对转让定价大多都出台了反避税的法律法规,核心就是对不合理的转让定价进行调整。调整转让定价的标准主要有四种:市场标准、组成市场标准、比照市场标准和成本标准。

市场标准,是指以独立企业之间可比的非受控价格,作为跨国关联企业之间交易的价格标准。市场标准是最符合独立核算原则的跨国收入和费用的分配标准,在跨国关联企业之间的各种交易中都适用,如关联企业之间的产品销售、劳务提供、贷款、财产租赁和无形资产转让等。税务机构可对关联企业之间的销货收入、劳务收入、租金收入、利息收入、特许权使用费收入等分别进行检查,如果交易价格高于或低于市场价格,就需要对这些收入和费用重新调整分配。

组成市场标准是指用成本加适当的利润组成相当于市场价格的分配标准。通常适用于跨国关联企业之间没有可比对象的产品或无形资产转让收入的分配。

比照市场标准是一种运用倒推方法计算出来的市场价格标准,是以关联交易中买方的再销售价格减合理利润后的余额作为关联企业收入和费用分配标准,公式表示为

$$比照市场价格 = 再销售价格 \times (1 - 合理利润率)$$

比照市场标准其实是市场标准的延伸,一般用于关联企业之间工业产品销售收入的分配。

成本标准是以实际发生的费用作为关联企业内部交易的价格标准,主要特点是交易价格只包括成本费用,不包括利润,主要是因为关联企业之间的某些业务往来不是以营利为目的,所以不需要考虑利润。成本标准通常只适用于跨国关联企业之间非主要业务往来的费用分配,以及部分非商品业务收入的分配。成本标准一般要求转出方企业将交

易的有关成本费用记载在账册上,并以此为据进行分配。

近年来,美国、日本等国,包括我国也开始实行预约定价制,实际上是纳税人事先把它与境外关联企业之间的内部交易的转让价格向税务机关报告,经审查认可后,作为计征所得税的依据,事后税务机关不再对该转让定价进行调整。它的主要特征是将事后调整改为事先调整,有利于解决跨国公司与相关国家税务部门的矛盾,在一定程度上限制了利用转让定价进行税收筹划。

三、利用税收优惠政策进行跨国税收筹划

一般来讲,各国税制中都会有一些税收优惠政策,比如投资抵免、加速折旧、亏损结转、减免税期等。跨国公司可以利用这些税收优惠政策进行国际税收筹划。

四、利用延期纳税进行跨国税收筹划

跨国税收筹划中的延期纳税是指在实行居民管辖权的国家,其居民在国外组建的子公司取得的利润在以股息形式汇回母公司之前,母公司不用就这部分境外所得纳税。延期纳税的前提是跨国公司在低税国设立了子公司,通过该子公司积累利润,只要这笔境外所得不以股息方式汇回母公司,就可以不向母公司所在国缴税。拖延一段时间延迟缴税,相当于取得了一笔无息贷款,增加了跨国公司的流动资金,实际上也达到了税收筹划的目的。

五、利用资本弱化进行跨国税收筹划

资本弱化是指跨国纳税人为了少缴税,采用债权形式代替股权形式投资或融资。众所周知,企业的利息支出是允许按照标准在所得税前扣除,而企业支付的股息,来自税后利润分配,不能在税前扣除。股息在到达跨国投资人手中之前要缴两道税,一道企业所得税,另一道是股息汇出来源国时缴纳的预提税,而一般情况下,汇出股息的预提税税率高于汇出利息的预提税税率。因此,跨国公司在投资规模相同、回报率相同的情况下,应该合理调整资本结构,尽量以债权代替股权,适当增加借款比重,同时减少自有资金的比重。

六、利用"不合理保留利润"方式进行跨国税收筹划

一般而言,各个国家都允许企业保留一部分税后利润不分配,如果跨国公司将部分应分配给股东的税后利润冻结起来,不予分配,这就构成了"不合理保留利润"。这也是跨国税收筹划的一种形式。跨国公司将这部分不予分配的股息转增公积金,从而使股东所持有的股票价值升值,以达到少纳税的目的。

【案例8-15】　某跨国公司税后利润为400万美元。假设股息分配率为80%,应分配的股息为320万美元,即应将320万美元税后利润按股东持股比例进行分配,股东就分得的股息依法缴纳所得税。由于股东中有境外投资人,在股息汇出时,需缴纳预提税,所以公司有意将股息分配比例降为20%,即股息的分配额只有80万美元,股东缴纳的预提税

和所得税将大幅减少,如果股东与该跨国公司是关联公司,集团整体税负则会明显下降。

此外,部分股息未予分配并不会使得股东权益减少,而是转化成了股东所持股票的升值额,从而带来股票价格上涨,股东在转让股票时可以获得高额收入,而转让股票的所得缴纳的资本利得税比所得税少得多。

七、利用国际重复征税的免除方法进行跨国税收筹划

本章第一节已阐明,避免国际重复征税的方法主要有以下几种:免税法、扣除法、抵免法,还有与抵免法相关的税收饶让。其中的免税法和税收饶让,也为跨国纳税人提供了"双重避税"机会。

1. 运用免税法实现双重避税

免税法的主要特点:一国政府对其居民来源于境外的所得免予征税。因此,该国居民境外所得如果在境外已享受减免税待遇,回国后本国也免税,这样,该跨国纳税人的这笔境外所得来源国和居住国的税都合法规避了。跨国企业可以将免税法与建立基地公司结合起来,在避税地设立基地公司,其税收负担可以减轻,母公司居住国又采用免税法,在避税地累积的利润可以自由地汇回母公司居住国,而无须向居住国纳税。

2. 利用税收饶让实现双重避税

税收饶让实际上是居住国放弃部分居民管辖权,对纳税人在境外享受的税收优惠予以承认,跨国纳税人不仅可以在境外少缴或不缴税,而且在居住国还可以得到税收抵免。如果居住国实行税收饶让,跨国纳税人则可选择有较多税收优惠的国家进行投资,或通过转让定价等方式将利润转移到税收优惠地区,然后再汇回居住国,从而实现双重避税的目的。值得注意的是:税收饶让要通过有关国家之间签订税收协定加以确定,故跨国纳税人首先要了解所得来源国与居住国是否签订了含有税收饶让条例的税收协定。比如,美国与中国签订的税收协定中就没有税收饶让,因此,利用税收饶让进行税收筹划的方式对在中国投资的美国跨国企业不适用。

八、套用税收协定进行跨国税收筹划

在国际税收协定中一般都有税收优惠政策,并确定只有缔约国居民才有资格享受这些税收优惠条款。税收协定缔约国以外的第三国居民为了避税,设法将其居民身份变成缔约国居民,这就可以享受税收协定中的优惠条款,这种行为称为套用税收协定。它是跨国纳税人避税的一种重要方法。

套用税收协定进行跨国税收筹划,主要是通过设立中介体来实现。这类中介体主要分为以下三类:

1. 直接导管公司

直接导管公司是指跨国纳税人为获得税收协定中税收优惠,而在某一缔约国设立具有居民身份的中介体公司。比如,A国某公司原打算在B国设立一子公司,但B国要对

B国汇往A国的股息征收35%的预提税。B国与C国缔结了相互减按6%征收股息预提税的协定,A国与C国也签订有相互减按6%征收股息预提税的协定。此时,A国便可以在C国建立一个子公司,通过C国的子公司收取来自B国子公司的股息,A国公司就可以减少纳税。这是典型的套用税收协定进行跨国税收筹划的方法。由于A国公司通过C国子公司就能得到C国与A、B两国签订的税收协定中的税收优惠,C国公司就像一根吸取缔约国公司所得的导管,所以被形象地称为导管公司。

2. 脚踏石导管公司

脚踏石导管公司是指跨国纳税人为获取税收协定中的税收优惠,而在相关缔约国设立的两个或者两个以上具有居民身份的中介体公司。一般是在建立直接导管公司不能奏效的情况下所采用的一种更加迂回的税收筹划方式,涉及在两个以上国家建立子公司,运用了两个或两个以上税收协定。

【案例8-16】 A国甲公司原打算在B国设一子公司,但B国要对B国汇往A国的股息征收35%的预提税。B国与C国、A国与D国都签订了相互减按6%的税率征收股息预提税的税收协定,C国与D国则签有相互免征股息预提税的税收优惠。此时,A国便可以在D国设立一个子公司,通过D国子公司在C国设立一个子公司,再通过C国子公司在B国设立一个子公司。这样,A国公司的股息所得应纳税额总体下降。这也是一种典型的套用税收协定进行跨国税收筹划的方法。由于A国甲公司一定要通过设立C国公司和D国公司才能达到取得B国公司股息并避税的目的,C国公司和D国公司在这个过程中就像为达到目的所需的两块脚踏石,通过它们来获取C国和D国、C国和B国税收协定所给予的税收优惠,因为它们能减轻税负,所以被形象地称为脚踏石导管公司。

3. 直接利用双边关系设立低股权控股公司

由于有的国家签订的税收协定中明确规定,缔约国一方居民向对方居民支付利息、股息和特许权使用费时享受税收优惠的必要条件是,该公司由同一外国投资者控股不得超过一定比例。因此,这些国家的跨国企业在缔约国另一方设立子公司时,通常会将一个公司分成几个公司,各公司持有该子公司的份额都在限额以下,如此股息便能享受到优惠。这种做法其实是分割技术在跨国税收筹划中的应用。

第五节 国际金融业务的税收筹划

国际金融业务范围十分广泛,包括国际资本运营、证券投资、信托、信贷以及离岸银行活动等多方面的内容。为了开展各项业务需要设立各种类型的公司,包括国际控股公司、投资公司、金融公司和信托公司等。

一、利用控股公司对直接投资业务进行跨国税收筹划

目前,跨国投资活动日益复杂,有许多跨国企业将对外投资的职能独立出来,选择一

些没有外汇管制、政局稳定、税负较轻的国家或地区成立专门的子公司——控股公司。控股公司是基地公司的一种形式，是为了控制而非投资目的，拥有一个或者多个子公司的大量股份或是拥有子公司控股权的公司。控股公司的收入主要来源于股息和出售股份的资本利得。跨国集团的关联企业把获得的利润以股息或是资本利得的形式汇总到控股公司，可以避免居住国对来源于境外的股息和资本利得征收的高额税收。很多避税地都为控股公司提供了非常优惠的税收政策，比如瑞士、卢森堡、新加坡、荷兰、荷属安的列斯群岛等。国际控股公司实质上是母公司与子公司之间的桥梁，因此也称导管公司。

跨国公司的组织架构呈现金字塔形态，顶端是母公司，是战略中心，中间就是控股公司，它是连接母公司与下属公司的桥梁，塔基则是活跃在各领域的各种子公司。国际控股公司在跨国税收筹划中的主要功能有：

1. 积累利润进行再投资

控股公司一般都设在没有严格外汇管制的国家或地区。子公司的利润聚集在控股公司所在国，并不汇回母公司，可以避免受到母公司居住国的许多外汇管制和投资方面的限制。子公司股息在汇回母公司之前，母公司无须就这笔所得纳税，规避了母公司所在国的税收负担。值得注意的是：有些国家法律要求将境外子公司的部分或全部股息汇回母公司，否则将受到处罚。此外，利用控股公司还可以积累资本利得。跨国集团的财产如果通过控股公司转让，则可以暂时不缴资本利得税，享受延期纳税的好处。

2. 实现预提税最小化

这是国际控股公司在跨国税收筹划中最主要的功能。减少预提税的方法是在拥有广泛的税收协定网络的国家和地区成立控股公司，按照税收协定中的条款，预提税的税率一般比较低，甚至为零。在这个过程中存在两道预提税：一是子公司向控股公司支付股息时，由子公司所在国征收的预提税；二是控股公司向母公司汇出利润时，由控股公司所在国征收的预提税。借助广泛的税收协定网络，两道预提税的税负都会比较低，甚至完全免税。当母公司所在国与子公司所在国之间没有税收协定，并且子公司所在国的预提税税率较高时，这种筹划方式具有积极意义。

3. 可使税收抵免限额最大化

抵免法要求：企业在汇总境内外所得纳税时，来源于境外的所得已在境外缴纳的税款可从应纳税额中扣除，但扣除额不得超过境外所得依照本国税率计算得出的抵免限额。具体的抵免限额计算方法各个国家有所不同：有的采用综合法，不分国别汇总计算；有的采用分国法，来源于不同国家的所得分别计算；还有的采用分项法，按不同收入项目适用的税率分别计算。中国实行的是"分国不分项"的计算方法。母公司成立了控股公司后，可以将分国法改变为综合法。一般来说，综合法要比分国法计算出来的抵免限额更多一些。

【案例8-17】 进宝集团在挪威的子公司向德国母公司汇回利润时，挪威的预提所得税税率是15%。为了减轻税负，集团借助瑞士的控股公司汇回股息。瑞士与挪威、德国都有税收协定,按照协定,挪威向瑞士汇回股息免征预提税,瑞士向德国汇回股息的预提所得税税率为5%,因此预提所得税的税负降低了67%。借助瑞士的控股基地公司,使得股息的预提所得税税率减少了10%。

二、利用金融公司对内部信贷业务进行跨国税收筹划

金融公司主要是在跨国集团内部充当信贷中介,向集团子公司提供贷款,或者向集团外的企业提供贷款。金融基地公司的最佳地理位置应具备以下三个条件:一是具备广泛的税收协定网络;二是向非居民分配利息时征收的预提税很轻或完全不征税;三是母公司居住国税法允许将基地公司支付给非居民的利息在所得税前全额扣除。比如,美国的跨国公司往往把金融公司建在荷属安的列斯群岛,主要原因是美国与荷属安的列斯群岛签订了税收协定,荷属安的列斯群岛境内公司支付给美国债权人的利息免征预提税,并且荷属安的列斯群岛所得税税负也很低,凭借这些优势,就可以达到避税的目的。

例如,美国的母公司A直接向没有签订税收协定的第三国的B公司借入资金,A公司需要向B公司支付利息,就须缴纳预提税。如果在荷属安的列斯群岛设立国际金融公司C,通过子公司C向B公司借入资金,再由C贷放给A公司,情况就变了。一方面荷属安的列斯群岛不征预提税,C公司向B公司支付的利息不用缴纳预提税;另一方面根据税收协定,A公司向C公司支付利息时也不用缴纳预提税。因此借款利息产生的预提税就完全规避了,同时所得税税负也不会很高。

上述例子显示,利用国际金融公司能够规避预提税是由于美国与荷属安的列斯群岛签有免除利息所得的税收协定,但是C公司仍然要承担一定的所得税。若该跨国集团再选一个免缴所得税的避税地如巴哈马,再成立一家国际金融公司D,并通过融资业务转让定价(一般应调高利率),如C公司向D公司借入资金,并支付给D公司高额利息,将C公司的利润转移给D公司,便可进一步规避所得税。如果有必要,跨国集团可以设立双重国际金融公司,分别行使规避预提税和所得税的职能。

三、利用投资公司对证券投资业务进行跨国税收筹划

投资公司是专门从事股票、债券或其他有价证券投资的公司。投资公司与控股公司的区别在于投资公司没有控股权,其股份在被投资企业中占比很少。投资公司按性质不同可分为以下三类:集团公司组建的投资公司;私人投资公司;离岸基金。其中,离岸基金是指高税国家的企业或个人在避税地设立的互助投资基金,实际上是跨国纳税人在避税地设立的发行随时可兑换成现款的股票的投资公司。离岸基金是具有独立法人资格的实体。

跨国集团通常选择在荷属安的列斯群岛、巴哈马、中国香港等国际避税地设立投资公司,利用投资公司吸收小额投资者的资金,然后将其投向国际金融市场上回报率较高的资产,或者投资于不动产。由于避税地对利息、股息等投资所得少征或不征预提税,跨国公司的证券投资所得凭借避税地的投资公司就可达到少缴或不缴预提税的目的。投资公司的利润来自投资所得与向小股东支付的股息之间的差额,所以选择所得税税率较

低的避税地成立投资基地公司还可以节省所得税。

银行和金融公司也可以作为中介参与投资基地公司的业务,管理投资公司的资产,投资公司也可从事金融公司和银行的业务,如集团内部企业的信贷,这样投资公司在税收筹划方面的灵活性就更大了。

四、利用信托公司对财产转让业务进行跨国税收筹划

有的国家对财产转让课以重税,跨国纳税人为了规避税负,常用"信托"办法。信托是指委托人将财资或权利托付给受托人,由受托人按照委托人的要求进行管理和使用,以利于受益人的经济行为。这里的受益人可以是委托人指定的第三人,或者是委托人自己。利用信托有许多好处,如为继承财产创造条件、便于财产保密、有利于投资和从事风险性活动等。许多避税地允许外国人或跨国集团在其境内成立信托机构。信托方式也有利于规避或降低所得税和财产税,故一些跨国公司纷纷在避税地建立信托公司,以"虚设避税地信托财产"的方式从事避税活动。

虚设避税地信托财产是指纳税人通过在避税地成立一个信托公司或签署信托合同,将高税国的财产虚设为避税地的信托财产,以避开高税国的税收。纳税人在避税地组建关联信托公司后,将远在高税国的财产和所得委托给信托公司,然后操纵信托公司按自己的要求办事,制造出信托财产与委托人分离的假象,把信托财产的经营所得归到避税地信托公司名下,以躲避资本利得税。在委托人去世而将财产归属受益人时,还可以规避全部或大部分遗产税。

信托公司有两种类型:个人持股的信托公司及受控信托公司。个人持股信托公司是指租金、股息、利息等消极投资所得占总收入的比重超过60%,50%以上股份由5个或5个以下的个人所持有的公司;受控信托公司是指通过成立信托财产来掩盖股东在公司的股权,主要是从事积极投资所得避税的公司。比如一个高税国的跨国纳税人,在避税地组建了一个受控信托公司,通过关联企业进行投资业务,然后将关联企业委托给信托公司,于是关联企业的股权就合法地归属于信托公司。这是一种典型的虚设避税地信托财产的方式。

跨国纳税人除了设立信托公司外,还可以通过签订各种形式的信托合同进行税收筹划。因为在境外设立办事机构,可能会导致投入多、管理效率低的问题,不如在适当的国家或地区物设一个具有居民身份的金融机构帮忙打理业务。比如,甲高税国的A跨国公司与避税地的B银行签订信托合同,通过B银行向乙国的C公司提供贷款,并委托银行为A公司收取利息。因为该避税地与乙国签订了税收协定,对利息减征或免征预提税,所以甲国的A跨国公司可获得减免预提税的利益。

五、国际银行集团借助离岸银行业务进行跨国税收筹划

与其他跨国集团一样,国际银行集团也需要规避高税负,尽量将利润转移到无税或低税区,离岸银行业务有助于国际银行集团达到税收筹划的目的。跨国银行集团需要设立一个类似基地公司的基地银行,即离岸银行。它不从事离岸银行所在国境内业务,只

吸收离岸银行所在国非居民的资金,并将其投向国际金融市场赚取收益。离岸银行一般设在无税管辖区,它的客户可以是基地公司,也可以是其他法人或个人。

离岸银行具有许多优势,包括:提高银行管理水平、扩大就业机会、增加外汇收入、缩短与金融发达国家的差距等,许多国家或地区都给予了离岸银行一些税收优惠措施,而且大有相互竞争之势,如中国香港对境外金融业务所得税税率为15%,而新加坡已由40%降为10%。另外,世界主要离岸金融中心几乎都对离岸银行支付的利息免征预提税,如新加坡从1969年开始就取消了对外币存款利息所得40%的预提税,中国香港是在1982年取消了对外币存款利息所得征收税率为15%的预提税,东京离岸金融市场1986年开业时就免征利息所得税。这些措施对国际银行集团极具吸引力,这也是离岸银行业务方兴未艾的原因。

从税收筹划角度看,离岸银行业务对跨国银行及其客户都有利:一方面,跨国银行离岸银行业务的所得可以享受所得税优惠,甚至免缴所得税;另一方面,客户的利息所得也无须缴纳预提税。这就使得跨国银行在获得税收利益的同时,争取到了更多客户,也拓展了业务范围。

本章小结

跨国税收筹划涉及的范围与内容更加广泛,因此筹划空间也就更大。本章着重对跨国税收筹划的一般概念、产生的条件以及跨国税收筹划的一般方法进行了分析。

【关键术语】

跨国税收筹划　税收管辖权　税收饶让　税收协定
国际双重征税　基地公司　避税地

复习思考题

1. 比较金融公司、投资公司、控股公司、信托公司税收筹划的特点和运行方式。
2. 分析电子商务对传统税收理念的挑战及进行税收筹划的可能性。
3. 跨国税收筹划与国内税收筹划有何联系与区别?
4. 跨国税收筹划产生的原因是什么?
5. 国际双重征税的含义是什么? 国际双重征税的成因是什么? 避免国际双重征税的基本方法有哪些?
6. 套用税收协定的含义是什么? 套用税收协定进行税收筹划有哪些方式?
7. 避税地的含义是什么? 利用基地公司在避税地进行税收筹划的形式有哪些?
8. 跨国公司进行转让定价税收筹划的主要方式有哪些? 试举例说明。

9.跨国企业在国外设立子公司与税负有关的利弊是什么？设立分支机构与税负有关的利弊是什么？

练习题

1.假设法国甲公司与墨西哥乙银行有贷款意向,法国甲公司希望以优惠的利率条件获得墨西哥银行提供的贷款。由于法国与墨西哥没有签订避免双重征税的双边税收协定,当法国甲公司向墨西哥乙银行支付利息时,应按照法国公司所得税法的规定缴纳30%的预提所得税,银行不会放弃应得的利益,仍然要求得到双方事先约定的利息数额,这意味着法国甲公司将增加30%的借款支出。请问,从国际税收筹划的角度出发,法国甲公司应采用什么措施? 采用该措施有什么税收方面的优势?

2.某跨国企业有甲、乙、丙3个子公司,分别位于3个不同的国家,3个公司适用的企业所得税税率分别为40%、30%、20%。甲公司为乙公司生产汽车零部件。甲公司以2 200万美元的成本生产了一批零部件,加上利润700万美元,本应按2 900万美元的价格直接销售给乙公司,经乙公司组装后按3 500万美元的价格销售出去,但是甲公司却将这批零部件按成本价卖给丙公司,丙公司又转手按3 300万美元的价格卖给乙公司,乙公司组装后仍按3 500万美元的价格销售出去。这样,各公司及集团的税收负担会发生重大变化。

请计算转让定价前后的利润额、应纳税额及税负情况。

3.某跨国集团在我国厦门经济特区设立一子公司。跨国集团母公司所得为6 500万元,子公司所得为2 000万元。母公司所得税税率为40%,子公司所得税税率为15%。子公司在我国缴纳所得税300万元,分配给母公司的股息为400万元(母公司所在国采用间接抵免法)。

请计算母公司应纳税额。

4.A公司是甲国的居民公司,2018年在全球获取所得40 000万元,其中来自甲国的所得3 000万元,来自A公司在乙国设立的分公司所得1 000万元,甲国的所得税税率为33%;乙国的所得税税率为45%。请分别以全额免税法、扣除法、限额抵免法计算A公司在甲国缴纳的所得税和在全球的所得税负担,并进行分析。

5.甲国一家公司原打算在乙国设立一家子公司,但乙国要对乙国公司汇往甲国的股息征收35%的预提税。乙国与丙国签有相互减按6%征收股息预提税的税收协定,甲国与丙国也签订了相互减按6%征收股息预提税条款的税收协定。请问如果甲国这家公司预期乙国子公司将有大量股息汇出,这家公司应如何进行筹划才能降低预提税?

6.某跨国公司有甲、乙、丙三个子公司,分别设在A、B、C三个国家,三国的公司所得税税率分别为50%、30%和15%,子公司甲为子公司乙生产组装成品的零部件。假设甲以200万美元的成本生产了一批零部件,按照当时的市场价格以260万美元销售给乙,乙将零部件组装后按300万美元的价格出售。如果子公司甲不直接向子公司乙提供零部件,而是以 230 万美元的低价将这批零部件销售给子公司丙,再由丙以 280 万美元的定价转售给乙,乙组装后的成品仍以 300 万美元的价格出售。分别计算两种情况下该跨国公司的总税负。

7. A 国某母公司有两个分设在 B 国和 C 国的子公司,A、B、C 三国公司所得税税率分别为 50%、30%和 15%。母公司的管理费用为 20 万美元,扣除其他成本费用后的利润为 100 万美元,B 国子公司和 C 国子公司的利润额分别为 60 万美元和 40 万美元。按合理的母公司管理费用分摊标准,母公司管理费用 60%应由母公司负担,20%由 B 国子公司负担,另外 20%应由 C 国子公司负担。试分析该跨国集团如何进行税收筹划可以降低集团总税负。

8. A 公司是甲国的居民公司,甲国所得税税率为 40%。A 公司准备分别在乙国和丙国投资进行跨国经营,为了决定在这些国家开办分公司还是子公司,A 公司对乙国和丙国的税收政策进行了了解:乙国所得税税率为 20%,对外资法人企业给予了开业后 3 年的免税期,甲国在与乙国签订的税收协定中承诺承担税收饶让义务;丙国所得税税率为50%,没有免税期也没有与甲国签订税收协定。A 公司预测,甲国母公司在未来 8 年内都会盈利,在乙国经营的前 3 年会有丰厚的盈利,而丙国经营的前 3 年将会产生一定亏损。请从税收筹划的角度,分析 A 公司在乙国和丙国进行经营是采用子公司形式,还是分公司形式。

【延伸阅读】

受益于 iPhone 在全球的热销,苹果目前是全球利润最高的公司之一,2012 年利润达417 亿美元,是仅次于埃克森美孚的全球市值第二高的公司。其中在海外获得 368 亿美元营业利润,缴纳了 7.13 亿美元的公司所得税,税率为 1.9%。2009—2012 年,苹果利用美国对海外企业在税收方面的漏洞,规避了应对 440 亿美元海外收入征税的税务支出(几乎相当于每年 100 亿美元)。这一漏洞主要是指企业海外所得延迟纳税制度,即美国企业在海外的获利无须纳税,但是利润汇回美国之后,则需支付最高达 35%的税款。其中,苹果公司在 2011 年规避了至少 35 亿美元联邦企业所得税,2012 年避税至少 90 亿美元。

很早之前,苹果就将负责欧洲、中东、印度、非洲、亚洲及太平洋地区业务子公司的注册地定在爱尔兰科克(Cork),根据爱尔兰税法,只有在本地管理与控制的企业才被视为爱尔兰企业,这导致苹果在爱尔兰的子公司几乎无须纳税。2009—2012 年,苹果国际销售公司(Apple Sales International, ASI)的 740 亿美元销售额几乎没有缴纳任何税款。而2011 年该公司 220 亿美元的利润也只缴纳了 1 000 万美元税款,相当于享受 0.05%税率。另一家爱尔兰子公司苹果国际运营公司(Apple Operations International, AOI),2009—2012 年,该公司的利润为 300 亿美元,占苹果全球净利润的 30%,却没有向美国或爱尔兰当中的任何一个国家提交过所得税申报表。

截至 2013 年 4 月,苹果拥有 1 020 亿美元的离岸现金、现金等价物及有价证券,但是苹果的 9 位高管表示,公司无意将这些现金汇回美国,除非美国修改相关的税法和税率。

同年,苹果发行了170亿美元的债券用于美国业务的开展,却拒绝将海外资金汇回美国,而选择将这些资金投资于其他业务或作为股东分红,避免或减少了向美国财政部缴税。

苹果公司的避税结构采取的是"双层爱尔兰夹荷兰三明治"的模式,它的主要避税路径为,将公司的海外业务利润经由爱尔兰→荷兰→爱尔兰,最终转至避税港——英属维尔京群岛。具体分成三步。

第一步,在爱尔兰设立两个子公司——ASI和AOI,注册地在爱尔兰,但总部均在英属维尔京群岛。因为爱尔兰的企业所得税非常低,只有12.5%,远低于美国和其他欧盟国家。ASI负责接收除了美国以外地区的所有销售收入,享受爱尔兰的低所得税税率。由于根据爱尔兰的税法,即使是在爱尔兰注册的公司,只要其母公司或总部设在外国,就被认定为外国公司,所以ASI与AOI均被爱尔兰认定为是外国公司,把收入从AOI汇到总部不需要向爱尔兰缴税,几乎是零成本。

第二步,在荷兰设立欧洲运营公司(AOE),其注册地在荷兰,这样根据荷兰以公司注册地而不是总部所在地来认定公司国籍的规定,欧洲运营公司被荷兰认定为居民企业,且三家子公司均被荷兰认定为欧盟的公司。由于爱尔兰和荷兰同属欧盟国家,根据协议,欧盟成员国之间的交易免交所得税。

第三步,选择知识产权作为交易媒介。当美国以外的用户在公司享受付费服务时,美国总公司就把其所拥有的知识产权资产转移到AOI去,而用户所支付的现金则进入ASI的账户。由于实现这一销售必须用到知识产权资产,所以ASI便可以通过向爱尔兰运营公司支付知识产权专利使用费的形式将利润转移至在英属维尔京群岛的总部。

——摘自林碧波.苹果公司是这样成功避税的.都市快报,2013-05-26.

参考文献

［1］计金标. 税收筹划［M］. 6 版. 北京：中国人民大学出版社，2016.

［2］梁文涛. 纳税筹划实务［M］. 北京：清华大学出版社，2012.

［3］盖地. 企业税务筹划理论与实务［M］. 4 版. 大连：东北财经大学出版社，2012.

［4］盖地. 中国税制［M］. 2 版. 北京：中国人民大学出版社，2015.

［5］黄桦，蔡昌. 纳税筹划［M］. 北京：北京大学出版社，2010.

［6］刘铭. 苹果避税案例下的税务筹划探讨［J］. 财政与税务，2014（5）：118，125.